4訂版
犯罪事実記載の実務
特別法犯

荒川洋二・丸谷日出男・日野正晴
大仲土和・加藤敏員
共　著

4訂版はしがき

　本書は、昭和52年に初版が発行された後、同63年に全面改訂し、平成13年に3訂版が発行されました。その後、12年が経過し、その間に外国人登録法の廃止による新入管法の制定や商法の改正による会社法の制定、証券取引法の改正による金融商品取引法の制定等の新たな法律の制定や改正、判例の変更などがあり、読者からは4訂版の発行を希望する声が多数寄せられていました。

　そこで、このたび近代警察社から4訂版の執筆依頼を受け、収録した法令・条文の選択や注釈の設定については、基本的にはこれまでどおりとしながら「会社法」や「金融商品取引法」に対応させるとともに、新しい「出入国管理及び難民認定法」については新設された住居地変更届出義務違反罪を加えた他、不法就労助長罪、集団密航罪、旅券等携帯義務違反罪などを加え、また「児童買春、児童ポルノに係る行為等の処罰及び児童の保護等に関する法律」では児童ポルノ製造罪、児童ポルノ所持罪、「武器製造法」では銃砲の無許可製造罪、「廃棄物の処理及び清掃に関する法律」では無許可業者に対する産業廃棄物の処分委託の罪、「税理士法」では無資格者による税理士業務の罪、「職業安定法」では労働者供給事業の罪、「著作権法」では見なし侵害の罪、「鳥獣の保護及び狩猟の適正化に関する法律」では狩猟可能区域以外での狩猟鳥獣の捕獲の罪、違法捕獲鳥獣の飼養の罪、「船舶職員及び小型船舶操縦者法」では無資格者の小型船舶への乗組みの罪など可能な限り法律の改正や判例の変更を取り入れました。

また、3訂版では、2分冊となっていたものを4訂版では1冊に統合するとともに、読者の利便性を考えた新たな試みとして犯罪事実に関連した条文を掲載することといたしました。特別法犯の構成要件のご理解にお役立てください。

　本書が、3訂版と同様に捜査官の執務に資することができれば望外の喜びであります。

平成25年3月　　　　　　　　　　　　　　大仲　土和・加藤　敏員

目　次

第1章　準　刑　法

第1節　爆発物取締罰則
  1　爆発物使用（法1条） 3
  2　爆発物の製造・所持（法3条） 5
  3　爆発物の不告知（法7条） 6
第2節　火炎びんの使用等の処罰に関する法律
  1　火炎びんの使用（法2条） 7
  2　火炎びんの製造・所持（法3条1項） 8
第3節　暴力行為等処罰ニ関スル法律
  1　集団的暴行・脅迫・毀棄（法1条）
    1　団体の威力を示して暴行（法1条・刑法208条） 11
    2　多衆の威力を示して脅迫（法1条・刑法222条） 12
    3　団体を仮装して脅迫（法1条・刑法222条） 12
    4　兇器を示して脅迫（法1条・刑法222条） 13
    5　共同暴行（法1条・刑法208条） 13
  2　加重傷害（法1条ノ2第1項） 14
  3　常習傷害（法1条ノ3） 15
  4　集団的面会強請・強談威迫（法2条1項）
    1　面会強請（法2条1項） 16
    2　強　談（法2条1項） 16
第4節　暴力団員による不当な行為の防止等に関する法律
  1　再発防止命令違反（法46条、11条2項） 17
第5節　盗犯等ノ防止及処分ニ関スル法律
  1　常習特殊強窃盗（法2条） 19

1　常習特殊窃盗（兇器を携帯して窃盗）（法2条1号・刑法235条）..... 20
　　　2　常習特殊窃盗（現場共同窃盗）（法2条2号・刑法235条）.......... 21
　　　3　常習特殊窃盗（鎖鑰を開き、侵入して窃盗）
　　　　　（法2条3号・刑法235条）........................ 21
　　　4　常習特殊窃盗（夜間侵入窃盗）（法2条4号・刑法235条）.......... 21
　　② 常習累犯窃盗（法3条・刑法235条）........................ 22

第6節　軽犯罪法
　　① 1号違反 25
　　② 2号（3号）違反 25
　　③ 4号違反 26
　　④ 5号違反 27
　　⑤ 6号違反 28
　　⑥ 7号違反 28
　　⑦ 8号違反 28
　　⑧ 9号違反 29
　　⑨ 10号違反 29
　　⑩ 11号違反 30
　　⑪ 13号違反 30
　　⑫ 14号違反 31
　　⑬ 15号前段違反 32
　　⑭ 16号違反 32
　　⑮ 23号違反 33
　　⑯ 28号違反 33
　　⑰ 32号違反 34
　　⑱ 33号違反 34

第7節　酒に酔って公衆に迷惑をかける行為の防止等に関する法律
　　① 粗野乱暴な言動（法4条1項）................................ 36
　　② 制止不服従（法5条2項、1項、4条1項）........................ 37

第8節　航空機の強取等の処罰に関する法律
　① 航空機の運航支配（法1条1項） 38
　② 航空機の運航支配予備（法3条） 40
第9節　通貨及証券模造取締法
　① 模造通貨製造（法2条、1条） 41

第2章　公職選挙法

　〔前注　選挙運動〕 43
　　① 選挙の特定　② 候補者の特定　③ 投票を得又は得させるための行為
　　④ 投票を得又は得させるために直接又は間接に必要かつ有利な一切の行為
　　⑤ 選挙人に対する行為
　① 事前運動（法239条1項1号、129条） 45
　② 公務員の地位利用による選挙運動
　　　　　　　（法239条の2第2項、136条の2第1項1号） 47
　③ 教育者の地位利用による選挙運動（法239条1項1号、137条） 49
　④ 戸別訪問
　　1　選挙運動者による戸別訪問（法239条1項3号、138条1項） 51
　　2　候補者による立候補届出前の戸別訪問
　　　　　　　（法239条1項1号、3号、138条1項、129条） 53
　⑤ 飲食物の提供（法243条1項1号、139条） 53
　⑥ 文書図画による選挙運動の制限
　　1　法定外選挙運動文書の頒布（法243条1項3号、142条1項） 56
　　2　脱法文書の配布（法243条1項5号、146条1項） 58
　⑦ 買　収
　　1　選挙運動者による投票報酬の供与（法221条1項1号） 60
　　2　選挙人による投票報酬の受供与（法221条1項4号） 62
　　3　選挙運動者に対する運動報酬等の供与（共謀）及び受供与
　　　　　　　　　　　　　（法221条1項1号、4号） 63

4　選挙人に対する供応（法221条1項1号） 65
　　5　選挙人の受供応（法221条1項4号） 66
　　6　選挙運動者に対する買収資金の交付及び受交付
　　　　　　　　　　　　　　　（法221条1項5号） 67
　　7　候補者による利害の誘導（法221条1項2号、3項1号） 68
　8　選挙の自由妨害
　　1　演説妨害（法225条2号） 70
　　2　文書図画の毀棄（法225条2号） 71
　　3　利害関係利用威迫（法225条3号） 71
　9　虚偽事項の公表（法235条1、2項） 72
　10　住民票の不実記載をともなう詐偽登録及び詐偽投票
　　　　　（刑法157条1項、158条1項・公選法236条2項、237条2項） 74

第3章　風紀関係法

第1節　売春防止法
　1　勧誘等（法5条1号） 77
　2　勧誘等（法5条2号） 78
　3　勧誘等（法5条3号前段） 78
　4　周旋等（法6条1項） 79
　5　困惑等による売春（法7条1項） 80
　6　前貸し等（法9条） 80
　7　売春をさせる契約（法10条1項） 81
　8　場所の提供（法11条1項） 82
　9　売春をさせる業（法12条） 83
第2節　風俗営業等の規制及び業務の適正化等に関する法律
　1　無許可営業（法49条1号、3条1項、2条1項2号） 87
　2　客　引（法52条1号、22条1号） 89
　3　年少者使用（法50条1項4号、22条3号） 89

|4| 年少者の夜間業務（法50条1項4号、22条4号） 90
|5| 年少者の客としての立入り（法50条1項4号、22条5号） 90
|6| 年少者への酒類等の提供（法50条1項4号、22条6号） 91
第3節　古物営業法・質屋営業法
|1| 無許可営業（古物31条1号、3条・質屋30条、5条） 94
|2| 相手方不確認
　　1　古物営業法（古物33条、15条1項） 95
　　2　質屋営業法（質屋32条、13条前段） 95
|3| 帳簿不記載（古物33条2号、16条・質屋32条、14条） 96
第4節　公衆浴場法
|1| 無許可営業（法8条1号、2条1項） 97
第5節　児童買春、児童ポルノに係る行為等の処罰及び児童の
　　　　保護等に関する法律
|1| 児童買春（法4条） 100
|2| 児童ポルノ製造（法7条3項、2条3項3号） 101
|3| 児童ポルノ所持（法7条5項前段、2条3項1号、刑法175条） 103
第6節　児童福祉法
|1| 児童保護のための禁止行為（法60条2項、34条1項2号） 106
|2| 児童保護のための禁止行為（法60条2項、34条1項4号） 106
|3| 児童保護のための禁止行為（法60条2項、34条1項4号の2） 107
|4| 児童保護のための禁止行為（法60条2項、34条1項4号の3） 107
|5| 児童保護のための禁止行為（法60条2項、34条1項5号） 108
|6| 児童保護のための禁止行為（法60条2項、34条1項6号） 109
|7| 児童保護のための禁止行為（法60条2項、34条1項7号） 110
|8| 児童保護のための禁止行為（法60条2項、34条1項9号） 111
第7節　未成年者飲酒禁止法・未成年者喫煙禁止法
　|1| 未成年者の飲酒（喫煙）不制止
　　　　　（飲酒禁止法3条、1条2項・喫煙禁止法3条2項） 112

② 未成年者に酒類を販売する行為（飲酒禁止法3条、1条3項）........ 113
　　　③ 従業員の行為に対する営業者の責任
　　　　　　　　　　　（飲酒禁止法3条、1条3項、4条）....... 114
　　　④ 未成年者に煙草を販売する行為（喫煙禁止法5条）............... 115
　第8節　競馬法・自転車競技法
　　　① 呑み行為とその相手方
　　　　　（競馬法30条3号、33条2号・自転車競技法56条2号、58条2号）.. 117
　　　② 賄賂罪（競馬法32条の2前段、32条の4第1項・
　　　　　　　　　自転車競技法60条前段、63条1項）......... 119

第4章　危険物取締法

　第1節　銃砲刀剣類所持等取締法
　　　① けん銃の加重所持（法31条の3第2項、3条1項）................. 124
　　　② けん銃発射（法31条、3条の13）............................. 126
　　　③ 刀剣の所持（法31条の16第1項1号、3条1項）.................. 127
　　　④ 許可目的以外の携帯（法31条の18第2号、10条1項）............ 128
　　　⑤ 刃体の長さ6センチメートルを超える刃物の携帯
　　　　　　　　　　　（法31条の18第3号、22条）...... 129
　　　⑥ 許可証不携帯の運搬（法35条2号、24条1項）................... 129
　第2節　火薬類取締法
　　　① 無許可製造（法58条2号、4条）............................... 132
　　　② 無許可譲渡（法59条4号、17条1項）........................... 132
　　　③ 所　持（法59条2号、21条）.................................. 133
　　　④ 無許可消費（法59条5号、25条1項）........................... 134
　第3節　武器等製造法
　　　① 銃砲の無許可製造（法31条1項、4条）......................... 135

第5章 土 地 法

第1節 河川法
　① 河川区域内工作物設置（法102条第2号、26条1項） 138
　② 無許可掘削（法102条3号、27条1項） 139
第2節 宅地造成等規制法
　① 無許可宅地造成（法28条3号、8条1項） 140
第3節 建築基準法
　① 建築主の建築確認申請違反（法99条1項1号、6条1項4号） 143
第4節 宅地建物取引業法
　① 不正手段による免許取得（法79条1号、3条1項） 146
　② 無免許営業（法79条2号、12条1項、3条1項） 147
　③ 名義貸し禁止違反（法79条3号、13条1項） 148
　④ 業務停止命令違反（法79条4号、65条2項） 148
　⑤ 帳簿不備付（法83条1項4号、49条） 149

第6章 公害関係法

第1節 人の健康に係る公害犯罪の処罰に関する法律
　① 過失犯（法3条2項、4条） 150
第2節 大気汚染防止法
　① ばい煙発生施設設置の際虚偽の届出
　　　　　　　　　　　　　（法34条1号、36条、6条1項） 156
第3節 水質汚濁防止法
　① 排出水の排出の制限違反（法31条1項1号、12条1項、34条） ... 157
　② 特定施設の構造等の変更の届出義務違反（法32条、7条） 159
第4節 騒音規制法
　① 特定施設の設置の届出義務違反（法30条、32条、6条1項） 161
第5節 廃棄物の処理及び清掃に関する法律

1　無許可一般廃棄物処理業（法25条1号、7条1項） 166
　　　2　無許可業者に対する産業廃棄物の処分委託
　　　　　　　　（法25条1項6号、12条5項、12条の2第5項、32条2号）..... 167
　　　3　廃棄物の不法投棄（法25条1項14号、16条、32条1項1号）...... 168
　第6節　海洋汚染等及び海上災害の防止に関する法律
　　　1　船舶からの油の排出の禁止違反
　　　　　　　　（法55条1項1号、4条1項、59条）.......... 170

第7章　労　働　法

第1節　労働基準法
　　　1　強制労働（法117条、5条）................................... 172
　　　2　中間搾取（法118条1項、6条）................................ 173
　　　3　前借金相殺（法119条1号、17条）............................. 175
　　　4　解雇予告手当の不払い（法119条1号、20条1項）............... 176
　　　5　未払い賃金の不払い（両罰）（法120条1号、23条1項、121条1項）.. 178
　　　6　時間外労働
　　　　1　法36条協定の届出のない場合（両罰）
　　　　　　　　　　　（法119条1号、32条2項、121条1項）.. 180
　　　　2　法36条協定の届出のある場合（法119条1号、32条2項、36条）... 182
　　　7　児童の使用（法118条1項、56条1項）.......................... 183
　　　8　年少者の証明書不備（法120条1号、57条1項）.................. 184
　　　9　年少者の深夜業——両罰規定（法119条1号、61条、121条1項）.... 185
第2節　労働者派遣事業の適正な運営の確保及び派遣労働者の
　　　　就業条件の整備等に関する法律
　　　1　労働者派遣（有害業務に就かせる目的）（両罰）（法58条、62条）.... 188
第3節　船　員　法
　　　1　航海日誌不記載（法126条5号、18条1項3号、施行規則11条2項）.. 192
　　　2　上長に対する暴行（法127条）................................ 192

③　年少者の使用（法129条、85条1項） 193
　④　賃金の一括支払い（法131条1号、53条1項） 194
第4節　職業安定法
　①　有料職業紹介事業（法64条1号、30条1項本文） 196
　②　暴行による職業紹介（法63条1号） 198
　③　有害業務の紹介（法63条2号） 198
　④　労働者供給事業（法64条9号、44条前段） 199

第8章　外事関係法

第1節　出入国管理及び難民認定法
　①　不法入国（法70条1項1号、3条1項1号） 204
　②　無許可上陸（法70条1項2号） 205
　③　在留資格外活動（法70条1項4号、19条1項1号） 206
　④　不法残留（旅券所持者）（法70条1項5号） 207
　⑤　不法在留罪（法70条2項、1項1号、3条1項1号）
　　　1　新法施行後に不法入国・上陸した場合 207
　　　2　新法施行前に不法入国・上陸した場合 208
　⑥　外国人の密出国（法71条、25条2項） 208
　⑦　日本人の密出国（法71条、60条2項） 209
　⑧　不法就労助長罪（1号違反）（法73条の2第1項1号） 209
　⑨　不法就労助長罪（2号違反）（法73条の2第1項2号） 210
　⑩　不法就労助長罪（3号違反）（法73条の2第1項3号） 211
　⑪　集団密航の罪（法74条2項、1項、刑法60条） 211
　⑫　住居地変更届出義務違反の罪（法71条の3第2号、19条の9第1項）．． 212
　⑬　旅券等携帯義務違反の罪（法76条、23条） 213
第2節　旅　券　法
　①　虚偽申請（法23条1項1号） 215
　②　旅券譲渡（法23条1項3号） 216

第9章　厚　生　法

第1節　医師法・歯科医師法
  1　無免許医（歯科医）業
      （医師法31条1項1号、17条・歯科医師法29条1項1号、17条） 219
  2　非医師の医師詐称（医師法33条、18条・歯科医師法31条、18条） ... 220
  3　無診察治療等禁止違反
      （医師法33条、20条・歯科医師法31条、20条） 221
  4　診療録不記載
      （医師法33条、24条1項・歯科医師法31条、23条1項） 222
第2節　薬　事　法
  1　無許可製造販売（法84条2号、12条1項） 225
  2　無許可製造（法84条2号、12条1項） 226
  3　医薬品無許可販売（法84条5号、24条1項） 227
  4　販売方法制限違反（法85条1号、37条1項） 228
  5　譲渡手続違反（法86条1項5号、46条1項） 229
第3節　薬　剤　師　法
  1　非薬剤師の調剤（法29条、19条） 232
  2　処方せんによらない調剤（法30条2号、23条1項） 233
  3　名称の不正使用（法32条、20条） 233
第4節　あん摩マツサージ指圧師、はり師、きゆう師等に
      関する法律
  1　無免許はり業（法13条の7第1号、1条） 235
  2　医師の同意を得ない脱臼患部の施術（法13条の8第1号、5条） 236
  3　広告違反（法13条の8第1号、7条） 237
  4　医業類似行為（法13条の7第4号、12条） 237
第5節　麻薬及び向精神薬取締法・覚せい剤取締法・あへん法
      ・大麻取締法

目 次 *11*

1 輸　入
　1　覚せい剤の輸入
　　　　　（法41条1項1号、13条、営利目的の場合は41条2項）.......... 241
　2　麻薬及び向精神薬・あへん・大麻の輸入
　　　　（麻薬及び向精神薬取締法64条1項、12条1項、営利目的の場合は
　　　　64条2項・あへん法51条1項3号、6条1項、営利目的の場合は
　　　　51条2項・大麻取締法24条2項、4条1号）....................... 241
2 製　造　等
　1　麻薬の製造
　　　　（麻薬及び向精神薬取締法64条1項、12条1項、65条1項、20条、
　　　　営利目的の場合は64条2項、65条2項）....................... 244
　2　覚せい剤の製造
　　　　（覚せい剤取締法41条1項、15条1項、営利目的の場合は41条2項）.. 245
　3　麻薬の製剤
　　　　（麻薬取締法64条の2第1項、12条1項、66条1項、22条、営利目
　　　　的の場合は64条の2第2項、66条2項）....................... 246
3 麻薬・覚せい剤の所持
　　（麻薬及び向精神薬取締法64条の2第1項、12条1項、66条1項、
　　28条1項、営利目的の場合は64条の2第2項、66条2項・覚せい
　　剤取締法41条の2第1項、14条1項、営利目的の場合は41条の
　　2第2項）... 246
4 麻薬・覚せい剤の譲渡・譲受
　　（麻薬及び向精神薬取締法64条の2第1項、12条1項、66条1項、
　　24条1項、26条1項、営利目的の場合は64条の2第2項、66条2項
　　・覚せい剤取締法41条の2第1項、17条、営利目的の場合は41条
　　の2第2項）... 250
5 覚せい剤として譲渡
　　（国際的な協力の下に規制薬物に係る不正行為を助長する行為等の防

　　　　止を図るための麻薬及び向精神薬取締法等の特例等に関する法律8
　　　　条2項) 253
　　6 麻薬の施用・覚せい剤の使用
　　　　(麻薬及び向精神薬取締法64条の3第1項、12条1項2項、66条の2
　　　　第1項、27条1項3項4項5項、営利目的の場合は64条の3第2項、
　　　　66条の2第2項・覚せい剤取締法41条の3第1項1号、19条、営利
　　　　目的の場合は41条の3第2項) 254
　　7 けし・大麻の栽培
　　　　(あへん法51条1項1号、4条・大麻取締法24条1号、3条1項) 257
　　8 あへん採取(あへん法51条1項、5条) 258
第6節　毒物及び劇物取締法
　　1 無登録販売(法24条1号、3条3項) 262
　　2 劇物吸入(法24条の3、3条の3・同法施行令32条の2) 263
　　3 18歳未満の者に劇物を交付(法24条3号、15条1項1号) 264
　　4 シンナー吸入を知りながらこれを販売(法24条の2第1号) 264
　　5 無機シアン化合物の放流(法24条5号、26条、15条の2・同法
　　　　施行令38条1項1号、40条1号) 265
第7節　食品衛生法
　　1 腐敗食品陳列(法71条1項、6条1号) 269
　　2 病肉販売(法71条1項、9条1項) 270
　　3 未指定添加物を添加した食品の販売(法71条1項1号、10条) 270
　　4 無許可営業(72条1項、52条1項) 271
第8節　と 畜 場 法
　　1 と畜場外と殺(法24条2号、13条1項) 274
　　2 無検査と殺(法24条3号、11条1項) 275
　　3 譲受けの禁止違反(法25条1号、15条) 275

第10章 財 政 法

第1節 所 得 税 法
- 1 ほ 脱（法238条1項） 277
- 2 質問不答弁（法242条9号、234条1項） 279

第2節 法 人 税 法
- 1 ほ 脱（法159条1項、163条1項） 281

第3節 消 費 税 法
- 1 ほ脱・不正受還付（法64条1項1号、2号） 283

第4節 酒 税 法
- 1 無免許製造（法54条1項、7条1項） 287
- 2 ほ 脱（法55条1項1号、59条） 288
- 3 酒類の無免許販売業法（法56条1項1号、9条1項） 289

第5節 印 紙 税 法
- 1 納付印製造（法23条、16条） 291

第6節 関 税 法
- 1 禁制品輸入（法109条2項） 296
- 2 ほ 脱（法110条1項1号） 296
- 3 無許可輸出（法111条1項） 297
- 4 密輸入品（関税贓物）の有償取得（法112条1項） 298

第7節 税 理 士 法
- 1 ほ脱相談（法58条、36条） 300
- 2 無資格者による税理士業務（法52条、59条1項3号） 301

第11章 経 済 法

第1節 会 社 法
- 1 特別背任（法960条1項）――不良貸付 305
- 2 違法配当（法963条5項2号） 307

3　目的の範囲外における投機取引（法963条5項3号） 308
　　　4　虚偽文書行使（法964条1項） 309
　　　5　預合い（法965条） 310
　　　6　会社荒し等に関する贈収賄（法967条） 311
　第2節　破　産　法
　　　1　詐欺破産（法265条1項1号）――隠匿 315
　　　2　詐欺破産（法265条1項2号）――破産財団負担虚偽増加 315
　　　3　債権者庇護（法266条） 316
　第3節　私的独占の禁止及び公正取引の確保に関する法律
　　　1　不当な取引制限（法89条1項1号、95条1項、3条） 319
　　　2　一定の取引分野における競争の実質的制限
　　　　　　　　　　　（法89条1項2号、95条2項、8条1号） 321
　　　3　排除指導命令違反（法90条3号、95条1項） 323
　第4節　不正競争防止法
　　　1　不正競争（法21条2項1号、2条1項1号） 326
　第5節　出資の受入れ、預り金及び金利等の取締りに関する法律
　　　1　出資金の受入（法8条3項1号、1条） 329
　　　2　預り金（法8条3項1号、2条1項） 331
　　　3　高金利の受領・契約（法5条3項） 333
　第6節　金融商品取引法
　　　1　相場操縦の禁止違反
　　　　　　（法197条1項5号、159条1項1号、2項1号、207条1項1号） 338
　　　2　取引所の役職員に関する贈収賄（法203条1項、3項） 340
　第7節　特定商取引に関する法律
　　　1　不実の告知（法70条、6条1項） 342
　　　2　現金取引による住居訪問販売における契約書面不交付
　　　　　　　　　　　（法72条1号、5条2項、74条） 345
　　　3　連鎖販売取引に関する連鎖販売業の事業概要開示書面不交付（第1事実）

及び不当勧誘（第2事実）
　　　（第1事実・法71条、37条1項、第2事実・法70条1号、34条1項、
　　　両罰につき法74条1号） 347

第12章　無体財産法

第1節　特　許　法
　1　特許権侵害（法196条1項） 354
　2　詐欺の行為（法197条） 355
　3　虚偽表示（法198条、188条1号） 355

第2節　商　標　法
　1　商標権侵害（法78条） 358
　2　類似商標による間接侵害（法78条の2、37条2号） 359
　3　商標法違反及び不正競争防止法違反 359
　　　（商標法78条、不正競争防止法21条2項1号、2条1項1号） 359

第3節　著　作　権　法
　1　著作権侵害（法119条1項1号、124条1項） 362
　2　著作権・著作隣接権侵害（法119条1号） 362
　3　みなし侵害（法119条2項3号） 363

第13章　農林水産法

第1節　農　地　法
　1　無許可権利移転（法64条1号、3条1項） 365
　2　無許可転用（法64条1号、4条1項） 366
　3　転用目的無許可権利移転（法64条1号、5条1項） 367

第2節　森　林　法
　1　森林窃盗（法197条） 369
　2　保安林内森林窃盗（法198条） 371
　3　森林贓物運搬（法201条2項） 371

④　森林放火（法202条1項） 371
　　　⑤　森林失火（法203条1項） 372
　第3節　鳥獣の保護及び狩猟の適正化に関する法律
　　　①　鳥獣捕獲（法83条1項1号、8条1項） 374
　　　②　狩猟可能区域以外での狩猟鳥獣の捕獲（法83条1項2号、11条
　　　　　1項、施行規則8条、7条1項7号、銃砲刀剣類所持等取締法31条
　　　　　の16第1項5号、10条2項1号） 375
　　　③　違法捕獲鳥獣の飼養（法84条1項5号、27条） 375
　第4節　漁　業　法
　　　①　無許可指定漁業
　　　　　（法138条4号、52条1項・法52条1項の指定漁業を定める政令
　　　　　1項10号） 378
　　　②　無許可中型まき網漁業等（法138条7号、66条1項） 379
　　　③　漁業権侵害（法143条1項） 380
　第5節　水産資源保護法
　　　①　内水面におけるさけの採捕禁止（法37条2号、25条） 381
　第6節　漁　船　法
　　　①　登録票の備え付け違反（法55条1号、15条） 384
　　　②　登録番号表示義務違反（法55条1号、16条） 384

第14章　運輸・通信法

　第1節　鉄道営業法
　　　①　無賃乗車（法29条1号） 387
　　　②　物品の車内販売（法35条） 387
　　　③　鉄道地内立入り（法37条） 388
　　　④　職務執行妨害（法38条） 388
　　　⑤　列車に対する投石（法40条） 389
　第2節　新幹線鉄道における列車運行の安全を妨げる行為

の処罰に関する特例法
- 1 線路上に物件を置く罪（法3条1号） 390
- 2 線路内立入りの罪（法3条2号） 391
- 3 列車に物件を投げる罪（法4条） 392

第3節　道路運送法
- 1 無免許運送事業（法96条1号、4条1項） 395
- 2 有償運送の禁止（白タク）（法97条1号、78条） 396
- 3 運送引受義務違反（法98条6号、13条、99条） 396

第4節　貨物自動車運送事業法
- 1 無許可貨物自動車運送事業経営（法70条1号、第3条、78条） 399
- 2 無認可事業計画変更（法78条、74条、9条1項） 400

第5節　道路運送車両法
- 1 無登録自動車の運行（法108条1号、4条） 403
- 2 無検査、無保険（車検切れ、保険切れ）車両運行
  （法108条1号、58条1項、62条1項、同法施行令8条1項1号、
  2項1号、自動車損害賠償保障法86条の3第1号、5条） 403
- 3 自動車登録番号標の不正使用（法109条1項1号、98条3項） 404

第6節　自動車の保管場所の確保等に関する法律
- 1 保管場所違反（法17条1項2号、11条1項、同法附則3項、同法
  施行令附則3項、2項1号） 406
- 2 駐車制限時間違反（法17条2項2号、11条2項1号、18条、
  本法附則3項、本法施行令附則3項、2項1号） 407

第7節　自動車損害賠償保障法
- 1 自動車損害賠償責任保険契約未締結車両の運行
  　　　　　　　　　　　　　（法86条の3第1号、5条） 410
- 2 自動車損害賠償責任保険証明書不備車両の運行
  　　　　　　　　　　　　　（法88条1号、8条） 410

第8節　船舶職員及び小型船舶操縦者法

1　有資格海技従事者を乗り組ませなかった罪
　　　　　　　（法30条の3第1号、18条・施行令5条）……… 413
　2　無資格者の小型船舶への乗組み
　　　　　　　（法31条1号、23条の33、施行令10条、別表第二）…… 414

第9節　船舶安全法
　1　満載吃水線標示の抹消（法17条）………………………………… 415
　2　船舶検査証書未受交付船舶の航行（法18条1項1号）…………… 416
　3　船舶検査証書の不正取得（法19条）……………………………… 417

第10節　港則法
　1　特定港における法定停泊区域外停泊（39条1号、5条1項）……… 420
　2　海難発生時の危険予防措置及び報告義務違反
　　　　　　　（法39条6号、25条）…… 421
　3　港内におけるごみ投棄（法39条4号、24条1項）………………… 422

第11節　郵便法
　1　郵便物の放棄等（法77条）………………………………………… 425
　2　郵便物のき損及び郵便用物件の損傷（法77条、78条）………… 426
　3　信書の秘密侵害（法80条2項）…………………………………… 427
　4　郵便禁制品を差し出す罪（法81条、12条）……………………… 428

第12節　電信電波法
　1　有線電気通信の妨害（有線電気通信法13条）…………………… 430
　2　無免許無線局開設（電波法110条1号、4条）…………………… 431
　3　無免許無線設備操作（電波法113条1号、39条）………………… 432

第15章　諸　　法

第1節　国家公務員法
　1　秘密の漏示（法109条12号、100条1項）………………………… 435
　2　争議行為のあおり等（法110条1項17号、98条2項前段）……… 436
　3　公務員の政治的行為（法110条1項19号、102条1項）

1　投票勧誘運動（規則6項8号） 439
　　2　政治的目的を有する文書の配布（規則6項13号） 441
第2節　自然公園法
　1　特別地域内における禁止行為違反（法83条3号、20条3項4号） 444
　2　利用のための規制違反（法86条10号、37条1項2号） 445
第3節　消　防　法
　1　火災報知機の損壊（法39条、18条1項） 449
　2　防火対象物改修等命令違反（法39条の3の2、5条1項） 450
　3　危険物貯蔵（法41条1項3号、10条1項） 451
　4　無承認消火器販売（法43条の4、21条の2第4項） 451
　5　虚偽通報（法44条20号） 452
第4節　文化財保護法
　1　重要文化財の輸出（法193条、44条） 453
　2　重要文化財の隠匿（法195条1項） 454
　3　史跡名勝天然記念物をき損等する罪（第196条第1項） 454
第5節　弁　護　士　法
　1　非弁行為（法77条、72条） 457
　2　譲受けた権利の実行（法77条4号、73条） 458
　3　非弁護士の虚偽標示等（法77条の2、74条） 459
第6節　旅　館　業　法
　1　無許可営業（10条1号、法3条1項） 460
　2　宿泊者名簿不記載（法11条1項、6条1項） 461
　3　宿泊者氏名等偽称（法12条、6条2項） 462
第7節　組織的な犯罪の処罰及び犯罪収益の規制等に関する法律
　　1　組織的な賭博場開帳等図利等
　　　　　　　　　　（法3条1項6号、5号、刑法186条、60条） 463
　　2　犯罪収益等の仮装（10条1項） 465
第8節　不正アクセス行為の禁止等に関する法律

1　不正アクセス行為の禁止（法11条、3条、2条4項1号） 468
　　2　不正アクセス行為を助長する行為の禁止（法12条2号、5条） 470
第9節　ストーカー行為等の規制等に関する法律
　　1　ストーカー行為（法13条1項、2条2項、1項5号） 472
　　2　禁止命令違反
　　　　　　（法14条1項、5条1項1号、3条、2条2項、1項1号） 474
第10節　集会、集団行進及び集団示威運動に関する条例
　　1　無許可デモの指導
　　　（昭和25年東京都条例第44号集会、集団行進及び集団示威運動に
　　　関する条例5条、1条） 476
　　2　許可条件違反デモの指揮（同条例5条、3条1項但書） 478

4訂版
犯罪事実記載の実務
特別法犯

第1章　準刑法

第1節　爆発物取締罰則

第1条　治安ヲ妨ケ又ハ人ノ身体財産ヲ害セントスルノ目的ヲ以テ爆発物ヲ使用シタル者及ヒ人ヲシテ之ヲ使用セシメタル者ハ死刑又ハ無期若クハ7年以上ノ懲役又ハ禁錮ニ処ス

第3条　第1条ノ目的ヲ以テ爆発物若クハ其使用ニ供ス可キ器具ヲ製造輸入所持シ又ハ注文ヲ為シタル者ハ3年以上10年以下ノ懲役又ハ禁錮ニ処ス

第6条　爆発物ヲ製造輸入所持シ又ハ注文ヲ為シタル者第1条ニ記載シタル犯罪ノ目的ニアラサルコトヲ証明スルコト能ハサル時ハ6月以上5年以下ノ懲役ニ処ス

第7条　爆発物ヲ発見シタル者ハ直ニ警察官吏ニ告知ス可シ違フ者ハ100円以下ノ罰金ニ処ス

1　爆発物使用（法1条）

　被疑者は，暴力団○○組の幹部であるが，かねてから対立している××会事務所を爆破する目的で，平成○○年○月○日午後○時頃，○○県○○市○○町○番○号所在の同会事務所入口付近に，雷管及び長さ約○メートルの導火線付

きダイナマイト1本を装置した上，同導火線に点火してダイナマイトを爆発さ
せ，もって爆発物を使用したものである。

① 本条違反の罪が成立するためには，「治安ヲ妨ケ又ハ人ノ身体財産ヲ害セントスルノ」目的が必要である。「治安ヲ妨ケ」るとは、公共の安全と秩序を害することをいうが（最判昭47・3・9刑集26・2・151），公共の安全と秩序の維持を妨げる程度をもって足り、一地方の静ひつを害する程度にまで達することは必要とされない。また，「人ノ身体財産ヲ害スル」とは、犯人以外の者の身体（生命を含む）もしくは財産（自然人のほか，法人・公共団体等の財産を含む）を傷害又は損壊することをいう。

なお，「人ノ身体財産ヲ害セントスルノ目的」については，それが爆発物使用の唯一排他的な動機であることを要しない（最決昭42・9・13刑集21・7・904）。結果の発生についてどの程度の認識・予見があれば足りるかについては、積極的に意欲することが必要であるとするもの、確定的な認識を必要とするもの、未必的認識で足りるとするものなど考え方が分かれているが、判例は「人の身体を害するという結果の発生を未必的に認識し、認容することをもって足り、右結果の発生に対する確定的な認識又は意図は要しないものと解するのが相当」であるとした（最判平3・2・1刑集45・2・1）。

② 「爆発物」とは，理化学上の爆発現象を惹起するような不安定な平衡状態において、薬品その他の資料が結合した物体であって、その爆発作用そのものにより公共の安全をみだし又は人の身体財産を害するに足りる破壊力を有するものであることを要し、かつ、それをもって足り、雷管その他の起爆装置が装備又は準備されていることを要しない（最判昭50・4・18刑集29・4・148）。

③ 「使用」とは、爆発物を爆発すべき状態におくことをいい、現実に爆発することを要しない。爆発物の「使用」に当たるかどうかについては、単に物理的な爆発可能性の観点のみから判断されるべきではなく、本条の立法趣旨、罪質、保護法益を考慮し、爆発物の構造上、性質上の危険性と行為の危険性の両面から、法的な意味において、構成要件を実現する危険性があったかどうかを判断すべきで

ある。したがって、起爆装置の欠陥により爆発しなかった手製爆弾の導火線に点火して投てきした場合でも、爆発物を使用したものである（最判昭51・3・16刑集30・2・146）と認められる。

② 爆発物の製造・所持（法3条）

　被疑者は，人の身体財産を害する目的①をもって，
第1　平成○○年○月○日頃，○○市○○町○番○号の自宅において，たばこピースかんにパチンコ玉○○個を混入したダイナマイト約○○グラムを詰め，長さ約○○センチメートルの導火線及び雷管を装置した爆発物○個②を製造③し
第2　同日頃から同年○月○日頃までの間，前記自宅押し入れに前記爆発物○個を隠匿して所持④し
たものである。

① 「治安ヲ妨ケ又ハ人ノ身体財産ヲ害セントスルノ」目的については前項①の注①☞前頁参照。1条の目的のないことを証明できなかったとき、すなわち訴追側において同目的の存在を立証できない場合であっても、被告人側において同目的の不存在を立証できないときには、6条違反が成立する。
② 爆発物のほか、「其使用ニ供ス可キ器具」の製造等も処罰されるが、「使用ニ供ス可キ器具」とは、爆発物を爆発するにいたらせる手段として用いられる器具（雷管・導火線・火縄等）のことをいう。
③ 「製造」とは、原料・半製品に加工して爆発物若しくはその使用に供すべき器具を作出することをいう。自らのためにすると、他人のためにするとを問わない（最判昭50・4・18刑集29・4・148）。
④ 「所持」とは、自己の支配し得べき状態におくことをいう。握持・携帯することを要しない。本条の罪が成立するためには、治安を妨げ又は人の身体財産を害する目的をもって、爆発物又はその使用に供すべき器具を製造・輸入・所持又は注文することを必要とし、かつ、それをもって足り、製造などをする者が、自ら

直接その爆発物などを使用する意思であると、他人に交付して使用させる意思であるとを問わない（最判昭50・4・18刑集29・4・148）。

③ 爆発物の不告知（法7条）

> 被疑者は，平成○○年○月○日午後○時頃，○○市○○町○番○号○○ビル屋上において，爆発物である導火線つきダイナマイト○本及び雷管○個が置か①れてあるのを発見したのに，直ちに警察官に告知しなかったものである。②　　　　　　　　　③

① 「爆発物」とは、発見者及び一般人が発見時において知り、かつ、知ることができた事情に基づいて爆発物と認められるものをいう。
② 「発見」とは、爆発物が何らかの不自然な状況下にある（本来あるべきでない場所に隠匿されているなど）のを見いだしたことを意味する。
③ 「直ちに」とは、一切の遅滞を許さない趣旨である。

第2節　火炎びんの使用等の処罰に関する法律

（定義）
第1条　この法律において、「火炎びん」とは、ガラスびんその他の容器にガソリン、灯油その他引火しやすい物質を入れ、その物質が流出し、又は飛散した場合にこれを燃焼させるための発火装置又は点火装置を施した物で、人の生命、身体又は財産に害を加えるのに使用されるものをいう。
（火炎びんの使用）
第2条　火炎びんを使用して、人の生命、身体又は財産に危険を生じさせた者は、7年以下の懲役に処する。
2　前項の未遂罪は、罰する。
（火炎びんの製造、所持等）
第3条　火炎びんを製造し、又は所持した者は、3年以下の懲役又は十万円以下の罰金に処する。
2　火炎びんの製造の用に供する目的をもって、ガラスびんその他の容器にガソリン、灯油その他引火しやすい物質を入れた物でこれに発火装置又は点火装置を施しさえすれば火炎びんとなるものを所持した者も、前項と同様とする。

1　火炎びんの使用（法2条）

　被疑者は、多数の学生らと共謀の上、平成○○年○月○日午後○時頃、○○市○○町○番○号所在の○○大学大講堂において、同講堂の不法占拠者を排除、検挙する任務に従事中の○○県警察本部第○機動隊所属の警察官甲らに対し、同講堂屋上などから火炎びん①○○本を投げつけて発火炎上②させ、もって、同警察官らの職務の執行を妨害し、その際、前記暴行により甲に対して治療約○日間を要する顔面、両手背部火傷の傷害を負わせるとともに、火炎びんを使

用して人の身体に危険を生じさせたものである。
②　　　　　　　　　　　③　　④

① 「火炎びん」の定義につき、法1条参照。
　「人の生命、身体又は財産に害を加えるのに使用されるもの」とは、その物自体の客観的性質からみて、人の生命、身体又は財産に害を加えるのに使用される有害性があり、本来社会的に有用な用途に使用されることがないと認められるものである。その物の構造、形状、機能、使用の態様等により客観的に判断されるべき要件である。
② 「使用」とは、火炎びんに入っているガソリン・灯油その他の引火しやすい物質を流出、飛散させて燃焼しうるような状態におくことをいい、例えば、発火装置を備えた火炎びんを投てきし、あるいは時限装置つきの火炎びんを設置するなどの行為がこれに当たる。前記のような状態におくだけで足り、現実に発火、燃焼することを要しない。
③ 「人の生命、身体又は財産に危険を生じさせた」とは、人の死傷又は財産の焼き・損壊を生じさせる具体的危険を発生させることをいう。実害の発生を必要としない。行為者に、具体的危険発生の認識が必要である。
④ 火炎びんの使用による殺人・傷害・放火・公務執行妨害・器物損壊等の罪は、本条の罪と観念的競合の関係に立つものと解する。
　なお、記載例は、本罪と公務執行妨害罪との観念的競合の例である。

2　火炎びんの製造・所持（法3条1項）

　被疑者は，
第1　平成○○年○月○日頃，○○市○○町○番○号所在のアパート○○荘○号室において，ビールびんにガソリン及び○○を混合して注入した上，同びんの外側に○○を塗付したガムテープを巻きつけた火炎びん○個を製造し
　　　　　　　　　　　　　　　　　　　　　　　　　　　　　　　　①
第2　同月○○日頃，前記○○荘○号室から同市○○町○番○号先まで，前記火炎びん○個を旅行用かばんに入れて運搬し，もって火炎びんを所持し
　　　　　　　　　　　　　　　　　　　　　　　　　　　②

たものである。

① 「製造」とは、ガラスびんその他の容器、引火しやすい物質及び発火装置、点火装置等の原材料から火炎びんを作る行為をいう。既にガソリンその他の引火しやすい物質の入ったガラスびんその他の容器に、発火装置や点火装置を付着する場合をも含む。

② 「所持」とは、自らの支配し得べき状態におくことをいい、保管・隠匿・握持・携帯・運搬等の形態があり得る。なお、火炎びんを製造後引き続き所持しているような場合は、その所持が製造に伴う必然的結果としての一時的なものと認められる場合にのみ、所持は製造罪に吸収されて、製造罪のみが成立する。これに対して、所持がその態様を変更し、製造に伴う必然的結果としての一時的なものとは認められず、新たな独立した所持として評価できる場合には、両罪が成立し併合罪の関係に立つ。

第3節　暴力行為等処罰ニ関スル法律

> 第1条　団体若ハ多衆ノ威力ヲ示シ、団体若ハ多衆ヲ仮装シテ威力ヲ示シ又ハ兇器ヲ示シ若ハ数人共同シテ刑法（明治40年法律第45号）第208条、第222条又ハ第261条ノ罪ヲ犯シタル者ハ3年以下ノ懲役又ハ30万円以下ノ罰金ニ処ス
>
> 第1条ノ2　銃砲又ハ刀剣類ヲ用ヒテ人ノ身体ヲ傷害シタル者ハ1年以上15年以下ノ懲役ニ処ス
>
> ②　前項ノ未遂罪ハ之ヲ罰ス
>
> ③　前2項ノ罪ハ刑法第3条、第3条の2及第4条の2ノ例ニ従フ
>
> 第1条ノ3　常習トシテ刑法第204条、第208条、第222条又ハ第261条ノ罪ヲ犯シタル者人ヲ傷害シタルモノナルトキハ1年以上15年以下ノ懲役ニ処シ其ノ他ノ場合ニ在リテハ3月以上5年以下ノ懲役ニ処ス
>
> 第2条　財産上不正ノ利益ヲ得又ハ得シムル目的ヲ以テ第1条ノ方法ニ依リ面会ヲ強請シ又ハ強談威迫ノ行為ヲ為シタル者ハ1年以下ノ懲役又ハ10万円以下ノ罰金ニ処ス
>
> ②　常習トシテ故ナク面会ヲ強請シ又ハ強談威迫ノ行為ヲ為シタル者ノ罰亦前項ニ同シ

　本法は、題名がなく、件名が「暴力行為等処罰ニ関スル法律」とされているものであるから、公用文書において表記する際には、「**暴力行為等処罰に関する法律**」とすべきものである（内閣官房長官の各省庁次官に対する昭和27年4月4日付「公用文改善の趣旨徹底について（依命通知）」）。

1　集団的暴行・脅迫・毀棄（法1条）

　本条の構成要件は、次頁のとおりである。

手　段	犯　罪
(1) 団体の威力を示し	(イ) 暴行（刑法208条）
(2) 多衆の威力を示し	
(3) 団体を仮装して威力を示し	(ロ) 脅迫（刑法222条）
(4) 多衆を仮装して威力を示し	
(5) 兇器を示し	(ハ) 器物損壊（刑法261条）
(6) 数人共同し	

　本条の罪は、(1)ないし(6)の手段のうち、1つ又は2つ以上の手段により、(イ)(ロ)(ハ)のうち1つ又は2つ以上の犯罪を犯すことによって成立する。

1　団体の威力を示して暴行（法1条・刑法208条）

　　被疑者は，暴力団○○組員①であるが，平成○○年○月○日午後○時頃，○○市○○町○番○号飲食店「○○」ことＡ方において，同人に対し，「お前の店の客扱いは何だ。おれは○○組の幹部だ。なめるな。」などと怒号しながら手拳で同人の顔面を数回殴打し，もって団体①の威力②を示して暴行したものである。

① 「団体」とは、共同の目的を達成するために、多数の自然人が継続的に結合したものをいい、その目的の種類や適法・不適法を問わない。したがって暴力団・博徒・的屋・不良青少年・暴走族の団体のほか、労働組合・学生団体・政治結社等の団体であっても、これを背景としてその威力を利用することができるものである限りは、ここにいう団体に該当する。

② 「威力」を示すとは、団体を背景として人の意思を制圧するに足りる勢力を相手方に認識させることをいう。

　その方法には、本例のように団体に所属する旨を告げて相手方の聴覚に作用させる場合のほか、団体名等の入った名刺、たすき、はちまきを示すなどして相手方の視覚に訴える場合も含み、その方法・態様のいかんを問わないが、相手方を威圧しうる団体が存在することを相手方に認識させ、これを利用してその威力を誇示する必要がある。

これにより現実に相手方の意思が制圧されたことを要せず、またその現場に団体員が存在することも必要ではない。

2　多衆の威力を示して脅迫（法1条・刑法222条）

　被疑者は，平成〇〇年〇月〇日午後〇時頃，友人甲ほか4名①とともに，〇〇市〇〇町〇番〇号A方に赴き，同人方玄関内において，同人に対し，「今日はお前をバラしに来た。表に5人ばかり子分がドスを持って来ている②」などと申し向けて前記甲らとともに，Aの生命身体に危害を加えるような気勢を示して脅迫し，もって多衆①の威力②を示して脅迫したものである。

① 「多衆」とは、多数の自然人の単純な集合である。団体のように目的性、継続性を有しないが、現実に同一場所に集合していることを要する。
　社会通念上、人の感情を制圧し不安の念を覚えさせる程度の人数であることを必要とするが、具体的事案に応じ、犯行の時間・場所、集合者側の年令・性別・体力等や相手方の年令・性別・体力等の諸般の事情を総合して判断すべきである。

② 「威力」を示すにつき、前記注の②参照。本例は、判例（最判昭31・7・17刑集10・7・1138）により、多衆の威力を示した脅迫に当たるとされたものである。

3　団体を仮装して脅迫（法1条・刑法222条）

　被疑者は，有限会社Tに作業員として勤務していたものであるが，平成〇〇年〇月〇日，〇〇市〇〇町〇番〇号所在の同社応接室において，同社社長Aと給料の支払方法について話し合い中，同人の回答に誠意がないとして立腹し，自己が暴力団組員であるかのように装い①，「組事務所に電話する。」と申し向けて同室内に設置されていた電話機を操作して暴力団事務所に電話をかけているように装い，「兄貴か。ここの社長は俺をこき使って給料を払わん。若い衆を4，5人いつでも来れるように用意しといてくれ。」などと電話機に話しかけた上，Aに対し，「電話をすればいつでも来るぞ。」などと申し向けて，同人の

身体，財産等にいかなる危害を加えるかもしれない気勢を示し，よって団体を仮装して威力を示し，同人を脅迫したものである。
①

① ここにいう「仮装」は、一般に相手方を誤信させるような行為に出れば足り、実際に相手方を誤信させるまでの必要はない（最決平3・2・22刑集45・2・69）。

4 兇器を示して脅迫（法1条・刑法222条）

　被疑者は，平成○○年○月○日午後○時頃，○○市○○町○番○号A方において，同人に対し，所携の出刃包丁を突きつけ，「この前はよくも恥をかかせたな。これで刺し殺してやるぞ。」などと申し向け，もって兇器を示して脅迫したものである。
①②①②③

① 「兇器」とは、その構造上・性質上又は用法上、人を殺傷しうる器具（**性質上の兇器**——銃砲・刀剣・爆弾・火炎びん等。**用法上の兇器**——包丁・ナイフ・鎌・木刀・鉄棒・角材・斧・金槌等）をいう。
② 兇器を「示シ」とは、相手方をして現に兇器を携帯していることを認識させる一切の行為をいう。現実に認識させることが必要であるから、兇器が示された方法を具体的に摘示しなければならない（例えば、「包丁を突きつけ」、「面前で短刀をちらつかせ」——視覚、「けん銃を発射し」——聴覚、「頬を白刃でなで」——触覚など）。ただし、認識させるための積極的な特段の行為を要するわけではない。
③ 凶器準備集合の罪とその継続中における本条違反との罪は併合罪の関係にある（最決昭48・2・8刑集27・1・1）。

5 共同暴行（法1条・刑法208条）

　被疑者は，甲及び乙と共同して，平成○○年○月○日午後○時頃，○○市○○町○番○号先路上において，通行人A（当○○年）に対し，「何でおれの顔
①

> を見るのか。」などと言い掛かりをつけ、こもごも手拳で同人の顔面、頭部等を数回殴打し、もって数人共同して暴行を加えたものである。

① 「数人」とは、2人以上の者をいう。数人が「共同」するとは、2人以上の者が犯罪を共同して実行する意思を有し、かつ現実に2人以上の者が現場で実行行為を行うことを必要とする。なお、共謀者のうち実行行為を分担しなかった者については、刑法60条が適用される（最判昭34・5・7刑集13・5・489）。
② 共謀者全員が実行行為に出たことを示している。
③ 数人共同して2人以上に対しそれぞれ暴行を加え、一部の者に傷害を負わせた場合には、傷害を受けた者の数だけの傷害罪と、暴行を受けるにとどまった者の数だけの本罪が成立し、これらは併合罪として処断される（最決昭53・2・16刑集32・1・47）。

2 加重傷害（法1条ノ2第1項）

> 被疑者は、平成○○年○月○日午後○時頃、○○市○○町○番○号先路上において、通行人A（当○○年）に対し、同人が突き当たってきたと因縁をつけ、傷害の故意をもって、所携の刃渡り約20センチメートルのあいくちで同人の顔面に切りつけて、加療約○週間を要する顔面切創を負わせ、もって刀剣類を用いて人の身体を傷害したものである。

① 「銃砲」又は「刀剣類」とは、銃砲刀剣類所持等取締法2条の定義するものをいう。あいくちは、同法2条2項の刀剣類である。
② 「用ヒテ」とは、銃砲又は刀剣類を本来の用法に従って使用することをいう。すなわち、銃砲にあっては弾丸を発射すること、刀剣類にあっては刃又は切先の部分で切り又は突くことを意味する。銃身や銃の台尻で殴打したり、日本刀で故意に峯打ちを加えるような行為は、「用ヒテ」には当たらない。
③ 刑法204条の傷害罪と異なり、相手方に傷害を負わせることについての故意を必要とする。単なる暴行の意思で、傷害の結果を負わせた場合を含まない。

③ 常習傷害（法１条ノ３）

　被疑者は，常習として，平成○○年○月○日午後○時頃，○○市○○町○番○号喫茶店「○○○」において，同店従業員Ａ（当２６年）に対し，態度が悪いと因縁をつけ，手拳で同人の顔面を数回殴打し，よって同人に対し加療約○日間を要する顔面打撲の傷害を負わせたものである。

① 「常習トシテ……犯シタ」とは、特定の罪を反復累行する習癖を有する者が、その習癖の発現としてその犯行を行うことをいう。本条における常習性は、傷害、暴行、脅迫、器物損壊のそれぞれについて各別に認められる場合はもとより、これらを包括したものとしての暴力行為を反復累行する習癖をも意味すると解される。

② 常習性は、前科・前歴、行為者の性格、素行、行為の動機、態様、種類などの点を総合して判断することになろう。前科及び前歴についてはその罪名・罪種、最後の前科と本件行為の間の時間的関係などを注意深く検討する必要がある。

③ 暴力行為の常習者が、傷害罪だけを犯した場合と、傷害罪のほかに暴行・脅迫・損壊の罪を犯した場合の両者を含む。

④ 集団的面会強請・強談威迫（法２条１項）

本条項の構成要件は、次のとおりである。

目　　的	手　　段	行　為
(A) 財産上不正の利益を得る目的 (B) 第三者に財産上不正の利益を得させる目的	(1) 団体の威力を示し (2) 多衆の威力を示し (3) 団体を仮装して威力を示し (4) 多衆を仮装して威力を示し (5) 兇器を示し (6) 数人共同し	(イ) 面会強請 (ロ) 強　談 (ハ) 威　迫

　本条項の罪は、(A)(B)の目的のうち１つ又は２つの目的をもって、(1)ないし(6)の手段のうち１つ又は２つ以上の手段により、(イ)(ロ)(ハ)の行為のうち１つ又は２つ以

1 面会強請（法2条1項）

　　被疑者は，甲と共謀の上，○○県○○市から同市立○○会館建築工事を請け負った建築業者Ａからその祝儀名下に金員を交付させようと企て，平成○○年○月○日午後○時頃，同市○○町○○番○号のＡ方に赴き，同人の妻Ｂ女に対し，こもごも，「Ａに話がある。ここへ出せ。」などと執ように申し向け，もって数人共同して面会を強請したものである。

① 「財産上不正ノ利益」とは、その利益を取得する手段・方法が違法であり、かつその利益自体が健全な社会通念に照らし不当なものであることを要する。
② 「面会ヲ強請」するとは、相手方に面会の意思がないことを知っているのに、強いて面会を求める行為であって、脅迫の程度に至らないものをいう。
　相手方本人に対して面会を求める場合のほか、本例のように本人の家族や使用人などに対して本人に　面会させよと迫る場合を含む。相手方の面会謝絶意思が明示されている必要はないし、1回の要求でも強請たりうる場合がある。

2 強　談（法2条1項）

　　被疑者は，かねてＡから○○万円を借り受けていたが，その返済に窮し，多衆の威力を示して同債務の免除を得る目的をもって，平成○○年○月○○日午後○時頃，甲ほか○名を引き連れて○○市○○町○番○号のＡ方に赴き，同人に対し，「昔の借金など返せるか。全部帳消しにしろ。」などと申し向けて強談したものである。

① 「強談」とは、相手方に対し、言語をもって強いて自己の要求に応ずるように迫る行為であって、脅迫の程度に至らないものをいう。「威迫」とは、他人に対し言語挙動をもって気勢を示し、不安の念を生ぜしめる行為をいう。文章や電話ではなく相手方に対して直接行われる必要がある。

第４節　暴力団員による不当な行為の防止等に関する法律

（暴力的要求行為等に対する措置）
第11条　公安委員会は、指定暴力団員が暴力的要求行為をしており、その相手方の生活の平穏又は業務の遂行の平穏が害されていると認める場合には、当該指定暴力団員に対し、当該暴力的要求行為を中止することを命じ、又は当該暴力的要求行為が中止されることを確保するために必要な事項を命ずることができる。
2　公安委員会は、指定暴力団員が暴力的要求行為をした場合において、当該指定暴力団員が更に反復して当該暴力的要求行為と類似の暴力的要求行為をするおそれがあると認めるときは、当該指定暴力団員に対し、１年を超えない範囲内で期間を定めて、暴力的要求行為が行われることを防止するために必要な事項を命ずることができる。
第46条　第11条の規定による命令に違反した者は、１年以下の懲役若しくは100万円以下の罰金に処し、又はこれを併科する。

1　再発防止命令違反（法46条、11条２項）

　被疑者は，暴力団員による不当な行為の防止に関する法律により指定を受けた指定暴力団○○組に所属する暴力団員であり，平成○○年○月○日，○○県公安委員会から同法第１１条第２項に基づき，同年○月○日までの間，客に酒類を提供する飲食店又はカラオケボックスを営む者に対して，「付き合い」その他これに類する名目で置物又は芳香剤を購入することを要求することを禁ずる旨の再発防止命令を受けたものであるが，同年○月○日，○○市○○町○番○号スナック「○○○○」において，同店経営者Ａに対し，「俺は○○組の○○だ。面倒見てやるから月○万円で芳香剤を付き合え。」などと申し向けて，付き合い名目で芳香剤を購入することを要求し，もって，前記命令に違反した

ものである。

① 法46条違反の主体は指定暴力団員であり、かつ、法11条1項の中止命令又は同条2項の再発防止命令を受けた者である。
　法11条の各命令の名宛人は「指定暴力団員」であり、命令が名宛人に伝達され又はその名宛人が了知し得べき状態に置かれたときに、命令の効力が発する。
② 「中止命令」は、現に行われている法9条に違反する行為（暴力的要求行為）の中止を命ずるものであり、期限は限定されない。
　「再発防止命令」は、指定暴力団員が暴力的要求行為をし、更に反復して同様当該暴力的要求行為と類似の暴力的要求行為をするおそれがある場合に将来の暴力的要求行為を禁止するものであるから、必ずしも過去に暴力的要求行為を受けた者に対する行為には限定されないが、1年を超えない範囲で期間を定めて命じられる。
③ 法11条1項の中止命令に違反した場合には、
　　「中止命令を受けたものであるが」
と記載する。
④ 本罪は、命令に違反することが構成要件該当行為となるので、命令の内容を具体的に記載する。

第5節　盗犯等ノ防止及処分ニ関スル法律

> 第2条　常習トシテ左ノ各号ノ方法ニ依リ刑法第235条、第236条、第238条若ハ第239条ノ罪又ハ其ノ未遂罪ヲ犯シタル者ニ対シ窃盗ヲ以テ論ズベキトキハ3年以上、強盗ヲ以テ論ズベキトキハ7年以上ノ有期懲役ニ処ス
> 1　兇器ヲ携帯シテ犯シタルトキ
> 2　2人以上現場ニ於テ共同シテ犯シタルトキ
> 3　門戸牆壁等ヲ踰越損壊シ又ハ鎖鑰ヲ開キ人ノ住居又ハ人ノ看守スル邸宅、建造物若ハ艦船ニ侵入シテ犯シタルトキ
> 4　夜間人ノ住居又ハ人ノ看守スル邸宅、建造物若ハ艦船ニ侵入シテ犯シタルトキ
>
> 第3条　常習トシテ前条ニ掲ゲタル刑法 各条ノ罪又ハ其ノ未遂罪ヲ犯シタル者ニシテ其ノ行為前10年内ニ此等ノ罪又ハ此等ノ罪ト他ノ罪トノ併合罪ニ付3回以上6月ノ懲役以上ノ刑ノ執行ヲ受ケ又ハ其ノ執行ノ免除ヲ得タルモノニ対シ刑ヲ科スベキトキハ前条ノ例ニ依ル

　本法は、題名がなく、件名が「盗犯等ノ防止及処分ニ関スル法律」とされているものであるから、公用文書において表記する際には、「盗犯等の防止及び処分に関する法律」とすべきものである（内閣官房長官の各省庁次官に対する昭和27年4月4日付「公用文改善の趣旨徹底について（依命通知）」）。

1　常習特殊強窃盗（法2条）

　本条の構成要件は、次頁のとおりである。
　本罪は、常習として、(1)(2)(3)(4)のうちいずれかの方法により、(イ)(ロ)(ハ)(ニ)(ホ)のいずれかの罪を犯すことによって成立する。
　ここにいう「常習」とは、(1)(2)(3)(4)の方法を用いて反復して窃盗罪又は強盗罪を犯す習癖を有することをいう。したがって、例えば、夜間侵入窃盗の常習者が、夜間侵入窃盗を犯した場合はもちろん、2人以上現場において共同して窃盗を犯し

常習性	方　　法	犯　　罪
常習として	(1) 兇器を携帯して (2) 2人以上現場において共同して (3) 門戸・垣根・壁等を踰越損壊し、又は錠・鍵等を開いて、人の住居又は人の看守する邸宅・建造物・艦船に侵入して (4) 夜間人の住居又は人の看守する邸宅・建造物・艦船に侵入して	(イ) 窃盗（刑法235条） (ロ) 強盗（刑法236条） (ハ) 事後強盗（刑法238条） (ニ) 昏酔強盗（刑法239条） (ホ) 上記各罪の未遂 　　　　（刑法243条）

た場合にも、本条に該当する。

　窃盗と強盗とはその犯罪類型を異にするから、各別に常習性の有無を検討しなければならない。

1　常習特殊窃盗（兇器を携帯して窃盗）（法2条1号・刑法235条）

　被疑者は、常習として①、別紙一覧表記載のとおり、平成〇〇年〇月〇日から同年〇月〇日までの間、前後〇〇回にわたり、〇〇県〇〇市〇〇町〇〇番地A方ほか〇か所において、あいくちなどの兇器を携帯して②、同人ほか〇名所有③にかかる現金合計〇〇円及び腕時計等〇〇点（時価合計〇〇円相当）を窃取し、もって常習として兇器を携帯して他人の財物を窃取したものである。

① 「常習トシテ」につき、前記☞前頁参照。
② 「兇器」とは、性質上の兇器のみならず、用法上の兇器（棍棒、鉄棒、斧、まさかり、鎌、鋤、鍬、つるはし、金槌、スコップ、のこぎり、のみ、包丁など）を含む。犯人の主観的使用目的を離れて客観的にその構造・鋭利さなどから一般人が直ちに生命・身体の危険を感ずるかどうかによって決せられる。したがって、ひも、縄、タオル、手ぬぐいなどは、社会通念上、一般人が直ちに危険感を抱かない形態・性質のものであるから、除外される。

③　「携帯」とは、いつでも使用できる状態で身体の近辺に所持することである。握持したり懐中している場合以外に、カバンなどに入れて携行する場合を含む。携帯の目的を問わない。

2　常習特殊窃盗（現場共同窃盗）（法2条2号・刑法235条）

被疑者は，常習として，甲と共謀の上，平成○○年○月○日午後○時頃，○○市○○町○番○号Ａ方前路上において，共同して，同人所有の普通乗用自動車1台（時価○○万円相当）を窃取したものである。

①　「二人以上現場ニ於テ共同シテ犯」すとは、
　　ⅰ　2人以上の者の間に共同して実行する意思の連絡（共謀）のあること
　　ⅱ　共謀者のうち少なくとも2人以上の者が現場において実行行為を分担したこと

を要し、かつこれで足りる。

3　常習特殊窃盗（鎖鑰を開き、侵入して窃盗）（法2条3号・刑法235条）

被疑者は，常習として，平成○○年○月○日午後○時○分頃，○○市○○町○番○号所在のＡ方の玄関の施錠をドライバーでこじ開けて屋内に侵入し，同人所有の現金○○円及び腕時計1個（時価○○円相当）を窃取したものである。

①　「鎖鑰（さやく）」とは、錠・鍵のほか、通常の方法では戸・扉等を開閉できないようにした装置のすべてをいう。鎖鑰を「開キ」とは、これらの装置の効用を失わせる一切の行為をいい、その方法には制限がない。

4　常習特殊窃盗（夜間侵入窃盗）（法2条4号・刑法235条）

被疑者は，常習として，平成○○年○月○日午前1時頃，○○市○○町○番○号Ａ方勝手口から同家内に侵入し，同人所有の現金○○円及び腕時計等○点

(時価合計約○○円相当)を窃取した②ものである。

① 「夜間」とは、犯罪地における日没後・日出前の間をいう。侵入と盗取とがともに夜間に行われた場合はもちろん、その内いずれか一方が夜間にかかった場合も含まれる。
② 住居侵入は、本罪に包括される。

2 常習累犯窃盗（法3条・刑法235条）

被疑者は，平成○○年○月○日○○簡易裁判所において窃盗罪により懲役○月に，同○○年○月○日○○地方裁判所において同罪により懲役○月に，同○○年○月○日○○地方裁判所において同罪により懲役○年に各処せられ，いずれもそのころ各刑の執行を受け終わったものであるが，さらに，常習として①，同○○年○月○日午後○時頃，○○市○○町○番○号所在のA方において，同人所有の現金○○万円を窃取した②ものである。

① 「常習」とは、窃盗罪又は強盗罪を反復して行う習癖を有することである。
　本罪が成立するためには、行為主体が行為前10年内に、窃盗・強盗・事後強盗・昏酔強盗・これらの未遂罪又はこれらの罪と他の罪との併合罪につき、3回以上、6月の懲役以上の刑の執行を受け、又はその執行の免除を得た者であること（形式的要件）及び本件の行為が、常習性の発露としてなされたものであること（実質的要件）が必要である。従って、行為前10年内に窃盗罪等について3回以上、6月以上の懲役以上の刑の執行を受けた者であっても、前科の態様と本件行為の態様等が著しく異なり、本件行為が常習性の発露と認められないときは、本罪の成立が否定される。
② 形式的要件の前科の中には、強盗致死傷も含まれる（名高判平8・11・13高刑集49・3・446）。
③ なお、本罪と、窃盗の着手に至らない窃盗目的の住居侵入との罪数関係は、一罪の関係にあるとするのが判例（最判昭55・12・23刑集34・7・767）である。

第6節　軽犯罪法

第1条　左の各号の一に該当する者は、これを拘留又は科料に処する。
　一　人が住んでおらず、且つ、看守していない邸宅、建物又は船舶の内に正当な理由がなくてひそんでいた者
　二　正当な理由がなくて刃物、鉄棒その他人の生命を害し、又は人の身体に重大な害を加えるのに使用されるような器具を隠して携帯していた者
　三　正当な理由がなくて合かぎ、のみ、ガラス切りその他他人の邸宅又は建物に侵入するのに使用されるような器具を隠して携帯していた者
　四　生計の途がないのに、働く能力がありながら職業に就く意思を有せず、且つ、一定の住居を持たない者で諸方をうろついたもの
　五　公共の会堂、劇場、飲食店、ダンスホールその他公共の娯楽場において、入場者に対して、又は汽車、電車、乗合自動車、船舶、飛行機その他公共の乗物の中で乗客に対して著しく粗野又は乱暴な言動で迷惑をかけた者
　六　正当な理由がなくて他人の標灯又は街路その他公衆の通行し、若しくは集合する場所に設けられた灯火を消した者
　七　みだりに船又はいかだを水路に放置し、その他水路の交通を妨げるような行為をした者
　八　風水害、地震、火事、交通事故、犯罪の発生その他の変事に際し、正当な理由がなく、現場に出入するについて公務員若しくはこれを援助する者の指示に従うことを拒み、又は公務員から援助を求められたのにかかわらずこれに応じなかつた者
　九　相当の注意をしないで、建物、森林その他燃えるような物の附近で火をたき、又はガソリンその他引火し易い物の附近で火気を用いた者
　十　相当の注意をしないで、銃砲又は火薬類、ボイラーその他の爆発する物を使用し、又はもてあそんだ者
　十一　相当の注意をしないで、他人の身体又は物件に害を及ぼす虞のある場

所に物を投げ、注ぎ、又は発射した者

　　（第十二号省略）

十三　公共の場所において多数の人に対して著しく粗野若しくは乱暴な言動で迷惑をかけ、又は威勢を示して汽車、電車、乗合自動車、船舶その他の公共の乗物、演劇その他の催し若しくは割当物資の配給を待ち、若しくはこれらの乗物若しくは催しの切符を買い、若しくは割当物資の配給に関する証票を得るため待つている公衆の列に割り込み、若しくはその列を乱した者

十四　公務員の制止をきかずに、人声、楽器、ラジオなどの音を異常に大きく出して静穏を害し近隣に迷惑をかけた者

十五　官公職、位階勲等、学位その他法令により定められた称号若しくは外国におけるこれらに準ずるものを詐称し、又は資格がないのにかかわらず、法令により定められた制服若しくは勲章、記章その他の標章若しくはこれらに似せて作つた物を用いた者

十六　虚構の犯罪又は災害の事実を公務員に申し出た者

　　（第十七号～第二十二号省略）

二十三　正当な理由がなくて人の住居、浴場、更衣場、便所その他人が通常衣服をつけないでいるような場所をひそかにのぞき見た者

　　（第二十四号～第二十七号省略）

二十八　他人の進路に立ちふさがつて、若しくはその身辺に群がつて立ち退こうとせず、又は不安若しくは迷惑を覚えさせるような仕方で他人につきまとつた者

　　（第二十九号～第三十一号省略）

三十二　入ることを禁じた場所又は他人の田畑に正当な理由がなくて入つた者

三十三　みだりに他人の家屋その他の工作物にはり札をし、若しくは他人の看板、禁札その他の標示物を取り除き、又はこれらの工作物若しくは標示物を汚した者

1　1号違反

> 　被疑者は，正当な理由がないのに，^①平成〇〇年〇月〇日午後〇時頃から同日午後〇時頃までの間，人が住んでおらず，^②かつ看守していない^③〇〇市〇〇町〇番〇号所在のA所有の邸宅^④にひそんでいた^⑤ものである。

① 「正当な理由がなく」とは，「違法に」と同趣旨であって，違法性の存否は社会通念により決せられる。
② 「人が住んでおらず」とは，犯人以外の者が日常生活のために継続的に使用していないことをいう。
③ 「看守していない」とは，事実上管理支配がなされていない状態（例えば，施錠もなく，番人もいないなど）をいう。
④ 「邸宅」とは，住居の用に供する目的で作られた建造物（住宅）及びこれに附属し，主として居住者の利用に供せられるべき区画された場所をいう。
⑤ 「ひそむ」とは，人目につかぬように身をかくすことをいう。多少の時間的継続を要する。

2　2号（3号）違反

> 　被疑者は，正当な理由がないのに，平成〇〇年〇月〇日午後〇時頃，〇〇市〇〇町〇番〇号先路上において，人の身体に重大な害を加えるのに使用されるような器具である長さ約〇〇センチメートルの鉄棒^①1本（他人の建物に侵入するのに使用されるような器具であるのみ1本）を，ズボンのポケット内に隠し^{②③}て携帯した^④ものである。

① 　2号において，「刃物」は性質上の兇器，「鉄棒」は用法上の兇器の例示であり，いずれも生命・身体に対し重大な害を加えるのに足りる程度の形状を有する器具であることを要する。
　　3号において，「合かぎ」，「のみ」，「ガラス切り」は，他人の邸宅・建物に侵

入するのに使用されるような器具の例示であり、客観的にその用途に使用される性質を備えたものであれば足り（例えば、ペンチ、ドライバー、やすり、なわばしご等）、現実に使用する意思を有していたかどうかを問わない。
② 「隠して」とは、他人が通常の方法で観察した場合は、これを覚知し得ないような状態に置くことである。普通では人の目に触れにくいようにすることをいう。
③ 「携帯」とは、その者が日常生活を営む自宅ないし居室以外の場所で、器具を自己の身辺に置くことをいう。必ずしも握持を要しない。ある程度の時間的継続を要する。
④ 本号の罪と常習累犯窃盗罪の関係は併合罪であるとした判例（大高判昭61・6・12判時1201・153）がある。

3 4号違反

> 被疑者は，生計の途がないのに①，働く能力がありながら②職業③に就く意思を有せず④，かつ一定の住居⑤を持たないで，平成〇〇年〇月〇日頃から同月〇日頃までの間，〇〇市〇〇町〇番〇号先など諸方をうろついた⑥ものである。

① 「生計の途がない」とは、適法に生計の資をうる方途の存しないことをいう。窃盗、売春、賭博等の犯罪により収入を得ている場合は、生計の途があるとはいえない。
② 「働く能力」の有無は、客観的・医学的に判断すべきである。
③ 「職業」とは、適法なものに限られる。ただし、許・認可、届出を要する職業についてこれを得ていないことのみをもって、直ちに不適法とするべきではない。
④ 就業の「意思」の有無は、被疑者の供述のみによらず、それまでの行動などにより判断すべきである。
⑤ 「一定の住居」とは、継続的に人の日常生活を行う場所をいう。社会通念上相当と認められるものであることを要し、例えば旅館・ホテルの一室に相当期間継

続して居住する者は、一定の住居を有する者と認められるが、公園のベンチ、地下道、橋の下、神社仏閣の縁の下等は住居に当たらない。
⑥ 「諸方をうろついた」とは、正当な目的なしに浮浪・徘徊することであるが、その範囲の広狭を問わない。

4 5号違反

> 被疑者は、平成〇〇年〇月〇日午後〇時頃、〇〇市〇〇町所在の〇〇旅客鉄道株式会社〇〇線〇〇駅付近を進行中の〇〇駅発〇〇駅行急行電車〇号車内において①、乗客A②に対し、「大きな顔をして新聞を読むな。」などと怒号しながら同人を押しのけるなど、著しく粗野かつ乱暴な言動③で迷惑をかけた④ものである。

① 行為の場所は、公共の会堂、劇場、飲食店、ダンスホールなどの公共の娯楽場、公共の乗物の中に限られる。
　「公共の」とは、不特定かつ多数の人が自由に利用できる性質のものをいう。
　「会堂」とは、公民館、公会堂、講堂、教会、寺院等公衆が各種会合のために利用する建物一切をいう。「娯楽場」は、公衆が楽しみや慰めに利用する場所であり、公衆自身が運動や娯楽に供する場所と、そこで行われる運動や催しを公衆が観覧して楽しみを得る場所とを含む。屋の内外、常設・非常設、入場料金の有無等を問わない。
　「公共の乗物」は、不特定かつ多数人が同時に利用できるものであることを要する。利用者が特定又は少数人であるもの（例えばタクシー等）は含まれない。
② 行為の客体は、「入場者」又は「乗客」であるが、1人であると複数であるとを問わない。
③ 「著しく粗野な言動」とは、場所柄をわきまえない、それ相当の礼儀を守らないぶしつけな言葉又は動作のうち、その程度の高いものをいう。また、「乱暴な言動」とは、不当にあらあらしい言語動作であって、刑法にいう暴行・脅迫の程度までは至らないものである。
④ 「迷惑をかけた」とは、相手方が困ったり、不快の念を抱いたりすることであ

る。行為者に迷惑をかけることについての認識が必要である。

5　6号違反

> 被疑者は，正当な理由がないのに，平成○○年○月○日午後○時頃，○○市○○町○番地先の街路の電柱に設けられた灯火①を消した②ものである。

① 「灯火」とは、人工的に光を発する器具、設備の光をいう。光源の種類を問わず、常灯のほか臨時灯をも含む。自己が管理、使用するものも含むので、正当な理由なくこれを消すと本号の罪が成立する。
② 「消す」とは、発光を止める一切の行為をいい、その方法に制限はない。

6　7号違反

> 被疑者は，平成○○年○月○日午後○時頃，○○県○○市○○町○番地先2級河川○○川水路①上に，みだりに木製いかだを漂流させて放置②し，もって水路の交通を妨げるような行為③をしたものである。

① 「水路」とは、一般交通の用に供される水面（船舶航行に必要な深度までの水中を含む）をいい港湾、湖沼、河川のいずれであるかを問わない。なお、放置された船・いかだを回避することが容易な沖合の海面等は含まれない。
② 「放置」とは、水路に置いたまま、現実の管理から離れることをいう。一時的でもよく、係留してあるかどうかを問わない。
③ 「水路の交通を妨げるような行為」は、水上交通の妨害となる蓋然性があると考えられる一切の行為である。妨害の結果の発生を必要としない。

7　8号違反

> 被疑者は，平成○○年○月○日午後○時頃，○○市○○町○○番地A方の火災現場①において，正当な理由がないのに，火災現場に立ち入らないよう指示していた○○消防署員甲の指示②に従うことを拒んで③火災現場に立ち入ったもので

ある。

① 「変事」には、例示されているもののほか、落雷、火山の噴火、爆発事故、伝染病の発生等がこれに当たる。
② 「公務員」とは、当該変事に際して、適法に指示し、援助を求める権限を有するものでなければならない。警察官や消防職員、その他の市町村吏員、防疫関係職員などがこれに該当する。
③ 「指示」は、適法・正当なものでなければならない。
④ 「拒む」とは、単に指示に従わないというのではなく、指示に従わない意思を積極的に表示し、あるいは、指示に反する行動をすることにより、指示に従わない趣旨を外部的に明らかにすることをいう。

8　9号違反

被疑者は，平成○○年○月○日午後○時頃，○○市○○町○番○号Ａ方玄関前において，相当な注意をしないで，新聞紙，紙箱等を燃やして火をたいたものである。

① 「相当の注意」とは、通常人に一般的に期待される程度の注意である。
② 「火をたき」とは、ある程度独立した火力を継続させることであり、「火気を用いた」とは、マッチをすり、ライターを使用するなど火を発する一切の行為をいう。

9　10号違反

被疑者は，平成○○年○月○日午後○時頃，○○市○○町○番○号先道路上において，相当な注意をしないで，散弾入り実包を装てんし，かつ，安全装置を施していない猟銃で早撃ちの動作を繰り返すなどして，これをもてあそんだものである。

① 「もてあそぶ」とは、本来の使用目的上必要がないのに、好奇心、いたずらなどの動機により、これを取り扱う行為を意味する。

10　11号違反

> 被疑者は，平成○○年○月○日午後○時頃，○○市○○町○番○号先の○○バス停留所付近において，相当な注意をしないで，ジュース空かん○個を投げたものである。

① 「他人の身体又は物件に害を及ぼす虞のある場所」とは、他人の身体（生命を含む）又は他人の物件（動産・不動産、生物・非生物を問わない）を不当に侵害する危険性のある場所をいう。
　行為はそのような場所に向かって物を投げ、注ぎ、又は発射することである。
② 投げ、注ぎ、又は発射する「物」は、他人の身体又は物件に害を及ぼすおそれのあるものであることを要する。
③ 本号に当たる行為が、暴行罪に当たる場合には本号の適用はない。

11　13号違反

> 被疑者は，平成○○年○月○日午後○時頃，○○市○○町○番○号所在の○○バス停留所において，○○行きのバスを待ち合わせていたＡほか○名の列に，「どいた。どいた。」とどなりながら，Ａらを押しのけて割り込み，もって威勢を示して公共の乗物を待っている公衆の列に割りこんだものである。

① 「公衆の列」は、
　⑴　公共の乗物、催し、配給を待つ行列
　⑵　公共の乗物、催しの切符を買うため待つ行列若しくは配給に関する証票を得るために待つ行列
　でなければならない。
② 「威勢を示す」とは、他人に不安の念又は迷惑を与えるような態度をとること

である。その行為が暴行・脅迫の程度に達しないものであることを要する。
③　「割り込み」とは、行列を作っている公衆（全員）の承諾なしに、列の中間又は列の先頭に入ることをいい、「列を乱し」とは、列の正常な状態を変更することで、列中の順序を変更したり、新たな列を作って混乱させたり、又は列そのものを解散させることをいう。

12　14号違反

> 　被疑者は，○○市○○町○番○号でぱちんこ遊技場「○○○」を経営し，かねてから同店表側に備え付けた拡声機を用いて人声，音楽等により客の呼び込みをしていたものであるが，平成○○年○月○日頃，所轄○○警察署勤務の警察官Aから高音を出さないように注意を受けながら，その制止を聞かず，同年○月○日頃から同月○○日頃までの間，同所において，同拡声機を用いて，客の呼び込みのため，人声，音楽等を異常に大きく出して静穏を害し近隣に迷惑をかけたものである。

①　「公務員」は、騒音を制止する権限を有する公務員であることを要する（警察官につき、警察法2条1項、地方公務員につき、地方自治法2条3項7号など）。
②　「制止」とは、特定の騒音に対してなされた制限・禁止をいい、一般的なものを含まないので、騒音の態様、制止年月日、制止者等により制止の対象となっている騒音を特定しなければならない。
③　「音」は、例示されているもののほか、機械音、テレビ音、警笛、ステレオ、カラオケ等その種類を問わない。
④　「異常に大きく出し」とは、社会通念上相当と認められている程度以上の大きな音を出すことをいうが、どの程度が相当と認められるかについては、場所（住宅地、商業地域、工場地帯、学校・病院の近辺など）、時間帯などを考慮して判断することになる。
⑤　「近隣に迷惑をかけた」とは、近隣の人々の日常生活に支障を来すような不快感を与えることをいう。故意は、公務員の制止がなされたこと及び異常な騒音を

13 15号前段違反

　出すことの認識をもって足り、近隣に迷惑をかけることまで認識している必要はない。

> 　被疑者は、警察官①でないのに、平成○○年○月○日午後○時頃、○○市○○町○番○号先路上において、通行中のAに対し、「自分は○○署の刑事だが、所持品を見せなさい。」などと申し向けて官名を詐称②したものである。

① 「官公職」には、国家・地方公務員のほか、非常勤の公務員、みなし公務員を含む。
② 「詐称」するとは、官公職などを有しない者が、真実これを有するように装うことをいう。自己の同一性については正しく表示しながら単に官職のみを僭称する場合のみならず、当該官職にある特定の人物をその官職名とともに名のる場合も含まれる（最決昭56・11・20刑集35・8・797）。
　　口頭の詐称のほか、書面や名刺で示すことでもよく、明示の詐言を要しない。

14 16号違反

> 　被疑者は、平成○○年○月○日午後○時頃、○○市○○町○番○号所在の○○警察署に出頭し、同署司法警察員巡査部長①Aに対し、強盗の被害を受けた事実がないのに、「今、自宅に3人組の強盗が押し入り、現金○○万円を奪われた。」旨虚構の犯罪事実②を申し出たものである。

① 「公務員」とは、犯罪又は災害につき法令上の処理権限を有する公務員（犯罪に関しては、司法警察職員、検察官及び検察事務官等の捜査機関、災害に関しては、警察官、消防職員、市町村吏員など）をいう。
② 「虚構の事実」とは、重要部分が虚構であることを要し、かつ、それで足りる。
③ 「申し出た」とは、自発的に申告することをいい、その方法を問わない。

⑮ 23号違反

> 被疑者は，正当な理由がないのに，平成〇〇年〇月〇日午後〇時頃，〇〇市〇〇町〇番〇号公衆浴場「松の湯」ことＡ方南側板壁のすき間から，同浴場の女湯脱衣場をひそかにのぞき見たものである。
> ①　　　　　　　　　　　　　　　　　　　　　　　　　　　　　②

① 「ひそかに」とは、のぞき見られる人に知られないようにということであり、それ以外の者に知られると否とを問わない。またのぞく目的のいかんも問わない。

② 「のぞき見た」とは、通常すき間などから肉眼で見ることをいうが、その他望遠鏡で見たり、カメラで撮影することも含まれよう。なお他人の住居の庭先に侵入してその住居内をひそかにのぞき見た場合における住居侵入と本罪の関係につき牽連犯であるとした判例（最判昭57・3・16刑集36・3・260）がある。

⑯ 28号違反

> 被疑者は，平成〇〇年〇月〇日午後〇時頃，〇〇市〇〇町〇番〇号先路上において，通行中のＡ女（当20年）の進路に立ちふさがって立ち退こうとせず，さらに同女に対し，「ねえちゃん、どこへ行くんだ。おれにつきあえ。」などといいながら，同女に不安を覚えさせるような仕方で，同所から同町〇番〇号の同女方付近までつきまとったものである。
> ①　②　③

① 「立ちふさがる」とは、自己の身体で他人の進路・退路を妨げるに足る挙動に出ることをいうが、このためには相手方との距離の接近性と、行為のある程度の時間的継続性を必要とする。

② 社会通念上、通常人が不安や迷惑を覚えるであろうような方法であれば足り、現実に他人に不安・迷惑を覚えさせることを要しない。

③ 「つきまとう」とは、他人の行動にしつこく追随することで、徒歩による場合に限らず、乗物によって行うことも含まれる。

17　32号違反

> 　被疑者は，正当な理由がないのに，平成〇〇年〇月〇日午後〇時頃，〇〇旅客鉄道株式会社〇〇駅長が客引きなどの目的で立ち入ることを禁じている①〇〇市〇〇町〇番〇号所在の同社〇〇駅中央玄関口付近から，同駅構内に客引きの目的で立ち入った②ものである。

① 「入ることを禁じた場所」とは、管理者が、他人の立入りを禁止する意思を表示した場所である。
　　その他人は、物品販売・客引き等を目的とする特定人であってもよいし、表示の方法は問わない。法令の規定により一般的に立入りが禁止されている場所も、「入ることを禁じた場所」に当たる。禁止は、一時的なものでも足りる。
② 本罪の成立のためには、行為者が、立入り時に、「入ることを禁じた場所」であることを認識していることが必要である。
　　なお、建造物侵入罪が成立する場合には、本罪はこれに吸収される。

18　33号違反

> 　被疑者は，平成〇〇年〇月〇日午後〇時頃，〇〇市〇〇町〇番〇号Ａ方西側板壁①に，同人の承諾を受けないで，「〇〇〇〇」と記載したポスター〇枚をのりではりつけ②，もって，みだりに③他人の工作物①にはり札をした②ものである。

① 「他人の」工作物とは、自然人・法人・権利能力なき社団、国その他の公共団体が適法に占有している工作物をいう。「工作物」は、土地に定着する人工的建設物の総称である。可動物は除外される。
② 「はり札」とは、その材料が何かを問わない。また「はり札をした」とは、札を対象物に附着させる一切の行為をいう。ぶらさげる行為もこれに含まれる。
③ 「みだりに」とは、管理者の承諾を得ることなく、かつ、社会通念上是認されるような理由もないことをいう。管理者の承諾があった場合には、「みだりに」

とはいえない。逆に承諾がない場合には、「みだりに」に該当することが多いであろうが、この場合でも、社会通念上正当とされる特段の事情がある場合には、本罪の成立が否定される場合もあり得る。

第7節　酒に酔って公衆に迷惑をかける行為の防止等に関する法律

> （罰則等）
> 第4条　酩酊者が、公共の場所又は乗物において、公衆に迷惑をかけるような著しく粗野又は乱暴な言動をしたときは、拘留又は科料に処する。
> 　　　（第2項～第3項省略）
> 第5条　警察官は、前条第1項の罪を現に犯している者を発見したときは、その者の言動を制止しなければならない。
> 2　前項の規定による警察官の制止を受けた者が、その制止に従わないで前条第1項の罪を犯し、公衆に著しい迷惑をかけたときは、1万円以下の罰金に処する。

1　粗野乱暴な言動（法4条1項）

> 　被疑者は、酒に酔って①、平成○○年○月○日午後○時○分頃、○○市○○町所在の○○旅客鉄道株式会社○○線○○駅付近を進行中の○○駅発○○駅行○○電車内において、同車内の多数乗客②の中で、「おれは酔っぱらいじゃないぞ。」などと大声でわめき、かつ、足で床を踏みならすなどし、もって公衆に迷惑をかけるような著しく粗野かつ乱暴な言動③をしたものである。

① 本罪の主体は、「酩酊者」であり、すなわち、「アルコールの影響により正常な行為ができないおそれのある状態にある者」である。「正常な行為ができない」とは、通常人が日常の社会生活において健全な判断に従って行うような正当な言動をすることが飲酒の結果できなくなることをいうが、必ずしも完全に、又は全面的にできなくなることを要しない。

② 「公共の場所又は乗物」とは、不特定かつ多数者の利用し得べき場所又は乗物

をいう。
③　「著しく粗野又は乱暴な言動」とは、場所がらをわきまえない、それ相当の礼儀を守らない、ぶしつけな若しくは下卑た言語・動作、又は不当にあらあらしい言語・動作のことで、客観的に判断して、他人に不快感を与えたり困惑させたりする程度のものであることを要する。しかし、現実に公衆に迷惑をかけるという結果の発生までは必要としない。

2　制止不服従（法5条2項、1項、4条1項）

> 被疑者は，酒に酔って，平成○○年○月○日午後○時○分頃，○○市○○町○番○号先路上で，同所を通行中のAほか数名の婦女の前に立ちふさがり，「なかなかいい女だ。これなら触りがいがあるぞ。」と言いながらつきまとったため，これを現認した警察官甲から制止された①のにこれに従わず，更にその場で，「おしりに触らせろ。」などといいながら同女らを追いかけまわし，公共の場所で，公衆に迷惑をかけるような著しく粗野又は乱暴な言動をなし，もって公衆に著しい迷惑をかけた②ものである。

①　酩酊者が制止に従わない場合であることを要する。酩酊者がいったん制止に従ったと認められる場合には、その後の再度の犯行に適用されず、単に法4条1項の罪にとどまる。しかし、酩酊者が、いったん制止に従ったかどうかは、酩酊者が真意をもって制止にかかる言動を止めたものと客観的に認めうるかどうかによる。警察官の制止に一時従ったかに見えても、警察官が立ち去るや否や再び同種の言動を始めたような場合は、未だ制止に従ったものと認めるべきではなかろう。
②　「公衆に著しい迷惑をかけた」という結果の発生が必要である。本罪が成立すれば、1項の罪はこれに吸収される。

第8節　航空機の強取等の処罰に関する法律

（航空機の強取等）
第1条　暴行若しくは脅迫を用い、又はその他の方法により人を抵抗不能の状態に陥れて、航行中の航空機を強取し、又はほしいままにその運航を支配した者は、無期又は7年以上の懲役に処する。
　　（第2項省略）
（航空機強取等予備）
第3条　第1条第1項の罪を犯す目的で、その予備をした者は、3年以下の懲役に処する。ただし、実行に着手する前に自首した者は、その刑を減軽し、又は免除する。

1　航空機の運航支配（法1条1項）

　被疑者は、平成○○年○月○日午後○時○分、○○市○○町○○番地所在の○○空港から、同空港発○○空港行○○航空株式会社定期旅客機○○便（○○型ＪＡ○○号）に乗客を装って乗り込み、乗務員○名、乗客○○名が搭乗している同機が同日午後○時○分同空港を離陸し、同○時○分頃、○○市○○町付近上空高度約○○○○メートルにさしかかった際、機長Ａ（当○○年）、副操縦士Ｂ（当○○年）、機関士Ｃ（当○○年）らが乗務している同機操縦室に、実包を装てんしたけん銃を構え、手製爆弾3個を携えて押し入り、同機長らに対し、「我々はこの航空機をハイジャックする。この機内に10キロ爆弾2個を仕掛けている。我々のいうとおりにしなければ、この飛行機を爆破する。」などと申し向けて脅迫し、同人らを抵抗不能の状態に陥れた上、同機長に同機を前記○○空港に引き返して着陸せしめることを命じ、よって、同機長ら乗務員をして同機を○○市付近の上空において左旋回させ、同日午後○時○分頃、同空港Ｃ滑走路に着陸せしめるのやむなきに至らせ、もって、ほしいままに航

行中の航空機の運航を支配したものである。

① 本罪の主体には、限定がない。乗務員が、暴行・脅迫によって機長の権限を排除して航空機の占有を取得し、又は運航を支配した場合にも本罪が成立する。しかし、機長は、航行中の航空機を占有し、その運航について全責任を負っているので、機長自身の行為については本罪は成立しない。

② 手段は、「暴行若しくは脅迫を用い」ること、又は「その他の方法により人を抵抗不能の状態に陥れる」ことである。「暴行若しくは脅迫」とは、強盗罪の「暴行又は脅迫」と同じ意味であり、相手方の反抗を抑圧するに足りる程度のものであることを要する。

　「その他の方法」とは、麻酔薬、睡眠薬を服用させるなどの方法により、人の意識作用に一時的又は継続的な障害を生じさせることなどをいう。現実に抵抗不能の状態に陥れることを要する。ここで「人」とは、機長をいい、機長が犯人側の行為により、その正当な権限の行使を完全に妨げられた状態が作出された以上、本罪が成立することになる。

③ 本罪の客体は、「航行中の航空機」である。「航空機」とは、人が乗って航空の用に供することができる飛行機、回転翼航空機（ヘリコプター）、滑空機（グライダー）、飛行船等をいう。「航行中」とは、そのすべての乗降口が乗機の後に閉ざされたときから、これらの乗降口のうちいずれかが、降機のため開かれるときまでの間をいうものと解する。

④ 行為は、航行中の航空機を「強取」すること、又は「ほしいままにその運航を支配」することである。

　「強取」とは、航空機そのものを不法に領得する意思で、暴行・脅迫等の手段を用い、相手方の反抗を抑圧して航空機の占有を自己の支配内に移すことをいう。

　「ほしいままにその運行を支配」するとは、強取と同一の手段を用い、乗務員等の反抗を抑圧して航空機の運航に関する権限を奪い、自己の欲する場所に向けて運航を強制することをいう。なお、航空機自体の強取については、本罪のみが成立し、刑法236条1項の強盗罪は、本罪に吸収される。

2 航空機の運航支配予備（法3条）

　被疑者は，○○連盟青年行動隊員であるが，平成○○年○月○日○○市において開催される○○大会を混乱させるため，取材活動を行うと称して回転翼航空機（ヘリコプター）に搭乗して同市上空を航行し，同大会会場に至った際，同機操縦士に対し，同人の腕をつかみ，「爆発するぞ。」と申し向けて保安炎筒を示し，更に果物ナイフを突きつけるなどの暴行・脅迫を加えて同人を抵抗不能の状態に陥れた上，同会場周辺に保安炎筒，ビラ等の投下を行うため低空飛行を行わせるなどして，ほしいままに航行中の航空機の運航を支配する目的をもって，同年○月○日，○○市○○町○番○号所在の○○株式会社において，同社との間に，同月○日午前○時同社管理運航のヘリコプターに搭乗して，同所の○○ヘリポートから○○市間を往復する旨の航空機使用契約を，予約金○○万円を支払って締結し，同月○日午前○時，同ヘリポートにおいて，保安炎筒○○本，果物ナイフ○丁及びビラ○○枚等を携帯し，飛行の手続，給油等飛行準備の完了した同社操縦士Ａ（当○○年）操縦にかかる回転翼航空機（○○型ＪＡ○○号）に搭乗しようとし，もって暴行又は脅迫を用いて，ほしいままに航行中の航空機の運航を支配する罪の予備をしたものである。①

① 「予備」とは、法1条1項の罪を実現する目的で行われる一切の準備行為をいい、ハイジャックの目的で航空機に乗り込む行為、そのための航空券を購入する行為、犯行に使用する兇器・器具を準備する行為、あるいはその資金を準備する行為などがこれに当たる。

第9節　通貨及証券模造取締法

> 第1条　貨幣、政府発行紙幣、銀行紙幣、兌換銀行券、国債証券及地方債証券ニ紛ハシキ外観ヲ有スルモノヲ製造シ又ハ販売スルコトヲ得ス
>
> 第2条　前条ニ違犯シタル者ハ1月以上3年以下ノ重禁錮ニ処シ5円以上50円以下ノ罰金ヲ附加ス

1　模造通貨製造（法2条、1条）

　被疑者甲は，絵画等美術作品の創作活動を行っているもの，被疑者乙は，有限会社〇〇印刷の代表取締役として，同会社の事業である印刷業の経営に当たっているものであるが，共謀の上，千円の日本銀行券に紛らわしい外観を有する印刷物を製造しようと企て，被疑者甲において，平成〇〇年〇月〇日頃，〇〇市〇〇町〇番〇号の製版工Aに依頼して写真製版の方法により，千円の日本銀行券表側と同一寸法・同一図柄の印刷用銅凸版1枚を作らせ，同年〇月〇日頃，前記有限会社〇〇印刷において，被疑者乙に同銅板を渡して，千円札表側と同一寸法・同一図柄のものの印刷を依頼し，被疑者乙において，そのころ，同会社において，工員Bに命じ，同銅板を用いて，クリーム色上質紙の表面に千円の日本銀行券表側と同一寸法・同一図柄のもの約〇〇枚を印刷させ，もって，日本銀行発行の千円の日本銀行券に紛らわしい外観を有するもの①を製造した②ものである。

① 「紛ハシキ外観ヲ有スルモノ」とは、その色彩や形状等において真正な物を模擬すれば足り、必ずしも普通の知識を有する者がその真偽の鑑別を誤るようなものであることを必要としない（大判大15・6・5刑集5・241）し、容易に真正な物と区別できる物を製造した場合でも模造の成立を妨げない（大判昭4・7・17刑集8・405）。

また、印刷物の一部に通貨と紛わしい外観を有する部分があり、その部分が他の部分との切断により容易に独立の存在となり得るものを製造することは、通貨と紛わしい外観を有する部分が他の部分と切断されていると否とにかかわらず、それ自体で、「紛ハシキ外観ヲ有スルモノ」の製造に当たる（最判昭49・7・22刑集28・5・260）。

② 　模造の意思で製造をはじめた場合は、創作品が一般に真正の通貨と誤認させる程度に達したときでも、刑法上の通貨偽造ではなく本罪に当たる。逆に、通貨を偽造する意思で製造をはじめた場合には、技術の拙劣等の原因により、真正の通貨と誤認させるに至らず、「紛ハシキ外観ヲ有スルモノ」に止まっていても、本罪ではなく、通貨偽造未遂に当たる。また、行使の目的なしに通貨を偽造すれば、本罪が成立する。

第2章　公職選挙法

〔前注　選挙運動〕

「選挙運動」とは、一般に「特定の公職の選挙につき、特定の候補者の当選を目的として、投票を得又は得させるために直接又は間接に必要かつ有利な一切の行為」をいうとされる。

① 選挙の特定

選挙運動というためには、特定の選挙について行われる行為でなければならない。事実の記載では、通常は当該選挙の選挙期日、選挙の種類（衆議院議員、参議院議員、並びに地方公共団体の議会の議員及び長の選挙等の別）により特定する。

選挙期日の告示又は公示がなくとも、目標となる選挙の種類と、そのおよその時期が予測できるときは、選挙は特定しているといえる。例えば、当該公職の任期満了の日が近づくとか、議会の解散が近日中に予想されるなど、社会通念上それが何の選挙であるか一般に認識できる場合であれば、特定の選挙といいうる。

② 候補者の特定

選挙運動は特定の公職の候補者のために行われなければならない。

必ずしも既に立候補の届出をした者に限られず、公職の候補者となろうとする者、すなわち、将来立候補しようとする確定的意思又は事情が許すときは立候補しようとする不確定的意思を有することが四囲の事情から予測される者をも含むのである。特定人の立候補を予想し、その当選を図るための行為をした以上、仮にその

者が後に立候補を断念し、あるいはついに立候補の決意をしなかったとしても、そのためにその行為が選挙運動たる性質を失うものではない。候補者の特定は、必ずしも候補者が1人しかいないことを意味するものではなく、数名でもよい。なお、参議院議員のうち比例代表選出にかかる者についても、政党等への投票依頼を行うことは、結局当該政党等の候補者（届け出られた名簿に登載された者）のために行われるものと理解できるし、政見放送や選挙公報における名簿登載者の紹介など、候補者個人に関する側面もなお残存しているので、この候補者の特定の概念は基本的には維持されるべきであろう。

　事実の記載に当たり、当該候補者の氏名や選挙の単位（法12条以下）により特定し、既に立候補した者か、立候補する決意を有する者かの別を明らかにする。

③　投票を得又は得させるための行為

　選挙運動は、投票を得又は得させるための行為でなければならない。「投票を得」とは自己が立候補する場合のことであり、「投票を得させ」とは、自己以外の者が立候補する場合である。当選目的をもってなされなければならないから、単に日当を得ることを目的として機械的労務に従事することは選挙運動ではないが、当選を目的としてなされる以上、それが直接であると間接であるとを問わないから、特定の候補者の当選を目的として選挙人の投票を獲得しようとする行為はもちろん、特定の候補者の当選を容易ならしめるために他の候補者に投票させないようにする行為をも含む。しかし、単に個人的感情等から、ある候補者の落選のみを図る行為は、選挙運動に含まれない。

　事実の記載においては、被疑者である候補者自らが当選を得る目的であるか、候補者以外の者である被疑者が特定の候補者に当選を得させる目的であるかを明らかにする。

④　投票を得又は得させるために直接又は間接に必要かつ有利な一切の行為

　選挙運動というためには、候補者自ら投票を得るかあるいは第三者が特定の候補者に投票を得させるために必要にしてかつ有利な行為でなければならない。

　有利であるというには直接・間接を問わない。また、適法な行為に限らず、違法な運動をも含む。

事実の記載において、行為の相手方が選挙人であるか、選挙運動者であるかを明らかにし、行為の具体的内容を摘示する。行為の具体的内容を記載しただけでは、どのような選挙運動に当たるか不明確な場合、例えば選挙人に対し、「候補者をよろしく頼む。」などと依頼したという場合には、その行為が投票の依頼か、投票取りまとめなどの依頼か、あるいはその双方の趣旨を含むものかを明示すべきである。

立候補の準備行為、後援会活動、地盤培養行為、政治活動、社交的活動、選挙運動のための労務などの類似行為と選挙運動との限界は慎重に検討されなければならない。ただし、これらの行為ないし活動であっても、同時に特定の候補者に当選を得又は得させるために選挙人に働きかけることをも目的とするときには、選挙運動たるを免れない。

⑤ 選挙人に対する行為

選挙運動は、直接又は間接に常に選挙人に向けられることを必要とする。行為の直接の相手方は必ずしも選挙人でなくともよいが、その場合は、その相手方が選挙人に対し働きかけをなすことが予想されなければならない。選挙人に対する働きかけを内容としない立候補予定者及びその支持者内部での準備行為の如きは、これに含まれない。

前述したものは、選挙運動に関する一般的な定義であり、個々の条文については、それぞれの立法趣旨に従って合目的的に解釈すべきである。

1 事前運動 （法239条1項1号、129条）

（選挙運動の期間）
第129条　選挙運動は、各選挙につき、それぞれ第86条第1項から第3項まで若しくは第8項の規定による候補者の届出、第86条の2第1項の規定による衆議院名簿の届出、第86条の3第1項の規定による参議院名簿の届出（同条第2項において準用する第86条の2第9項前段の規定による届出に係る候補者については、当該届出）又は第86条の4第1項、第2項、第5項、第6項若しくは第8項の規定による公職の候補者の届出のあつた日から当該選挙の期日の前日まででなければ、することができない。

(公務員等の選挙運動等の制限違反)
第239条 次の各号の一に該当する者は，1年以下の禁錮又は30万円以下の罰金に処する。
一 第129条，第137条，第137条の2又は第137条の3の規定に違反して選挙運動をした者

被疑者は，平成○○年○月○日施行の衆議院議員選挙に際し，甲が○○県第①○区から立候補する決意を有することを知り，同人に当選を得させる目的を②もって，未だ同人の立候補届出のない同年○月○日頃，○○市○○町○番○号③の自宅において，「甲先生を囲む会」名義で同選挙区の選挙人Aほか○名を招き，その席上，「来るべき衆議院総選挙には，甲先生が立候補するから，是非当選できるよう応援していただきたい。」などと挨拶して，同人のため投票並びに投票取りまとめなどの選挙運動を依頼し，もって立候補届出前の選挙運動④⑤をしたものである。
⑥

---

①②③④ ［前注 選挙運動］ ☞43～44頁参照。
⑤ 本条においては，立候補届出前における一切の選挙運動が禁止されている。当該選挙の期日の選挙運動も，原則としてすべて禁止される。

本条にいう「**選挙運動**」とは，特定の選挙の施行が予想され，あるいは確定的になった場合，特定の人がその選挙に立候補することが確定しているときはもとより，その立候補が予測せられるときにおいても，その選挙につきその人に当選を得しめるため，投票を得若しくは得しめる目的をもって，直接又は間接に必要かつ有利な周旋勧誘若しくは誘導その他諸般の行為をなすことをいう（最決昭38・10・22刑集17・9・1755）。

その選挙運動は，選挙運動期間中適法にすることができる選挙運動行為に限らず，買収等の違法な行為をも含んでいる。なお立候補の意思を有する者若しくはその者のために選挙運動をする者が，立候補の届出前に選挙運動をしたときは，直ちに本罪が成立し，立候補の意思を有した者が，後にこれを断念し，立候補の

届出をしなかったとしても、犯罪の成立に影響を及ぼさない（最決昭42・3・3刑集21・2・403）。
⑥　同一人の事前運動に当たる行為が数個ある場合は、包括一罪となる。
　　事前運動が同時に戸別訪問、法定外文書頒布、買収等に当たる場合は、観念的競合の関係に立つ。

②　公務員の地位利用による選挙運動（法239条の2第2項、136条の2第1項1号）

（公務員等の地位利用による選挙運動の禁止）
第136条の2　次の各号のいずれかに該当する者は、その地位を利用して選挙運動をすることができない。
　一　国若しくは地方公共団体の公務員又は特定独立行政法人若しくは特定地方独立行政法人の役員若しくは職員
　二　沖縄振興開発金融公庫の役員又は職員（以下「公庫の役職員」という。）
（公務員等の選挙運動等の制限違反）
第239条の2　国又は地方公共団体の公務員、特定独立行政法人又は特定地方独立行政法人の役員又は職員及び公庫の役職員（公職にある者を除く。）であつて、衆議院議員又は参議院議員の選挙において当該公職の候補者となろうとするもので次の各号に掲げる行為をしたものは、第129条の規定に違反して選挙運動をした者とみなし、2年以下の禁錮又は30万円以下の罰金に処する。
　一　当該公職の候補者となろうとする選挙区（選挙区がないときは、選挙の行われる区域。以下この項において「当該選挙区」という。）において職務上の旅行又は職務上出席した会議その他の集会の機会を利用して、当該選挙に関し、選挙人にあいさつすること。
　二　当該選挙区において、その地位及び氏名（これらのものが類推されるような名称を含む。）を表示した文書図画を当該選挙に関し、掲示し、又は頒布すること。
　三　その職務の執行に当たり、当該選挙区内にある者に対し、当該選挙に関

し、その者に係る特別の利益を供与し、又は供与することを約束すること。

四　その地位を利用して、当該選挙に関し、国又は地方公共団体の公務員、特定独立行政法人又は特定地方独立行政法人の役員又は職員及び公庫の役職員をして、その職務の執行に当たり、当該選挙区内にある者に対し、その者に係る特別の利益を供与させ、又は供与することを約束させること。

2　第136条の2の規定に違反して選挙運動又は行為をした者は、2年以下の禁錮又は30万円以下の罰金に処する。

被疑者は、〇〇県技術吏員で、〇〇県衛生部医務課長として、同県知事及び衛生部長を補佐し、同県下の病院・療養所等に勤務する看護婦・准看護婦の業務の調整、指導、看護婦の国家登録、准看護婦に対する試験、免許、登録等に関する職務を担当する地方公務員であるが、平成〇〇年〇月〇日施行の同県知事選挙に際し立候補した甲に当選を得しめる目的をもって、同年〇月〇日、〇〇市〇〇町〇番〇号所在の〇〇大学医学部附属病院講堂において、同所で開催された同県下の病院・療養所の総婦長業務打合せ会に出席した同選挙の選挙人である〇〇病院総婦長Aほか〇〇名に対し、「今度の知事選には、看護婦も一本になって現知事の甲さんを応援していただきたい。」旨発言して、同候補者のため投票並びに投票取りまとめなどの選挙運動を依頼し、もって前記職務上の地位を利用して選挙運動をしたものである。

---

①　行為の主体は、法136条の2第1項1号及び2号所定の公務員等である。「国の公務員」には、国家公務員法にいう国家公務員のほか、国会議員も含まれ、「地方公共団体の公務員」には、地方公務員法にいう地方公務員及び地方公共団体の議会の議員も含まれる。

　他の法令により公務員とみなされている者については、同条1項1号の公務員には含まれない。

　「公団等の役職員等」の範囲は、同項2号所定の公団等のそれぞれの根拠法規や内部規定により定められたところによる。

②③④　［前注　選挙運動］☞43〜44頁参照。
⑤　「地位を利用する」とは、その公務員としての地位にあるために特に選挙運動を効果的に行い得るような影響力又は便益を利用することであり、具体的には、その地位に伴う身分上の指揮監督権、職務権限、担当事務等に関連して公務所内部又は外部に対して有する影響力を利用するような場合がこれに当たるものと解される。

　指揮監督権、職務権限は、当該公務員自らが有していることを要せず、これらの権限を有する上司の補助機関として、「所管事務、人事、予算等に影響力を有する地位にある者」、あるいは「関係業務について、立案・計画に参与し、意見を具申するなどの方法によって密接かつ重要な関係において補佐する立場にある者」が、その職務上の地位を利用して選挙運動をした場合をも含む（名高判昭39・5・11高刑集17・4・364、福高判昭42・5・23高刑集20・3・308）。
⑥　同一人による同一地位を利用した選挙運動が数回あっても、その機会や相手方を異にするときは、併合罪と解する。

　立候補届出前に地位利用による選挙運動をした場合には、本条違反の罪と法129条違反（事前運動）の罪が成立し、観念的競合となる。

3　教育者の地位利用による選挙運動（法239条1項1号、137条）

（教育者の地位利用の選挙運動の禁止）
第137条　教育者（学校教育法（昭和22年法律第26号）に規定する学校の長及び教員をいう。）は、学校の児童、生徒及び学生に対する教育上の地位を利用して選挙運動をすることができない。
（選挙運動の期間）
第239条（☞46頁参照）

　被疑者は、○○市○○町○番○号所在の同市立○○中学校教諭の職にある者①であるが、平成○○年○月○○日施行の衆議院議員選挙に際し、○○県第○区②から立候補した甲に当選を得させる目的をもって、同年○月○日頃、同中学校③

○年○組教室において、同選挙区の選挙人の子弟であるAほか○○名の生徒に対し、「今度の衆議院選挙には、甲さんに投票するようにおとうさんやおかあさんに話してほしい。」旨申し向け④、もって、生徒らに対する教育上の地位を利用して選挙運動をしたものである⑤⑥。

① 行為の主体である「教育者」とは、学校教育法に規定する学校の長及び教員をいう。同法に規定する学校とは、同法1条に列挙されているもので、国立・公立・私立の別を問わない。専修学校（同法82条の2以下）及び各種学校（同法83条以下）を含まない。

　「学校の長」とは、大学については学長（同法58条）、幼稚園については園長（同法81条）、その他の学校については学校長（同法28条、40条、50条、70条の6、76条）をいう。

　「教員」とは、大学及び専門学校においては教授、助教授、助手及び講師（同法58条、70条の6）、幼稚園については教頭、教諭（同法81条）、その他の学校においては教頭、教諭、養護教諭及び助教諭（同法28条、40条、50条、76条）等をいう。

　事務職員、技術職員は教員に含まれない。

②③④　［前注　選挙運動］☞43～44頁参照。

⑤　「教育上の地位を利用して選挙運動をする」とは、教育者が被教育者との関係で有する影響力又は便益を利用して、選挙運動を行うことをいう。

　教育者である立場を利用して、選挙人である学生に対し直接選挙運動を行い、又は児童・生徒等をして選挙運動を行わせることに限らず、それらの者を通じて間接的にその父兄に働きかける場合（例えば、児童等を通じてその父兄に対し、特定候補者への投票を依頼するなど）や、その子弟に対する教育者の地位を利用して直接父兄に働きかける場合（例えば、自己の担当する児童等の父兄を家庭訪問した機会に、父兄に対し、特定候補者に対する投票依頼をするなど）も含まれる。

⑥　国又は地方公共団体の公務員たる教育者が、その地位を利用して選挙運動を

④ 戸別訪問

（選挙運動の期間）

第129条　（☞45頁参照）

（戸別訪問）

第138条　何人も、選挙に関し、投票を得若しくは得しめ又は得しめない目的をもって戸別訪問をすることができない。

（公務員等の選挙運動等の制限違反）

第239条　次の各号の一に該当する者は、1年以下の禁錮又は30万円以下の罰金に処する。

　　（一号は☞46頁参照。二号省略）

　三　第138条の規定に違反して戸別訪問をした者

1　選挙運動者による戸別訪問（法239条1項3号、138条1項）

　　被疑者は，平成〇〇年〇月〇日施行の衆議院議員選挙に際し，〇〇県第〇区から立候補した甲の選挙運動者であるが①，同候補者に投票を得しめる目的を②もって，同月〇日から〇日までの間，別紙一覧表記載のとおり，同選挙区の選挙人である〇〇市〇〇町〇番〇号Aほか〇〇名方を戸々に訪問③し，同人らに対④し甲のための投票を依頼し⑤，もって戸別訪問したものである⑥。

別紙　一覧表

番号	年　月　日	訪　問　先	氏　名
1	平成〇〇・〇・〇	〇〇市〇〇町〇番〇号	A

① 　本罪の主体は、「何人も」であって、公職の候補者又は選挙運動者に限られ

ず、また当該選挙における選挙人であると否とを問わない。
　しかし、事実の記載に当たっては、候補者、選挙運動者等の別を明示するのが妥当であろう。
② 特定の候補者に、「投票を得若しくは得しめ又は得しめない目的」の存することが必要であるが、その目的が存在する限り、他の目的又は用件が併存し、あるいは他の用件に仮託して行っても、本罪が成立する。
③ 本罪の相手方は、当該選挙の選挙人であることを要する。したがって、訪問先の居住者が、当該選挙につき選挙権を有しないときは、本罪は成立しない。
　選挙人方が全く不在である場合にも、本罪の成立は否定されるものと解する。
④ 「戸別訪問」とは、連続して2人以上の選挙人の居宅等を訪問することをいうと解される。現実に2戸以上訪問することが必要であろう。
　連続してといっても、戸より戸へ間断なしに歴訪する場合に限らず、2人の選挙人宅を日時を異にして訪問する場合をも包含する（大判昭8・11・27刑集12・23・2129）。
　訪問の場所は、被訪問者の居宅に限らず、社会通念上被訪問者何某方と解せられる場所を含む（最決昭29・12・7刑集8・13・2136）。居宅の敷地内、居宅外の小屋、勤務先の事務室、事務所、営業所等がこれに当たる。
⑤ 訪問者の行為としては、前記②の目的をもって、選挙人方を戸別に訪れ、面会を求める行為をすれば足り、必ずしもそれ以上に当該選挙人に面接するとか、さらには口頭で投票し、又は投票しないことを依頼するとかの行為に及ぶことを要しないと解されている（最判昭43・12・24刑集22・13・1567）。
　実務上、訪問者が現実に選挙人に対し明示又は黙示の投票依頼等の行為をしている場合には、その旨摘示している。
⑥ 多数の選挙人方を戸別訪問したときは、包括一罪である。戸別訪問が、立候補届出前に行われたときは戸別訪問罪と事前運動罪との観念的競合となる。

2　候補者による立候補届出前の戸別訪問（法239条1項1号、3号、138条1項、129条）

　被疑者は，平成〇〇年〇月〇日施行の衆議院議員選挙に際し，〇〇県第〇区から立候補することを決意したものであるが，自己に投票を得る目的をもって，未だ立候補の届出のない同年〇月〇日から同月〇〇日までの間，別紙一覧表記載のとおり，同選挙区の選挙人である〇〇市〇〇町〇番〇号Aほか〇名方を戸々に訪問し，自己に投票を依頼して戸別訪問をするとともに立候補届出前の選挙運動をしたものである。①

別紙　一覧表

番号	年　月　日	訪　問　先	氏　名
1	平成〇〇・〇・〇	〇〇市〇〇町〇番〇号	A

①　戸別訪問と事前運動とは、観念的競合である。

5　飲食物の提供（法243条1項1号、139条）

（飲食物の提供の禁止）
第139条　何人も、選挙運動に関し、いかなる名義をもつてするを問わず、飲食物（湯茶及びこれに伴い通常用いられる程度の菓子を除く。）を提供することができない。ただし、衆議院（比例代表選出）議員の選挙以外の選挙において、選挙運動（衆議院小選挙区選出議員の選挙において候補者届出政党が行うもの及び参議院比例代表選出議員の選挙において参議院名簿届出政党等が行うものを除く。以下この条において同じ。）に従事する者及び選挙運動のために使用する労務者に対し、公職の候補者一人について、当該選挙の選挙運動の期間中、政令で定める弁当料の額の範囲内で、かつ、両者を通じて15人分（45食分）（第131条第1項の規定により公職の候補者又はその推薦届出者が設置することができる選挙事務所の数が1を超える場合においては、その1を増す

ごとにこれに6人分（18食分）を加えたもの）に、当該選挙につき選挙の期日の公示又は告示のあつた日からその選挙の期日の前日までの期間の日数を乗じて得た数分を超えない範囲内で、選挙事務所において食事するために提供する弁当（選挙運動に従事する者及び選挙運動のために使用する労務者が携行するために提供された弁当を含む。）については、この限りでない。

(選挙運動に関する各種制限違反、その一)

第243条　次の各号の一に該当する者は、2年以下の禁錮又は50万円以下の罰金に処する。

一　第139条の規定に違反して飲食物を提供した者

　　（一号の二〜十号省略）

> 　被疑者は、平成〇〇年〇月〇日施行の〇〇県〇〇市議会議員選挙に立候補したものであるが、法定の除外事由がないのに、同月〇日、同市〇〇町〇番〇号の自宅において、自己の選挙に関し、Aほか〇名に対し、酒肴等1人当たり約〇〇円相当の飲食物を提供したものである。

① 「選挙運動に関し」とは、「選挙運動のため」（138条（戸別訪問の禁止）等）より広い概念であり、いわゆる当選目的、投票依頼目的があることを要しないとされる。候補者が選挙人等に飲酒させ又は配布する用に供させることを企図して候補者に洋酒を提供した行為につき、選挙運動に関してされた飲食物の提供に当たるとした判例がある（最決平2・11・8刑集44・8・697）。

　特定の候補者の選挙運動に関するものであることは必要である（最判昭37・2・1刑集16・2・43）。

② 「提供」には、申込又は約束を含まない。

　飲食物の提供が禁止されるのは、すべての人についてであって、その相手方を問わない。相手方は選挙人に限らない。候補者やその選挙運動者が、選挙運動者又は選挙運動のために使用する労務者に対し、飲食物を提供する場合のみならず、自らは選挙運動に関係していない第三者が、他人の選挙運動に関し、いわゆ

る陣中見舞い等の名目で飲食物を提供する行為も含まれる（仙高判昭34・9・23高刑集12・10・947）。

　なお、提供された飲食物の価額が極めて僅少で社交的儀礼の範囲内にとどまるときは、本罪に当たらないことがあろう。
③　139条但書に該当しないことを示す。

6　文書図画による選挙運動の制限

（文書図画の頒布）
第142条　衆議院（比例代表選出）議員の選挙以外の選挙においては、選挙運動のために使用する文書図画は、次の各号に規定する通常葉書並びに第一号から第三号まで及び第五号から第七号までに規定するビラのほかは、頒布することができない。この場合において、ビラについては、散布することができない。
　　（一号〜七号省略）
（文書図画の頒布又は掲示につき禁止を免れる行為の制限）
第146条　何人も、選挙運動の期間中は、著述、演芸等の広告その他いかなる名義をもつてするを問わず、第142条又は第143条の禁止を免れる行為として、公職の候補者の氏名若しくはシンボル・マーク、政党その他の政治団体の名称又は公職の候補者を推薦し、支持し若しくは反対する者の名を表示する文書図画を頒布し又は掲示することができない。
　　（第2項省略）
（選挙運動に関する各種制限違反、その一）
第243条　次の各号の一に該当する者は、2年以下の禁錮又は50万円以下の罰金に処する。
　　（一号〜二号省略）
　三　第142条の規定に違反して文書図画を頒布した者
　　（四号省略）
　五　第146条の規定に違反して文書図画を頒布し又は掲示した者
　　（五号の二〜十号省略）

(第2項省略)

1　法定外選挙運動文書の頒布（法243条1項3号、142条1項）

　被疑者は、平成〇〇年〇月〇日施行の〇〇市長選挙に際し立候補した甲の選挙運動者であるが、同候補者に当選を得しめる目的をもって、同年〇月〇日から同月〇〇日までの間、別紙一覧表記載のとおり、同市〇〇町〇番〇号A方ほか〇〇ケ所において、同人ほか〇〇名に対し、同候補者の氏名、経歴及び写真を掲載した〇〇市選挙管理委員会の検印を受けていないポスター〇〇枚を配布①②し、もって法定外選挙運動文書を頒布したものである。③

別紙　一覧表

番号	年　月　日	頒布場所	頒布者	枚　数
1	平成〇〇・〇・〇	〇〇市〇〇町〇番〇号	A	〇

① 「**文書図画**」とは、文字その他の符号等を用いて物体の上に多少永続的に記載された意識の表示をいい、その記載が文字又はこれに代わるべき符号によるものを「**文書**」といい、象形によるものを「**図画**」という。
　書籍、新聞、名刺、挨拶状、年賀状、ポスター、立札、引幕、看板、ちょうちん、プラカード、封書、葉書、電報、スライド、映画、ネオンサイン、アドバルーン、たすき、胸章、腕章等のほか、壁の路面等に書かれたり、彫刻された文字等も含まれる。自治省（当時の）の見解によれば、パソコンのディスプレーに表示された文字等も文書図画に当たる。
② 「**選挙運動のために使用する文書**」（選挙運動文書）とは、文書の外形内容自体から見て選挙運動のために使用すると推知されうる文書をいうと解される（最判昭36・3・17刑集15・3・527）。しかし選挙運動のために使用されることが、その文書の本来の、ないしは主たる目的であることを要するものではなく、それが付随的な目的である場合を含むが、単に特定の候補者に投票しないことを勧奨す

るにすぎない文書や特定の候補者を罵言中傷するにとどまる文書はこれに含まれない。またその選挙運動において支持されている候補者（又は立候補が予測ないし予定された者）は、1人であることを必要とせず、特定されていれば、複数人であっても差し支えない（最判昭44・3・18刑集23・3・179）。

「選挙運動用文書」は、参議院（比例代表選出）議員の選挙以外の選挙においては、法142条1項各号に規定する通常葉書、同項1号及び2号のビラ以外には頒布が許されない。参議院（比例代表選出）議員の選挙については、文書・図画の頒布は認められていない。

前記以外の選挙運動用文書としては、法144条による選挙管理委員会の検印を受けていないポスター、本人の写真・経歴をかかげ、「大なる政治家として大成させていただきたい」等の記載をした文書、個人演説会・政見放送の日時・場所等を知らせる文書、選挙事務所開きを通知し多数の参集を求める文書、特定の候補者に関する宣伝文言、政見略歴等を掲げた労働組合機関紙等がこれに当たる。

なお衆議院の解散に際して、選挙人に対し、候補者となろうとする者等の氏名を表示して、「国会解散よろしく頼む」などと郵便又は電報によりあいさつする行為は、法142条10項により同条1項の禁止行為に該当するものとみなされる。

③ 「頒布」とは、不特定又は多数の者に配布する目的でその内の一人以上の者に配布することをいい、特定少数の者を通じて当然又は成行上不特定又は多数の者に配布されるような情況の下で、特定少数の者に当該文書図画を配布した場合もこれに当たる（最決昭51・3・11刑集30・2202）。

なお不特定又は多数の者に対する頒布に関する共犯者間の選挙運動文書の配付と「頒布」の成否については、最判昭57・4・22刑集36・4・561を参照（積極）。

相手方の閲覧し得る状態に至ることが必要である。

頒布を受ける者の資格については何ら制限はない。選挙人であるかどうかを問わない。

なお、本条1項は、文書の頒布の方法をも法定したものと解すべきであり、法定の選挙用通常葉書であっても、これを郵送の方法によらないで頒布した場合は本罪が成立する。

④　多数の頒布行為があれば、包括一罪となる（東高判昭35・3・3刑集12・2・211）。

2　脱法文書の配布（法243条1項5号、146条1項）

　　被疑者は、平成○○年○月○日施行の○○市議会議員選挙に際し立候補した甲の選挙運動者であるが、その選挙運動期間中である同月○日、○○市○○町○番○号先道路上において、通行人Aほか○○名に対し、公職選挙法第１４２条の禁止を免れる行為として、○○党の名称及び同候補者の氏名を表示したパンフレット○○部を配布し、もって脱法文書を頒布したものである。
①
②
③
④

①　「選挙運動の期間中」とは、一般にその選挙の期日の公示又は告示の日から選挙の期日までをいうものと解されている。
②　「禁止を免れる行為として」とは、実際には選挙運動のために使用しながら、外形的には著述、演芸等の広告等のように装うことをいう。行為者にこの点の認識が必要である。
　　選挙運動のために使用されていることが文書図画自体から明らかである場合には、法146条でなく、法142条又は143条に該当する。
③　特定の候補者の氏名を表示するものであることを要し、かつ、それをもって足り、1又は2以上の選挙区ごとにそれぞれ複数の候補者の氏名を表示する文書であっても、候補者の氏名が特定されている限り、これに含まれる（最判昭49・11・6刑集28・9・743）。
④　行為は、「頒布」と「掲示」である。「頒布」については、前記1の③☞前頁参照。「掲示」とは、文書図画を広く第三者の閲覧し得るような場所に掲げることをいう。ポスター等を壁等に掲示するようなことはもちろん、直接壁・へい・電柱・道路等に文字、絵画等を記入して人目に触れるようにすることも掲示に当たる。

7 買 収

（買収及び利害誘導罪）

第221条　次の各号に掲げる行為をした者は、３年以下の懲役若しくは禁錮又は50万円以下の罰金に処する。

一　当選を得若しくは得しめ又は得しめない目的をもつて選挙人又は選挙運動者に対し金銭、物品その他の財産上の利益若しくは公私の職務の供与、その供与の申込み若しくは約束をし又は供応接待、その申込み若しくは約束をしたとき。

二　当選を得若しくは得しめ又は得しめない目的をもつて選挙人又は選挙運動者に対しその者又はその者と関係のある社寺、学校、会社、組合、市町村等に対する用水、小作、債権、寄附その他特殊の直接利害関係を利用して誘導をしたとき。

（三号省略）

四　第一号若しくは前号の供与、供応接待を受け若しくは要求し、第一号若しくは前号の申込みを承諾し又は第二号の誘導に応じ若しくはこれを促したとき。

五　第一号から第三号までに掲げる行為をさせる目的をもつて選挙運動者に対し金銭若しくは物品の交付、交付の申込み若しくは約束をし又は選挙運動者がその交付を受け、その交付を要求し若しくはその申込みを承諾したとき。

（六号省略）

2　（省略）

3　次の各号に掲げる者が第１項の罪を犯したときは、４年以下の懲役若しくは禁錮又は100万円以下の罰金に処する。

一　公職の候補者

（二号～四号省略）

1 選挙運動者による投票報酬の供与（法221条1項1号）

　被疑者は、平成○○年○月○日施行の衆議院議員選挙に際し、○○県第○区から立候補した甲の選挙運動者であるが①、同候補者に当選を得しめる目的を⑤もって、同年○月○日頃、○○市○○町○番○号の選挙人A方において②、同人に対し、甲のための投票を依頼し、その報酬として現金○○○円③を供与④したものである。

① 本罪の主体については特に制限はないが、身分によって刑が加重される場合がある。
② 買収の相手方は、「選挙人又は選挙運動者」に限られる。
　投票させ又は投票させないことを目的として選挙人を買収するのが「投票買収」、特定の候補者のために投票取りまとめなどの有利な選挙運動をさせ又は選挙運動をさせないようにすることを目的として選挙運動者を買収するのが「運動買収」といわれている。
　事実の摘示に当たっては、相手方が選挙人又は選挙運動者であることを記載する。
　ここにいう「選挙人」とは、選挙権を有するものとして選挙人名簿に登録されている者（法21条1項、42条1項本文）のほか、同名簿に登録されていないが選挙人名簿に登録されるべき旨の決定書又は確定判決書を所持している者（法42条1項但書）又は選挙人名簿の調整前又は確定前であってもその名簿に登録される資格を有する者をいう（大判昭12・3・25刑集16・398）。
　「選挙運動者」については、後記3の注①☞64頁参照。
③ 供与の目的物である「財産上の利益」とは、例示されている金銭、物品のほか、債務の免除、債務の保証、借入金の周旋、得意先の譲渡等、およそ人の財産的な欲望又は需要を満足させるとみられるものすべてをいう。財産上の利益は不確実なものであってもよい。
　財産上の「利益」の供与というためには、相手方に対する報酬的な性質を有す

ることを要するかどうかにつき争いがあるが、法221条1項の買収罪のうち3号のいわゆる事後買収については、「投票をし若しくはしないこと、選挙運動をし若しくは止めたこと又はその周旋勧誘をしたことの報酬とする目的」をもって利益の供与等をすることを要件としているのに対して、1号のいわゆる事前買収については、「当選を得若しくは得しめ又は得しめない目的」をもって利益の供与等をなすこととしており、特に報酬の文言を用いていないこと、これを実質的にみれば、事後買収は、その性質上もはや1号の目的をもって供与することは考えられず、「報酬とする目的」をもって利益の供与等をすることによって始めて選挙の公正を害する行為として違法性を帯びるものとして処罰することとしたのに対して、事前買収は、1号所定の目的をもって利益の供与等をすれば、特に報酬とすることの要素が加わらなくても、それ自体直ちに選挙の公正を害する行為として違法づけられるものであると考えられることからみて、事後買収においては、報酬とすることの目的を必要とするが、事前買収にあっては、1号所定の目的のもとに利益の供与等をすれば足り、報酬性を要しないものと解する。

　しかし報酬性の存在は、買収罪の最も確実な徴表であるから、その点につき供与当事者の供述その他の証拠を十分に収集すべきことはいうまでもない。

　いわゆる投票買収については、投票に要する費用、例えば選挙人が投票所へ行くための交通費等は、本来選挙人が選挙権の行使に際し当然負担すべき費用であるから、これを支給したような場合には、本来その者が負担すべき出捐を免がれさせたという意味で、利益を供与したものに当たる。したがって、通常の投票買収では、報酬性のない費用の支給（いわゆる実費弁償）は考えられず、報酬として供与した旨記載する。

　なお、違法な選挙運動に要する費用の授受をなすということは、本来選挙運動者が自弁すべき出捐を免れ、利益を得るという結果をもたらすことになり、その意味においてやはり報酬性をおびることになる（最判昭58・3・18刑集37・2・122）。

④　行為は、「供与」「供与の申込若しくは約束」である。

　「供与」とは、相手方の所得に帰せしめる意思で金品等の財産上の利益を授与

することをいう（大判昭12・2・15刑集16・149）。また「供与」といいうるためには、供与の申込みだけでは足らず、相手方がその供与の趣旨を認識してこれを受領することを要する（最決昭30・12・21刑集9・14・2937）。

「供与の申込」とは、相手方に供与の意思を表示することをいう。供与の意思は必ずしも明示の方法により表示する必要はなく、相手方にその意思を了解させることのできる事情の下で、これに関連する言語挙動により意思を通じれば申込に当たる（大判大6・9・19刑録8・94）。

申込すなわち供与の意思表示が相手方に到達したときに成立し、相手方が申込を拒否してもその成否に関係がない。

相手方が供与の受領を拒否したとき、又は相手方が受領しても供与の趣旨の認識がないときには、申込罪が成立するにとどまる。

供与の「約束」とは、相手方（選挙人・選挙運動者）に対し供与の申込みをなし、相手方がこれを承諾し、又は相手方から供与の要求があり、これに応じることをいう。

供与の申込みを相手方が承諾すれば、申込罪は約束罪に吸収される。

申込・約束から更に進んで、供与の実行があれば、申込罪・約束罪は供与罪に吸収される。

⑤ 目的罪であり、特定の候補者が自ら当選を得る目的をもってするか、若しくは特定の候補者に当選を得させる目的又は当選を得させない目的をもってすることが必要である。その目的は、必ず記載しなければならない。

なお金員の供与が本号及び221条1項3号の双方の目的をもって行われた場合には、包括して一罪となる（最決昭59・4・25判時1120・141）。

2　選挙人による投票報酬の受供与（法221条1項4号）

　　被疑者は，平成〇〇年〇月〇日施行の衆議院議員選挙に際し，〇〇県第〇区の選挙人であるが，同年〇月〇日頃，〇〇市〇〇町〇番〇号の自宅において，同選挙区から立候補した甲の選挙運動者乙から，同候補者に当選を得しめる目的のもとに，同候補者のための投票を依頼され，その報酬として供与されるも
①　　　　　　　　　　　　　　　　　　　　　　　　　②

のであることを知りながら現金○○○円の供与を受けたものである。

① 受供与者に特定の候補者に当選を得させる目的等のあることを必要としないが、供与者が１号所定の目的のもとに供与するものであることを明らかにするために記載する。
② 供与の趣旨が投票買収であるか、運動買収であるかを特定する。
③ 受供与者が供与の趣旨を認識してこれを受領したことを示す文言である。
　なお、選挙人である家族の一員が、供与の趣旨を認識しつつ、これを自己を含めた同居の家族に帰属させる意思をもって受領したときは受供与に該当する（最決昭59・11・13刑集38・11・2861）。
④ 行為は、「供与を受け若しくは要求」し又は供与の申込みを「承諾」することである。
　「供与を受け」と「承諾」は、供与とその申込みにそれぞれ対応するものであるから前記１の注④☞61頁参照。
　「要求」とは、選挙人又は選挙運動者が相手方からの供与の申込みをまつことなく、自発的に金品等の財産上の利益の授与を求める意思を表示することをいう。
　意思表示が相手方に到達したときに要求罪が成立し、相手方に要求を拒否されてもその成否に影響しない。相手方が要求に応じれば、相手方につき約束罪が成立する。
　相手方に対し供与を要求し、又は相手方の申込みを承諾した上供与を受ければ、要求罪・承諾罪は、受供与罪に吸収される。

3　選挙運動者に対する運動報酬等の供与（共謀）及び受供与

（法221条１項１号、４号）

　被疑者甲及び乙は、いずれも平成○○年○月○日施行の衆議院議員選挙に際し、○○県第○区から立候補した丙の選挙運動者であるが、
　第１　被疑者甲は、同候補者の選挙運動者Ａと共謀の上、同候補者に当選を得

しめる目的をもって，同年〇月〇日頃，〇〇市〇〇町〇番〇号の乙方自宅において，同人に対し，同候補者のため投票取りまとめなどの選挙運動を依頼し，その報酬及び費用として現金〇〇〇円を供与し，①②
第2　被疑者乙は，前記日時場所において，甲から，前記趣旨のもとに供与されるものであることを知りながら現金〇〇〇円の供与を受け
たものである。

① 　買収の相手方としての「**選挙運動者**」とは、特定の候補者に当選を得させる目的をもって現に選挙運動に従事している者のみに限らず、投票取りまとめなどの選挙運動の依頼を受けた者をも含む。選挙人であることを要しない。

　　ここにいう選挙運動とは、投票の取りまとめ、選挙情報の収集・提供、反対派の選挙運動・地盤浸食の監視、演説計画の立案・実施、演説会・街頭遊説等における応援演説、宣伝放送、候補者の氏名を連呼して投票を勧誘する行為など、特定の候補者に投票を得させるために、直接たると間接たるとを問わず、必要かつ有利な一切の能動的行為をいう。違法なものも含まれる。

　　なお、「**選挙運動のために使用する労務者**」に対しては、実費弁償だけでなく報酬を支給することができるとされている（法197条の2）。ここでいう「**労務者**」とは、選挙運動を行うことなく、専らそれ以外の労務に従事するものをいう（最一小判昭53・1・26刑集32・1・1）。選挙運動と労務を共に行う者は、「選挙運動者」にあたる。したがって、ポスター張りなどであっても、ポスターを掲示すべき地区、各地区に割り当てる枚数及び場所を自らの判断で選定した上ポスターを掲示する行為は、単なる機械的労務といえず、選挙運動に該当する（大高判昭36・10・5下刑集3・9〜10・841）。

② 　選挙運動者に対し、選挙運動期間中の適法な選挙運動につき、法197条の2に定める実費弁償の範囲内で費用を支給するのは、本罪を構成しないが、違法な選挙運動の実費を支給した場合には、選挙運動者においてこれを請求する法律上の権利がないのにかかわらず、その供与を受けたという意味において、財産上の利益を供与したものに該当する（最判昭58・3・18刑集37・2・122、東高判昭

41・8・31刑集19・5・548)。

　供与の目的物が金品等で、数量的に可分な財産上の利益である場合には、その全部が選挙運動の報酬であれば、

　　　「その報酬として……を供与し」

と記載し、報酬と費用とが一括して供与したものであれば、

　　　「その報酬及び費用として……を供与し」

と記載する。

　選挙運動の報酬と費用とを一括して供与した場合に、その両者の割合が明らかでないときは、その金員全部について本罪が成立する（最決昭43・7・25判時526・87）。

③　供与罪に関する共同謀議が成立したとするためには、数人の間に一定の選挙に関し一定範囲の選挙人又は選挙運動者に対し、投票又は投票取りまとめを依頼し、その報酬とする趣旨で金銭を供与するという謀議の成立があれば足り、その供与の相手方となるべき具体的人物、配布金額、金員調達の手段等細部の点まで協議されることを必要とするものではない（最判昭43・3・21刑集22・3・95、最判昭33・5・28刑集12・8・1718）。

4　選挙人に対する供応（法221条1項1号）

> 　被疑者は、平成○○年○月○日施行の○○県○○市長選挙に立候補した甲の選挙運動者であるが、同候補者に当選を得しめる目的をもって、同年○月○日頃、同市○○町○番○号所在の飲食店「○○」こと乙方において、選挙人であるA、B及びCに対し、同候補者のための投票を依頼し、その報酬として1人当たり○○○円相当の酒食の供応接待をしたものである。

①　相手方は、「選挙人又は選挙運動者」であり、前記1の注②☞60頁参照。

②　行為は「供応接待」と「その申込若しくは約束」である。「供応」とは、一定の席を設け飲食物を提供することにより他人をもてなすことをいう。したがって、一定の席を設けず、例えば玄関先等で飲食物を提供する行為は、供与であっ

て供応ではない。

　「接待」とは、飲食物の提供以外の方法、例えば映画、演劇の観賞、温泉への招待により慰安快楽を与えることをいう。一般普通人の間に行われる通常の社会的儀礼の範囲内にとどまる行為であれば、たとえ選挙に関する目的意思が存在したとしても、本罪は構成しない。

　「申込」「約束」につき、前記1の注④☞61頁参照。

③　供応接待の価額は、その供応接待に要したすべての費用から、供応者及びその随伴者の分を控除し、その残額を受供応者全員で均分した額である（大判大7・4・20新聞1406・29）。

④　同一日時及び場所において多数の選挙人を供応接待した行為は包括一罪である（最決昭61・4・1刑集40・3・197）。

5　選挙人の受供応（法221条1項4号）

　被疑者は、平成○○年○月○日施行の○○県○○市長選挙の選挙人であるが、同年○月○日頃、同市○○町○番○号所在の飲食店「○○」こと乙方において、同選挙に立候補した甲の選挙運動者である丙から、同候補者に当選を得しめる目的のもとに、同候補者のための投票を依頼され、その報酬として提供されるものであることを知りながら、1人当たり○○○円相当の酒食の供応接待を受けた①ものである。

---

①　行為は、「供応接待を受け若しくは要求」し又はその申込みを「承諾」することである。

　供応接待を受ける罪は、選挙人又は選挙運動者が候補者又はその選挙運動者から旅館・料亭等に招待され、かつそれが投票依頼又は選挙運動依頼等のための招待であることを知って、その招待に応じ宴席に列することによって犯罪が成立する。宴席に列した以上飲食しなかったとしても、本罪の成立に影響を及ぼさない。

　これに対して、相手方の供応接待の意思が判明するや直ちに退席した場合は、

本罪を構成しない。

「要求」「承諾」につき前記2の注④☞63頁参照。

6 選挙運動者に対する買収資金の交付及び受交付（法221条1項5号）

　　被疑者甲及び同乙は，いずれも平成○○年○月○日施行の○○市議会議員選挙に際し○○区から立候補した丙の選挙運動者であるが，①

第1　被疑者甲は，同候補者に当選を得しめる目的をもって，同年○月○日頃，○○市○○区○○町○番○号所在の同候補者選挙事務所において，乙に対し，同候補者のため同選挙区内の選挙人の投票をできる限り多数買収されたい旨依頼し，その資金として現金○○○○円を交付し②③

第2　被疑者乙は，前記日時場所において，甲から前記趣旨のもとに交付されるものであることを知りながら現金○○○○円の交付を受け②

たものである。

---

① 本罪の主体は，交付をする者と交付を受ける者とに分けられるが，前者については制限がなく，後者については，選挙運動者に限られる。

② 行為は，「交付、交付の申込若しくは約束」をし，又は「交付を受け、その交付を要求し若しくはその申込を承諾」することである。

　　「交付」とは，相手方に寄託する目的をもってする金品の所持移転であり，その点で相手方にその利益を帰属させる供与と異なる。

　　また交付は，相手方に法221条1号ないし3号所定の行為をさせる目的をもって行われることを要する。なお，判例は，相手方に交付をさせる目的をもってする金品の所持移転も交付・受交付罪に含まれるとしているもののようである（最判昭41・7・13刑集20・6・623）。

　　「申込」「約束」につき前記1の注④☞61頁参照、「要求」「承諾」につき前記2の注④☞63頁参照。

③ 共謀者相互間において買収資金の授受が行われた場合には，交付又は受交付の罪を構成し，共謀にかかる供与等が行われたときは，交付又は受交付の罪は，後

の供与等の罪に吸収されるが、その場合において、共謀者間で授受された買収資金の一部について供与等が行われ、その残部が受交付者の手裡に保留されたときは、前者についての供与等の罪と後者についての交付又は受交付の罪とが成立し、両罪の関係は併合罪である（最判昭41・7・13刑集20・6・623）。

なお、投票買収資金と法定選挙費用を一括して不可分的に授受された場合には、その全額について不法性を帯びる（最判昭29・6・1刑集8・6・417）。

7　候補者による利害の誘導（法221条1項2号、3項1号）

> 被疑者は、平成○○年○月○日施行の○○市議会議員選挙に立候補したもの①であるが、自己の当選を得る目的をもって、同年○月○日午後○時頃、同市○○町○番○号先路上において、選挙人であるAほか約○○名に対し、選挙演説②を行うに当たり、同選挙人らと直接利害関係のある同町道路の舗装工事に言及③し、「私を当選させていただければ、地元町内には一銭の負担もかけずに市の予算で舗装させてみせる。もし、市の方へ交渉してできなければ、私財を投じてでも舗装することを約束する。」と述べ、もって特殊の直接利害関係を利用して誘導したものである。④

①　本罪の主体には制限がなく、選挙人に事実上特殊の直接利害関係を感じさせるような事情が存在し、かつこの事情が選挙人の意思を動かし得るものであれば足り、行為者がその利害関係の内容を具体的に実現するか否か、また実現する権限があるか否かは問わない（大判昭3・4・10刑集7・247）。

公職の候補者、総括主宰者、地域主宰者又は出納責任者が法221条1項の買収及び利害誘導罪を犯したときには、刑が加重されている（同条3項）。

「公職の候補者」とは、立候補届出をした者又は推薦届出により公職の候補者としての地位を有するに至った者に限られ（最判昭35・12・23刑集14・14・221）、未だ正式の届出をしていない者を含まない。

「総括主宰者」とは、候補者のため選挙運動の行われる全地域にわたり選挙運動の中心となり、ある期間継続して選挙運動に関する諸般の事務を総括し指揮す

る者をいう。

「地域主宰者」とは、3個以内に分けられた選挙区又は選挙の行われる地域のうち、1又は2の地域における選挙運動を主宰すべき者として候補者又は総括主宰者から定められ、当該地区における選挙運動を主宰した者をいう。

「出納責任者」とは、正式に出納責任者の届出をした者のほか、候補者又は出納責任者と意思を通じて法定支出額の2分の1以上に相当する額を支出した者（事実上の出納責任者）を含む。

「意思を通じ」るとは、相互的意思連絡のある状態をいい、相互的である限り、明示・黙示を問わない。意思連絡は、個々の支出ごとについてのもののほか、費目を特定して包括的になされる場合をも含むと解される。

② 本罪の相手方は、選挙人又は選挙運動者（以下選挙人等という）である。

③ 「特殊の直接利害関係」とは、特定のあるいはある限られた範囲の選挙人等又はその者の関係する団体にとってのみ、特別かつ直接に利害関係があることをいい、一般の選挙人等全般に共通する利害関係あるいは間接的又は反射的な利害関係、例えば当選したら減税に協力するというようなことは、ここにいう特殊の直接利害関係には該当しない。

利害関係の及ぶ対象として「社寺・学校・会社・組合・市町村等」、その内容として「用水・小作・債権・寄附等」とあるのは例示であり、特殊かつ直接の利害関係はこれに限られず、これ以外のものでも、選挙人等と関係があってその利害関係を利用して誘導するに足るものであればよい。

④ 「誘導」とは、相手方である選挙人等の決意を促し、又は現に存する決意を確実にするため、特殊の直接利害関係をその者の利益に発生、変更、消滅させることを申し入れることをいう。

その方法は、文書によると口頭によると、また明示であると黙示であるとを問わない。意思表示が相手方の認識に到達することをもって足りる。相手方が、その誘導により意思を動かされたことは必要ではない。

8 選挙の自由妨害

(選挙の自由妨害罪)
第225条 選挙に関し、次の各号に掲げる行為をした者は、4年以下の懲役若しくは禁錮又は100万円以下の罰金に処する。
　(一号省略)
　二　交通若しくは集会の便を妨げ、演説を妨害し、又は文書図画を毀棄し、その他偽計詐術等不正の方法をもって選挙の自由を妨害したとき。
　三　選挙人、公職の候補者、公職の候補者となろうとする者、選挙運動者若しくは当選人又はその関係のある社寺、学校、会社、組合、市町村等に対する用水、小作、債権、寄附その他特殊の利害関係を利用して選挙人、公職の候補者、公職の候補者となろうとする者、選挙運動者又は当選人を威迫したとき。

1　演説妨害（法225条2号）

　被疑者は、平成○○年○月○日施行の○○市長選挙に関し①、同月○日午後○時頃、○○市○○町○番○号○○会館で開催された同選挙に立候補した甲の個人演説会場において、同候補者の選挙運動者Aが甲を市長の最適任者として推薦する旨演説した際、Aに対し、大声で、「何があんな奴が最適任者や。何があんな奴が正しい明るい人間や。馬鹿野郎。」などと怒号し、連続して拍手をするなどしてその演説を妨害し②、もって選挙の自由を妨害したものである。

① 「選挙に関し」とは、選挙に関する事項が動機となっていることをいう。それ以上、特定の候補者の当選を図る目的をもってなされるとか、あるいはその当選を妨げる目的でなされることを要しない（大判大13・12・8刑集3・860）。

② 「演説を妨害し」とは、演説の続行を不可能にし、あるいは演説自体は続行し得ても、野次（やじ）、怒号、拍手等を連続して聴衆がそれを聴取することが困

難な状態を現出することをいう（最判昭23・12・24刑集2・14・1910）。選挙の自由を妨害したという結果の発生を必要とすると解せられるが、これは投票の自由又は選挙運動の自由を妨害するおそれのある状態を生じさせれば足りる。

2　文書図画の毀棄（法225条2号）

> 被疑者は，平成○○年○月○日施行の衆議院議員選挙に関し，同年○月○日頃，○○県○○市○○町○番○号先の選挙用ポスター掲示場において，同県第○区から立候補した甲が掲示した個人演説会告知用ポスター①1枚をひき破り②，もって文書図画を毀棄して選挙の自由を妨害したものである③。

① 「文書図画」とは、法143条1項所定のポスター・立札・ちょうちん及び看板等のほか、選挙に関する文書図画一切を含む。

公選法上違法な文書は含まない（公選法に違反して掲示されているポスターを撤去した行為は本号に当たらないとした最判昭51・12・24刑集30・11・1932がある）。

現実に掲示されているものに限られず、選挙運動用ポスターとして使用するため印刷し、事務所に準備しているようなものも含まれる。

② 「毀棄」とは、文書図画を滅失、毀損するなどその効用を害する一切の行為をいう。

③ 本罪は、器物損壊罪の特別規定であり、同罪は本罪に吸収される。

3　利害関係利用威迫（法225条3号）

> 被疑者は，○○炭鉱株式会社（以下会社と略称する）の従業員により組織する○○炭鉱労働組合（以下組合と略称する）の執行委員長であり，平成○○年○月○日施行の○○市議会議員選挙に組合の推薦により立候補した甲の選挙運動に従事しているものであるが，労働協約では，会社の従業員は組合員であることを要し，組合が除名した従業員を速やかに解雇しなければならないと定められている特殊の利害関係①を利用して，甲以外の候補者を支持している組合員

を威迫しようと企て，同年○月○日午後○時頃，○○市○○町○番○号所在の同組合事務所において，同選挙の選挙人である組合員Ａほか○名に対し，「今度の市長選挙では，組合員の一部に選挙は自由だとか団結権とは無関係だとかいって，甲以外の候補者の運動をしている者がいる。組合の決定を無視する人々に対しては除名など断固たる処分をとらざるを得ない。」などと申し向け，選挙人らと組合及び会社との間の特殊の利害関係を利用して威迫したものである。

① 「特殊の利害関係」は、法221条1項2号と異なり、「直接」であることを要しないと解されるが、実質的には差異がないものとされている（前記7の注③☞69頁参照）。

　なお、いまだ選挙運動を行っていなくても、特定の候補者のために将来選挙運動を行う意思を有する者も法225条1号、3号の「選挙運動者」にあたる（最決平17・7・6）。

② 「威迫」とは、人に不安の念を抱かせるに足る行為をすることであり、相手方の意思を制圧する程度にまで達することを要しない（最判昭42・2・4刑集21・1・9）。ただ、行為者が問題となる利害関係に対して何らかの影響力を及ぼし得ることを必要とする（最判昭36・10・31刑集15・9・1629）。

9　虚偽事項の公表（法235条1、2項）

（虚偽事項の公表罪）
第235条　当選を得又は得させる目的をもつて公職の候補者若しくは公職の候補者となろうとする者の身分、職業若しくは経歴、その者の政党その他の団体への所属、その者に係る候補者届出政党の候補者の届出、その者に係る参議院名簿届出政党等の届出又はその者に対する人若しくは政党その他の団体の推薦若しくは支持に関し虚偽の事項を公にした者は、2年以下の禁錮又は30万円以下の罰金に処する。
2　当選を得させない目的をもつて公職の候補者又は公職の候補者となろうとす

> る者に関し虚偽の事項を公にし、又は事実をゆがめて公にした者は、4年以下の懲役若しくは禁錮又は100万円以下の罰金に処する。

　被疑者は，平成○○年○月○日施行の衆議院議員選挙に際し，○○県第○区から立候補したものであるが，
第1　自己の当選を得る目的をもって，同年○月○日頃，○○市○○町○番○号所在のポスター掲示場ほか○か所において，○○大学を卒業していないのにかかわらず，同大学を卒業した旨虚偽の経歴を記載した選挙用ポスターを掲示し，もって自己の経歴に関し虚偽の事項を公にし，
第2　同選挙に際し，立候補した甲に当選を得させない目的をもって，同年○月○日頃，同市○○町方面において，選挙人であるAほか○○名に対し，「甲は○○○在職中女子職員を次々と毒牙にかけてその貞操を奪った。また，以前麻薬中毒患者であった」旨の事実を記載したビラ○○枚を頒布し，もって同候補者に関し虚偽の事項を公にしたものである。

① 「**経歴**」とは、公職の候補者又は候補者となろうとする者が過去に経験したことで、選挙人の公正な判断に影響を及ぼすおそれのあるものをいう（最判平6・7・18刑集48・5・50）。
　「**虚偽の事項**」とは、真実に符合していない事項をいう。その事実が積極的に虚偽であることが証明されなければならない（最決昭38・12・18刑集17・12・2474）。その事項が虚偽であり、又は事実をゆがめていることを、行為者が少なくとも未必的に認識することが必要である。
② 「**公にした**」とは、不特定又は多数の者が知り得る状態におくことをいう。
③ 「**事実をゆがめる**」とは、ある事実について、その一部をかくしたり、逆に虚偽の事実を付加したり、あるいは粉飾、誇張、潤色したりなどして、選挙民の公正な判断を誤らせる程度に、全体として真実とはいえない事実を表現することである。なお1項は、身分・職業・経歴等所定の事項に限られるが、2項について

は、事項的制限がなく、性格、素行や家族関係に関するものであっても、およそ候補者の選挙に関する信用を失墜し、あるいはこれに影響するような事項であればよい。本条2項違反と名誉毀損罪との関係は、観念的競合である。

10 住民票の不実記載をともなう詐偽登録及び詐偽投票
（刑法157条1項、158条1項・公選法236条2項、237条2項）

> （詐偽登録、虚偽宣言罪等）
> 第236条　詐偽の方法をもつて選挙人名簿又は在外選挙人名簿に登録をさせた者は、6月以下の禁錮又は30万円以下の罰金に処する。
> 2　選挙人名簿に登録をさせる目的をもつて住民基本台帳法第22条の規定による届出に関し虚偽の届出をすることによつて選挙人名簿に登録をさせた者も、前項と同様とする。
> 　　（第3項　省略）
> （詐偽投票及び投票偽造、増減罪）
> 第237条　選挙人でない者が投票をしたときは、1年以下の禁錮又は30万円以下の罰金に処する。
> 2　氏名を詐称しその他詐偽の方法をもつて投票し又は投票しようとした者は、2年以下の禁錮又は30万円以下の罰金に処する。
> 　　（第3項・第4項　省略）

　被疑者は，平成○○年○月○日施行の○○市議会議員選挙に際し，同選挙に立候補した甲に当選を得しめるため，Aと共謀の上，
第1　同市の選挙人名簿にAの氏名・住所を登録させる目的をもって，①Aがその住居を××市××町×番×号から○○市○○町○番○号○○ビルに変更した事実がないのに，同年○月○日，○○市○○町○○番○○号所在の同市役所において，同係員に対し，同○○ビルに転入する旨の虚偽の転入届を提出し，公務員である同係員に対し虚偽の申立てをし，よって，そのころ，同市役所において，情を知らない同係員をして，権利義務に関する公

正証書の原本である同市住民基本台帳原本にその旨不実の記載をさせた上，即時同所にこれを備え付けさせて行使するとともに，同年○月○日，同市役所内同市選挙管理委員会室において，情を知らない同委員会係員をして，住民基本台帳の記載に基づき，同市の選挙人名簿にＡの氏名・住所等を登録させ②，もって，虚偽の届出によって同名簿に登録させ③
第２　同年○月○○日，同市○○町○○番○号所在の同市立○○小学校内第○投票区投票所において，Ａが前記手続により資格を偽って交付を受けた投④票所入場券を用い，同所係員から投票用紙の交付を受けて投票し，もって，詐偽の方法により投票し④
たものである。

① 法236条2項の罪は，目的犯であり，住民基本台帳法22条による届出をするに当たり，「選挙人名簿に登録をさせる目的」をもって行われることを要する。ただし，それが唯一の目的である必要はなく，未必的又は従たるものでもよい。
② 現実に選挙人名簿に登録されたことを要する。
　　登録された日は，事実上名簿に選挙人の氏名・住所等を記載した日ではなく，法22条により選挙管理委員会が名簿に登録しなければならないと定められた日であり，その日に名簿の記載が登録として法律上有効なものとなる。
③ 公正証書原本不実記載・同行使と詐偽登録との関係は，観念的競合である。
④ 法237条2項の「氏名を詐称しその他詐偽の方法をもって投票」するとは，氏名を詐称したり，その他関係者を偽まんするなど詐偽の方法をもって投票することをいう。
　　氏名を詐称するというのは例示であり，他人の名を偽って入場して投票し，あるいは不正に投票用紙を入手して投票するなどいやしくも詐偽の方法をもって投票すれば，これに当たる。

第3章　風紀関係法

第1節　売春防止法

（勧誘等）
第5条　売春をする目的で、次の各号の一に該当する行為をした者は、6月以下の懲役又は1万円以下の罰金に処する。
　一　公衆の目にふれるような方法で、人を売春の相手方となるように勧誘すること。
　二　売春の相手方となるように勧誘するため、道路その他公共の場所で、人の身辺に立ちふさがり、又はつきまとうこと。
　三　公衆の目にふれるような方法で客待ちをし、又は広告その他これに類似する方法により人を売春の相手方となるように誘引すること。
（周旋等）
第6条　売春の周旋をした者は、2年以下の懲役又は5万円以下の罰金に処する。
　　（第2項省略）
（困惑等による売春）
第7条　人を欺き、若しくは困惑させてこれに売春をさせ、又は親族関係による影響力を利用して人に売春をさせた者は、3年以下の懲役又は10万円以下の罰

金に処する。

　　　（第2項～第3項省略。）

（前貸等）

第9条　売春をさせる目的で、前貸その他の方法により人に金品その他の財産上の利益を供与した者は、3年以下の懲役又は10万円以下の罰金に処する。

（売春をさせる契約）

第10条　人に売春をさせることを内容とする契約をした者は、3年以下の懲役又は10万円以下の罰金に処する。

　　　（第2項省略）

（場所の提供）

第11条　情を知つて、売春を行う場所を提供した者は、3年以下の懲役又は10万円以下の罰金に処する。

　　　（第2項省略）

（売春をさせる業）

第12条　人を自己の占有し、若しくは管理する場所又は自己の指定する場所に居住させ、これに売春をさせることを業とした者は、10年以下の懲役及び30万円以下の罰金に処する。

1　勧誘等（法5条1号）

　被疑者は，売春をする目的で，平成〇〇年〇月〇日午後〇時頃，〇〇市〇〇町〇番〇号先道路上において，同所を通行中のAに対し，「遊んでいって，安くしとくわ。」などと申し向け，もって公衆の目にふれるような方法で①，同人を売春の相手方となるように勧誘②したものである。

① 「公衆の目にふれるような方法で」とは、一般人の視覚にふれる可能性のある方法をいう。道路上で相手方に声をかけることは、これに当たる。

　勧誘の行為が公衆の目にふれるような方法である限り、現実に公衆の目にふれ

たかどうかを問わない。
② 「勧誘」とは、特定の人に対して売春の相手方となるよう積極的に働きかけることをいう。言語によると、動作によるとを問わない。後者の場合は

「……において，同所を通行中のＡに近づき，その右腕をひっぱり，かつ，自己の身体をすり寄せるなどし，もって……」

などと記載する。

なお、相手方が勧誘に応じたか否かは本号の成否に関係ないが、逆に相手方から勧誘され、これを承諾したにすぎない場合は、本号に該当しない。

2　勧誘等（法5条2号）

> 被疑者は，売春をする目的で，その相手方となるように勧誘するため，平成○○年○月○日午後○時頃，○○市○○町○番○号先路上①において，同所を通行中のＡの面前に立ちふさがり，もって売春の相手方となるよう勧誘するため，同人の身辺に立ちふさがった②ものである。

① 「道路その他公共の場所」とは、公衆が利用できるように開放されている場所すべてがこれに該当し、道路、広場、公園、駅構内、汽車電車内、映画館、劇場、飲食店、ダンスホール、野球場等がこれに含まれる。
② 売春をする目的でその相手方となるように勧誘するため、「人の身辺に立ちふさがり」又は、「つきまとう」行為があれば、それだけで本号違反が成立するが、同時に勧誘を行うときは、本号違反は1号違反に吸収され、1号違反のみが成立する。

3　勧誘等（法5条3号前段）

> 被疑者は，売春をする目的で，平成○○年○月○日午後○時頃，○○市○○町○番○号先路上において，ちょ立徘徊するなどし，①もって公衆の目にふれるような方法で客待ちをしたものである。

① 「公衆の目にふれるような方法で客待ち」をするとは、単に売春の目的で公共の場所等をうろつき、あるいは立ち止まり、相手方の誘いを待つだけでなく、外形上、売春の目的のあることが、その服装、客待ち行為の場所・時刻等と相まって、一般公衆に明らかとなるような挙動を伴う客待ち行為でなければならない（東高判昭52・6・21判時885・173）。

4 周旋等（法6条1項）

> 被疑者は，平成○○年○月○日午後○時頃，○○市○○町○番○号先路上において，売春婦であるＡ女に対し，遊客Ｂを売春の相手方として紹介し，もって売春の周旋をしたものである。
> ①　　　　　　　　　　　　　　　　　②

① 「周旋」とは、売春をする者とその相手方となる者との間で、売春行為が行われるように仲介する一切の行為をいう。

　売春をする者の依頼とその相手方となる者の依頼が存在することが必要であるが、両者の依頼があらかじめあって、その間に介在して売春行為が行われるように仲介する場合に限られない。

　まず売春をする者からの依頼があって、その後に適当な相手方を探し、結局両者間に介在して売春行為が行われるように仲介する場合もあり得る。

　なお、本項の周旋罪が成立するためには、売春が行われるように周旋行為がなされれば足り、誘客において周旋行為が介在している事実を認識していることを要しない（最決平23・8・24判時2128・144）。

② 法6条は、法5条と異なり売春婦自身の行為ではなく第三者、すなわちポン引等のなす周旋、周旋のための勧誘、誘引等を処罰の対象としているものである。

　売春の周旋をするための勧誘等（法6条2項1ないし3号）の記載は、5条の場合の書き出しを

「被疑者は売春の周旋をする目的で……」

とすればよい。ただし、法6条2項1号には、法5条1号と異なり「公衆の目にふれるような方法で」という方法の制限がなく、法6条2項3号には、「客待ち」の

5　困惑等による売春（法7条1項）

> 被疑者は，○○市○○町○番○号において，旅館「○○○○」を経営しているものであるが，平成○○年○月○日，同旅館において，同旅館女中A女に対し，売春をするよう要求して断られるや，「客をとるのがいやならやめてもらう。」などと申し向けて同女を困惑させ①，よって同女をして②，同日，同旅館客室において，不特定の客であるBを相手に3万円の対償を受けて性交させ，もって人を困惑させて売春させたものである。

① 「困惑させて」とは、心理的威圧又は自由意思の拘束により、精神上の自由判断を失わせることをいう。

　また「人を欺き」とは、人に虚偽事実を摘示し、又は真実を隠蔽して錯誤に陥し入れることをいう。

　積極的な詐言のみならず、真実をつげないという不作為によって相手方を錯誤に陥し入れる場合を含む。

　この場合の事実の記載は、

　　「……同旅館女中A女に対し，同女の借金を返済してやった事実はないのに，『お前の借金を払ってやったから客をとって返してくれ』等と申し向けて同女を欺罔し……」

とする。

　また、法7条2項は、暴行又は脅迫を手段として人に売春をさせた場合の規定であり、刑法の強要罪（刑法223条）の特別法である。

② A女の売春が、被疑者の困惑させる行為によるものであることを示している。

6　前貸し等（法9条）

> 被疑者は，○○市○○町○番○号において，料亭「○○○○」を経営しているものであるが，平成○○年○月○日，同料亭において，A女を仲居として雇

> い入れるに当たり，同女が同料亭で不特定の男客を相手に対償を受けて性交することを条件として現金〇〇〇万円を貸し付け，もって人に売春をさせる目的①で金員を供与②したもの③である。

① 「売春をさせる目的」とは、売春が行われることを積極的に希望又は意欲することが必要であり、単に財産上の利益を供与すれば売春するかも知れないという未必の故意があるだけでは十分でない。

　売春が必ず行われる結果となるという認識がある場合は、その希望ないし意欲があると認めてもよいであろう。

② 「前貸その他の方法」とは、利益の供与によって何らかの事実上の影響を及ぼし、相手方に売春をする意思を生じさせ、又はこれを強めるような方法をいい、金銭、貴重品、その他の動産、債務の免除等金銭に見積もることのできる利益はすべてこれに含まれる。

③ 「供与」とは、有償・無償を問わず、利益を相手方に移転する一切の行為をいう。貸金等のように将来返還する約束があったり、また売買のように対価を受け取る場合でもよい。

　その相手方は、本例のように売春をする者であるのが普通であるが、第三者であっても売春をする者との親族関係その他の密接な関係にあり、その者に供与することが売春をする者に対してするのと同一の効果があるような場合には、本条に該当する。

7　売春をさせる契約（法10条1項）

> 被疑者は，〇〇市〇〇町〇番〇号において，料亭「〇〇〇〇」を経営しているものであるが，平成〇〇年〇月〇日，同料亭において，A女を仲居として雇い入れるに当たり，同女との間に，同女をして同料亭で不特定の男客を相手に①対償を受けて性交させ，その対償を同女と分配取得する旨を約し，もって人に売春をさせることを内容とする②契約をしたもの③である。

① 契約の相手方は、売春の当事者たると第三者たるとを問わない。後者の場合には、第三者も本条により処罰される（例えば売春をする者の父母等）。
　ただし、売春の相手方となったものは「売春をさせ」とはいえないから、本条による処罰の対象とはならない。
② 「人に売春をさせることを内容とする契約」とは、他人に売春をさせることを内容とする契約であれば足り、その契約の有償・無償を問わないし、期間・場所等細目にわたって合意されている必要はない。
　この契約は、書面をもってすることを要せず、口頭その他の方法でもよいし、明示的合意のみならず、暗黙の合意によっても成立する。
　売春をさせることを内容とする契約は、他人に売春をさせることを内容とする契約であれば足り、売春が婦女の自由意思によりなされる場合でもこれを含む（最決昭52・3・29刑集31・2・150）。
③ 本条違反の罪は、各婦女ごとに成立し併合罪となる。

8　場所の提供（法11条1項）

> 被疑者は、○○市○○町○番○号において、旅館「○○○○」を経営しているものであるが、平成○○年○月○日午後○○時頃、売春婦Aが遊客Bを相手に売春するに当たり、その情を知りながら同旅館の客室を貸与し、もって売春を行う場所を提供したものである。
> ①　　　　　　②　　③　　　　　　　　　　④⑤

① 「情を知って」とは、その場所で売春が行われることを少なくとも未必的に認識し、予見しての意である。どの程度まで具体的に事実を認識しなければならないかについては見解が分かれるが、単に売春が行われるかも知れないという程度の一般的、抽象的認識では、不十分であろう。判例は、同法13条1項の「情を知って」の意義について、同項に規定する建物等の提供者において、その提供を受ける者が売春を行う場所を提供することを業とし、かつ、建物をその業のために使用するものであることについて、確定的な認識を有することまでは必要でないとしている（最決昭61・10・1刑集40・6・477）。

② 「売春を行う場所」とは、通常は建物又はその一部であるが、庭園、私道あるいは自動車、船等の交通機関であってもこれに当たる場合がある。
③ 「提供」とは、売春に利用しうる状態におくことをいい、対価の有無を問わない。「場所を提供した者」であるためには、その提供した場所について事実上の支配力を有するものであることを要する。
④ 売春の周旋をする行為と売春を行う場所を提供する行為とは、併合罪の関係になる。
⑤ なお法11条2項の「業とする」とは、反復継続して行う意思のもとに同条項所定の行為をする場合を指称し、売春を行うための特別の設備をもち、1個の業態として行為をなすことを必要とするものではない（最決昭37・5・17刑集16・5・520）。

また営利性については、「旅館を経営するものが多数回にわたり反復してその客室を売春のため提供している以上、売春場所提供の対価又は売春報酬の一部を取得した事実がなくても、売春を行う場所を提供することを業とした者に当たる。」とした判例（最決昭39・2・8刑集18・2・4）がある。

業としての場所提供の場合は、
> 「……別紙犯罪事実一覧表記載のとおり，平成○○年○月○日頃から同年○月○日までの間，前後○回にわたり，売春婦Ａほか○名が遊客Ｂほか○名を相手に売春するに当たり，その情を知りながら同旅館の客室を貸与し，もって売春を行う場所を提供することを業としたものである」

とする。

9 売春をさせる業（法12条）

> 被疑者は，○○市○○町○番○号において，料亭「○○○○」を経営しているものであるが，平成○○年○月○日頃から同年○月○日頃までの間，仲居Ａを同料亭に住み込ませ，同所において，不特定の男客を相手に対償を受けて性交させ，その対償の4割を自ら取得し，もって人を自己の占有する場所に居住させ，これに売春をさせることを業としたものである。

① 「自己の占有する場所」とは、所有権、賃借権その他の権限に基づいて占有する場所をいい、「管理する場所」とは、必ずしもこれを占有する権限を有するわけではないが、事実上その場所の使用について相当程度の発言権をもっている場合をいい、「自己の指定する場所」とは、居住場所として特定せしめた場所のことである。

② 「居住させ」とは、「寝食の場所」にまで支配が及んでいることを要するとする趣旨ではなく、1日のうちの一定の時間一定の場所に売春のために待機させて、その間売春婦を管理支配する場合などもこれに当たると解する。この点につき最決昭42・9・19刑集21・7・985は、

「旅館経営者が売春婦らとの契約にもとづき、同女らを毎夕ほぼ定刻にその旅館に出勤集合させ、いつでも客の求めがあればこれに応じうるような態勢で、翌朝3時ころまで同旅館1階のたまり場で待機させ、その間無断で外出することを許さず、客があれば自らこれを売春婦にあてがい、対価の半額を取得して同旅館2階の客室あるいは自己の指示する旅館において客に売春をさせていたが、これら売春婦が起居していたアパートには被告人の支配は及んでいなかったという事案」

について、管理売春の成立を肯定している。

③ 「売春をさせ」については、売春を強要することまでは要しないが、少なくとも自由意思による売春を勧誘し、援助する方法でこれに介入することを要し、単に売春を認容し、又は黙認していただけでは足りない。

売春への介入の有無は、売春の対価に対しその分け前にあずかっているかどうか、遊客との交渉に当たるとか売春婦に対し対価、売春場所の指定をしたり、対価を前借金に充当するためその管理をするなど、売春自体に支配を及ぼしているかどうか、客待ち中の無断外出禁止、欠勤に対する制裁など売春婦の行動についての何らかの規制の有無、売春をせざるを得ない勤務条件になっているかどうか、売春をすることが明示あるいは黙示的に雇入れの条件になっているかどうかなどの点を具体的事案に応じて注意深く検討すべきである。

④ 「業とした」とは、売春をさせることを仕事として反復継続する意思をもって

行うことをいう。その業が本業又は副業であるかを問わないし、売春をさせられる者の数にも別段の制限はなく、たとえ1人であっても、また、現実に行われた売春行為が1回限りであっても、本罪の成立をさまたげない。

　本罪は、業態犯であり、売春の日時、場所、方法を具体的に表示する必要はない。

⑤　本条の罪の客体たる婦女に関し、法6条1項（周旋）に当たる行為、法10条1項（売春をさせる契約）に当たる行為及び法11条1項、2項（場所提供）に当たる行為がなされても、本条の罪に吸収され、これらの罪は成立しない。

　しかし、法6条2項の勧誘等の行為及びその結果なされた周旋については、本条の罪に吸収されず、それぞれ別罪を構成し、本条の罪と牽連犯となると解される。

　本条の罪の客体以外の婦女に関してなされた法6条ないし11条の罪と本条の罪とは併合罪と解される。

第２節　風俗営業等の規制及び業務の適正化等に関する法律

（用語の意義）
第２条　この法律において「風俗営業」とは、次の各号のいずれかに該当する営業をいう。
　一　キヤバレーその他設備を設けて客にダンスをさせ、かつ、客の接待をして客に飲食をさせる営業
　二　待合、料理店、カフエーその他設備を設けて客の接待をして客に遊興又は飲食をさせる営業（前号に該当する営業を除く。）
　　（第三号〜第八号省略。）
　　（第２項〜第11項省略。）

（営業の許可）
第３条　風俗営業を営もうとする者は、風俗営業の種別（前条第１項各号に規定する風俗営業の種別をいう。以下同じ。）に応じて、営業所ごとに、当該営業所の所在地を管轄する都道府県公安委員会（以下「公安委員会」という。）の許可を受けなければならない。
　　（第２項省略。）

（禁止行為）
第22条　風俗営業を営む者は、次に掲げる行為をしてはならない。
　一　当該営業に関し客引きをすること。
　　（第二号省略。）
　三　営業所で、18歳未満の者に客の接待をさせ、又は客の相手となつてダンスをさせること。
　四　営業所で午後10時から翌日の日出時までの時間において18歳未満の者を客に接する業務に従事させること。
　五　18歳未満の者を営業所に客として立ち入らせること（第２条第１項第８号の営業に係る営業所にあつては、午後10時（同号の営業に係る営業所に関

し、都道府県の条例で、18歳以下の条例で定める年齢に満たない者につき、午後10時前の時を定めたときは、その者についてはその時)から翌日の日出時までの時間において客として立ち入らせること。)。

　　六　営業所で20歳未満の者に酒類又はたばこを提供すること。

第49条　次の各号のいずれかに該当する者は、2年以下の懲役若しくは200万円以下の罰金に処し、又はこれを併科する。

　　一　第3条第1項の規定に違反して同項の許可を受けないで風俗営業を営んだ者

　　（第二号〜第六号省略。）

第50条　次の各号のいずれかに該当する者は、1年以下の懲役若しくは100万円以下の罰金に処し、又はこれを併科する。

　　（第一号〜第三号省略。）

　　四　第22条第3号の規定又は同条第4号から第6号まで（これらの規定を第32条第3項において準用する場合を含む。）の規定に違反した者

　　（第五号〜第十号省略。）

　　（第2項省略。）

第52条　次の各号のいずれかに該当する者は、6月以下の懲役若しくは100万円以下の罰金に処し、又はこれを併科する。

　　一　第22条第1号若しくは第2号（これらの規定を第32条第3項において準用する場合を含む。）、第28条第12項第1号若しくは第2号（これらの規定を第31条の3第2項の規定により適用する場合を含む。）又は第31条の13第2項第1号若しくは第2号の規定に違反した者

　　（第二号〜第五号省略。）

1　無許可営業（法49条1号、3条1項、2条1項2号）

　　被疑者は，○○市○○町○番○号において，飲食店「○○」を経営しているものであるが，○○県公安委員会から風俗営業の許可を受けないで，平成○○

年○月○日午後○時頃，同店において，Aほか○名の客に対し，従業員Bほか○名をして接待させた上，ビール及びオードブル等の酒肴を提供して飲食させ，もって設備を設けて客の接待をして客に遊興又は飲食させる営業を営んだものである。
　　　　　①　　　　　②　　　　　　　③　　　④

① 「設備」とは、法2条1項各号に定める営業を営むに足りると客観的に認められる施設及び備品をいう。したがって、「設備」を設けないで営む営業は規制の対象とならない。また「設備」は、営業を営むに足りる程度の恒久性のあるものであることを要する。移動式のいわゆる屋台飲食店は通常の場合、客を接待して客に遊興又は飲食をさせるに足りる設備を設けているとは認められない場合が多いであろう。

② 「接待」とは、「歓楽的雰囲気を醸し出す方法により客をもてなすこと」である。具体的には、客とともに歌ったり踊ったりする行為、客の傍らにあって酒の酌をしたり話し相手になる行為、客に歌うことをすすめたり、ほめそやすような行為、客とともにゲームをする行為等がこれに含まれよう。接待は、相手を特定してなされなければならないし、客の近辺で行われなければならない。

③ 「遊興」とは、「接待」と裏腹の関係にある概念であり、「客に遊興させる」とは、客の接待をすることにより客を遊ばせ、客に享楽的雰囲気を感受させることである。

　接待行為が存在し、その接待を客が受けた事実が存在すれば、その客は遊興したことになる。その接待行為が客観的にみて、客をしてこのような感情を持たせるに足りるものと認められる限り、当該客が必ずしも現実に享楽的感情を満足させない場合であっても、客に「遊興」をさせたことになる。

④ 「営業」とは、財産上の利益を得る目的をもって、同種の行為を反復継続して行うことであり、反復継続して行う意思がある以上、実際に反復して行うことは要しないし、営利の目的がある以上、現実に利益を得たことも要しない。

　「営利の目的」を必要とする点で「業とする」、「業として……する」とは異なることに注意しなければならない。

2 客 引（法52条1号、22条1号）

　被疑者は，○○県公安委員会から風俗営業の許可を受けて①，○○市○○町○番○号において，クラブ「○○」を経営するものであるが，平成○○年○月○日午後○時頃，同クラブ前路上において，通行中のAに対し，同店で遊興飲食させる目的をもって，「いい子がいるから寄ってちょうだい。」などと申し向けて誘い，もって営業に関して客引きをした②ものである。

① 本罪の主体は、「風俗営業を営む者」であり、許可又は承認を受けて風俗営業を営む者であると、無許可風俗営業を営む者であるとを問わない。
② 「客引き」とは、相手方を特定し、特定の営業所の客として遊興飲食あるいは遊技等をさせるため勧誘することをいう。一般の通行人に広告ビラを配付したり、看板を出す等の方法により宣伝をする行為等は客引きに当たらない。

3 年少者使用（法50条1項4号、22条3号）

　被疑者は，○○県公安委員会から風俗営業の許可を受けて，○○市○○町○番○号において，クラブ「○○」を経営しているものであるが，平成○○年○月○日午後○時○分頃，同営業所において①，18歳未満の者であるA②（平成○○年○月○日生）に，客であるBほか○名の接待をさせた③ものである。

① 「営業所」とは、直接営業の用に供される部分をいう。
　　許可又は承認を受けて風俗営業を営む者の「営業所」については、営業許可の対象となった部分に限らず、事実上当該営業の用に供されている部分も含まれる。
② 「18歳未満の者」とは、その行為時に現実に18歳未満である者をいう。法50条2項によって法22条3号、4号違反の罪については、営業者が、当該18歳未満の者の年令を知らないことを理由として処罰を免れることができない。ただし、営業者にその年令を知らないことについて「過失のないとき」は処罰をまぬがれる。過失がないとされるためには、本人の陳述、身体的発育状況、同種職業に従

事した経験の有無等の外観的事情によって、その者が満18歳以上であると信じただけでは足りず、更に、戸籍謄本、同抄本、自動車運転免許証等の公信力のある資料等に基づき、客観的に通常可能な調査方法をすべて講じ、さらには、父兄等について正確な調査をするなど、当該年少者の年令確認に万全を期したものと認められない限り、過失がないということはできない。

③ 1回限りの偶発的な行為であっても、本罪の成立を妨げないし、当該年少者が営業者と雇用関係にあることも必要ではない。

④ 本罪と児童福祉法34条1項5号（15歳未満の児童の接待等の禁止（第6節⑤☞108頁参照））、労働基準法62条2項（18歳未満の年少者の福祉に有害な業務への就労禁止）の罪数関係は、観念的競合であると解する。

④ 年少者の夜間業務（法50条1項4号、22条4号）

> 被疑者は、○○県公安委員会から風俗営業の許可を受け、○○市○○町○番○号において、クラブ「○○」を経営するものであるが、平成○○年○月○日午後○時頃から翌○日午前○時頃までの間、同営業所において、A（平成○○年○月○日生）に客席に飲食物を運搬させるなどし、もって、営業所で午後10時から翌日の日出時までの時間において、18歳未満の者を客に接する業務①に従事させたものである。

① 「客に接する業務」とは、客に応接又は接触する業務から、客の接待をし、あるいは客の相手となってダンスをする行為を除いた概念であり、客の案内、飲食物の運搬、飲食代金の徴収などがこれに含まれる。

「業務」に従事させるとの要件は、反復継続の意思の下になされることが必要であり、風俗営業を営む者と当該年少者との間には、雇用関係又はこれに準ずる継続的な関係があることが必要であろう。

⑤ 年少者の客としての立入り（法50条1項4号、22条5号）

> 被疑者は、○○県公安委員会から風俗営業の許可を受け①、○○市○○町○番

○号において，クラブ「○○」を経営するものであるが，平成○○年○月○日午後○時○分頃，同営業所においてＡ（平成○○年○月○日生）が１８歳未満の者であることを知りながら，同人を同営業所に客として立ち入らせた②ものである。

① 本罪の成立のためには、風俗営業を営む者において当該年少者が18歳未満であるという認識（未必的なものでよい）が必要である。
② 「**客として立ち入らせる**」とは、当該営業所において遊興飲食又は遊技をする客として、営業所内に入ることを勧奨し又は容認して営業所内に立ち入らせることをいう。保護者の同伴の有無は、本罪の成否を左右しない。

6 年少者への酒類等の提供（法50条1項4号、22条6号）

被疑者は，○○県公安委員会から風俗営業の許可を受け，○○市○○町○番○号において，クラブ「○○」を経営しているものであるが，平成○○年○月○日午後○時○分頃，同営業所において，客として来店したＡ（平成○○年○月○日生）が２０歳未満①であることを知りながら、同人に対し酒類であるビール３本を提供②したもの③である。

① 風俗営業を営む者は、当該年少者が20歳未満であることについての認識が必要である。
② 「**提供**」とは、酒類の場合は現実に飲用に、たばこの場合は現実に喫煙の用に、それぞれ供し得る状態におくことである。風俗営業を営む者が当該未成年者に売り渡したものに限定されず、例えば客が持参した酒類に「かん」をつけて出す行為も提供に当たる。
③ 法22条6号、28条12項5号、32条3項違反の罪が成立するときは、未成年者飲酒禁止法（第7節 **3** ☞114頁参照）・未成年者喫煙禁止法違反の罪は成立しない。

第3節　古物営業法・質屋営業法

＊古物営業法＊
（許可）
第3条　前条第2項第1号に掲げる営業を営もうとする者は、営業所（営業所のない者にあつては、住所又は居所をいう。以下同じ。）が所在する都道府県ごとに都道府県公安委員会（以下「公安委員会」という。）の許可を受けなければならない。

2　前条第2項第2号に掲げる営業を営もうとする者は、古物市場が所在する都道府県ごとに公安委員会の許可を受けなければならない。

（確認等及び申告）
第15条　古物商は、古物を買い受け、若しくは交換し、又は売却若しくは交換の委託を受けようとするときは、相手方の真偽を確認するため、次の各号のいずれかに掲げる措置をとらなければならない。
一　相手方の住所、氏名、職業及び年齢を確認すること。
二　相手方からその住所、氏名、職業及び年齢が記載された文書（その者の署名のあるものに限る。）の交付を受けること。
（第三号～第四号省略。）

2　前項の規定にかかわらず、次に掲げる場合には、同項に規定する措置をとることを要しない。
一　対価の総額が国家公安委員会規則で定める金額未満である取引をする場合（特に前項に規定する措置をとる必要があるものとして国家公安委員会規則で定める古物に係る取引をする場合を除く。）
二　自己が売却した物品を当該売却の相手方から買い受ける場合
（第3項省略。）

（帳簿等への記載等）
第16条　古物商は、売買若しくは交換のため、又は売買若しくは交換の委託に

より、古物を受け取り、又は引き渡したときは、その都度、次に掲げる事項を、帳簿若しくは国家公安委員会規則で定めるこれに準ずる書類（以下「帳簿等」という。）に記載をし、又は電磁的方法により記録をしておかなければならない。ただし、前条第2項各号に掲げる場合及び当該記載又は記録の必要のないものとして国家公安委員会規則で定める古物を引き渡した場合は、この限りでない。

　　（第一号〜第五号省略。）

（罰則）

第31条　次の各号のいずれかに該当する者は、3年以下の懲役又は100万円以下の罰金に処する。

　一　第3条の規定に違反して許可を受けないで第2条第2項第一号又は第二号に掲げる営業を営んだ者

　　（第二号〜第四号省略。）

第33条　次の各号のいずれかに該当する者は、6月以下の懲役又は30万円以下の罰金に処する。

　一　第14条第2項、第15条第1項、第18条第1項又は第19条第4項から第6項までの規定に違反した者

　二　第16条又は第17条の規定に違反して必要な記載若しくは電磁的方法による記録をせず、又は虚偽の記載若しくは電磁的方法による記録をした者

　　（第三号〜第五号省略。）

＊質屋営業法＊

（無許可営業の禁止）

第5条　質屋でない者は、質屋営業を営んではならない。

（確認及び申告）

第13条　質屋は、物品を質に取ろうとするときは、内閣府令で定める方法により、質置主の住所、氏名、職業及び年令を確認しなければならない。不正品の疑がある場合においては、直ちに警察官にその旨を申告しなければならない。

（帳簿）

> 第14条　質屋は、内閣府令で定める様式により、帳簿を備え、質契約並びに質物返還及び流質物処分をしたときは、その都度、その帳簿に左に掲げる事項を記載しなければならない。
> 　　（第一号〜第八号省略。）
> 　（罰則）
> 第30条　第5条若しくは第6条の規定に違反し、又は第25条の規定による処分に違反した者は、3年以下の懲役若しくは10万円以下の罰金に処し、又はこれを併科する。
> 第32条　第4条第1項、第13条前段、第14条、第15条第1項又は第21条第2項若しくは第3項の規定に違反し、又は第23条の規定による処分に違反した者は、6月以下の懲役若しくは1万円以下の罰金に処し、又はこれを併科する。

1　無許可営業（古物31条1号、3条・質屋30条、5条）

> 　被疑者は、○○県公安委員会の許可を受けないで、平成○○年○月○日頃から同年○月○日頃までの間、別紙一覧表記載のとおり、前後○回にわたり、○○市○○町○番○号の自宅において、Aほか○名を相手方として、中古腕時計○点ほか○点の古物を売買し（Aほか○名から中古腕時計○点ほか○点を質に取り、流質約款を付して現金計○○円を貸し付け）、もって古物商①（質屋営業）①を営んだものである。②

別紙　一覧表

番号	年　月　日	相手方 (質置主)	品　名	数　量	代　金 (貸付金額)	取　引
1	平成 ○○・○・○	A	中古腕時計	○個	○○○円	買

　①　「**古物商**」の定義は、古物2条2、3項参照。質屋の定義は、質屋1条2項に規

定がある。いずれもその営業に当たり、公安委員会の許可が必要である。
② 本罪はいずれも営業犯であり、営利の目的をもって、反復継続する意思のもとに所定の行為をなすことが必要である。

　反復継続する意思をもって行われた以上、具体的になされた行為の多少は問題ではない。したがって、各行為が数個あっても一罪である。古物営業の許可は都道府県単位で受けるものであるから、同一都道府県内に数個の営業所がある場合、全体として一罪になるのに対し、質屋営業の許可は営業所ごとに受けなければならないので、数個の営業所における無許可営業は、営業所ごとに一罪が成立し、併合罪となる。

② 相手方不確認

1　古物営業法（古物33条、15条1項）

　被疑者は，○○市○○町○番○号において，古物商を営んでいるものであるが，法定の除外事由がないのに，平成○○年○月○日頃，同営業所において，相手方の住所，氏名，職業及び年齢を確認せず①，かつ，相手方からその住所，氏名，職業及び年齢が記載された文書の交付①を受けないで，氏名不詳の男から中古腕時計○個を○○円で買い受けたものである。

2　質屋営業法（質屋32条、13条前段）

　被疑者は，○○市○○町○番○号において，質屋営業を営んでいるものであるが，平成○○年○月○日頃，同営業所において，身分証明書等により質置主の住所，氏名，職業及び年齢を確認しないで①，氏名不詳の男から中古腕時計○個を○○円で質に取ったものである。

① 「確認」の方法は、古物営業法施行規則15条1項、質屋営業法施行規則16条により身分証明書、運転免許証等その相手方の住所・氏名・職業・年齢を確かめるに足りる資料の呈示を受けるか、又は相手方以外の者でその相手方の身元を確か

めるに足りるものに問いあわせることが要求されているが、古物商については、相手方の住所・氏名・職業・年令の記載された文書（その者の署名のあるものに限る）の交付を受けることによることも認められている（法15条1項本文、法15条2項但書）。

③ 帳簿不記載（古物33条2号、16条・質屋32条、14条）

> 被疑者は，○○市○○町○番○号において，古物商（質屋営業）を営んでいるものであるが，平成○○年○月○日頃，同営業所において，Ａから中古腕時計○個を○○円で買い受け，これを受け取り（質に取り）ながら，その取引年月日（質取年月日），相手方（質置主）の住所，氏名等所定の事項を所定の帳簿に記載せず，かつ電磁的方法による記録も（所定の帳簿に記載）しなかったものである。

①　本罪は、故意に所定の記帳をしなかった者ばかりでなく、過失により記帳しなかった者を包含する（最判昭37・5・4刑集16・5・510）。また、帳簿には「その都度」記載することが要求されているが、これは取引のたびごとに記載することをいい、一週間分等をまとめて記帳することは許されない。

②　古物営業の場合、記帳義務は古物を現実に受け取り又は譲り渡したときに発生する。

③　古物営業法は、帳簿への記載の他、電磁的方法により記録することも認めている。

第4節　公衆浴場法

> 第2条　業として公衆浴場を経営しようとする者は、都道府県知事の許可を受けなければならない。
> 　　（第2項～第4項省略。）
> 第8条　次の各号の一に該当する者は、これを6月以下の懲役又は1万円以下の罰金に処する。
> 　一　第2条第1項の規定に違反した者
> 　　（第2号省略。）

1　無許可営業（法8条1号、2条1項）

　被疑者は，○○県知事の許可を受けないで，平成○○年○月○日頃から同年○月○日頃までの間，○○市○○町○番○号に設置した浴場において，大人1人○○円，中人1人○○円，小人1人○○円の料金を徴してAほか約○○名の一般公衆を入浴させ，もって業として公衆浴場を経営したものである。

① 「許可」につき、法2条各項参照。なお配置の適正を欠くと認められるときは許可を与えないことができるとした法2条2項及びこれに基づく都道府県条例は、憲法に違反しない（最判昭30・1・26刑集9・1・89）。

② 「業として」とは、人が社会生活上の地位に基づきその行為を反復継続して行うことをいう。

③ 「公衆浴場」については、法1条1項参照。なお個室付特殊公衆浴場を経営しようとする場合も本条の許可を受けなければならない（最決昭42・10・25刑集21・8・1128）。

　「公衆浴場」に当たるかどうかは、入浴対象者の性格が、一般公衆性、社会性を有するかどうかで判断されるべきである。利用者が組合員に限定されている組

合浴場でも、組合への加入脱退が各人の自由である場合、旅館附属の入浴施設を直接入浴のみを目的とする不特定多数の一般人に利用させていた場合は、いずれも「公衆浴場」に当たるとするのが判例（最判昭39・7・21刑集18・6・412、最決昭36・7・31裁判集138・899）である。

第5節　児童買春、児童ポルノに係る行為等の処罰及び児童の保護等に関する法律①

（定義）
第2条　この法律において「児童」とは、18歳に満たない者をいう。
　　（第2項省略。）
3　この法律において「児童ポルノ」とは、写真、電磁的記録（電子的方式、磁気的方式その他人の知覚によっては認識することができない方式で作られる記録であって、電子計算機による情報処理の用に供されるものをいう。以下同じ。）に係る記録媒体その他の物であって、次の各号のいずれかに掲げる児童の姿態を視覚により認識することができる方法により描写したものをいう。
　一　児童を相手方とする又は児童による性交又は性交類似行為に係る児童の姿態
　　（第二号省略。）
　三　衣服の全部又は一部を着けない児童の姿態であって性欲を興奮させ又は刺激するもの

（児童買春）
第4条　児童買春をした者は、5年以下の懲役又は300万円以下の罰金に処する。

（児童ポルノ提供等）
第7条　児童ポルノを提供した者は、3年以下の懲役又は300万円以下の罰金に処する。電気通信回線を通じて第2条第3項各号のいずれかに掲げる児童の姿態を視覚により認識することができる方法により描写した情報を記録した電磁的記録その他の記録を提供した者も、同様とする。
　　（第2項省略。）
3　前項に規定するもののほか、児童に第2条第3項各号のいずれかに掲げる姿態をとらせ、これを写真、電磁的記録に係る記録媒体その他の物に描写するこ

とにより、当該児童に係る児童ポルノを製造した者も、第1項と同様とする。
　　（第4項省略。）
5　前項に掲げる行為の目的で、児童ポルノを製造し、所持し、運搬し、本邦に輸入し、又は本邦から輸出した者も、同項と同様とする。同項に掲げる行為の目的で、同項の電磁的記録を保管した者も、同様とする。
　　（第6項省略。）

1　児童買春②③（法4条）

　被疑者は，平成○○年○月○日，○○市○○区○丁目○番○号所在の○○ホテル○号室において，甲（平成○年○月○日生　当時○○歳）が１８歳に満たない者であることを知りながら，同女に対し現金○万円を対償として供与し④，同女の陰部等を手指でもてあそび，同女をして手淫，口淫をさせた上，自己の陰茎を同女の陰部に挿入しようとし，もって，児童に対し性交類似行為をしたものである。⑤⑥

① 　本法といわゆる青少年保護育成条例との関係については、児童買春、児童ポルノに係る行為等本法で規制する行為を処罰する旨定めている条例の規定の当該行為に係る部分については、本法の施行と同時に、その効力を失う（附則2条1項）。したがって、対償の供与を前提とした18歳未満の児童との性交及び性交類似行為は、各条例から外されることとなる。
② 　「児童」とは、18歳に満たない者をいう（法2条）。
③ 　「児童買春」とは、児童、児童に対する性交等の周旋をした者、児童の保護者（親権を行う者、後見人その他の者で、児童を現に監護するものをいう。）又は児童をその支配下に置いている者に対し、対償を供与し、又はその供与を約束して、当該児童に対し、性交等（性交若しくは性交類似行為をし、又は自己の性的好奇心を満たす目的で、児童の性器等（性器、肛門又は乳首をいう。）を触り、若しくは児童に自己の性器等を触らせることをいう。）をすることをいう（法2条

2項)。
④ 「対償」とは、売春防止法2条の「対償」と同義で、児童に対して性交等をすることに対する反対給付としての経済的利益をいう。対償は、必ずしも買春をする行為者本人が供与をする必要はない。
　また、供与の「約束」は、性交等がなされる前に存在することが必要である。
⑤ 本罪は、非親告罪である。
⑥ 事案によっては、本罪と13歳未満の児童に対してなされる強制わいせつ罪（刑法176条）、強姦罪（刑法177条）とが成立する場合があり得るが、それらが1個の行為と認められるときは観念的競合になると解せられる。
　本罪と児童に淫行させる罪（児童福祉法34条1項6号「第6節 児童福祉法⑥☞109頁参照）の関係についても、両罪が成立し、それが1個の行為と認められる場合には観念的競合と解せられる。

2 児童ポルノ製造①（法7条②3項、2条3項3号）

> 被疑者は，平成○○年○月○○日，○○市○○区○丁目○番○号所在のホテル「○○」２０５号室において，A（平成○年○月○日生　当時○○歳）が，１８歳に満たない児童であることを知りながら③，同児童に陰部等を露出させた姿態等をとらせ，それをデジタルカメラで静止画として撮影し，そのころ，○○市○○区○丁目○番○の被疑者方において，同静止画のデータ合計２５点を前記デジタルカメラに装着したコンパクトフラッシュを経由してパーソナルコンピュータのハードディスク内に記憶させて蔵置し，もって，衣類の全部又は一部を着けない児童の姿態であって性欲を興奮させ又は刺激するものを視覚により認識することができる方法により描写した児童ポルノを製造④⑤したものである。

① 「児童ポルノ」とは、写真、電磁的記録（電子的方式、磁気的方式その他人の知覚によっては認識することができない方式で作られる記録であって、電子計算機による情報処理の用に供されるものをいう。）に係る記録媒体その他の物であって、法2条3項各号に該当するものをいう。

「電磁的記録に係る記録媒体」とは、具体的には、CD-R、FD（フロッピーディスク）、コンピュータのハードディスクなどデジタル方式で記録される記録媒体をいう。

　各号共通の要件として、「児童の姿態」を「視覚により認識することができる方法により描写したもの」としており、ここにいう児童とは18歳未満の実在する児童をいう。したがって、児童ポルノについては、描写されている者が実在する児童であることを立証する必要がある。

② 法7条は、特定少数の者に対する提供行為（1項、2項）と不特定多数の者に対する提供行為（4項、5項、6項）について、被害児童の人権侵害の程度や流通による社会的影響等に着目して法定刑に差を設けている。また、他人に提供する目的を伴わない製造（3項）については、他人に対する流通の危険性が小さいことから、特定少数の者に対する提供等と同様の法定刑とされている。なお、3項は、児童に姿態を取らせた者が、これを利用して児童ポルノを製造することを処罰する身分犯的な犯罪であると解される。

③ 「児童」とは、18歳に満たない者をいう（法2条）。法9条によって法5条から8条までの罪については、児童を使用する者が、当該18歳未満の者の年齢を知らないことを理由として処罰を免れることはできない。ただし、年齢を知らないことについて「過失がないとき」は処罰を免れる。

④ 「製造」とは、児童ポルノを作成することをいい、児童ポルノは、一定の操作を行うことによって児童の姿態を視覚により認識することができれば足る。例えば、フィルムカメラによる写真撮影の場合には、

　　⑴　撮　　影
　　⑵　フィルムの現像
　　⑶　ネガ・フィルムのプリント

のそれぞれが児童ポルノの製造にあたるのであり、法2条3項各号のいずれかに掲げる姿態を児童にとらせ、これを電磁的記録に係る記録媒体に記録した者が、当該電磁的記録を別の記録媒体に記憶させて児童ポルノを製造する行為は、法7条3項の児童ポルノ製造罪にあたる（最決平18・2・20判時1923・157）。な

お、同一の者が、犯意を継続してこれらの行為を行った場合には全体が包括一罪となると考えられるが、そのような場合には、必ずしも常に個々の行為を格別に特定して訴追しなければならないわけではない（最決平17・10・12刑集59・8・1425参照）。
⑤　児童福祉法34条1項6号違反の児童に淫行させる罪と児童買春・児童ポルノ等処罰法7条3項の児童ポルノ製造罪とは併合罪の関係にある（最決平21・10・21判時2082・160（第6節⑥③☞110頁参照））。

③　児童ポルノ所持（法7条5項前段、2条3項1号、刑法175条）

> 　被疑者は、不特定又は多数の者②に販売して提供①する目的で、平成○○年○月○○日、○○市○○区○丁目○番○の被疑者方において、児童を相手方とする又は児童による性交又は性交類似行為に係る児童の姿態を視覚により認識することができる方法により描写した画像を記録した児童ポルノであり、かつ、男女の性交場面等を露骨に撮影したわいせつ図画であるＤＶＤ１０枚を所持したものである。③④

①　「提供」とは、児童ポルノまたは電磁的記録その他の記録を相手方において利用しうる状態に置く法律上・事実上の一切の行為をいい、有償・無償を問わない。「頒布」、「販売」、「業としての貸与」も「提供」にあたる。また、必ずしも相手方が現に受領することまでは必要でなく、例えば、プロバイダを利用して児童ポルノに係る電磁的記録を提供する場合、電子メールで相手方に送信し、プロバイダ内で相手の受信箱に入れれば足る。
②　「不特定若しくは多数の者」とは、不特定かつ少数の場合及び特定かつ多数の場合も含むが、不特定又は多数の者を相手とする目的（反復の意思）を有している限り、1人に対する1回のみの提供であっても差し支えない。
③　提供の客体たる児童ポルノ及びわいせつ物頒布の罪（刑法175条）のわいせつ物のいずれにも該当する場合には、両罪が成立し、それが一個の行為と認められるときは、観念的競合になると解される。

④　児童ポルノをインターネット・オークションの落札者にあてて外国から郵送する行為は、「不特定のものに提供する目的で」外国から輸出したものといえる（最決平20・3・4判タ1455・9参照）。

　児童ポルノ・わいせつ物である光磁気ディスクを販売用コンパクトディスク作成に備えてのバックアップのために製造所持した行為は、7条2項の児童ポルノを提供する目的及び刑法175条後段（改正前）にいう「販売の目的」がある（最決平18・5・16判タ1227・187参照）。

　なお、平成23年の刑法改正で「販売の目的」が「**有償で頒布する目的**」（175条2項）と改められたので、わいせつ物をレンタル目的で所持する場合も含まれることになった。

第6節　児童福祉法

（雑則）
第34条　何人も、次に掲げる行為をしてはならない。
　（第一号省略。）
　二　児童にこじきをさせ、又は児童を利用してこじきをする行為
　（第三号省略。）
　四　満15歳に満たない児童に戸々について、又は道路その他これに準ずる場所で歌謡、遊芸その他の演技を業務としてさせる行為
　四の二　児童に午後10時から午前3時までの間、戸々について、又は道路その他これに準ずる場所で物品の販売、配布、展示若しくは拾集又は役務の提供を業務としてさせる行為
　四の三　戸々について、又は道路その他これに準ずる場所で物品の販売、配布、展示若しくは拾集又は役務の提供を業務として行う満15歳に満たない児童を、当該業務を行うために、風俗営業等の規制及び業務の適正化等に関する法律　（昭和23年法律第122号）第2条第4項の接待飲食等営業、同条第6項の店舗型性風俗特殊営業及び同条第9項の店舗型電話異性紹介営業に該当する営業を営む場所に立ち入らせる行為
　五　満15歳に満たない児童に酒席に侍する行為を業務としてさせる行為
　六　児童に淫行をさせる行為
　七　前各号に掲げる行為をするおそれのある者その他児童に対し、刑罰法令に触れる行為をなすおそれのある者に、情を知つて、児童を引き渡す行為及び当該引渡し行為のなされるおそれがあるの情を知つて、他人に児童を引き渡す行為
　（第八号省略。）
　九　児童の心身に有害な影響を与える行為をさせる目的をもって、これを自己の支配下に置く行為

（罰則）
第60条　第34条第1項第6号の規定に違反した者は、10年以下の懲役若しくは300万円以下の罰金に処し、又はこれを併科する。
②　第34条第1項第1号から第5号まで又は第7号から第9号までの規定に違反した者は、3年以下の懲役若しくは100万円以下の罰金に処し、又はこれを併科する。
（第③項〜第⑤項省略。）

1　児童保護のための禁止行為（法60条2項、34条1項2号）

被疑者は、平成〇〇年〇月〇日午後〇時〇分頃①、〇〇市〇〇町〇番〇号先路上において、満18歳に満たない長男〇〇②（平成〇年〇月〇日生）とともにボール紙を敷いて座り、同人の前に弁当箱のふたを置いて通行人に喜捨を乞い、通行中のAなど〇名から現金合計〇〇円をもらい受け、もって児童を利用してこじきをした③ものである。

① 法34条1項は、何人に対しても同項各号の行為をすることを禁じた規定であって、児童と上命下従等の特定の身分関係を有する者のみに対する禁止規定ではない。
② 「児童」とは、満18歳に満たない者である（法4条）。児童が婚姻していて民法上成人とみなされる場合でも、本法の適用には消長を来さない。
③ 「児童を利用してこじきをする」とは、児童に直接こじきをさせるのではないが、その児童に他人の同情を呼ぶがごとき所為をさせてこじきをする行為などをいい、「こじき」とは他人の憐びんを利用して金銭その他の物品の施しを受けることを自己の生活の手段とすることをいう。

2　児童保護のための禁止行為（法60条2項、34条1項4号）

被疑者は、平成〇〇年〇月〇日頃から同年〇月〇日頃までの間、満15歳に

満たない児童である○○○○(平成○○年○月○日生)①をして、○○市○○町○番○号クラブ「○○」ほか多数のバー、キャバレーなどにおいて、歌謡曲などを歌わせ、もって満15歳に満たない児童に戸々について②、歌謡その他の演技を業務③としてさせる行為をしたものである。

① 34条1項1項3、4、4の3、5号の客体は満15歳に満たない児童である。
② 「戸々について」とは、一軒一軒回り歩いてという意味である。ただ児童に行わせる行為が、その態様において巡回性を有するものである限り、現実には必ずしも2戸以上の訪問を必要としない。
　その対象となる場所は、居宅、事務所、キャバレー、ナイトクラブ、バー、飲食店等はもちろん、旅館や料理店の客室を回り歩く場合でもよい。
③ 「**業務**」とは、社会生活上の地位に基づき反復継続して行う行為である。
　利用者において反復継続して行わせる意思があれば、児童の行った行為がたまたま1回限りでも本号に該当する。

③ 児童保護のための禁止行為 (法60条2項、34条1項4号の2)

　被疑者は、平成○○年○月○日頃から同月○日頃までの間、毎日午後10時を超え翌日午前0時頃までの間、満18歳に満たない児童である○○○○(平成○年○月○日生)をして、○○市○○町○番○号先路上において、通行人に対しラーメンを販売させ、もって児童に午後10時以降道路において物品の販売①を業務としてさせたものである。

① 「物品の販売」とは物品の種類を問わず、不特定又は多数の相手方に有償で譲渡することである。屋台の移動販売も含まれる。

④ 児童保護のための禁止行為 (法60条2項、34条1項4号の3)

　被疑者は、平成○○年○月○日頃から同年○月○日頃までの間、満15歳に満たない児童である○○○○(平成○○年○月○日生)をして、○○市○○町

○番○号のクラブ「○○」ほか多数のバー、キャバレーなどを訪れさせて、花束等を販売させ、もって満15歳に満たない児童を、物品販売の業務を行うために、風俗営業を営む場所に立ち入らせたものである。
①　②

① 「風俗営業」とは、風俗営業等の規制及び業務の適正化等に関する法律2条1項1号から6号までに掲げられた営業である。
② 本罪は、物品販売等の業務を行うために児童を立ち入らせることによって成立し、児童がその場所で現実に物品の販売等を行うことは必要でない。

5　児童保護のための禁止行為（法60条2項、34条1項5号）

被疑者は、○○市○○町○番○号において、バー「○○」を経営するものであるが、平成○○年○月○日頃、同店ホステスとして雇い入れたA（平成○○年○月○日生）が満15歳に満たない児童であることを知りながら、同女をして同日頃から同年○月○日頃までの間、同店において、客を相手に接待させ、もって満15歳に満たない児童に酒席に侍する行為を業務としてさせたものである。
①　　　　　　　　　　　　　　　　　②　　③
④

① 年令不知の場合には、
　「……であるが、年令確認に必要な方法を尽くさないで、平成○○年○月○日頃、満15歳に満たない児童である○○○○（平成○○年○月○日生）を同店ホステスとして雇い入れ、同女をして同日頃から……」
とする。
② 「酒席に侍する」とは、飲酒の席において客の相手となりその応待につとめることである。酒席に侍するというのは客をもてなす意味を含んでおり、客の相手をしたり酒席に興をそえるなどの接待的要素を必要とする。
③ 「業務」とは、社会生活上の地位に基づき反復継続して行う事業又は事務のことをいう。
　また「業務としてさせた」とは、児童に酒席に侍する行為を強制した場合のみ

でなく、児童が自発的に申し込んできたのを許した場合をも含む。

④ 本号違反と風俗営業等の規制及び業務の適正化等に関する法律違反（同法22条3号又は4号、50条1項4号（第2節③④☞89頁参照））、労働基準法違反（同法62条2項、119条1号）の関係は、観念的競合である。

6 児童保護のための禁止行為（法60条2項、34条1項6号）

> 被疑者は，○○市○○町○番○号において，小料理店「○○」を経営しているものであるが，平成○○年○月○日頃，同店女中として雇い入れたA（平成○年○月○日生）が，満18歳に満たない児童であることを知りながら，同女をして平成○○年○月○日から同月○日までの間，前後○日にわたり，同店2階客室において，Bほか○名の遊客を相手に売春をさせ，もって18歳に満たない児童に淫行させたものである。①　　　　　　　　　　　②③

① 「淫行」とは、性交及び性交類似行為をいう（最決昭47・11・28刑集29・9・617）。

　「淫行をさせる」とは、必ずしも暴行、脅迫、その他の強制等の不正な手段が随伴する場合のみには限定されない。

　淫行の機会と場所を与えたものの売春自体は児童の自発的意思による場合（最判昭30・12・26刑集9・14・3018）、直接たると間接たるとを問わず児童に対して事実上の影響力を及ぼして、児童が淫行をなすことを助長し促進する行為（最決昭40・4・30裁判集155・595）なども、淫行をさせたことに含まれる。

　また「児童に淫行をさせる行為」とは、児童をして他人を相手方として淫行させる場合だけでなく、自らその相手方となる場合も含まれる（最決平10・11・2判時1663・149）。

② 一人の児童に数回にわたって淫行をさせた場合は、包括一罪である（東京高決昭63・6・9判時1286・149、大阪高判平3・3・37家裁月報44・392）。

　多数の児童に淫行させた場合には、各児童ごとに本号が成立し、併合罪となる。

自己の占有し、若しくは管理する場所に児童を居住させ、これに対価を得て性交させることを業とした場合には、売春防止法12条（第1節⑨☞83頁参照）にもふれるが、本号違反と売春防止法違反とは観念的競合である。

③　児童福祉法34条1項6号違反の児童に淫行させる罪と児童買春・児童ポルノ等処罰法7条3項の児童ポルノ製造罪とは併合罪の関係にある（最決平21・10・21判時2082・160（第5節②⑤☞103頁参照））。

7　児童保護のための禁止行為（法60条2項、34条1項7号）

> 被疑者は、平成○○年○月○日頃、○○市○○町○番○号の芸妓置屋「○○○」こと○○○○方において、同人が、満15歳に満たない児童であるＡ（平成○○年○月○日生）に対し、酒席に侍する業務につかせることを知りながら③、同女を前記○○○○に引き渡し①②、もって満15歳に満たない児童に酒席に侍する行為を業務としてさせる行為をするおそれのある者に児童を引き渡したものである。

①　引き渡す相手は法34条1号ないし6号の行為をするおそれのある者、更にその者以外に児童に対し刑罰法令に触れる行為をなすおそれのある者である。

　刑罰法令には、児童を直接の被害者とする犯罪に対する刑罰法令のみならず、児童の心身の健全な成長に何らかの影響を及ぼすような行為を制限・禁止し、その違反を処罰することとしている法令も含まれる。

②　「児童を引き渡す行為」とは、自己の監護支配下にある児童を他人の支配下に移す行為を意味する。

　児童の意思に反すると否と、また犯人が職業としてこれを行うと否とを問わず成立する。

③　「情を知って」とは、児童の引渡しを受ける者が、児童に対して刑罰法令に触れる行為をするおそれがあることについて認識することである。行為の詳細及びそれがいかなる刑罰法令に触れるかまでは知る必要はないが、行為の概略は知る必要がある。

8 児童保護のための禁止行為（法60条2項、34条1項9号）

　被疑者は，大人のおもちゃ店を経営しているものであるが，平成○○年○月○日頃，満18歳未満のA（平成○○年○月○日生）を店員として雇い入れ，同日ころから同年○月○日ころまでの間，Aを○○市○○町○番○号の被疑者方に居住させた上，裸体の女性の下腹部を露骨に強調して撮影した写真多数を掲載した写真集の販売に従事させ，もって児童の心身に有害な影響を与える行為をさせる目的で同人を自己の支配下に置いたものである。
①　　　　　　　　　　　　　②

① 社会通念上、児童に行わせることがその心身に悪影響を及ぼし、児童の健全な育成を害することが客観的に明らかであるような行為をいう。

　なお本件の場合、当該写真集が必ずしも刑法上のわいせつ物であることを要しない（最決昭59・11・30判時1146・158）。

② 「自己の支配下に置く」とは、児童を使用、従属の関係において、その意思を左右し得る状態の下に置くことをいう。

　判例は、家出中の児童を、軽食喫茶店内の賭博遊技機を設置したゲーム室で働かせるため雇い入れ、同じ建物内の一室に居住させ、勤務につき指導監督するほか、食事を給するなどして、児童に心理的影響を及ぼし、人の意思を左右しうる状態に置き、被告人の影響下から離脱させることを困難にした場合は、自己の支配下に置いたものと認めている（最決昭56・4・8刑集35・3・63）。

第7節　未成年者飲酒禁止法・未成年者喫煙禁止法

未成年者飲酒禁止法

第1条　満20年ニ至ラサル者ハ酒類ヲ飲用スルコトヲ得ス

②　未成年者ニ対シテ親権ヲ行フ者若ハ親権者ニ代リテ之ヲ監督スル者未成年者ノ飲酒ヲ知リタルトキハ之ヲ制止スヘシ

③　営業者ニシテ其ノ業態上酒類ヲ販売又ハ供与スル者ハ満20年ニ至ラサル者ノ飲用ニ供スルコトヲ知リテ酒類ヲ販売又ハ供与スルコトヲ得ス

　　（第④項省略。）

第3条　第1条第3項ノ規定ニ違反シタル者ハ50万円以下ノ罰金ニ処ス

②　第1条第2項ノ規定ニ違反シタル者ハ科料ニ処ス

第4条　法人ノ代表者又ハ法人若ハ人ノ代理人、使用人其ノ他ノ従業者ガ其ノ法人又ハ人ノ業務ニ関シ前条第1項ノ違反行為ヲ為シタルトキハ行為者ヲ罰スルノ外其ノ法人又ハ人ニ対シ同項ノ刑ヲ科ス

未成年者喫煙禁止法

第3条　未成年者ニ対シテ親権ヲ行フ者情ヲ知リテ其ノ喫煙ヲ制止セサルトキハ科料ニ処ス

②　親権ヲ行フ者ニ代リテ未成年者ヲ監督スル者亦前項ニ依リテ処断ス

第5条　満20年ニ至ラサル者ニ其ノ自用ニ供スルモノナルコトヲ知リテ煙草又ハ器具ヲ販売シタル者ハ50万円以下ノ罰金ニ処ス

1　未成年者の飲酒（喫煙）不制止

（飲酒禁止法3条、1条2項・喫煙禁止法3条2項）

被疑者は，未成年であるA（平成〇〇年〇月〇日生）の実父でAに対する親権を行う者であるが，平成〇〇年〇月〇日，〇〇市〇〇町〇番〇号の自宅においてAがビールを飲酒しているのを知りながら（Aが紙巻たばこを喫煙してい

るのを知りながら)，これを放任して制止しなかったものである。

① 未成年者に対して親権を行う者については、民法818条・819条参照。
　父母が親権を行うことができない場合については、民法834条・837条に規定がある。
　「親権者ニ代リテ之ヲ監督スル者」とは、事実上親権者に代わって未成年者を監督する地位にある者、例えば住込店員の雇主等がこれに当たる。
② 「酒類」とは、酒税法2条1項にいう、アルコール分1度以上の飲料をいう。同条2項では、発泡性酒類、醸造酒類、蒸留酒類及び混成酒類の4種類に分類されている。
③ 「制止しない」とは、未成年者が飲酒(喫煙)することを知りながら、あえてこれをやめさせない不作為のほか、未成年者に積極的に飲酒(喫煙)を勧めたり、飲酒(喫煙)の機会を作ってやることなども含まれる。

2　未成年者に酒類を販売する行為（飲酒禁止法3条、1条3項）

被疑者は、○○市○○町○番○号において、大衆酒場「○○」を経営し、客に酒類を販売飲用させる業務に従事しているものであるが、平成○○年○月○日午後○時○分頃、同店に来店したA（平成○○年○月○日生）が未だ未成年者であり、かつ同人の飲用に供するものであることを知りながら、その求めに応じてビール○本を販売し、もって未成年者に酒類を販売したものである。

① 主体は、営業者でその業態上酒類を販売又は供与する者である。「営業者」は、名義上の営業者ではなく実質上の営業者を意味する。
　「その業態上酒類を販売又は提供する者」とは、酒類販売業のほか、旅館業、料理店業、バー、キャバレーなど客に酒類を提供することを業とする者をいう。必ずしも酒類の提供を主体とする営業に限られない
② 営業者が未成年者に酒類を販売した場合でも、未成年者であることを知らなかったときは、本条違反は成立しない。

③ 「販売」とは、不特定又は多数人を対象に有償で所有権を譲渡すること、「供与」とは、有償・無償を問わず所有権又は処分権を移転してその物を相手方に交付することをいう。

④ 未成年者一人ごとに一罪が成立し、未成年者数人に同時に酒類を販売飲酒させたときは観念的競合となる。

3 従業員の行為に対する営業者の責任①

(飲酒禁止法3条、1条3項、4条)

> 被疑者は、○○市○○町○○番○号において、バー「○○」の名称で、客に酒類を販売、供与している営業者であるが、平成○○年○月○日午後○時頃、同店従業員Aにおいて、被疑者の業務に関し②、同店で、客B（平成○○年○日○日生）が、未成年者であり、かつ同人が自己の飲用に供するものであることを知りながら、その注文に応じて、同人に対し、ビール○本を販売し、もって未成年者に酒類を販売したものである。

① 営業者は、その代理人、同居者、雇人、使用人、その他従業者が営業者の業務に関して法第3条1項の違反行為をしたときは、行為者が処罰されるほか、営業者も同条1項の刑を科するとする両罰規定が設けられている（4条）。この場合における営業主の刑事責任の本質は、違法行為者の選任、監督などその違法行為を防止するための必要な注意を尽くさなかった監督上の懈怠を内容とする過失責任であり、両罰規定はその過失を推定した規定であると解されている。

② 「業務に関し」とは、従業員などの違反行為が業務主の業務活動の一環として行われたことをいう。

③ 酒類の販売・供与の相手方は、必ずしも未成年者本人であることを要せず、成年者でもよいが、「未成年者の飲用に供するものであることを知って」なされる必要がある。

④ 風俗営業等の規制及び業務の適正化等に関する法律22条6号（第2節6☞91頁参照）、28条12項5号、32条3項違反の罪が成立するときは、未成年者飲酒禁

止法・未成年者喫煙禁止法違反の罪は成立しない。

4 未成年者に煙草を販売する行為（喫煙禁止法5条）

> 被疑者は，平成〇〇年〇月〇日頃，〇〇市〇〇町〇番〇号の自宅店舗において，A（平成〇〇年〇月〇日生）に対し，同人が未成年者であり，かつ同人が自己の用に供するものであることを知りながら，たばこ「〇〇〇」〇個を代金〇〇円で販売したものである。

① 本罪の主体に制限はない。営業者であるか否かを問わない。
② 本罪は、未成年者が喫煙するものであることを知りながら、未成年者にたばこ又は器具を販売した場合に成立する。「**器具**」とは、喫煙のための器具（例えば、パイプ、マッチ、ライターなど）をいう。
③ 本法においても、未年者飲酒禁止法第4条と同様、両罰規定が設けられている。

第8節　競馬法・自転車競技法

＊競馬法＊

第30条　次の各号の一に該当する者は、5年以下の懲役又は500万円以下の罰金に処する。

　　（第一号～第二号省略）

　三　中央競馬又は地方競馬の競走に関し勝馬投票類似の行為をさせて財産上の利益を図つた者

第32条の2　調教師、騎手又は競走馬の飼養若しくは調教を補助する者が、その競走に関してわいろを収受し、又はこれを要求し、若しくは約束したときは、3年以下の懲役に処する。よつて不正の行為をし、又は相当の行為をしなかつたときは、5年以下の懲役に処する。

第32条の4　第32条の2に規定するわいろを供与し、又はその申込み若しくは約束をした者は、3年以下の懲役又は300万円以下の罰金に処する。

　　（第2項省略。）

第33条　次の各号のいずれかに該当する者は、100万円以下の罰金に処する。

　　（第一号省略）

　二　第30条第3号の場合において勝馬投票類似の行為をした者（第29条の2第1項の規定による許可を受けた場合を除く。）

＊自転車競技法＊

第56条　次の各号のいずれかに該当する者は、5年以下の懲役若しくは500万円以下の罰金に処し、又はこれを併科する。

　　（第一号省略）

　二　競輪に関して、勝者投票類似の行為をさせて財産上の利益を図つた者

第58条　次の各号のいずれかに該当する者は、100万円以下の罰金に処する。

　　（第一号省略）

　二　第56条第一号の違反行為の相手方となつた者

(第三号省略)
第60条　競輪の選手が、その競走に関して賄賂を収受し、又はこれを要求し、若しくは約束したときは、3年以下の懲役に処する。よつて不正の行為をし、又は相当の行為をしなかつたときは、5年以下の懲役に処する。
第63条　第60条又は第61条に規定する賄賂を供与し、又はその申込み若しくは約束をした者は、3年以下の懲役又は300万円以下の罰金に処する。
　　　(第2項省略。)

本節では、競馬法違反・自転車競技法の記載例をあげたが、呑み行為については、モーターボート競走法65条2号、68条3号、小型自動車競走法61条2号、63条3号に、賄賂罪については、モーターボート競走法72条、小型自動車競走法65条が類似の規定を置いている。

1　呑み行為とその相手方
（競馬法30条3号、33条2号・自転車競技法56条2号、58条2号）

第1　被疑者甲は，平成○○年○月○日，○○市○○町○番○号の自宅において，別紙一覧表記載のとおり，同日施行の日本中央競馬会主催の平成○○年第○回○○競馬第○日目第○レースの競走に関し（同日施行の○○市主催の平成○○年第○回○○競輪第○日目第○レースの競走に関し①），電話又は口頭で，乙ほか○名をして勝馬（勝者）を予想指定させ，馬券代（車券代）相当金額○○○円を1口とした合計○○口，金額合計○○○○円を提供させながら，馬券（車券）を購入せず，予想の的中するときは，1口につき○○円を限度として競馬（競輪）主催者のなす払戻金と同率の払いもどしをし，的中しないときは，その金銭を自己の所得として利を図るいわゆる呑み行為をし，もって，乙らをして勝馬（勝者）投票類似の行為をさせて財産上の利益を図った
第2　被疑者乙は，甲が，第1事実記載のとおり，同日施行の前記○○競馬第○日目第○レースの競走に関し（前記○○競輪第○日目第○レースの競走

に関し），いわゆる呑み行為をした際，第1事実記載の日時，場所において，甲に対し，第○レースの競走に関し合計○○口を申し込み，金額合計○○○○円を提供し，もって勝馬（勝者）投票類似の行為をしたものである。

別紙　一覧表

番号	申込者氏名	申込み口数	提　供　金　額

① 「競走に関し」とは、競馬・競輪の施行者が現在及び将来行う特定の競走につきという意味で、自ら競馬等の競走を実施するのではない。この点で競馬法30条1、2号、1条6項、27条、自転車競技法56条1号、1条5項等の無資格者の競走施行罪とは異なる。
② 胴元側に本罪が成立するためには、その相手方が証拠上何らかの方法（例えばメモ）により特定されておれば足り、その氏名が判明している必要はない。
③ 「勝馬（勝者）投票類似の行為をさせる」とは、特定の競走に関して正規の競馬等の施行者の発売する勝馬（勝者）投票券によることなく、1口につき一定の金銭又は財物を拠出させて、勝馬（勝者）を予想指定させ、的中する時は利益を与え、的中しない時はその拠出した金銭又は財物を喪失させて自己において取得する一切の行為をいう。したがって、多数の勝馬（勝者）投票券の購入希望者から依頼を受けて、投票券を正規の発売所から買い受け、その希望に従って投票を代理として行い、的中者については払戻金を正規の払戻所から受けとってやり、これらの代理行為に対して予め約定した一定の手数料を徴していた場合において、たとえ依頼を受ける際、委託者に対し代金領収証及び払戻金引換証の趣旨で、レース番号、連勝式番号及びその口数を記載した伝票を発行交付しており、委託者の一部の者が、これを馬券等とほとんど同視していたにしても、「勝馬（勝者）投票類似の行為をさせ」たことにはならない。
　勝馬（勝者）投票類似の行為の相手方（客）は不特定又は多数であることを要

するかということにつき、これを積極に解する見解もあるが、本罪は競馬等の主催者である国、又は地方公共団体の財政、収入源の確保の見地から、これらが有する勝馬（勝者）投票券の発売権を保護法益とするものと解されるので、相手方が不特定又は多数であることを要するとしなければならない理由はなく、法文の上でも、このような字句は用いられていないので、相手方が特定の一人であった場合でも本罪は成立すると解する。

なお「勝馬（勝者）」とは、当該競走で1着となった馬（選手）を指すとは限らず、競馬法施行規則、自転車競技法施行規則、モーターボート競走法施行規則、小型自動車競走法施行規則がそれぞれ定めるところによる。

④ 「財産上の利益を図った」とは、財産上の利益を得る目的をもって勝馬（勝者）投票類似行為をさせることによって成立し、現実に利益を徴収したと否と、徴収した利益が確定すると否とを問わず、また得るべき利益が、投票類似行為を行う者によってこれを行うため拠出された金銭又は財物から支出されるものであると、これ以外より支出されるものであるとを問わない。投票類似行為をさせれば足り、競走の勝敗が決定するに至らなくてもよい。

⑤ 罪数については、申込者1名ごとに一罪、レースごとに一罪、開催日ごとに一罪、開催期間ごとに一罪等の説が考えられるが、実務では、開催日ごとに一罪とするのが有力である。

なお同日施行の競馬と競輪について呑み行為をした場合は、併合罪と解されるが、申込者が同時に申込みをしたときは観念的競合の関係になるとする見解もある。

2 賄賂罪（競馬法32条の2前段、32条の4第1項・自転車競技法60条前段、63条1項）

第1 被疑者甲は，日本中央競馬会の免許を受けた騎手①（競輪振興法人に登録された競輪選手）であるが，平成〇〇年〇月〇日，〇〇市〇〇町〇番〇号の料亭〇〇において，被疑者乙に、自己が出走予定の同月〇日施行の中央競馬である平成〇〇年第〇日〇〇競馬（〇〇県営平成〇〇年第〇回〇〇競

輪）第○日目第○レースの競走に関し，着外になること②を約して同被疑者よりその報酬として現金○○万円の交付を受け，もって競走に関して④賄賂③を収受し

第2　被疑者乙は，前記日時、場所において，日本中央競馬会の免許を受けた騎手（競輪振興法人に登録された競輪選手）である被疑者甲に前記趣旨で現金○○万円を交付し，もって同被疑者の競走に関して賄賂を供与し③たものである。

① 主体は、競馬については調教師、騎手又は競走馬の飼養若しくは調教を補助する者であり、競輪及び小型自動車競走の場合は競輪及び小型自動車競走の選手である。モーターボート競走の場合は、選手のほか日本モーターボート競走会、日本財団の役員も賄賂罪の主体となる。

　「調教師」とは、日本中央競馬会からその免許を受けた者である（競馬法16条）。

　「騎手」とは、日本中央競馬会又は地方競馬全国協会からその免許を受けた者をいう（競馬法16条、22条）。

　「**競走馬の飼養若しくは調教を補助する者**」とは、調教師又は調教専業の騎手に雇われ、馬の飼養管理の補助（きゅう舎作業と担当馬の世話等）をする者をいい、事実上、競走馬の飼育、管理の業務に従事していればたりる。

　競輪の選手は、競輪振興法人に登録されたものでなければならない（自転車競技法6条1項）。

② 「その競走」とは、当該騎手が騎乗（当該選手が出走）する競走、当該調教師が調教し、又は当該「競走馬の飼養若しくは調教を補助する者」が担当する馬が出走する特定の具体的な競走のことをいう。

　競馬の騎手が、勝馬投票をしようとする者に対し、特定の競走に関して、自己が騎乗して出走する予定の競走馬の体調、勝敗の予想等の情報を提供し、その対価として利益の供与を受けたときは、社会通念上その競走の公正ないしこれに対する社会の信頼を害するものというべきで、「**その競走に関してわいろを収受**

し」た場合に当たる（最決昭59・3・13判時1121・143）とした判例がある。
③ 「**賄賂**」は、財物に限らず、人の需要若しくは欲望を満足させる一切の有形又は無形の利益を包含し、経済上の価値を有することを必要としないが、競走に関する違法な報酬であることを要する。
④ いわゆる八百長レースを仕組み、その結果、不正に払戻金及び賞金を受領したときは、場合により詐欺罪を構成することがある（最判昭29・10・22刑集8・10・1616）。

第4章　危険物取締法

第1節　銃砲刀剣類所持等取締法

（所持の禁止）
第3条　何人も、次の各号のいずれかに該当する場合を除いては、銃砲又は刀剣類を所持してはならない。
　　（第一号～第十三号省略）
（発射の禁止）
第3条の13　何人も、道路、公園、駅、劇場、百貨店その他の不特定若しくは多数の者の用に供される場所若しくは電車、乗合自動車その他の不特定若しくは多数の者の用に供される乗物に向かつて、又はこれらの場所（銃砲で射撃を行う施設（以下「射撃場」という。）であつて内閣府令で定めるものを除く。）若しくはこれらの乗物においてけん銃等を発射してはならない。ただし、法令に基づき職務のためけん銃等を所持する者がその職務を遂行するに当たつて当該けん銃等を発射する場合は、この限りでない。
（所持の態様についての制限）
第10条　第4条又は第6条の規定による許可を受けた者は、それぞれ当該許可に係る用途に供する場合その他正当な理由がある場合を除いては、当該許可を受けた銃砲又は刀剣類を携帯し、又は運搬してはならない。

（第2項～第5項省略）
（刃体の長さが6センチメートルをこえる刃物の携帯の禁止）
第22条　何人も、業務その他正当な理由による場合を除いては、内閣府令で定めるところにより計つた刃体の長さが6センチメートルをこえる刃物を携帯してはならない。ただし、内閣府令で定めるところにより計つた刃体の長さが8センチメートル以下のはさみ若しくは折りたたみ式のナイフ又はこれらの刃物以外の刃物で、政令で定める種類又は形状のものについては、この限りでない。
（許可証、年少射撃資格認定証及び登録証の携帯等）
第24条　銃砲又は刀剣類を携帯し、又は運搬する者は、当該銃砲又は刀剣類に係る許可証、年少射撃資格認定証又は登録証を常に携帯していなければならない。

　　（第2項～第3項省略）
（罰則）
第31条　第3条の13の規定に違反した者は、無期又は3年以上の有期懲役に処する。

　　（第2項～第3項省略）
第31条の3　第3条第1項の規定に違反してけん銃等を所持した者は、1年以上10年以下の懲役に処する。この場合において、当該けん銃等の数が2以上であるときは、1年以上15年以下の懲役に処する。
2　前項の違反行為をした者で、当該違反行為に係るけん銃等を、当該けん銃等に適合する実包又は当該けん銃等に適合する金属性弾丸及び火薬と共に携帯し、運搬し、又は保管したものは、3年以上の有期懲役に処する。

　　（第3項～第4項省略）
第31条の16　次の各号のいずれかに該当する者は、3年以下の懲役又は50万円以下の罰金に処する。
　一　第3条第1項の規定に違反して銃砲（けん銃等及び猟銃を除く。第4号及び第5号において同じ。）又は刀剣類を所持した者

　　　　（第二号～第六号省略）
　　　　（第2項省略）
　　第31条の18　次の各号のいずれかに該当する者は、2年以下の懲役又は30万円以下の罰金に処する。
　　　　（第一号省略）
　　　二　第10条第1項（第21条において準用する場合を含む。）の規定に違反した者
　　　三　第22条の規定に違反した者
　　第35条　次の各号のいずれかに該当する者は、20万円以下の罰金に処する。
　　　　（第一号省略）
　　　二　第4条の4第1項、第7条第2項（第9条の13第3項において準用する場合を含む。）、第8条第2項（第9条の15第2項において準用する場合を含む。）、………（省略）………第24条第1項の規定に違反した者（第33条第2号に該当する者を除く。）
　　　　（第三号～第八号省略）

1　けん銃の加重所持（法31条の3第2項、3条1項）

> 被疑者は，法定の除外事由②がないのに，平成○○年○月○日頃，○○市○○区○○町○番○号の自宅において，自動式けん銃③1丁を同けん銃に適合する実包①5発と共に保管④して所持①したものである。

① けん銃を所持した場合は、31条の3第1項、3条1項に、けん銃に使用することができる実包を所持した場合は31条の8、3条の3第1項に、けん銃と当該けん銃に適合する実包（又は当該けん銃に適合する金属性弾丸及び火薬）を共に携帯、運搬、保管した場合には、31条の3第2項にそれぞれ該当する。

　31条の3第2項は、けん銃と適合実包を「共に携帯」、「共に運搬」、「共に保管」した場合に成立するが、ここにいう「共に」とは、けん銃と適合実包との間

に、直ちに装填することが可能な程度の場所的近接性があることをいう。
② 「法定の除外事由」については、法3条1項が規定している。いずれも所持罪の成立を阻却する違法性阻却事由である。

「法定の除外事由」のひとつとして、法3条1項3号は、4条の規定による許可を受けたものを当該許可を受けた者が所持する場合をあげているが、4条の許可はいわゆる属人的なものであり、属物的ではない。したがって、その効力は許可を受けた特定人に限定せられ他には及ばない。

これに対して、法3条1項6号に規定する14条の登録は、当該銃砲又は刀剣類の美術品若しくは骨とう品としての価値に対してなされるものであるから、対物的許可と同様の効果を生ずるものと解され、登録申請人はもちろんのこと、何人でもこれを所持することができる。

③ 法が規制の対象とする「銃砲」は、2条1項に規定されている。同項の定める「金属性弾丸を発射する機能を有する」とは、単なる発射能力を意味するのではなく、発射された弾丸が命中すれば、人畜を殺傷するに足りる程度の威力を有することが必要である。

「発射する機能」について、故障その他の理由により現状のままでは発射機能を有しないものでも、通常の手入れ又は修理によって発射機能を回復することが可能である場合には、規制を受ける銃砲に該当し、この場合そのような修理が合法的にできるか否かは問わない（最判昭44・7・11刑集23・8・1052）。

また、分解されたけん銃の部品を一括して小型ロッカー内等に収納・保管していた場合でも、これらの部品を組み立てた上、修理を加えて容易に発射機能を備えたけん銃に復元することができるときは、部品の一括保管の所為は、けん銃の所持に該当する（最決昭57・10・8刑集36・10・867）。

④ 「所持」とは、物の保管について実力支配関係をもつことであり、支配関係が存在する限り、たとえわずか数分間にとどまる場合でも所持が成立する（最決昭52・11・29刑集31・6・1030）。他人に保管を託して間接的に支配関係を持続してもよいし、他人と共同して所持することも可能である。

所持が成立するためには、銃砲刀剣類であることの認識をもって、これを自己

の実力支配下に置けば足り、その所持を開始した以上は、絶えずその所持を認識している必要はなく、実力支配関係が客観的に継続している限り、所持も継続していると解してよい。所持者の主観的な使用目的の如何は、所持の成立を左右しない。

⑤ 「加重所持罪」が成立する場合、実包の所持について、けん銃実包所持罪及び火薬類取締法の火薬類所持罪の成否が問題となるが、いずれも成立し、これら三罪は観念的競合の関係に立つと解してよいであろう（横浜地判平8・4・15判時1577・152）。

　複数のけん銃等をまとめて所持した場合、3条の3の罪が成立するが、複数のけん銃をそれぞれに適合する実包と共に所持した場合には、その所持が態様からみて一個であれば一個の加重所持罪を構成する（東京高判平7・1・25高刑集48・1・6）。支配を開始した時期がそれぞれ異なる猟銃4丁を、自宅内の一か所に収納して所持していた場合には、包括一罪が成立する（最決昭43・12・19刑集22・13・1559）。なお密輸けん銃及び実包の故買とそのけん銃及び実包の不法所持の罪は併合罪の関係にある（最決昭48・3・14刑集27・2・91）。

2　けん銃発射（法31条、3条の13）

　　被疑者は、法定の除外事由がないのに、平成○○年○月○日午後○時○○分頃、○○市○○町○番○号○○公園において、同所先の道路に向かって、所携の自動式けん銃で弾丸○発を発射し、もって、不特定若しくは多数の者の用に供される場所において、不特定若しくは多数の者の用に供される場所に向かって、けん銃を発射したものである。

① 本罪は、公共の静謐を保護法益とする抽象的公共危険犯であり、具体的な危険の発生は要件ではない。

② 本罪は、「不特定若しくは多数の者の用に供される場所（若しくは乗り物）」において、又はこれに向かってけん銃を発射することによって成立する。

　民家等の立ち並ぶ国道上を走行中の普通乗用自動車内において、助手席に乗車

していた者に対し、背後から、拳銃の銃口を下向きにして同人の左肩部突き付けて体内に向けて弾丸1発を発射した行為は、不特定又は多数の者の用に供される場所であることが明らかである道路上においてされたものであるから、法3条の13、31条のけん銃等発射罪に当たる（最決平17・4・18）。
③ けん銃を所持し発射行為に及んだ場合には、加重所持罪及び発射罪が成立し、両者は併合罪になると解される。

③ 刀剣の所持（法31条の16第1項1号、3条1項）

> 被疑者は，法定の除外事由①がないのに，平成○○年○月○日頃，○○市○○区○○町○番○号の自宅において，刃渡り②○○センチメートルの日本刀③1振を所持したものである。

① 「法定の除外事由」については法3条1項の定めるところである。①の注② ☞125頁参照。
② 「刃渡り」とは、鋩子（ぼうし＝切先）と棟区（みねまち＝刀身のみね部のくぼみにかかる箇所）とを直線で測った長さをいう。2条2項の「刃渡り15センチメートル以上の」との部分は、刀・剣・やり及びなぎなたのみにかかり、あいくち・飛出しナイフにはかからない。
③ 「刀剣類」については、法2条2項が規定しているが、刃渡りを除き具体的に定義するものがないので、結局社会通念上、それぞれの類型にあてはまる形態と実質を備える刃物が規制の対象となると解すべきである。
　このうち、刀剣類としての実質は、鋼質性の材料をもって製作された刃物又はある程度の加工により刃物となり得るものであることを必要とする。殺傷能力を要すると解する。刃のついていない装飾用儀礼刀（ステンレス鋼製）でも、加工研磨により容易に刃をつけることが可能な場合には、刀剣類に該当する（最決昭42・4・13刑集21・3・459）。
④ 「所持」については、①の注④☞125頁参照。

4 許可目的以外の携帯（法31条の18第2号、10条1項）

> 被疑者は，○○公安委員会の許可①を受けて，猟銃1丁を所持しているものであるが，平成○○年○月○日午後○時頃，同許可にかかる用途に供するなどの正当な理由②がないのに○○市○○町○番○号付近路上において，前記猟銃1丁を携帯③したものである。

① 法4条及び6条は、社会生活上又は産業上必要な用途に供する場合に限って、公安委員会の許可を受けることを条件に銃砲刀剣類の所持を認めている。
② 「**許可に係る用途**」とは、許可を受ける際に認められた用途で、具体的には許可証に記載された用途である。
　「**正当な理由がある場合**」とは、研磨、修理、鑑定、売買等携帯・運搬することが社会通念上正当と認められる場合をいう。犯罪を実行するために携帯・運搬する場合はもとより、特段の事由なく、あるいは護身等のための携帯・運搬も正当な理由があるとは認められない。
③ 「**携帯**」とは、銃砲刀剣類を、日常生活を営む自宅ないし居室以外の場所で、身体に帯びるか直ちに使用しうる状態で自己の身辺に置き、この状態をある程度の時間継続することである。
　「**直ちに使用し得る状態**」につき、ナイフ3丁をダンボール製の衣装箱の中に衣類とともに入れ、その衣装箱を布製のバンドで結んでとめたものを、自己の運転する自動車の後部トランク内に入れていた事案について携帯に当たるとした判例（浦和地裁越谷支部判昭55・7・15判時995・133）、斧1丁をセメント袋の紙に包んで、自己の運転する自動車の運転席足元に置いていた事案について、携帯の成立を認めた判例（東高判昭58・9・19判時1113・141）がある。
　「**日常生活を営む自宅ないし居室以外の場所**」についての判断例として、自己が約2週間前まで同棲していた女性のマンション内において、その台所から持ち出した包丁を、第三者に突きつけ、同女の頭部を右包丁の峰で殴打したりして、その間ある程度の時間継続して同包丁を手に把持していた場合について、携帯の

成立を認めた判例（最判昭58・3・25刑集37・2・201）がある。

なお「運搬」とは、物を自己の支配内において一定の場所から他の場所に移転することをいう。「運搬」は場所的移動を主たる目的とし、「携帯」は使用目的に従った使用を前提としているといえよう。

5 刃体の長さ6センチメートルを超える刃物の携帯

（法31条の18第3号、22条）

> 被疑者は、業務その他正当な理由による場合でないのに①、平成○○年○月○日頃、○○市○○町○番○号先路上において、刃体の長さ約○○センチメートル②のくり小刀③1本を携帯④したものである。

① 「業務」とは、人が社会生活上の地位に基づき継続して行う事務又は事業をいう。「正当な理由」については、4の注② ☞ 前頁参照。
② 「刃体の長さ」の測定方法は法施行規則により定められているので、注意を要する。「刃渡り」とは、異なった概念である。
③ 「刃物」については、鋼質性は要件とされておらず、セラミックナイフも「刃物」に当たる（東京地判平10・1・19判時1635・155）。
④ 「携帯」については、4の注③ ☞ 前頁参照。

6 許可証不携帯の運搬（法35条2号、24条1項）

> 被疑者は、平成○○年○月○日頃、○○市○○町○番○号の自宅から、同市○○町○番○号の○○○○方まで、○○公安委員会から交付を受けた許可証①を携帯②しないで、刃渡り約○○センチメートルの日本刀1振を運搬③したものである。

① 「許可証」については法7条が、「登録証」については法15条が定めている。
② 「携帯」とは、許可証・登録証を自己の身体につけて保持するか、いつでも提示し得るような状態で、自己の身辺に置くことである。
③ 「運搬」については、4の注③ ☞ 前頁参照。

第2節　火薬類取締法

（製造の許可）

第4条　火薬類の製造は、前条の許可を受けた者（以下「製造業者」という。）でなければ、することができない。但し、理化学上の実験、鳥獣の捕獲若しくは駆除、射的練習又は医療の用に供するため製造する火薬類で、経済産業省令で定める数量以下のものを製造する場合は、この限りでない。

（譲渡又は譲受の許可）

第17条　火薬類を譲り渡し、又は譲り受けようとする者は、経済産業省令で定めるところにより、都道府県知事の許可を受けなければならない。ただし、次の各号のいずれかに該当するときは、この限りでない。

　一　製造業者が、火薬類を製造する目的で譲り受け、又はその製造した火薬類を譲り渡すとき。

　　（第二号～第六号省略）

　　（第2項～第9項省略）

（所持者の範囲）

第21条　火薬類は、法令に基づく場合又は次の各号のいずれかに該当する場合のほか、所持してはならない。

　一　製造業者又は第4条ただし書の規定により火薬類を製造する者が、その製造した火薬類を所持するとき。

　二　販売業者が、所持するとき。

　三　第17条第1項の規定により火薬類を譲り受けることができる者が、その火薬類を所持するとき。

　　（第四号～第九号省略）

（消費）

第25条　火薬類を爆発させ、又は燃焼させようとする者（火薬類を廃棄するため爆発させ、又は燃焼させようとする者を除く。以下「消費者」という。）

は、都道府県知事の許可を受けなければならない。但し、理化学上の実験、鳥獣の捕獲若しくは駆除、射的練習、信号、観賞その他経済産業省令で定めるものの用に供するため経済産業省令で定める数量以下の火薬類を消費する場合、法令に基きその事務又は事業のために火薬類を消費する場合及び非常災害に際し緊急の措置をとるため必要な火薬類を消費する場合は、この限りでない。

（第2項〜第4項省略）

（罰則）

第58条　次の各号の一に該当する者は、3年以下の懲役又は100万円以下の罰金に処し、又はこれを併科する。

　　（第一号省略）

　二　第4条の規定に違反した者

　　（第三号〜第五号省略）

第59条　次の各号の一に該当する者は、1年以下の懲役又は50万円以下の罰金に処し、又はこれを併科する。

　　（第一号省略）

　二　第11条第1項、第13条、第15条第1項若しくは第2項、第18条、第21条、第23条第2項、第30条第1項若しくは第2項、第33条第1項、第37条又は第38条の規定に違反した者

　　（第三号省略）

　四　第17条第1項の規定に違反し、許可を受けないで火薬類を譲り渡し、又は譲り受けた者

　五　第25条第1項の規定に違反し、許可を受けないで火薬類を爆発又は燃焼させた者

　　（第五号の二〜第八号省略）

1　無許可製造（法58条2号、4条）

　被疑者は，経済産業大臣の許可を受けず，かつ，法定の除外事由①がないのに，平成○○年○月○日頃，○○市○○町○番○号の自宅において，火薬類である導火線②○○メートルを製造③したものである。

① 　火薬類の製造は、法3条による経済産業大臣の許可を受けた者でなければ、法定の除外事由のある場合を除いて一切許されない。

　　許可の欠格事由は法6条が、許可の基準は法7条が規定している。

　　「法定の除外事由」は、法4条但書の定めるところである。同但書にいう、「経済産業省令で定める数量以下のもの」については、同法施行規則3条が規定している。

② 　火薬類の定義は、法2条に規定されている。「火薬」とは、比較的緩徐な爆発現象（推進的爆発）を主な性能とするもの、「爆薬」とは、極めて急激な爆発現象（破壊的爆発）を主な性能とするもの、「火工品」とは、火薬又は爆薬を使用して一定の用途に供するため加工、製造したものをいう。

　　「導火線」は、法2条1項3号2に該当する火薬類であり、黒色火薬を心薬とし、綿糸、麻糸、紙テープ等で被覆したひも状のもので、主として工業雷管の点火に使用されるものである。

③ 　「製造」とは、一般に原材料に加工して完成品とすることをいうが、本法の場合は、この中に火薬類の「変形」と「修理」の概念をも含んでいる。「変形」とは、火薬類の実質に変化を加えないで加工すること、「修理」とは火薬類の実質に変化を加えて加工することである。

　　業としての「製造」は、法3条、58条1号により処罰される。「製造の業を営む」とは、反復継続の意思をもって製造の事業を行うことである。

2　無許可譲渡（法59条4号、17条1項）

　被疑者は，○○県知事の許可を受けず，かつ，法定の除外事由①がないのに，

> 平成○○年○月○日頃，○○市○○町○番○号の○○○○方において，○○○○に対し，火薬類である工業雷管○本及び導火線○メートルを譲り渡したものである。

① 「法定の除外事由」は、法17条1項但書各号に定められている。
② 「工業雷管」は、銅又はアルミニウムの円筒状の管体に起爆薬と添装薬を装てんしたもので、法2条1項3号イに該当する火薬類である。
③ 「譲渡」とは、有償又は無償で火薬類の現実の支配を他人に移転することをいい、所有権の移転や処分権の付与を目的とする単なる意思表示だけでは十分ではない。現実の支配を移転すればたり、必ずしも所有権の移転を必要としない。
　また「譲受」とは、有償又は無償で火薬類の現実の支配の移転を自己が受けることをいう。この場合も、所有権を取得する必要はない。

3 所　持（法59条2号、21条）

> 被疑者は，法定の除外事由がないのに，平成○○年○月○日頃，○○市○○町○番○号の自宅において，火薬類であるダイナマイト○本を所持したものである。

① 「法定の除外事由」は、法21条各号が定めている。
② 「ダイナマイト」は、法2条1項2号ニの火薬類である。
③ 「所持」とは、所定の物の保管について実力支配関係をもつことをいい、実力支配関係が存在する限り、たとえわずか数分間にとどまる場合でも所持に当たる（最決昭52・11・29刑集31・6・1030）。その他「所持」については、銃刀法①「けん銃の加重所持」の注④☞125頁参照。
　なお、火薬類を適法に所持していた者であっても、その残量について遅滞なく法22条の措置をとらず所持を継続していた場合には本罪が成立する（最決平4・9・25刑集46・6・570）。

4 無許可消費（法59条5号、25条1項）

　被疑者は，○○県知事の許可を受けず，かつ，法定の除外事由①がないのに，平成○○年○月○日頃，○○市○○町○番○号において，道路工事をするに際し，ダイナマイト○本，工業雷管○個を岩盤に装置し，導火線に点火してダイナマイト，工業雷管を爆発②させたものである。

① 「法定の除外事由」は、法25条1項但書に規定されている。なお、但書の「経済産業省令で定める」とは、同法施行規則49条に定めるものをいう。また「法令に基づきその事務又は事業のために火薬類を消費する場合」とは、例えば自衛隊の射撃訓練等の場合であり、「非常災害に際し緊急の措置をとるため必要な火薬類を消費する場合」とは、例えば出水のため堤防を爆破して、危険の少ない方に流水を導く等緊急の措置を必要とする場合をいう。

　なお法51条により、導火線、電気導火線、信号焔管、信号火せん、がん具煙火については、法25条の適用がない。

② 「爆発」及び「燃焼」の両者を合わせて「消費」という。火薬類を廃棄するための「爆発」又は「燃焼」は、法25条の「爆発」又は「燃焼」には含まれず、法27条（罰則59条5号の2）により規制される。

第3節　武器等製造法[①]

> （製造の許可）
> 第4条　武器の製造は、前条の許可を受けた者（以下「武器製造事業者」という。）でなければ、行つてはならない。但し、試験的に製造をする場合その他経済産業省令で定める場合において、経済産業大臣の許可を受けたときは、この限りでない。
> （罰則）
> 第31条　第4条の規定に違反して銃砲を製造した者は、3年以上の有期懲役に処する。
>   （第2項〜第3項省略）

1　銃砲の無許可製造（法31条1項、4条）

> 被疑者は，経済産業大臣の許可を受けず，かつ，法定の除外事由がないのに，平成○○年○月○○日，○○市○○町○番○号の自宅において，玩具けん銃の銃身を取り替えるなどして，金属製弾丸を発射する機能を有するけん銃[②]1丁を製造[③]し，もって武器の製造をしたものである。[④]

① 武器等製造法にいう「武器」については、同法2条1項に規定されている。
② 「銃砲」とは、銃砲刀剣類所持等取締法2条に規定するけん銃、小銃、機関銃、砲と同義であり、その範囲は、本法施行規則2条1項1号に規定するけん銃（機関けん銃を含む）、小銃、機関銃、小口径砲、中口径砲、大口径砲、迫撃砲である（札幌地判昭50・5・7判タ329・349）。
③ 「製造」とは、武器以外の物品に手を加えて武器を作り出すことである。
④ 銃砲の無許可製造罪における実行の着手時期は、銃砲の主要部品、例えば、銃身、弾倉、撃鉄の制作にとりかかったときである。また、既遂時期について、け

ん銃の各部品を作成し、ドライバー、金槌などの簡単な工具で短時間に組み立てることができる状態にした時であり、これらの各部品が、被告人の居宅内に被告人が組み立てようと思えばいつでも容易に組み立て得る状態で保管されている場合には、けん銃の組み立て前であってもけん銃の製造に当たるとして法31条1項の既遂を認めた裁判例がある（東京高判昭61・5・8判時1219・136）。

　また、けん銃製造直後のこれに必然的に伴うけん銃の所持ではなく、製造した当該けん銃を調整や塗装等のために保管していたような場合、武器等製造法の製造罪のほかに銃刀法のけん銃の所持罪が成立する（東高判平11・8・6判時1733・151）。

第5章　土　地　法

第1節　河川法

（工作物の新築等の許可）
第26条　河川区域内の土地において工作物を新築し、改築し、又は除却しようとする者は、国土交通省令で定めるところにより、河川管理者の許可を受けなければならない。河川の河口附近の海面において河川の流水を貯留し、又は停滞させるための工作物を新築し、改築し、又は除却しようとする者も、同様とする。
　　　（第2項～第5項省略）
（土地の掘削等の許可）
第27条　河川区域内の土地において土地の掘削、盛土若しくは切土その他土地の形状を変更する行為（前条第1項の許可に係る行為のためにするものを除く。）又は竹木の栽植若しくは伐採をしようとする者は、国土交通省令で定めるところにより、河川管理者の許可を受けなければならない。ただし、政令で定める軽易な行為については、この限りでない。
　　　（第2項～第6項省略）
（罰則）
第102条　次の各号の一に該当する者は、1年以下の懲役又は50万円以下の罰金

に処する。
　　（第一号省略）
　二　第26条第1項の規定に違反して、工作物の新築、改築又は除却をした者
　三　第27条第1項の規定に違反して、土地の掘削、盛土若しくは切土その他土地の形状を変更する行為をし、又は竹木の栽植若しくは伐採をした者

1　河川区域内工作物設置①（法102条第2号、26条1項）

　被疑者は、河川の管理者である○○県知事②の許可を受けないで③、平成○○年○月○日頃、○○市○○町○○番地付近の河川○○川の河川区域内において、工作物である○○④（敷地約○○平方メートル）を新築したものである。

① 「河川区域」については法6条1項が規定する。河川区域とは別に、「河川保全区域」（54条）及び「河川予定地」（56条）があり、これらの区域内においても、一定の行為が制限されている（55条、57条）。

② 「河川管理者」は、1級河川については国土交通大臣、2級河川については都道府県知事である。

③　工作物の新築、改築、除却は、河川における一般の自由使用を妨げ、又は洪水に際して河川の機能を減殺するなどのおそれがあるので、河川の使用関係を調整し、社会公共の秩序に障害を及ぼすのを防止するため、法律によってこれらのための河川の使用を一般的に禁止し、河川管理者が具体的な事案について検討の上、支障がなければ禁止を解除し、河川の使用が許容される。

④ 「工作物」は、一般的には「施設」より狭い概念である。後者は工作物、一定区画の土地等の総体をその機能の面からとらえた概念であるのに対して、前者は即物的な概念である。したがって、一つの物が観点の相違によって工作物と呼ばれる場合もあり、施設と呼ばれる場合もあるが、通常は、例えば、自動車練習場は一つの施設であるが、その中に、さく・標識等の工作物が存在するという関係になる。

「工作物」は、河川区域内の地表に定着するものに限らず、つり橋、電線などのように上空に設けられるものや、土管・トンネルなど地下に埋設されるものも含まれると解される。

2 無許可掘削（法102条3号、27条1項）

> 被疑者は，河川の管理者である○○県知事の許可を受けず，かつ法定の除外事由①がないのに，平成○○年○月○日頃，○○県○○市○○町○○番地付近の河川○○川の河川区域内において，砂利採取機を使用して，深さ約○○メートル，幅員約○メートルにわたり，砂利約○トンを採取し，もって河川区域である土地を掘削②したものである。

① 「法定の除外事由」とは、法27条1項但書が規定する「軽易な行為」をいい、その具体的内容は、施行令第15条の4に規定されている。

② 法27条1項にいう「土地の形状を変更する行為」とは、土地の形状変更を伴い、又は伴うおそれのある一切の行為をいう。例示されている土地の掘さく、盛土、切土のほか、河川区域内の河床上に流動可能な状態で存在する転石、浮石を採取する行為もこれに当たる（大高判昭53・8・29判時928・123）。

第2節　宅地造成等規制法

（宅地造成に関する工事の許可）
第8条　宅地造成工事規制区域内において行われる宅地造成に関する工事については、造成主は、当該工事に着手する前に、国土交通省令で定めるところにより、都道府県知事の許可を受けなければならない。ただし、都市計画法（昭和43年法律第100号）第29条第1項又は第2項の許可を受けて行われる当該許可の内容（同法第35条の2第5項の規定によりその内容とみなされるものを含む。）に適合した宅地造成に関する工事については、この限りでない。
　　　（第2項〜第3項省略）
（罰則）
第28条　次の各号のいずれかに該当する者は、6月以下の懲役又は30万円以下の罰金に処する。
　　　（第一号〜第二号省略）
　三　第8条第1項又は第12条第1項の規定に違反して、宅地造成に関する工事をした造成主
　　　（第四号〜第七号省略）

1　無許可宅地造成（法28条3号、8条1項）

　被疑者は、○○県知事の許可①を受けないで、平成○○年○月○日頃から同年○月○日頃②までの間、宅地造成工事規制区域内に所在する○○県○○市○○町○○番地の自己所有に係る山林約○○○平方メートルを宅地に造成した③ものである。

①　行為の主体は、法2条5号の定める「造成主」である。
②　宅地造成工事規制区域に指定された際、当該区域において既に宅地造成に関す

る工事に着手している造成主は、該工事につき知事の許可を受けることを要せず単に知事に届をすれば足りる（法14条1項）。

③ 「宅地造成」の意義については、法2条2号参照。

　なお、かなりの面積の山林の土砂を削り取っていわゆる分譲住宅地をつくる場合、宅地造成に関する工事の中には、単に個々の建物の敷地をつくる段階のみならず、それに先行する大規模な土砂の採取工事の段階も含まれるとした高裁の裁判例（最決昭49・12・16刑集28・10・843の原審判決である大高判昭48・3・22、ただしこの高裁判決は「宅地建物取引業を営む」の解釈を誤ったものであるが判決に影響を及ぼさないとされたもの）がある。したがって、宅地造成工事開始の時期の認定には注意を要する。

第3節　建築基準法

(建築物の建築等に関する申請及び確認)

第6条　建築主は、第1号から第3号までに掲げる建築物を建築しようとする場合(増築しようとする場合においては、建築物が増築後において第1号から第3号までに掲げる規模のものとなる場合を含む。)、これらの建築物の大規模の修繕若しくは大規模の模様替をしようとする場合又は第4号に掲げる建築物を建築しようとする場合においては、当該工事に着手する前に、その計画が建築基準関係規定(この法律並びにこれに基づく命令及び条例の規定(以下「建築基準法令の規定」という。)その他建築物の敷地、構造又は建築設備に関する法律並びにこれに基づく命令及び条例の規定で政令で定めるものをいう。以下同じ。)に適合するものであることについて、確認の申請書を提出して建築主事の確認を受け、確認済証の交付を受けなければならない。当該確認を受けた建築物の計画の変更(国土交通省令で定める軽微な変更を除く。)をして、第1号から第3号までに掲げる建築物を建築しようとする場合(増築しようとする場合においては、建築物が増築後において第1号から第3号までに掲げる規模のものとなる場合を含む。)、これらの建築物の大規模の修繕若しくは大規模の模様替をしようとする場合又は第4号に掲げる建築物を建築しようとする場合も、同様とする。

　(第一号〜第三号省略)

四　前3号に掲げる建築物を除くほか、都市計画区域若しくは準都市計画区域(いずれも都道府県知事が都道府県都市計画審議会の意見を聴いて指定する区域を除く。)若しくは景観法(平成16年法律第110号)第74条第1項の準景観地区(市町村長が指定する区域を除く。)内又は都道府県知事が関係市町村の意見を聴いてその区域の全部若しくは一部について指定する区域内における建築物

　(第2項〜第14項省略)

第3節　建築基準法

（罰則）
第99条　次の各号のいずれかに該当する者は、1年以下の懲役又は100万円以下の罰金に処する。
一　第6条第1項（第87条第1項、第87条の2又は第88条第1項若しくは第2項において準用する場合を含む。）、第7条の6第1項（第87条の2又は第88条第2項において準用する場合を含む。）又は第68条の19第2項（第88条第1項において準用する場合を含む。）の規定に違反した者
（第二号～第十三号省略）
（第2項省略）

1　建築主の建築確認申請違反（法99条1項1号、6条1項4号）

　被疑者は、法定の除外事由①がないのに、平成○○年○月○日頃、都市計画区域②内に存在する○○市○○町○番地において、鉄筋2階建住宅（建築面積○○平方メートル）③を建築するに際し、あらかじめ同住宅が、建築物の敷地、構造及び建築設備に関する法律等に適合するものであることについて、○○市長に対し確認申請書を提出し、同市建築主事④⑤の確認を受けなければならないのに、これを受けないまま同建築工事に着手⑥したものである。

① 「法定の除外事由」については、法6条1項但書及び3条が規定している。
② 「都市計画区域」については法2条20号、都市計画法4条2項、5条参照。
③ 法2条13号参照。
④ 建築主事は、建築確認に際し、当該建物の敷地の宅地造成等規制法との適合性の有無については審査権限を有しない（東高決昭54・1・26判時927・179）とした判例がある。
⑤ 「建築主事」については法4条参照。
⑥ 法6条1項にいう確認申請書の提出とこれに対する建築主事の確認について、「原則として、同法施行令1条1号の敷地を単位として行われるべきものであり、

したがってこれに違反した者を処罰する同法99条1項2号の罪数は、確認申請書の提出、これに対する確認の件数を基準として算定すべきものである」とした判例（最決昭38・9・18刑集17・8・1742）がある。

　なお、1団地内に2以上の建築物を総合的設計によって建築する場合、これらの建築物は同一敷地内にあるものとみなされる（法86条）し、各建築物相互間に用途上不可分の関係が認められるような場合にも、1個の確認申請をもって足りることがあろう。

第4節　宅地建物取引業法

(免許)
第3条　宅地建物取引業を営もうとする者は、2以上の都道府県の区域内に事務所(本店、支店その他の政令で定めるものをいう。以下同じ。)を設置してその事業を営もうとする場合にあつては国土交通大臣の、1の都道府県の区域内にのみ事務所を設置してその事業を営もうとする場合にあつては当該事務所の所在地を管轄する都道府県知事の免許を受けなければならない。
　　　(第2項～第6項省略)
(無免許事業等の禁止)
第12条　第3条第1項の免許を受けない者は、宅地建物取引業を営んではならない。
　　　(第2項省略)
(名義貸しの禁止)
第13条　宅地建物取引業者は、自己の名義をもつて、他人に宅地建物取引業を営ませてはならない。
　　　(第2項省略)
(帳簿の備付け)
第49条　宅地建物取引業者は、国土交通省令の定めるところにより、その事務所ごとに、その業務に関する帳簿を備え、宅地建物取引業に関し取引のあつたつど、その年月日、その取引に係る宅地又は建物の所在及び面積その他国土交通省令で定める事項を記載しなければならない。
(指示及び業務の停止)
第65条　(第1項省略)
2　国土交通大臣又は都道府県知事は、その免許を受けた宅地建物取引業者が次の各号のいずれかに該当する場合においては、当該宅地建物取引業者に対し、1年以内の期間を定めて、その業務の全部又は一部の停止を命ずることができ

る。
　一　前項第1号又は第2号に該当するとき（認可宅地建物取引業者の行う取引一任代理等に係るものに限る。）。
　一の二　前項第3号又は第4号に該当するとき。
（罰則）
第79条　次の各号のいずれかに該当する者は、3年以下の懲役若しくは300万円以下の罰金に処し、又はこれを併科する。
　一　不正の手段によつて第3条第1項の免許を受けた者
　二　第12条第1項の規定に違反した者
　三　第13条第1項の規定に違反して他人に宅地建物取引業を営ませた者
　四　第65条第2項又は第4項の規定による業務の停止の命令に違反して業務を営んだ者
第83条　次の各号のいずれかに該当する者は、50万円以下の罰金に処する。
　　（第一号～第三号省略）
　四　第49条の規定による帳簿を備え付けず、又はこれに同条に規定する事項を記載せず、若しくは虚偽の記載をした者
　　（第五号～第七号省略）

① 不正手段による免許取得（法79条1号、3条1項）

　被疑者は，平成○○年○月○日，○○県○○市○○区○○丁目○番○号所在の○○県庁において，同県知事に対し，宅地建物取引業の免許を申請するに際し，被疑者は，同○○年○○月○○日，○○地方裁判所において○○罪により懲役○年の刑に処せられ，同○○年○月○日刑の執行を受け終わった日から5年を経過していないのに，同免許申請書に前科がない旨の誓約書を添付して，これを同県庁係員に提出し，同年○月○日同知事より免許を受け，もって不正の手段によって宅地建物取引業の免許を受けたものである。

① 免許を与える者は、国土交通大臣又は都道府県知事である（法3条1項）。
② 免許の基準については、法5条1項各号に欠格事由があげられており、これらの事由が存在することを知りながら、これらに該当しないとの誓約書を作成提出した場合、その他重要な事項について殊更虚偽の記載をした書類を作成・提出した場合には、不正の手段によったものといえるであろう。

2 無免許営業（法79条2号、12条1項、3条1項）

> 被疑者は、○○県知事の免許を受けないで、別表記載のとおり、平成○○年○月○日頃から同年○月○日頃までの間、前後○○回にわたり、○○県○○市○○町○○番地に設けた○○建設事務所ほか○か所において、Aほか○○名に対し、自らが造成した宅地合計約○○○○平方メートルを代金合計○○○○円で売却し、もって無免許で宅地建物取引業を営んだものである。①

別紙　一覧表

番号	犯行日時	犯行場所	買受人	売却した土地		売却価額
				所在地	面積	

① 法12条1項の「宅地建物取引業を営む」とは、営利の目的で反復継続して行う意思のもとに、法2条2号所定の行為をなすことである（最決昭49・12・16刑集28・10・833）。

「営利の目的」とは、財産上の利益の獲得をはかることを目的とすることをいい、営業犯の場合には、この目的が個々の行為について存することは必要ではなく、反復して行われる一連の行為を全体的に見て、営利の目的が認められれば足りる。営利の目的が存在する以上、実際に利益を得たかどうか、その利益が営業者の生計の維持の主要な源泉であるか否かを問わないし、また、公益的、宗教的、政治的など他の目的が併存していても差し支えないものと解せられる。

③ 名義貸し禁止違反（法79条3号、13条1項）

　被疑者は，○○県○○市○○町○○番地に事務所を設け，○○県知事の免許を受けて○○不動産の名称で宅地建物取引業を営んでいるものであるが，知人の○○○○が，同県知事の免許を受けないで，別表記載のとおり，平成○○年○月○日頃から同年○月○日頃までの間，前後○○日にわたり，同県○○市○○町○○番地ほか○か所において，営利の目的で，○○市○○町○○番地所在の宅地ほか○筆合計○○平方メートルを，Aほか○○名に対して売買の仲介を行うに当たり，その情を知りながら，同人の依頼により自己の名義を使用することを容認し①，もって自己の名義をもって他人に宅地建物取引業を営ませたものである。

① 法79条3号、13条1項は、自己の名義をもって、他人に宅地建物取引業を営ませる行為につき、その相手方が取引業を営む免許を受けていると否とにかかわりなく、一律にこれを禁止、処罰する趣旨である（最判昭57・9・9刑集36・8・731）。

④ 業務停止命令違反（法79条4号、65条2項）

　被疑者は，○○県知事の免許を受け，○○県○○市○○町○○番地の事務所において，宅地建物取引業を営んでいるものであるが，平成○○年○月○日，同知事から，同営業に関し不正な行為があったとして，宅地建物取引業法第56条第2項に基づき，同○○年○月○日から同年○月○日までの間，その業務の全部の停止を命じられたのに，別紙一覧表記載のとおり，業務停止期間中である平成○○年○月○日頃から同年○月○日頃までの間，前後○○回にわたり，同県○○市○○町○○番地ほか○か所において，Aほか○○名に対し，同所所在の住宅用地を販売し，もって前記業務停止命令に違反して業務を営んだものである。

別紙　一覧表

番号	犯行日時	犯行場所	買受人	売却した土地		売却価額
				所在地	面積	

⑤　帳簿不備付（法83条1項4号、49条）

　　被疑者は，平成○○年○月○日に○○県知事の免許を受け，○○県○○市○○町○○番地に事務所を置いて，○○不動産の名称で宅地建物取引業を営んでいるものであるが，免許取得の日から，同○○年○月○日頃までの間，事務所にその業務に関する帳簿を備え付けなかったものである。
　　　　　　　　　　　　　①

①　法49条の帳簿とは、本人の意思並びに客観的なその形式、記載内容及び保管状況から判断して、宅地建物取引業者がその業務に関し、同条所定の事項を記載することを予定して備え付けたと認められる帳簿をいう（最判昭60・3・26刑集39・2・67）。法律が、帳簿の備付け及び記載を義務づけているのは、業者等の個人的な便益のためではなく、公益のためであるから、手帳に取引に関する所要事項を記載し、平素鞄に入れるなどして持ち歩いていた場合は、記帳義務を尽くしたものとはいえない。

第6章　公害関係法

第1節　人の健康に係る公害犯罪の処罰に関する法律

（過失犯）
第3条　業務上必要な注意を怠り、工場又は事業場における事業活動に伴つて人の健康を害する物質を排出し、公衆の生命又は身体に危険を生じさせた者は、2年以下の懲役若しくは禁錮又は200万円以下の罰金に処する。
2　前項の罪を犯し、よつて人を死傷させた者は、5年以下の懲役若しくは禁錮又は300万円以下の罰金に処する。
（両罰）
第4条　法人の代表者又は法人若しくは人の代理人、使用人その他の従業者が、その法人又は人の業務に関して前2条の罪を犯したときは、行為者を罰するほか、その法人又は人に対して各本条の罰金刑を科する。

1　過失犯（法3条2項、4条）

　被疑者甲株式会社は、○○市○○町○番○号に本店、○○市○○町○番○号に工場を有し、○○の製造、販売を業とするもの、被疑者乙、同丙は、同工場製造課技術員として○○の製造業務に従事しているものであるが、平成○○年

○月○日午後○時頃から同日午後○時頃までの間，同工場塩素室に設置してある液体塩素タンクに，タンクローリーから○○製造の原料である液体塩素を受け入れる作業を行うに際し，

第1　被疑者乙は，被疑会社の業務に関し，被疑者丙とともに同作業に従事したものであるが，被疑者丙が同受け入れ作業の経験未熟な実習見習中の技術員であって，同作業に関するバルブの名称，機能及び的確なバルブ操作の手順などについて十分な知識がなく，まだ的確かつ安全なバルブ操作をするだけの作業能力を十分習得していなかった上，全く同形のバルブが同じ高さに近接して併置され，その名称札も一見して見やすいものでない状況であったから，経験未熟者にバルブの開閉操作をさせるときは，その操作を誤るおそれがあり，かつひとたびバルブの操作を誤るときは，前記塩素タンク内の液体塩素ないし塩素ガスが同工場に設置してある水封装置及び中和塔に至る配管に直接流出した上，同設備から同工場外に排出されるに至る設備となっていたのであるから，バルブ操作を誤ることのないように，自らその操作を行うか，あるいは，被疑者丙にバルブ操作をさせるにしても，受入れ作業手順に従って的確なバルブ操作をするように直接指導，監視するなどにより，液体塩素の流出ならびに塩素ガスの排出を未然に防止すべき業務上の注意義務があるのにこれを怠り，漫然同作業に従事して被疑者丙にバルブ操作をまかせた

第2　被疑者丙は，被疑会社の業務に関し，被疑者乙とともに前記受入れ作業に従事したものであるが，前記のとおり同作業の知識経験が未熟な見習い中のものであって，単独で的確なバルブ操作をするだけの能力を備えていなかったのであるから，必ず同作業の経験者である被疑者乙の具体的な指導監視のもとに，作業手順に従った的確なバルブ操作をするなどして塩素ガスの排出を未然に防止すべき業務上の注意義務があるのに，これを怠り，同作業終了時のバルブ操作を単独で行い，前記液体塩素タンク上の受入れバルブを閉めるつもりで誤ってパージバルブを開けた

各過失の競合により，前同日午後○時頃から同日午後○時頃までの間，液体塩

素タンク内に受け入れられた液体塩素を，同タンク上の受入れバルブ，パージバルブを経て，パージラインに流出させた上，同工場の水封装置を経て約○○○キログラム，中和塔排出口を経て約○○キログラム，合計約○○○キログラムの塩素ガスを大気中に排出させ，もって被疑会社の事業活動に伴って人の健康を害する物質を排出し，同ガスが折からの南東の風によって，○○市内に拡散し，よって別表記載のとおり，同市内において，同市住民など合計○○名に対し，同表記載の各傷害を負わせたものである。

別　表

番号	氏　　名	傷　害　者	傷　害　程　度

① 「**工場**」とは、物の製造、又は加工の事業を行う場所をいい、「**事業場**」とは、製造又は加工以外の事業を行う場所で、その事業のために使用される土地及び施設の総体をいう。その事業が営利を目的として行われると否とを問わない。

② 「**事業活動に伴って**」とは、事業目的遂行のために必要な活動に随伴してという意味である。したがって、家庭排水や家庭排気などは、本法による規制の対象とならない。

　なお、本条の罪が成立するには、工場又は事業場における事業活動の一環として行われる廃棄物その他の物質の排出の過程で、人の健康を害する物質を工場又は事業場の外に、何人にも管理されない状態において出すことが必要であるとした判例（最判昭62・9・22刑集41・6）がある。

③ 「**人の健康を害する物質**」とは、物質それ自体の属性として人の健康に有害なもの（塩素、シアン、ふっ化水素、ひ素など）のほか、通常生じうる自然的な化学的または物理的変化によって人の健康に有害となるもの（たとえば光化学スモッグの原因となる炭化水素）を含む。さらに鉄、鉛等身体に蓄積した場合に人の健康を害することとなる物質をも含んでいる。

　「**物質**」とは、有体物をいい、固体たると液体たると気体たるとを問わない。

④ 「排出する」とは、有害物質を自己の管理の及ばない大気中や水域等に出す行為をいう。正規の排出設備を通じて事業所外に放出される場合のみならず、本来予定されていない方法（設備の故障）により有害物質が放出される場合をも含む。放出、飛散、漏出、流出、滲出、投棄などがひろく「排出」の概念に含まれる。

⑤ 「業務」とは、人が社会生活上の地位にもとづき反復継続して行う行為で、その性質上他人の生命、身体に危害を加えるおそれのあるものを意味する。営利目的であると否とを問わない。

　「業務上必要な注意を怠り」とは、上に述べたような業務に従事する者がその業務を遂行するうえで必要とされる注意をしないでという意味である。

⑥ 過失の内容としては、本例のように、有害物質を排出すること自体について認識を欠きその点に過失がある場合と、有害物質の排出は認識しながら、それが公衆の生命、身体に危険を生じさせることについての認識を欠き、その点に過失がある場合も含まれている（逆に法２条の故意犯の場合の故意の内容としては、有害物質を排出することだけでなく、その排出により公衆の生命又は身体に危険を生じさせることについての認識をも必要とする）。

⑦ 「公衆の生命又は身体に危険を生じさせた」ことを示す。ここでいう「公衆」とは、不特定かつ多数の者をいう。これらの公衆は、当該工場事業場外の第三者でなければならない。

　なお、「危険を生じさせた」とは、公衆の生命又は身体に危害の及ぶおそれのある状態を作出したことをいい、具体的危険犯である。一般通常人の健全な判断において、当該排出により公衆の生命、身体に危害が生じるのではないかとの危惧の念をいだかせるに至ったときに、ここにいう具体的危険が生じたものと認められよう。

⑧ 法３条２項を援用したものである。「公衆の生命又は身体に危険を生じさせる」ことの予見可能性（予見義務）は、その状態を生じさせたことに伴って発生する死傷の結果についての予見可能性（予見義務）と内容的におおむね一致していると考えられる。

なお、法2条2項は故意犯の場合の結果的加重犯につき規定しているが、同条1項の罪を犯し傷害の結果を生じたときは、刑法上の傷害が成立する場合と本罪のみに当たる場合（傷害の故意が認められない場合──有害物質の排出に故意ありとするも、これは傷害の手段としての暴行に該当しない）とがある。

　両罪が成立するときは、観念的競合の関係に立つと解する。

⑨　両罰規定の適用がある場合である。事業主が、法2条又は3条の罪を犯した従業者の選任監督に欠けるところがなければ、その事業主は免責される。

⑩　法2、3条違反の罪については、厳格な要件のもとでの推定規定がある（法5条）ほか、公訴の時効期間についての特別規定（法6条）、第一審の裁判権を地方裁判所に属するとした規定（法7条）がある。

第2節　大気汚染防止法

（ばい煙発生施設の設置の届出）
第6条　ばい煙を大気中に排出する者は、ばい煙発生施設を設置しようとするときは、環境省令で定めるところにより、次の事項を都道府県知事に届け出なければならない。
　一　氏名又は名称及び住所並びに法人にあつては、その代表者の氏名
　二　工場又は事業場の名称及び所在地
　三　ばい煙発生施設の種類
　四　ばい煙発生施設の構造
　五　ばい煙発生施設の使用の方法
　六　ばい煙の処理の方法
　　（第2項省略）
（第六章　罰則）
第34条　次の各号のいずれかに該当する者は、3月以下の懲役又は30万円以下の罰金に処する。
　一　第6条第1項、第8条第1項、第17条の5第1項、第17条の7第1項、第18条の6第1項若しくは第3項又は第18条の15第1項の規定による届出をせず、又は虚偽の届出をした者
　　（第二号省略）
第36条　法人の代表者又は法人若しくは人の代理人、使用人その他の従業者が、その法人又は人の業務に関し、前4条の違反行為をしたときは、行為者を罰するほか、その法人又は人に対して各本条の罰金刑を科する。

1 ばい煙発生施設設置の際虚偽の届出

（法34条1号、36条、6条1項）

　被疑者甲株式会社は，○○市○○町○番○号に工場を設けパルプ等の製造を行っているもの，被疑者乙は，同社取締役で工場の工場長であり，被疑者丙は，同社環境整備室に勤務しばい煙発生施設①の設置，使用などの届出に関する職務を担当するものであるが，同工場において大気汚染防止法に定めるばい煙発生施設である廃棄物焼却炉2基を設置する旨の届出②をするに際し，被疑者乙，同丙は共謀のうえ，被疑者甲株式会社の業務に関し，平成○○年○月○日頃，同市○○町○番○号の○○県庁において，同県知事③に対し，パルプの生産工程から生ずる樹液，繊維くずなどの混入した廃液の燃焼に使用する燃料○○中の成分割合のいおう分は3.2パーセントであるのにかかわらず，これを1.5パーセントである旨記載したばい煙発生施設設置届出書を提出し，もって虚偽④の届出をしたものである。

① 「ばい煙発生施設」とは、工場又は事業場（鉱山保安法2条2項本文に規定する鉱山を除く）に設置される施設でばい煙を発生し、及び排出するもののうち、その施設から排出されるばい煙が大気の汚染の原因となるもので政令で定めるものをいう（法2条2項）。ここで「ばい煙」とは、いおう酸化物、ばいじん、有害物質をいい（法2条1項）、法2条2項を受けた同法施行令2条別表第1で、施設の種類、用途、規模等が限定されている。

② 届出事項は法6条1項、届出の方式等は同条2項、同法施行規則8条1項に定められている。なお、燃料中の成分割合は、「ばい煙発生施設の使用の方法」に該当する。

③ 都道府県知事の権限に属する事務のうち法6条1項の規定による届出の受理に関する事務等一定の事務が、特定の市の長に委任されている（法31条）。

④ 「虚偽」とは、真実に反することである。故意犯のみを罰する。虚偽の事項を記載した届出書を都道府県知事に提出した時点で既遂となる。

第3節　水質汚濁防止法

（特定施設等の構造等の変更の届出）
第7条　第5条又は前条の規定による届出をした者は、その届出に係る第5条第1項第4号から第9号までに掲げる事項、同条第2項第4号から第8号までに掲げる事項又は同条第3項第3号から第6号までに掲げる事項の変更をしようとするときは、環境省令で定めるところにより、その旨を都道府県知事に届け出なければならない。

（排出水の排出の制限）
第12条　排出水を排出する者は、その汚染状態が当該特定事業場の排水口において排水基準に適合しない排出水を排出してはならない。
　　（第2項～第3項省略）

（第六章　罰則）
第31条　次の各号のいずれかに該当する者は、6月以下の懲役又は50万円以下の罰金に処する。
　一　第12条第1項の規定に違反した者
　　（第二号省略）
　　（第2項省略）
第32条　第5条又は第7条の規定による届出をせず、又は虚偽の届出をした者は、3月以下の懲役又は30万円以下の罰金に処する。
第34条　法人の代表者又は法人若しくは人の代理人、使用人その他の従業者が、その法人又は人の業務に関し、前四条の違反行為をしたときは、行為者を罰するほか、その法人又は人に対して各本条の罰金刑を科する。

1　排出水の排出の制限違反（法31条1項1号、12条1項、34条）

被疑者甲工業株式会社は，〇〇市〇〇町〇〇番〇〇号に本社及び工場を設け

て金属メッキ加工業を営み，同工場にシアン化合物など人の健康に係る被害を生ずるおそれがある物質を含む汚水を排出する特定施設である電気メッキ施設①を設置し，特定事業場である同工場の排水口から工場汚水を公共用水域である1級河川○○川に通ずる公共用水路に排出しているもの，被疑者乙は，同会社の取締役工場長として同工場の特定施設及び排出水の管理など同工場の業務全②般を統括しているものであるが，被疑者乙は，同会社の業務に関し，平成○○③年○月○日，特定事業場である同工場の北西角排水口において，シアン化合物④による排出水の汚染状態についての排出基準である排出水1リットルにつきシ⑤アン1ミリグラムを超えるシアン○○.○ミリグラムを含む排出水を公共用水路に放流し，もって排水基準に適合しない排出水を排出したものである。⑥

① 本法による排水規制の対象となるのは，「特定事業場」から公共用水域に排出される水、すなわち、「排出水」である（法2条3項）。そして、「特定事業場」とは、「特定施設」を設置している工場又は事業場のことであり、「特定施設」の定義は法2条2項が定めている。具体的には、同法施行令1条、別表第1により施設が指定されている。電気メッキ施設は、特定施設に該当する。
② 「排出水」とは、特定事業場から公共用水域に排出される水をいう。終末処理場のある下水道に放流しても、公共用水域に排出したことにならない。「公共用水域」については、法2条1項参照。
③ 法12条の「排出水を排出する者」とは、排出水の排水をその事業の一環として行っている事業主を指す。特定事業場の事業主が法人である場合は、当該法人が「排出水を排水する者」であり、その行為者である工場長その他の従業者は、両罰規定（法34条）の「行為者を罰するほか」の規定の適用を待って初めて処罰される。
④ 「排水口」とは、排出水を排出する場所をいう。
⑤ 「排水基準」は、法2条2項1号に規定される有害物質については、排出水に含まれる有害物質の量について、有害物質の種類ごとに許容限度を定める（法3条2項）とし、「排水基準を定める省令（総理府令）」（中央省庁等改革関係法施行法

1307条により、環境省令としししての効力を有するものとされている）1条別表第1で規定され、法2条2項2号のいわゆる「**生活環境項目**」については、項目ごとに許容限度を定める（法3条2項）とし、前記総理府令1条別表第2で規定されている。

「**生活環境項目**」については、1日あたりの平均的な排出水の量が50立方メートル以上の工場又は事業場に係る排出水についてのみ適用がある（前記総理府令別表第2備考2）。

なお、法3条3項により、各都道府県に対していわゆる上乗せ排水基準を定める権限を与えていることに注意。この場合には、一律排水基準の適用は排除される。

排水基準の検定方法については、前記総理府令2条を受けて、「昭和49年環境庁告示第64号（排水基準を定める総理府令の規定に基づく環境庁長官が定める排水基準に係る検定方法）」において定められている。この方法によらず他の方法によったのでは、たとえ数値が基準以上に出ていても違反を立証するための資料となり得ないことがあるので注意を要する。

⑥ 「排出」とは、一定の物質を不要物として流出させるような態様で、排出口から公共用水域に広く出す行為である。したがって、土中にしみ込み、事業場からあふれ出る等は排出に当たらない。

なおこの罪については、継続した1個の排水行為と認められる限り包括して1個の犯罪が成立する。

②　特定施設の構造等の変更の届出義務違反（法32条、7条）

　　被疑者は、○○市○○町○番○号において、水質汚濁防止法の定める特定施設であるシアン化合物を含む汚水等を排出する電気メッキ施設を設置する工場を設けて電気メッキ業を営んでいるものであるが、同工場から排出水を公共用水域である○○川に接続するかんがい用水路に排出するに当たり、特定施設から排出される汚水等を処理施設で処理したうえ、工場中央部北西端にある排水口からかんがい用水路に排出することとし、その旨○○県知事に届け出ていた

ところ，同届出後である平成○○年○月○日頃，前記排水口より上流約○メートルの地点に前記工場の排水口を新たに設け，その排水口をも利用して特定施設から排出される汚水等を前記かんがい用水路に排出し，もって特定施設から排出される汚水等の処理の方法および排水の系統の変更をしていたにもかかわらずあらかじめその旨を○○県知事に届け出なかったものである。

① 特定施設を設置しようとする場合や、既存の施設又は設置の工事をしている施設が特定施設に該当することとなった場合には、それぞれ総理府令で定めるところにより所定事項を都道府県知事に届け出なければならないものとされている（法5条、6条、ただし、同法施行令10条に注意）。
② 変更しようとするときに、都道府県知事に届け出なければならない事項は、法5条4号ないし8号に掲げられている。排水の系統の変更は、法5条8号、同法施行規則3条1項に該当する。
③ 既遂の時期は届出をすることなく特定施設の設置に着手し、あるいは、特定施設の構造等の変更に着手した時点である。故意犯のみを罰する。法7条は、届出義務が履行されない間は法益の侵害が続くいわゆる継続犯である。

第4節　騒音規制法

> （特定施設の設置の届出）
> 第6条　指定地域内において工場又は事業場（特定施設が設置されていないものに限る。）に特定施設を設置しようとする者は、その特定施設の設置の工事の開始の日の30日前までに、環境省令で定めるところにより、次の事項を市町村長に届け出なければならない。
> 　一　氏名又は名称及び住所並びに法人にあつては、その代表者の氏名
> 　二　工場又は事業場の名称及び所在地
> 　三　特定施設の種類ごとの数
> 　四　騒音の防止の方法
> 　五　その他環境省令で定める事項
> 　　（第2項省略）
> （第六章　罰則）
> 第30条　第6条第1項の規定による届出をせず、若しくは虚偽の届出をした者又は第15条第2項の規定による命令に違反した者は、5万円以下の罰金に処する。
> 第32条　法人の代表者又は法人若しくは人の代理人、使用人その他の従業者が、その法人又は人の業務に関し、前3条の違反行為をしたときは、行為者を罰するほか、その法人又は人に対して各本条の罰金刑を科する。

1　特定施設の設置の届出義務違反（法30条、32条、6条1項）

　被疑者甲株式会社は，騒音規制法に基づく指定地域である○○市○○町○番○号に工場を設け建築資材の製造加工等を行っているもの，被疑者乙は同社代表取締役として同社の業務全般を統括しているものであるが，同工場に騒音規制法に定める特定施設を設置しようとする場合には，その特定施設の設置の工

事の開始の日の３０日前までに所定の事項を市長村長に届け出なければならな
いのに，被疑者乙は，被疑者甲株式会社の業務に関し，所轄○○市市長に同届
出をせず，平成○○年○月○日頃，工場に三面かんな盤（出力８.１キロワッ
ト），平面かんな盤（出力２.５キロワット）各１台を設置したものである。

① 都道府県知事は、住居が集合している地域、病院又は学校の周辺の地域、その他の騒音を防止することにより住民の生活環境を保全する必要があると認める地域を、「特定工場等」において発生する騒音及び「特定建設作業」に伴って発生する騒音について規制する地域として指定しなければならない（法３条１項）。

　なお「特定工場等」とは「特定施設」を設置する工場又は事業場をいい（法２条２項）、「特定建設作業」とは建設工事として行われる作業のうち、著しい騒音を発生する作業であって政令で定めるものをいう（同条３項）。

② 「特定施設」とは、工場又は事業場に設置される施設のうち、著しい騒音を発生する施設であって、政令で定めるものをいう（法２条１項）とされており、同法施行令１条は特定施設として、金属加工機械、木材加工機械等を掲げている。かんな盤も特定施設である。

　なお、同令１条に該当する機器であっても小型のもの等が除外されている場合があり、かんな盤は原動機の定格出力が２.２５キロワット以上のものに限られている。

③ 届け出なければならない事項は、法６条１項１ないし５号、同法施行規則４条２項に定められている。

④ 騒音規制法は、規制基準に適合しない騒音を発生させる行為自体を処罰するいわゆる直罰規定を設けておらず、「特定施設」の設置等について届出義務を課し、その届出があった場合に、市長村長は騒音防止の方法又は特定施設の使用の方法もしくは設置に関する計画を変更すべきことを勧告することができるものとし（法９条）、また特定工場等において発生する騒音が規制基準に適合しないことにより、周辺の生活環境が損なわれると認めるときは、その設置に対し、期限を定めて、騒音の防止方法を改善し、又は特定施設の使用の方法もしくは配置を

変更すべきことを勧告することができるものとし（法12条1項）、これらの勧告に従わないときは期限を定めて、騒音の防止の方法の改善又は特定施設の使用の方法もしくは配置の変更を命ずることができるものとし（同条2項）、この命令に違反したものを処罰する（法29条）としている。

第5節　廃棄物の処理及び清掃に関する法律

（一般廃棄物処理業）
第7条　一般廃棄物の収集又は運搬を業として行おうとする者は、当該業を行おうとする区域（運搬のみを業として行う場合にあつては、一般廃棄物の積卸しを行う区域に限る。）を管轄する市町村長の許可を受けなければならない。ただし、事業者（自らその一般廃棄物を運搬する場合に限る。）、専ら再生利用の目的となる一般廃棄物のみの収集又は運搬を業として行う者その他環境省令で定める者については、この限りでない。

　　（第2項～第16項省略）
（事業者の処理）
第12条　（第1項～第4項省略）
5　事業者（中間処理業者（発生から最終処分（埋立処分、海洋投入処分（海洋汚染等及び海上災害の防止に関する法律 に基づき定められた海洋への投入の場所及び方法に関する基準に従つて行う処分をいう。）又は再生をいう。以下同じ。）が終了するまでの一連の処理の行程の中途において産業廃棄物を処分する者をいう。以下同じ。）を含む。次項及び第7項並びに次条第5項から第7項までにおいて同じ。）は、その産業廃棄物（特別管理産業廃棄物を除くものとし、中間処理産業廃棄物（発生から最終処分が終了するまでの一連の処理の行程の中途において産業廃棄物を処分した後の産業廃棄物をいう。以下同じ。）を含む。次項及び第7項において同じ。）の運搬又は処分を他人に委託する場合には、その運搬については第14条第12項に規定する産業廃棄物収集運搬業者その他環境省令で定める者に、その処分については同項に規定する産業廃棄物処分業者その他環境省令で定める者にそれぞれ委託しなければならない。

　　（第6項～第13項省略）
（事業者の特別管理産業廃棄物に係る処理）

第12条の2　（第1項～第4項省略）
5　事業者は、その特別管理産業廃棄物（中間処理産業廃棄物を含む。次項及び第7項において同じ。）の運搬又は処分を他人に委託する場合には、その運搬については第14条の4第12項に規定する特別管理産業廃棄物収集運搬業者その他環境省令で定める者に、その処分については同項に規定する特別管理産業廃棄物処分業者その他環境省令で定める者にそれぞれ委託しなければならない。
　（第6項～第14項省略）
（投棄禁止）
第16条　何人も、みだりに廃棄物を捨ててはならない。
（第五章　罰則）
第25条　次の各号のいずれかに該当する者は、5年以下の懲役若しくは1000万円以下の罰金に処し、又はこれを併科する。
　一　第7条第1項若しくは第6項、第14条第1項若しくは第6項又は第14条の4第1項若しくは第6項の規定に違反して、一般廃棄物又は産業廃棄物の収集若しくは運搬又は処分を業として行つた者
　　（第二号～第五号省略）
　六　第6条の2第6項、第12条第5項又は第12条の2第5項の規定に違反して、一般廃棄物又は産業廃棄物の処理を他人に委託した者
　　（第七号～第十三号省略）
　十四　第16条の規定に違反して、廃棄物を捨てた者
　　（第十五号～第十六号省略）
第32条　法人の代表者又は法人若しくは人の代理人、使用人その他の従業者が、その法人又は人の業務に関し、次の各号に掲げる規定の違反行為をしたときは、行為者を罰するほか、その法人に対して当該各号に定める罰金刑を、その人に対して各本条の罰金刑を科する。
　一　第25条第1項第1号から第4号まで、第12号、第14号若しくは第15号又は第2項　3億円以下の罰金刑

二　第25条第1項（前号の場合を除く。）、第26条、第27条、第28条第2号、第29条又は第30条　各本条の罰金刑
　　　（第2項省略）

1　無許可一般廃棄物処理業（法25条1号、7条1項）

　被疑者は、法定の除外事由①がないのに、○○県○○市長の許可を受けないで②、別紙一覧表記載の通り、平成○○年○月○日から同年○月○日までの間、前後○回にわたり、同市○○町○○番地○○ショッピングセンターほか○か所において、○○ほか○名から処理を委託された一般廃棄物である野菜くず等約○○立方メートルを料金合計○○○円で収集③し、もって一般廃棄物の収集を業として行ったものである。④

別紙　一覧表

番号	犯行年月日	収集場所	収集先	収集廃棄物		料　金
				種　類	数　量	

① 「法定の除外事由」は、法7条1項但書、同法施行規則2条に規定されている。
② 一般廃棄物の処理（収集・運搬・処分）は、市町村が一定の計画を立て、責任をもって収集し、運搬し、処分しなければならないものとされているが（法6条の2）、市町村が直営又は委託によって完全に処理することが困難な場合もあるので、市長村長が許可する一般廃棄物の処理業者に処理させることもできるものとしている。
　市長村長の許可は限定的なものとされ、この許可を受けなければ、一般廃棄物の収集、運搬又は処分を業として行うことができない。なお、たとえば、A市において収集し、B町を経由してC市において処分する場合は、A市長及びC市長の2個の許可が必要である。ただし、B町で積みおろしを伴う運搬を行う場合に

は、B町長の許可も必要である（同法施行規則2条3号）。
③　法2条に規定している。本法では「廃棄物」（法2条1項）を、「一般廃棄物」と「産業廃棄物」に分け、前者は「産業廃棄物以外の廃棄物」（法2条2項）、後者は「事業活動に伴って生じた廃棄物のうち、燃えがら、汚でい、廃油、廃酸、廃アルカリ、廃プラスチック類その他政令で定める廃棄物」及び「輸入された廃棄物」をいう（法2条4項、同法施行令1条）。

　廃棄物のうち、「粗大ごみ」とは家庭電気製品、家具等いわゆる耐久消費財で不要になったものをいい、「廃酸」「廃アルカリ」とは、たとえば廃硫酸・廃塩酸・廃苛性ソーダ等のように酸及びアルカリ性の物質であって不要になったものをいうが、本法で廃棄物とはそれ自体で固形状又は液状のものをいうとされているので、工場排水中に完全に溶解しているような硫酸・塩酸はこれに含まれない。

　なお、無許可産業廃棄物処理業については、法14条1項（25条1号）に規定されている。なお、同項ただし書にいう「もっぱら再生利用の目的となる産業廃棄物」とは、その物の性質及び技術水準に照らし、再生利用されるのが通常である産業廃棄物をいう（最決昭56・1・27刑集35・1・1）。
④　無許可処理業の罪は、営業犯であるから、収集、運搬、処分が何回行われても、一罪である。

2　無許可業者に対する産業廃棄物の処分委託
　　（法25条1項6号、12条5項、12条の2第5項、32条2号）

　被疑者甲株式会社は、埼玉県○○区○丁目○番○号に本店を置き、建築工事等を業として営むもの、被疑者Aは、同会社の代表取締役として、同会社の業務全般を統括するものであるが、被疑者Aは、同会社の業務に関し、平成○○年○月○日、同会社事務所において、埼玉県知事等から特別管理廃棄物及び産業廃棄物の運搬業及び処分業の許可を受けておらず、かつ、特別管理廃棄物及び産業廃棄物の運搬及び処分を委託できるものとして環境省令で定めるものでない○○○○に対し、同県○○区○○丁目○番○号所在の○○ビル解体工事に

伴って生じる特別管理廃棄物（廃石綿）及び産業廃棄物の運搬及び処理を委託したものである。④⑤

① 「特別管理産業廃棄物」とは、産業廃棄物のうち、爆発性、毒性、感染性その他の人の健康又は生活環境に係る被害を生ずるおそれがある性状を有するものとして政令で定めるものをいう（法2条5項、施行令第2条の4）。
② 事業者が産業廃棄物の処理を委託する場合には、委託の基準が定められ、処理を委託される処理業者が当該産業廃棄物につき処理区分に応じた許可を得ていることが必要であり、かつ、委託契約は書面により行い、当該委託契約書には、処分を委託しようとする産業廃棄物の種類、数量等の必要的記載条項が定められている（施行令6条の2、施行規則8条の4）。
③ 「委託」とは、実際に廃棄物の処分を依頼することを意味し、委託基準に違反する委託契約が成立した段階では本罪は成立しない。
④ 廃棄物の処理の受託者と委託者との関係は対向犯の関係に立つので、無許可処理業者が事業者に対し、産業廃棄物の処理の受託方を申し込み、事業者がこれに応じて処理を受託した場合は、事業者につき委託基準違反の罪が成立するが、無許可処理業者については、一般には事業者の委託基準違反の罪に対する教唆犯等の共犯は成立しないと解すべきである。
⑤ 法25条1項6号にいう「法12条の2第5項の規定に違反して、**産業廃棄物の処理を他人に委託した**」とは、法12条の2第5項所定の者に自ら委託する場合以外の、当該処理を目的とするすべての委託行為を含むと解するのが相当であるから、その他人自らが処分を行うように委託する場合のみならず、更に他の者に処分を行うように再委託することを委託する場合も含み、再委託についての指示いかんを問わないというべきである（最決平18・1・16判時1925・163）。

3 廃棄物の不法投棄（法25条1項14号、16条、32条1項1号）①

　被疑者甲は、建築工事現場で生じた残土の処理等の業務を営む者であり、被疑者乙は、その従業者であるが、被疑者乙は、被疑者甲の業務に関し、平成○②

> ○年○月○日午後○時頃，○○市○○町○番○号の空地に，建築現場から収集した廃棄物である汚泥約○○立法メートルをみだりに捨てたものである。
>   ③　　④　　　　　　　⑤

① 法16条は、産業廃棄物及び一般廃棄物について、捨てた場所の如何を問わず処罰する趣旨である。

　平成12年の改正によって、捨てられた廃棄物の種類、つまり、産業廃棄物を捨てた者と一般廃棄物を捨てた者を問わず、重く処罰されることとなった。

② 主体は「何人も」であり、限定がない。本例は、両罰規定を適用して個人である事業主をも立件している場合である。

③ 「みだりに」とは、法の趣旨（公衆衛生及び生活環境の保全）に照らし、具体的状況を前提とした、社会通念上許容されないという意味である。行為者がこの客観的外形について認識し、認容していることは当然のことながら必要であるが、それ以上に、行為者が自己の行為は社会通念上許容されないものである旨の認識（違法性の意識）を持っている必要はない。

④ 「捨てる」とは、最終処分する行為のことで、廃棄物を最終的に占有者の手から離して自然に還元することをいい、中間処理は含まれない。

⑤ 無許可処理業事犯と不法投棄事犯は各々異なる法益を侵害するものであって、いずれか一方において包括的に双方に当たる行為を評価し尽くすことはできない。したがって両者の構成要件に当たるときには、両罪がともに成立し、観念的競合の関係に立つことになろう。

第6節　海洋汚染等及び海上災害の防止に関する法律

（船舶からの油の排出の禁止）
第4条　何人も、海域において、船舶から油を排出してはならない。ただし、次の各号の一に該当する油の排出については、この限りでない。
一　船舶の安全を確保し、又は人命を救助するための油の排出
二　船舶の損傷その他やむを得ない原因により油が排出された場合において引き続く油の排出を防止するための可能な一切の措置をとつたときの当該油の排出
　　（第2項〜第5項省略）
（第八章　罰則）
第55条　次の各号のいずれかに該当する者は、1000万円以下の罰金に処する。
一　第4条第1項の規定に違反して、油を排出した者
　　（第二号〜第十四号省略）
第59条　法人の代表者又は法人若しくは人の代理人、使用人その他の従業者が、その法人又は人の業務に関し、第55条から第58条までの違反行為をしたときは、行為者を罰するほか、その法人又は人に対して、各本条の罰金刑を科する。

1　船舶からの油の排出の禁止違反

（法55条1項1号、4条1項、59条）

　被疑者甲株式会社は、神戸市〇〇区〇〇町1番2号に本店を置き、漁船〇〇丸を所有して漁業を営むもの、被疑者乙は被疑会社の従業員で漁船〇〇丸の機関長として同船に乗り組んでいるものであるが、被疑者乙は、被疑者甲株式会社の業務に関し、法定の除外事由がないのに①、平成〇〇年〇月〇日午後〇時頃②、同区〇〇町〇番所在の〇〇港〇〇岸壁において、同所に係留していた〇〇

丸の機関室に備えつけてあるビルヂポンプ及びウイングポンプを使用して，同船機関室船底に溜っていた重油約○○リットル、主機関クランクチャンバー内部の潤滑油約○○リットルを岸壁付近海域に排出したものである。

① 「何人も」とされているから行為者は法4条1項により処罰されるが、法人は法59条の両罰規定により処罰される。
② 「法定の除外事由」については、法4条1項但書、2ないし4項参照。
③ 油の定義は、法3条2号。
　なお、船舶からの廃棄物（法3条6号）の排出に関する規制としては、法10条1項、55条3号。
④ 「排出」とは物を海洋に流し、又は落とすことをいう（法3条7号）と定義され、物を自己の支配外に出すこと一切をいう。過失による排出は、法55条2項により処罰される。
　なお、「海洋施設」（法3条10号）から油又は廃棄物を排出することも、一定の場合を除き、許されない（法18条、55条1項6号）。
⑤ 本罪と港則法24条1項違反（第14章第10節 3 ☞422頁参照）との関係は、観念的競合の関係になる。

第7章　労　働　法

第1節　労働基準法

1　強制労働（法117条、5条）

（強制労働の禁止）
第5条　使用者は、暴行、脅迫、監禁その他精神又は身体の自由を不当に拘束する手段によつて、労働者の意思に反して労働を強制してはならない。
（第十三章　罰則）
第117条　第5条の規定に違反した者は、これを1年以上10年以下の懲役又は20万円以上300万円以下の罰金に処する。

　被疑者は，土木工事請負業を営んでいるものであるが，平成○○年○月○日頃から，○○県○○市○○町○○番地に飯場を設け，Aほか○名の土工を雇い入れて○○工事に従事させていたところ，同月○日頃，Aが賃金手取額が少ないことを理由に退職を申し出るや，同人を引き続き稼働させるため，同日午後○時頃，同飯場内において，手拳で同人の頭部，顔面を数回殴打するなどの暴行を加え，よって，同日から同月○日までの○○日間にわたり，同人を引き続き土工として稼働させ，もって労働者の意思に反して労働を強制したものである。

① 「使用者」とは、事業主又は事業の経営担当者その他その事業の労働者に関する事項について、事業主のために行為をする全ての者をいう（法10条）。
② 本条にいう「暴行」・「脅迫」・「監禁」とは、刑法上の暴行（刑法208条）、脅迫（同222条）、監禁（同220条）をいう。
　「その他精神又は身体の自由を不当に拘束する手段」とは、暴行・脅迫・監禁のほか、使用者が労働者の意思に反して労働を強制しうる程度の拘束を加える一切のものをいう。
③ 強制に当たるかどうかは、通常人として普通予想される意思を有する労働者を基準にして判断される。
　強制された労働が行われたことを要するか否かについて、見解が分かれているが、本条の文言からすれば、労働を強制すれば足り、労働者が現実に労働することを要しない（昭23・3・2基発381号）と解する。
④ 本罪の手段である暴行・脅迫・監禁とその結果を含む強要の各罪は、本罪が成立すれば、これに吸収され、暴行等により傷害・傷害致死の結果を生じれば、両罪と本罪の観念的競合となるものと解する。

2　中間搾取（法118条1項、6条）

(中間搾取の排除)
第6条　何人も、法律に基いて許される場合の外、業として他人の就業に介入して利益を得てはならない。
(第十三章　罰則)
第118条　第6条、第56条、第63条又は第64条の2の規定に違反した者は、これを1年以下の懲役又は50万円以下の罰金に処する。
　　(第2項省略)

　被疑者は、○○工事請負業者甲に雇われ、同人の請負った○○工事の現場責任者として人夫の指揮監督及び賃金の支払等に従事しているものであるが、法定の除外事由がないのに、平成○○年○月○日頃から同年○月○日頃までの

間，別紙一覧表記載のとおり，前後○○回にわたり，○○市○○町○番○号所在の同工事現場において，甲から受け取った人夫Aほか○○名の賃金合計○○○○円から，○○等の名目で合計○○○円を差引いてこれを利得し，もって，業として他人の就業に介入して利益を得たものである。③④　⑤　⑥

別紙　一覧表

番号	年月日	労働者名	稼働日数	甲からの受領額	労働者に対する支払額	利得額
1	平成○○・○・○	A	○○日	○○○円	○○○円	○○円
		B	○○日	○○○円	○○○円	○○円
		C	○○日	○○○円	○○○円	○○円

①　本罪の主体は「何人も」であって、労働関係の当事者に限定されていない。

②　「法律に基づいて許される場合」には、本条の適用が除外される。これに該当するのは、職業安定法「30条1項に定める有料職業紹介事業，」同法36条1項によるいわゆる委託募集などがある。

　　「法定の除外事由がないのに」という文言は、前記の例外事由に当たらないことを示すものである。

③　「他人の就業に介入」するとは、労働関係の当事者（使用者・労働者）の間に第三者が介在して、労働関係の開始、存続等について媒介又は周旋をするなどその労働関係について、何らかの因果関係を有する関与をなすことをいう（最決昭31・3・29刑集10・3・415）。

④　「業として」とは、他人の就業に介入する行為が反復継続されている場合のほか、反復継続する意思をもって同行為が行われれば、1回の行為であっても、これに当たる。

⑤　「利益を得」るとは、旅費などの純粋の実費を除いたあらゆる経済的価値を取得することをいうものと解される。利益を受けるのは、労働関係の当事者のみならず、第三者からであってもよい。

⑥　本罪は、いわゆる集合犯（営業犯）として包括一罪である。また本例のような賃金のピンハネでは、使用者等との関係において横領罪が成立する場合があり、その場合は同罪と本法6条違反の罪とは観念的競合となる。

　また、業として求人依頼者に労働者をあっ旋し、依頼者より手数料等の利益を取得する行為は、職業安定法30条1項違反の罪（第4節☞196頁参照）と本法6条違反の罪との観念的競合となる（最判昭33・6・19刑集12・10・2236）。

③　前借金相殺（法119条1号、17条）

（前借金相殺の禁止）
第17条　使用者は、前借金その他労働することを条件とする前貸の債権と賃金を相殺してはならない。

（第十三章　罰則）
第119条　次の各号の一に該当する者は、これを6箇月以下の懲役又は30万円以下の罰金に処する。
一　第3条、第4条、第7条、第16条、第17条、第18条第1項、第19条、第20条、第22条第4項、第32条、第34条、第35条、第36条第1項ただし書、第37条、第39条、第61条、第62条、第64条の3から第67条まで、第72条、第75条から第77条まで、第79条、第80条、第94条第2項、第96条又は第104条第2項の規定に違反した者
　　（第二号～第四号省略）

　被疑者は、○○市○○町○番○号において、飲食店「○○」を経営しているものであるが、平成○○年○月○日頃、同店従業員としてAを賃金月額15万円の約束で雇入れた際、同人に対し前借金10万円を貸付けていたが、同年○月○日から○月○日までの間、前後○回にわたり、同店舗において、同女に対する賃金のうち1回につき各1万円を支払日ごとに前借金と相殺したものである。

① 「前借金」とは、就業した後に賃金から差引くことを予定して、労働契約締結の際又はその後に、使用者が労働者又はその親族等に貸付ける金銭をいう。
　「その他労働することを条件とする前貸の債権」とは、前借金のほか、これと同じように金銭貸借関係と労働関係とが密接に結合しているために、賃金債権との相殺によって弁済させていくことが強制労働あるいは身分的拘束の手段となるおそれのある前貸の債権をいう。
② 「相殺」は、民法505条の相殺と同じであり、当事者の一方的意思表示により行われる（同法506条1項）ものをいうが、本法の趣旨などからみて、当事者間の合意による相殺契約も禁止されていると解すべきである。
　本罪は、使用者が相殺の意思表示をなしただけでは足りず、現実に賃金から控除したときに成立する。

4 解雇予告手当の不払い（法119条1号、20条1項）

（解雇の予告）
第20条　使用者は、労働者を解雇しようとする場合においては、少なくとも30日前にその予告をしなければならない。30日前に予告をしない使用者は、30日分以上の平均賃金を支払わなければならない。但し、天災事変その他やむを得ない事由のために事業の継続が不可能となつた場合又は労働者の責に帰すべき事由に基いて解雇する場合においては、この限りでない。
　　（第2項〜第3項省略）
（第十三章　罰則）
第119条（☞175頁参照）

　被疑者は、○○市○○町○番○号において、別紙一覧表記載の労働者Aほか○名を使用して○○製造販売業を営んでいるものであるが、法定の除外事由①がないのに、平成○○年○月○日から同月○○日までの間、同表記載のとおり、事業場において、Aほか○名に対し、その予告②をしないで同人らを解雇しながら、同表記載の平均賃金③30日分以上の支払いをしなかった④ものである。

別紙　一覧表

番号	労働者名	解雇年月日	平均賃金 （1日分）	解雇予告 手 当 額
1	A	平成〇〇・〇・〇	〇〇〇円	〇〇〇〇円

① 「法定の除外事由」とは、法20条1項但書きに定める「**天災事変その他やむを得ない事由のために事業の継続が不可能となった場合又は労働者の責に帰すべき事由に基いて解雇する場合**」をいい、その事由について行政官庁（労働基準監督署長）の認定を受けなければならない。
② 予告を要するのは、「労働者を解雇しようとする場合」であるから、いわゆる任意退職・合意解約・契約期間満了・定年退職等による労働関係の終了には本条の適用がない。
③ 平均賃金の意義につき、本法12条。
④ 解雇予告手当は、労働者の請求の有無とは関係なく、即時解雇の意思表示と同時に支払うことを要する。

　予告手当の支払をしないで労働者に解雇の通知をした場合、その通知は即時解雇としては効力を生じないが、通知後本条所定の30日の期間を経過するか、又は通知後に予告手当の支払をしたときは、そのいずれかのときから解雇の効力を生ずる（相対的無効）（最判昭35・3・11民集14・3・403）。

　予告手当の支払場所は、賃金に準ずるものとして、使用者の事業場でよい。

　使用者としては、支払の準備をし、これを労働者に通知して受領を催告すれば足りる。労働者が受領を拒否した場合には、賃金の支払と同一の方法で労働者が受領しうる状態におけば、労働者が現実に受領したか否かを問わず、支払に当たる（昭24・7・7基収2150号）。

　なお本条の適用されない労働者について、同法21条参照。

5 未払い賃金の不払い(両罰)(法120条1号、23条1項、121条1項)

（金品の返還）

第23条　使用者は、労働者の死亡又は退職の場合において、権利者の請求があつた場合においては、7日以内に賃金を支払い、積立金、保証金、貯蓄金その他名称の如何を問わず、労働者の権利に属する金品を返還しなければならない。

　　（第2項省略）

（第十三章　罰則）

第120条　次の各号の一に該当する者は、30万円以下の罰金に処する。

一　第14条、第15条第1項若しくは第3項、第18条第7項、第22条第1項から第3項まで、第23条から第27条まで、第32条の2第2項（第32条の4第4項及び第32条の5第3項において準用する場合を含む。）、第32条の5第2項、第33条第1項ただし書、第38条の2第3項（第38条の3第2項において準用する場合を含む。）、第57条から第59条まで、第64条、第68条、第89条、第90条第1項、第91条、第95条第1項若しくは第2項、第96条の2第1項、第105条（第100条第3項において準用する場合を含む。）又は第106条から第109条までの規定に違反した者

　　（第二号〜第五号省略）

第121条　この法律の違反行為をした者が、当該事業の労働者に関する事項について、事業主のために行為した代理人、使用人その他の従業者である場合においては、事業主に対しても各本条の罰金刑を科する。ただし、事業主（事業主が法人である場合においてはその代表者、事業主が営業に関し成年者と同一の行為能力を有しない未成年者又は成年被後見人である場合においてはその法定代理人（法定代理人が法人であるときは、その代表者）を事業主とする。次項において同じ。）が違反の防止に必要な措置をした場合においては、この限りでない。

　　（第2項省略）

被疑者甲株式会社は，○○県○○市○○町○○番地に本店を置き，○○業を営む事業主，被疑者乙は，同社の取締役として労働者に関する事項について同社のために行為する者であるが，被疑者乙は，同社の業務に関し，平成○○年○月○日，事業所において，同年○月○日付けで退職した元同社従業員Ａから，同人の同年○月○日以降同年○月○日までの未払い賃金合計○○万○，○○○円の請求を受けたのに，支払い請求を受けた日から７日以内にこれを支払わなかったものである。

① 賃金の支払及び金品の返還を請求し得る「**権利者**」とは、退職した労働者本人又は死亡した労働者の相続人をいい、労働者の一般債権者を含まない（昭22・9・13基発17号）。
② 支払うべき「**賃金**」とは、本法11条に規定する賃金のすべてをいう。
　　退職金であっても、労働協約・就業規則・労働契約等によって予め支給条件が明確に定められているものは、賃金に当たる（昭22・9・13基発17号）が、同時に就業規則等により退職金の分割・延払いあるいは年金制が定められているときには、退職金の特殊性から所定の支給期限が到来するまで本条の適用はないものと解される（同旨昭26・12・27基収5483号）。
　　返還すべき「**金品**」とは、積立金・保証金・貯蓄金その他名称のいかんを問わず、労働者が雇用期間中に使用者に預け入れ、又は保管を委託していた一切の金品をいい、金銭のほか、ふとん、衣類などの物品も含まれる。
③ 「**7日以内**」とは、権利者による請求のあった日から起算して7日以内という意味である。

6　時間外労働
1　法36条協定の届出のない場合（両罰）

(法119条1号、32条2項、121条1項)

> （労働時間）
> 第32条　使用者は、労働者に、休憩時間を除き1週間について40時間を超えて、労働させてはならない。
> ②　使用者は、1週間の各日については、労働者に、休憩時間を除き1日について8時間を超えて、労働させてはならない。
>
> （時間外及び休日の労働）
> 第36条　使用者は、当該事業場に、労働者の過半数で組織する労働組合がある場合においてはその労働組合、労働者の過半数で組織する労働組合がない場合においては労働者の過半数を代表する者との書面による協定をし、これを行政官庁に届け出た場合においては、第32条から第32条の5まで若しくは第40条の労働時間（以下この条において「労働時間」という。）又は前条の休日（以下この項において「休日」という。）に関する規定にかかわらず、その協定で定めるところによって労働時間を延長し、又は休日に労働させることができる。ただし、坑内労働その他厚生労働省令で定める健康上特に有害な業務の労働時間の延長は、1日について2時間を超えてはならない。
> 　　（第2項～第4項省略）
>
> （第十三章　罰則）
> 第119条（☞175頁参照）
> 第121条（☞178頁参照）

　被疑者甲株式会社は，○○県○○市○○町○○番地の工場において○○○○製品の製造販売業を営む事業主，被疑者乙は，同社の代表取締役として同社の業務を統括し労働者に関する事項について同社のために行為する者であるが，被疑者乙は，同社の業務に関し，法定の除外事由がないのに，別紙一覧表記載

のとおり，平成〇〇年〇月〇日から同年〇月〇日までの間，同工場において，労働者Ａほか〇名に対し，1人1日の法定の労働時間8時間を超えて，最高〇①時間〇分，最低〇時間〇分ずつ〇回にわたり合計〇時間〇分の時間外労働をさ②せたものである。③

別紙　一覧表

労働者氏　名	番号	年　月　日	始業・終業の時刻	休憩時間	実働時間	時　間　外労働時間
Ａ	1	平　成〇〇・〇・〇	8・00～20・00	1時間	11時間	3時間

① 「労働時間」とは，労働者が使用者の指揮監督の下におかれる時間をいう。必ずしも現実に精神又は肉体を活動させていることは要件ではなく，待機などの時間も労働時間である。

　「始業時刻」は，入門時刻・タイムカード打刻（出勤簿捺印）時刻・作業場所到着時刻・作業準備時刻・作業開始時刻等のうち，いずれであるか一義的に定められず，就業規則，慣行等により，いつから使用者の指揮命令下に入ったかによって決せられる。

　「終業時刻」は，原則として作業が現実に終了した時間であるが，使用者の明示・黙示の指示，慣行等により，作業終了後の後始末・掃除等を行うことになっている場合には，その終了時間である。

　「1日について8時間」にいう「1日」とは，通常，ある日（暦日）の午前零時から午後12時までをいうが，労働時間が2暦日にまたがる場合であっても，継続して8時間を超える労働は許されない（昭23・7・5基発968号）。

② 「労働させ」るとは，単に使用者が労働者にこれを指令したり依頼した場合に限らず，労働者からの申出により労働を許可した場合やこれを黙認した場合をも含むと解される（大高判昭45・1・27刑集23・1・17）。

③ 使用者が多数日にわたり多数の労働者に時間外労働をさせた場合には，1日ご

とに労働者各個人別に独立して一罪が成立する（法62条違反につき、最決昭34・7・2刑集13・7・1026）から、1日ごと、労働者ごとに時間外労働を特定しなければならない。

2 法36条協定の届出のある場合（法119条1号、32条2項、36条）

　　被疑者は，○○市○○町○番○号において○○の製造販売業を営み，同事業場の労働者で組織する○○労働組合①（労働代表A）との間で，満18歳以上の労働者②について労働基準法第32条所定の労働時間を1日につき1時間延長する旨書面による協定を締結し，○○労働基準監督署に届け出ていたものであるが③，法定の除外事由がないのに，平成○○年○月○日から同年○○月○○日までの間，別紙一覧表記載のとおり，事業場において，労働者Aほか○○名④に対し，1人1日について同協定による延長時間を含む9時間の労働時間を超えて，最高○時間○分，最低○時間○分ずつ，○○回にわたり，合計○○○時間⑨○○分の時間外労働をさせたものである。

① 「当該事業場に、労働者の過半数で組織する労働組合」とは、当該事業場を単位として組織されているか否か、また他のいかなる労働者を組合員としているかなどを問わず、当該事業場の過半数の労働者が組合員となっている労働組合が存在するすべての場合をさすものと解される。

　同一事業場に過半数を超える労働者で組織する甲組合と過半数以下の労働者で組織する乙組合がある場合には、甲組合と協定すれば足りる（昭23・4・5基発535号）。

　労働者の過半数で組織する労働組合がない場合には、「**労働者の過半数を代表する者**」が協定当事者となる。

　当該事業場に労働組合がない場合はもちろん、労働組合があっても、その組合員が同事業場の労働者の過半数に達しない場合も含まれる。

② 満18歳未満の年少者については、法36条協定による労働時間の延長が認められない（法60条1項）。満18歳未満の者の深夜労働については、法61条の制限

第1節　労働基準法　183

がある。

③　協定は書面によることを要し、所轄労働基準監督署長に届け出なければならない。その内容につき法施行規則16条1項に規定がある。

④　前記1の別紙一覧表☞181頁参照。

⑤　「労働時間」につき、前記1の注①☞181頁参照。

7　児童の使用（法118条1項、56条1項）

（最低年齢）

第56条　使用者は、児童が満15歳に達した日以後の最初の3月31日が終了するまで、これを使用してはならない。

②　前項の規定にかかわらず、別表第1第1号から第5号までに掲げる事業以外の事業に係る職業で、児童の健康及び福祉に有害でなく、かつ、その労働が軽易なものについては、行政官庁の許可を受けて、満13歳以上の児童をその者の修学時間外に使用することができる。映画の製作又は演劇の事業については、満13歳に満たない児童についても、同様とする。

（第十三章　罰則）

第118条（☞173頁参照）

被疑者は、○○市○○町○番○号において、○○の製造販売業を営んでいるものであるが、法定の除外事由がないのに、平成○○年○月○日から同年○○月○○日までの間、事業場において、別紙一覧表のとおり、１５歳未満の児童であるＡほか○名を○○○などの作業に従事させ、もって労働者として使用したものである。

別紙　一覧表

番号	児童氏名	生年月日	使　　用　　期　　限	使用日数
1	A	平成○○・○・○生	自平成○○年○月○日 至　　　同年○月○日	○○日

① 「法定の除外事由」とは、法56条2項に該当し、行政官庁（労働基準監督署長）の許可を受けたものをいう。
② 前記の例外を除き、いかなる業務についても15歳未満の者を使用することは許されない。15歳は、暦日により計算する。本罪が成立するためには、使用者において15歳未満の児童であることについての認識又は未必的な認識を要すると解する。

8 年少者の証明書不備（法120条1号、57条1項）

> （年少者の証明書）
> 第57条　使用者は、満18才に満たない者について、その年齢を証明する戸籍証明書を事業場に備え付けなければならない。
>   　（第2項省略）
> （第十三章　罰則）
> 第120条（☞178頁参照）

被疑者は，○○市○○町○番○号において，○○製造販売業を営んでいるものであるが，平成○○年○月○日頃，事業場において，満１８歳に満たないA①（平成○○年○月○日生）を雇い入れ○○などに従事させていたのにかかわらず，そのころから同年○月○○日頃までの間，事業場に同人の年令を証明する戸籍証明書②を備え付けなかった③ものである。

---

① 戸籍証明書備付義務には、使用者が年少者の年齢を調査確認する義務を前提としているものと解される。
　使用者が年少者の年齢について認識がある場合に限らず、年齢の調査確認に当たり、一般に必要とされる程度の注意義務を尽くさず、過失により年少者であることを知らなかった場合も含まれる。
② 「戸籍証明書」は、戸籍謄本又は抄本のほか、氏名・生年月日等を記載した市町村役場の証明書でもよい（昭22・11・11発付2号）。

③　法62条、63条などにより年少者を使用することが許されないのに、あえてこれを使用したときであっても、本条の証明書等の備付義務があるものと解する。

9　年少者の深夜業――両罰規定（法119条1号、61条、121条1項）

(深夜業)
第61条　使用者は、満18才に満たない者を午後10時から午前5時までの間において使用してはならない。ただし、交替制によって使用する満16才以上の男性については、この限りでない。
　　　(第2項～第5項省略)
(第十三章　罰則)
第119条（☞175頁参照）
第121条（☞178頁参照）

　被疑者甲工業株式会社は、○○市○○町○番○号に本店及び工場を置き、○○の製造販売業を営むものであり、被疑者乙は、同会社取締役として同工場における製造業務並びに従業員の人事、労務管理等の業務に従事しているものであるが、被疑者乙は、法定の除外事由がないのに、業務に関し同会社のため、平成○○年○月○日から同年○○月○○日までの間、同事業場において、別紙一覧表記載のとおり、満18歳に満たない年少労働者Aほか○名に対し、各日午後10時から翌日午前5時までの間、○○回にわたり、○時間○分ないし○時間○分、合計○○○時間○○分の深夜業に従事させたものである。

別紙　一覧表

番号	労働者　年月日	A（平成○○・○・○生）	B（平成○○・○・○生）		合　計
1	平成○○・○・○	時間　分　○・○○	時間　分　○・○○	(以下省略)	時　分　○・○○

① 満18歳未満の者については、原則として深夜業を禁止される。

その例外として満16歳以上の男子を交替制によって使用する場合（61条1項但書）、法33条1項により労働時間を延長し若しくは休日に労働させる場合（61条4項）、農林業等一定の事業に使用する場合（61条4項）には、深夜業に従事させることができる。

② 深夜の範囲は、原則として「午後10時から午前5時までの間」である。その例外として労働大臣による時間変更（61条2項）、交替制事業についての時間変更（同条3項）、児童についての特例（同条5項）がある。

③ 「法定の除外事由」とは、前記①及び②の例外に該当する事由である。

④ 「使用してはならない」とは、すべて現実に労働することを禁止する趣旨である（昭23・5・18基収1625号）。

宿直は、通常の労働とは性質を異にしていても、ここにいう深夜業に当たる。

⑤ 法121条1項により処罰される主体は、事業主が自然人であれば事業主個人、法人であれば法人そのものである。

⑥ 法121条1項の違反行為の主体は、「当該事業の労働者に関する事項について、事業主のために行為した代理人、使用人その他の従業者」である。

「代理人」とは、法人の代表者（最決昭34・3・26刑集13・3・401）、支配人（昭33・2・12基発90号）、特定の事件について事業主から委任を受けた弁護士（昭23・3・17基発461号）等をいう。

「事業主のために行為した使用人その他の従業者」とは、法10条の使用者の範囲より狭く、従業員以外の者を含まない（昭22・9・13基発17号）。

その他の従業者には、家族である従業員、代表権のない取締役等がある。

⑦ 法121条1項本文は、事業主が行為者の選任、監督その他違反行為を防止するために必要な注意を尽くさなかった過失の存在を推定した規定であり、但書により、事業主が違反の防止に必要な措置すなわち注意義務を尽くしたことを証明しない限り、処罰されるとしたものである。「違反の防止に必要な措置をした場合」とは、単に一般的抽象的に本法の違反行為をしないようにと指示を与えただけでは足りず、特に当該事項につき具体的な指示を与えて違反の防止に努めたこ

とを要すると解される。
⑧　この違反は、現実に労働させたときに成立し、多数日にわたり多数の年少者を深夜業に使用した場合、使用日ごと、労働者ごとに一罪が成立し、併合罪となる。

第2節　労働者派遣事業の適正な運営の確保及び派遣労働者の就業条件の整備等に関する法律

（第五章　罰則）
第58条　公衆衛生又は公衆道徳上有害な業務に就かせる目的で労働者派遣をした者は、1年以上10年以下の懲役又は20万円以上300万円以下の罰金に処する。
第62条　法人の代表者又は法人若しくは人の代理人、使用人その他の従業者が、その法人又は人の業務に関して、第58条から前条までの違反行為をしたときは、行為者を罰するほか、その法人又は人に対しても、各本条の罰金刑を科する。

1　労働者派遣（有害業務に就かせる目的）（両罰）（法58条、62条）

　被疑者有限会社甲は、大阪市〇〇区〇〇1丁目〇番〇号に事務所を設けて芸能プロダクションを経営するもの、被疑者乙は、同社取締役であるが、被疑者乙は、同社の業務に関し、平成〇〇年〇月〇日頃、アダルトビデオの制作等を業とする株式会社丙に対し、同社がアダルトビデオ映画を制作するに際し、出演女優をして男優を相手に性交等の性戯をさせることを知りながら、被疑会社が雇用した労働者であるＡ子をアダルトビデオ映画の女優として派遣し、同市〇〇区〇〇町〇番地先の〇〇川河川敷等において、丙社のビデオ映画監督である丁の指揮命令のもとに、同社のために、同女をアダルトビデオ映画女優として稼働させ、もって、公衆道徳上有害な業務に就かせる目的で労働者派遣をしたものである。

① 　職業安定法は、公衆衛生又は公衆道徳上有害な業務に就かせる目的で、職業紹介、労働者の募集又は労働者の供給を行うことを禁止し、これに対して所定の罰

則を科すことを定めている。

　労働者派遣は、改正前の職業安定法に定める労働者供給の一形態であることから、本法においても同様に禁止し、所定の刑罰を科すことにしたものである。

② 「**公衆衛生上有害な業務**」とは、社会共同生活において衛生上他人に危害を加えるような業務をいい、「**公衆道徳上有害な業務**」とは、社会生活上守られるべき道徳を害する業務をいう。

　派遣先のストリップ劇場経営者が卑わいなショーを演じさせることを知りながら、自己の雇用する女性を踊り子として派遣すること（横浜地判昭63・5・25判時1277・169）、アダルトビデオ製作会社が、アダルトビデオ映画を制作するに際し、出演女優をして男優を相手に性交等をさせることを知りながら、自己が雇用する女性を同社に派遣すること（東京地判平6・3・7判時1530・144）などは、「公衆道徳上有害な業務に就かせる目的で労働者を派遣した」に該当する。

第3節　船員法

＊船員法＊

（書類の備置）

第18条　船長は、国土交通省令の定める場合を除いて、次の書類を船内に備え置かなければならない。
　一　船舶国籍証書又は国土交通省令の定める証書
　二　海員名簿
　三　航海日誌
　四　旅客名簿
　五　積荷に関する書類
　六　海上運送法（昭和24年法律第187号）第26条第3項に規定する証明書

②　海員名簿、航海日誌及び旅客名簿に関し必要な事項は、国土交通省令でこれを定める。

（給料その他の報酬の支払方法）

第53条　給料その他の報酬は、その全額を通貨で、第56条の規定による場合を除き直接船員に支払わなければならない。ただし、法令又は労働協約に別段の定めがある場合においては給料その他の報酬の一部を控除して支払い、法令若しくは労働協約に別段の定めがある場合又は給料その他の報酬で国土交通省令で定めるものについて確実な支払の方法で国土交通省令で定めるものによる場合においては通貨以外のもので支払うことができる。

　　　（第2項省略）

（年少船員の就業制限）

第85条　船舶所有者は、年齢15年未満の者を船員として使用してはならない。但し、同一の家庭に属する者のみを使用する船舶については、この限りでない。

　　　（第2項～第4項省略）

（第十四章　罰則）
第126条　船長が次の各号のいずれかに該当する場合には、30万円以下の罰金に処する。

　　（第二号～第四号省略）

　　五　第18条の規定による書類を備え置かず、又は同条第1項第2号から第4号までの書類に記載すべき事項を記載せず、若しくは虚偽の記載をしたとき。

　　（第六号～第七号省略）

第127条　海員が上長に対し暴行又は脅迫をしたときは、3年以下の懲役又は100万円以下の罰金に処する。

第129条　船舶所有者が第85条第1項若しくは第2項、第88条又は第88条の6の規定に違反したときは、1年以下の懲役又は30万円以下の罰金に処する。

第131条　船舶所有者が次の各号のいずれかに該当する場合には、30万円以下の罰金に処する。

　　一　第32条、第34条第2項、第53条、第54条、第56条、第58条第1項、第82条の2第1項、第83条第1項、第85条第3項、第88条の7又は第113条の規定に違反したとき。

　　（第二号～第四号省略）

＊船員法施行規則＊

（航海日誌）

第11条　航海日誌の様式は、第2号書式とする。ただし、国内各港間のみを航海する船舶又は第1種の従業制限を有する漁船にあつては、同書式中出生、死亡及び死産に関する第6表から第8表までは備えることを要しない。

②　航海日誌には、航海の概要を第4表に記載するほか、次に掲げる場合にあつては、その概要を第5表に記載しなければならない。

　　（第一号～第十七号省略）

1 航海日誌不記載
（法126条5号、18条1項3号、施行規則11条2項）

　被疑者は，汽船○○丸（総トン数○○トン）に船長として乗り組んでいるものであるが，法定の除外事由がないのに，平成○○年○月○日，○○県○○市○○町○○番地先の○○港を出港して，同月○日に，○○県○○市○○町○○番地先の○○港に入港したのに，その出入りした港の名称等航海の概要を航海日誌第4表に記載しなかったものである。

① 　本罪の主体は、船長である。船長に代わってその職務を行う者も本罪の主体である（法134条）。
　本罪は、身分犯である。
② 　航海日誌には、「公用航海日誌」と「船用航海日誌」とがあるが、本条にいう航海日誌は、前者である。
③ 　航海日誌の記載事項は、施行規則11条により、航海の概要及び同条3項に定めるものとされる。

2 上長に対する暴行（法127条）

　被疑者は，○○汽船株式会社に雇われ，同社所属の汽船○○丸（総トン数○○トン）に二等航海士として乗り組んでいるものであるが，平成○○年○月○日，○○県○○市○○町沖海上を○○に向けて航行中の同船船室において，自己の上長である同船の一等航海士Aに対し，手拳でその顔面を数回殴打する暴行を加えたものである。

① 　本罪の主体は、「海員」である。
　「海員」とは、船内で使用される船長以外の乗組員で労働の対償として給料その他の報酬を支払われる者をいう（法2条1項）。職員と部員を含む。
　「海員」は、船内で使用されること、すなわち乗り組むことを要し、多少とも

継続性をもって船舶作業組織に組み入れられていなければならないと解されている（昭32・9・28員基334号）。
② 本罪の客体は、「上長」である。

「上長」とは、海員に対し、職務上指揮命令をする権限を有する船長及び海員をいう。「船長」には、代船長（商法707条）、代行船長（本法20条）及び船長職務代行者（本法11条）を含む。

海員では、所属部が同一である場合には、一般に職員が部員に対する関係で上長に当たるが、同一部の職員であっても、たとえば機関長と機関士のように一方の職員が他方の職員に対し上長の関係に立つこともある。

③ 行為は、「暴行」又は「脅迫」であり、これは刑法208条・222条と同一である。

本条は、船舶内の秩序を維持する目的をもって、刑法208条・222条の刑を加重した特別規定であるから、行為当時、行為者が上長の職務上の指揮命令に服従すべき関係にあったことを要するであろう。この関係があれば、必ずしも船舶内における行為に限らないと解する。

3 年少者の使用（法129条、85条1項）

> 被疑者は、〇〇市〇〇町〇番〇号において貨物船〇〇丸（総トン数〇〇トン）を所有し、同船舶を使用して貨物運送業を営むものであるが、法定の除外事由がないのに、平成〇〇年〇月〇日から同年〇月〇〇日までの間、１５歳未満のA（平成〇〇年〇月〇日生）を同船舶に乗り組ませて同船内の雑役に従事させ、もって１５歳未満の者を船員として使用したものである。

① 本罪の主体は、「船舶所有者」であり、「船舶所有者の代表者、代理人、使用人その他の従業者」は、法135条1項により、行為者として処罰される。

「船舶所有者」とは、船舶を所有し、船員と使用従属の関係に立ち、船員の提供する労働に対して賃金の給付をなすべき地位に立つ者をいう（昭24・12・24員基305号）。

船舶の所有者は、船舶登記をした上、船舶原簿に登録することを要する（船舶法5条1項）が、登記・登録上の所有者が単なる名義人にすぎず、ほかに前記の地位を有する実質的な所有者が存在する場合には、後者が本法上の「船舶所有者」に当たる（前掲通達）。

　船舶所有者に関する規定は、船舶共有の場合に船舶管理人、船舶貸借の場合に船舶借入人等に適用される（法5条）。

　「代表者、代理人、使用人その他の従業者」につき、第1節の⑨注⑥☞186頁参照。

② 「法定の除外事由」とは、同一の家庭に属する者（家族船員）を使用する場合（本条1項但書）である。
③ 年令の認識につき、第1節の⑦注②☞184頁参照。
④ 「船員として使用」するとは、船員として乗り組み、船内で使用されることをいい、多少とも継続性をもって船舶作業組織に組み入れられていることを要する。

　「船員」とは、船長及び海員並びに予備船員であり（法1条1項）、そのうち船長及び海員は船内で使用されるものであるから本条の「船員」に当たるが、その予備船員は、「船内で使用されていないものをいう」（法2条2項）ので、本条の「船員」には含まれない。

④　賃金の一括支払い（法131条1号、53条1項）

　被疑者は，○○市○○町○番○号において，貨客船○○丸（総トン数○○トン）を所有し，同船舶を使用して同市○○港から○○市○○港までの乗客及び貨物の定期運送業を営むものであるが，法定の除外事由がないのに，平成○○年○月○日，同町○○番○○号の○○事務所において，甲に対し，別紙一覧表記載のとおり，同年○月○日から同年○月○日までの間，同船舶の船内労務に従事した船員Aほか○名の○月分の給料合計○○○○円を一括して支払い，もって直接船員に給料の支払いをしなかったものである。

別紙　一覧表

番号	船員名	平成○○年○月分 (自○月○日 至○月○日)	同年○月分 (自○月○日 至○月○日)	計
1	A	○○○円	○○○円	○○○○円

① 本罪の主体である「船舶所有者」につき、前記3の注①☞193頁参照。
② 法定の除外事由とは、「法令又は労働協約に特別の定のある場合」のほか、法55条及び56条に当たる場合をいう。
③ 給料その他の報酬は、「直接」船員に支払わなければならない。
　支払を受くべき船員以外の者に給料等を支払った場合、その者が当該船員の親権者その他の法定代理人であると、船員の委任を受けた任意代理人であると問わず、本条に違反する。
　ただ、本法では、船員の勤務の特殊性から、船舶所有者は、船員の給料等を船内で支払うときには、船長に一括して支払を委託し、船長（やむを得ない事由があれば他の職員）から直接海員にこれを手渡しさせ（法55条）、また船員から請求があったときに限り、当該船員の給料等をその同居の親族又は船員の収入によって生計を維持する者に渡さなければならない（法56条）として、直接払の例外を認めている。

第4節　職業安定法

（有料職業紹介事業の許可）
第30条　有料の職業紹介事業を行おうとする者は、厚生労働大臣の許可を受けなければならない。
　　　（第2項〜第6項省略）
（労働者供給事業の禁止）
第44条　何人も、次条に規定する場合を除くほか、労働者供給事業を行い、又はその労働者供給事業を行う者から供給される労働者を自らの指揮命令の下に労働させてはならない。
（第五章　罰則）
第63条　次の各号のいずれかに該当する者は、これを1年以上10年以下の懲役又は20万円以上300万円以下の罰金に処する。
　一　暴行、脅迫、監禁その他精神又は身体の自由を不当に拘束する手段によって、職業紹介、労働者の募集若しくは労働者の供給を行つた者又はこれらに従事した者
　二　公衆衛生又は公衆道徳上有害な業務に就かせる目的で、職業紹介、労働者の募集若しくは労働者の供給を行つた者又はこれらに従事した者
第64条　次の各号のいずれかに該当する者は、これを1年以下の懲役又は100万円以下の罰金に処する。
　一　第30条第1項の規定に違反した者
　　　（第二号〜第八号省略）
　九　第44条の規定に違反した者

1　有料職業紹介事業（法64条1号、30条1項本文）

被疑者は，法定の除外事由がないのに，平成○○年○月○日から同年○月○

日までの間，別紙一覧表記載のとおり，前後〇〇回にわたり，〇〇市〇〇町〇番〇号甲方ほか〇か所において，かねてから店員求人の申し込みを受けていた甲ほか〇名に対し，Aほか〇名を店員として紹介して雇入れさせ，甲らから手数料合計〇〇万円を受領し，もって有料職業紹介事業を行ったものである。①　　　　　　　　　　　　　　　　　　　　　　　　　　　　　　　　　②

別紙　一覧表

番号	年　月　日	紹　介　場　所	紹介先	被紹介者	手数料
1	平成〇〇・〇・〇	〇〇市〇〇町〇番〇号	甲	A	〇〇〇円

① 「有料の職業紹介」の意義につき、法4条1、3項。有料には、営利を目的とするもののほか実費の徴収を含む。

　「職業紹介」とは、法4条1項にいう「雇用関係の成立をあっ旋すること」すなわち媒介又は周旋をなすなどその雇用関係についてなんらかの因果関係を有する関与をなせば足り、必ずしも雇用契約の成立を必要とするものではない（最決昭35・4・26刑集14・6・768）。求職者に紹介するために求職者を探求し、求人者に就職するよう求職者に勧奨するいわゆるスカウト行為は、「職業紹介」に当たる（最判平6・4・22民集48・3・944）。ここにいう「雇用関係」とは、必ずしも厳格に民法上の「雇傭」（同法623条）と同意義に解すべきものではなく、広く社会通念上被用者が有形無形の経済的利益を得て、一定の条件の下に使用者に対し肉体的、精神的労務を供給する関係にあれば足りると解される（最判昭29・3・2刑集8・3・240）。

　売春婦と抱主、芸妓と置屋、料理店において売春する接客婦と同店経営者などの関係は、前記の雇用関係にあたる。

　「職業紹介事業を行う」とは、単なる有料の職業紹介では成立せず、紹介が事業としてなされることを要する。

　「事業」とは、反復継続する意思をもって職業紹介を行うことをいい、現実に反復して行われることを要せず、1回の行為でも、継続的意思のもとで行われれ

ば、これにあたる。

　求職の申込みをした者の氏名、住所、年令、学歴、希望職種等を求職者リストに登載したうえ、求人の申込みをした者に対し求職者リストから選び出した数名の求職者の氏名等を記載した名簿を交付するなどの方法で、求人者をして求職者と面接するように仕向けた所為は、職業紹介にあたる（最決昭57・4・2刑集36・4・538）。

② 労基法6条（中間搾取）との関係は、第1節の[2]注⑥☞175頁参照（観念的競合）。

[2] 暴行による職業紹介（法63条1号）

　被疑者は，平成○○年○月○日頃，○○市○○町○番○号の被疑者方において，かねてから同棲しているA女（当○○年）に対し，手拳でその顔面を数回殴打するなどの暴行を加え，芸妓として稼働することを承諾させ，同日同所において，芸妓置屋を経営している甲に対し，A女を芸妓として紹介して雇入れさせ，もって，暴行の手段によって職業紹介をなしたものである。
　　　　　　　　　　　　　　①

① 本条にいう「暴行、脅迫、監禁その他精神又は身体の自由を不当に拘束する手段」の意義につき、第1節の[1]の注②☞173頁参照。

[3] 有害業務の紹介（法63条2号）

　被疑者は，平成○○年○月○日頃，○○市○○町○番○号料理店「○○」において，同店経営者甲に対し，同人が婦女を売春婦として雇入れ遊客を相手に
　　　　　　　　　　　　　　　　　①
売春させていることを知りながら，A女（当○○年）を売春婦として雇入れさせ，もって，公衆衛生上及び公衆道徳上有害な業務に就かせる目的で職業紹介
　　　　　　　　　　　　　　　　　　　　　　　　　　　　　　　　②
をしたものである。
　　③

① 「公衆衛生上有害な業務」とは、国民の健康の維持増進にとって危害を及ぼすおそれのある業務をいい、「公衆道徳上有害な業務」とは、社会共同生活におい

て守らなければならない道徳に反し、社会の善良な風俗を害するおそれのある業務をいう。

　業務いかんによっては、公衆衛生上からも、公衆道徳上からも有害な業務と解することができる（昭26・11・25職収1513号）。たとえば、売春婦などは、「公衆衛生上及び公衆道徳上有害な業務」にあたる。

　許可を受けた料理店、カフェー、バー等の営業であっても、実際上雇入れた婦女を売春婦として遊客を相手に売春させる場合には、業務にあたる。

② 職業紹介が業として行われることを要せず、また有料・無料を問わないが、有害な業務に就かせる目的でこれを行うことが必要である。

③ 本罪と児童福祉法34条1項9号違反の罪（有害行為をさせる目的で児童を支配下に置く罪（第3章第6節⑧☞111頁参照））とは、併合罪である（最決昭42・7・6裁判集163・865）。

④　労働者供給事業（法64条9号、44条前段）

　被疑者は、「○○○○」の名称でフィリピン共和国の国籍を有する外国人女性を飲食店従業員として供給することを業としていたものであるが、法定の除外事由がないのに、別表記載のとおり、平成○○年○月○日頃から同年○○月○○日頃までの間、○○市○○町○番○号所在の飲食店「○○」ほか3か所において、被疑者の支配下にあるAほか3名に、有限会社「○○○」ほか3か所との間で締結した労働者供給契約に基づき、前記有限会社「○○○」従業員Bらの指揮命令を受けて、飲食店従業員の労働に従事させ、もって労働者供給事業を行ったものである。①②③

別紙　一覧表

番号	受　給　期　間	供　　給　　先	供給労働者	供給日数
1	自平成○○・○・○ 至　同　　　・○・○	○○市○○町○番○号 飲食店「○○」	Aほか1名	○○日

① 「労働者供給」の意義につき、法4条6項。
　「事業」を行うの意義につき、前記1の注①☞197頁参照。
　労働者を提供しこれを他人に使用させる者は、たとえその契約の形式が請負契約であっても、本法施行規則4条1項1ないし4号のすべてに該当する場合を除き、労働者供給事業を行う者とされる。
② 本法44条は、「**労働者供給事業**」を行い、又はその「労働者供給事業」を行う者から供給される労働者を自らの指揮監督の下に労働させる行為を原則的に禁止している。「**労働者供給**」とは、供給契約に基づいて労働者を他人の指揮命令を受けて労働に従事させることをいうが、労働者派遣行為を含まない（法4条6項）。
③ 本罪は職業犯であり、事業として行う場合のみが禁止の対象である。

第8章　外事関係法

第1節　出入国管理及び難民認定法

（外国人の入国）
第3条　次の各号のいずれかに該当する外国人は、本邦に入つてはならない。
一　有効な旅券を所持しない者（有効な乗員手帳を所持する乗員を除く。）
（第二号省略）
（第2項省略）

（活動の範囲）
第19条　別表第1の上欄の在留資格をもつて在留する者は、次項の許可を受けて行う場合を除き、次の各号に掲げる区分に応じ当該各号に掲げる活動を行つてはならない。
一　別表第1の1の表、2の表及び5の表の上欄の在留資格をもつて在留する者　当該在留資格に応じこれらの表の下欄に掲げる活動に属しない収入を伴う事業を運営する活動又は報酬（業として行うものではない講演に対する謝金、日常生活に伴う臨時の報酬その他の法務省令で定めるものを除く。以下同じ。）を受ける活動
（第二号省略）
（第2項～第4項省略）

（住居地の変更届出）

第19条の9　中長期在留者は、住居地を変更したときは、新住居地（変更後の住居地をいう。以下同じ。）に移転した日から14日以内に、法務省令で定める手続により、新住居地の市町村の長に対し、在留カードを提出した上、当該市町村の長を経由して、法務大臣に対し、その新住居地を届け出なければならない。

　　（第2項～第3項省略）

（旅券等の携帯及び提示）

第23条　本邦に在留する外国人は、常に旅券（次の各号に掲げる者にあつては、当該各号に定める文書）を携帯していなければならない。ただし、次項の規定により在留カードを携帯する場合は、この限りでない。

一　仮上陸の許可を受けた者　仮上陸許可書

二　乗員上陸の許可を受けた者　乗員上陸許可書及び旅券又は乗員手帳

三　緊急上陸の許可を受けた者　緊急上陸許可書

四　遭難による上陸の許可を受けた者　遭難による上陸許可書

五　一時庇護のための上陸の許可を受けた者　一時庇護許可書

六　仮滞在の許可を受けた者　仮滞在許可書

2　中長期在留者は、法務大臣が交付し、又は市町村の長が返還する在留カードを受領し、常にこれを携帯していなければならない。

3　前2項の外国人は、入国審査官、入国警備官、警察官、海上保安官その他法務省令で定める国又は地方公共団体の職員が、その職務の執行に当たり、これらの規定に規定する旅券、乗員手帳、許可書又は在留カード（以下この条において「旅券等」という。）の提示を求めたときは、これを提示しなければならない。

4　前項に規定する職員は、旅券等の提示を求める場合には、その身分を示す証票を携帯し、請求があるときは、これを提示しなければならない。

5　16歳に満たない外国人は、第1項本文及び第2項の規定にかかわらず、旅券等を携帯することを要しない。

（出国の手続）

第25条　本邦外の地域に赴く意図をもつて出国しようとする外国人（乗員を除く。次条において同じ。）は、その者が出国する出入国港において、法務省令で定める手続により、入国審査官から出国の確認を受けなければならない。

2　前項の外国人は、出国の確認を受けなければ出国してはならない。

（日本人の出国）

第60条　本邦外の地域に赴く意図をもつて出国する日本人（乗員を除く。）は、有効な旅券を所持し、その者が出国する出入国港において、法務省令で定める手続により、入国審査官から出国の確認を受けなければならない。

2　前項の日本人は、出国の確認を受けなければ出国してはならない。

（第九章　罰則）

第70条　次の各号のいずれかに該当する者は、3年以下の懲役若しくは禁錮若しくは300万円以下の罰金に処し、又はその懲役若しくは禁錮及び罰金を併科する。

　一　第3条の規定に違反して本邦に入つた者

　二　入国審査官から上陸の許可等を受けないで本邦に上陸した者

　　（第三号項〜第三号の二省略）

　四　第19条第1項の規定に違反して収入を伴う事業を運営する活動又は報酬を受ける活動を専ら行つていると明らかに認められる者

　五　在留期間の更新又は変更を受けないで在留期間（第20条第5項（第21条第4項において準用する場合を含む。）の規定により本邦に在留することができる期間を含む。）を経過して本邦に残留する者

　　（第六号項〜第九号省略）

2　前項第1号又は第2号に掲げる者が、本邦に上陸した後引き続き不法に在留するときも、同項と同様とする。

第71条　第25条第2項又は第60条第2項の規定に違反して出国し、又は出国することを企てた者は、1年以下の懲役若しくは禁錮若しくは30万円以下の罰金に処し、又はその懲役若しくは禁錮及び罰金を併科する。

第71条の3　次の各号のいずれかに該当する者は、20万円以下の罰金に処する。
　　（第一号項省略）
　二　第19条の9第1項の規定に違反して新住居地を届け出なかつた者
　　（第三号項省略）
第73条の2　次の各号のいずれかに該当する者は、3年以下の懲役若しくは300万円以下の罰金に処し、又はこれを併科する。
　一　事業活動に関し、外国人に不法就労活動をさせた者
　二　外国人に不法就労活動をさせるためにこれを自己の支配下に置いた者
　三　業として、外国人に不法就労活動をさせる行為又は前号の行為に関しあつせんした者
　　（第2項省略）
第74条　自己の支配又は管理の下にある集団密航者（入国審査官から上陸の許可等を受けないで、又は偽りその他不正の手段により入国審査官から上陸の許可等を受けて本邦に上陸する目的を有する集合した外国人をいう。以下同じ。）を本邦に入らせ、又は上陸させた者は、5年以下の懲役又は300万円以下の罰金に処する。
2　営利の目的で前項の罪を犯した者は、1年以上10年以下の懲役及び1000万円以下の罰金に処する。
　　（第3項省略）
第76条　次の各号のいずれかに該当する者は、10万円以下の罰金に処する。
　一　第23条第1項の規定に違反した者
　二　第23条第3項の規定に違反して旅券、乗員手帳又は許可書の提示を拒んだ者

1　不法入国（法70条1項1号、3条1項1号）

　被疑者は，○○に国籍を有する外国人であるが，有効な旅券又は乗員手帳を①　　　　　　　　　　　　　　　　　　　　　　　　　　②　　　　　　　③
所持しないで，平成○○年○月○日午後○○時頃，○○国から船で，○○県○
④

○市○○町付近海岸に上陸し，もって不法に本邦に入った⑤ものである。

① 「外国人」とは、日本の国籍を有しない者である。外国の国籍のみを有する者、いずれの国の国籍も有しない無国籍者がこれに当たる。
② 「旅券」の定義については、法2条5号が規定している。
③ 法2条6号参照。
④ いつでも呈示しうるような状態で、自己の支配下に置くことである。
⑤ 「本邦」とは、日本国の領域の全体である。
⑥ 「入国」とは本邦の領海や領空に入ることであり、本邦の領域内に入った時点で既遂であり、必ずしも上陸することを要しない。

② 無許可上陸（法70条1項2号）

　被疑者は，○○に国籍を有する外国人で，○○国商船○○○号の乗組員であるが，入国審査官から乗員上陸その他上陸の許可①を受けないで，平成○○年○月○日午後○○時頃，出入国港である○○県○○市○○町の○○港に入港した②同船から，市内見物のため同港○○埠頭に降り立ち，もって不法に本邦に上陸③④したものである。

① 上陸の許可については、法14条（寄港地上陸）、15条（通過上陸）、16条（乗員上陸）、17条（緊急上陸）、18条（遭難による上陸）、18条の2（一時庇護のための上陸）がそれぞれ規定している。
② 「出入国港」については、法2条8号、同法施行規則1条参照。
③ 「上陸」とは、本邦の領土に足を踏み入れることである。
④ 不法入国者が上陸の許可を受けずに上陸した場合には、不法入国罪とともに不法上陸罪が成立し、両行為が一連の意思の下に日時場所も近接して行われたと認められるような場合には、包括一罪になると解される。

③ 在留資格外活動（法70条1項4号、19条1項1号）

> 被疑者は、○○国籍を有する外国人で、「短期滞在」の在留資格をもって本邦に在留するものであるが、法務大臣の在留資格の変更を受けないで、平成○○年○月○日頃から、同年○月○日頃までの間、○○市○○町○○番○○号クラブ「○○○」において、同クラブ従業員として稼働し、もって、明らかに当該在留資格以外の在留資格に属する者の行うべき報酬を受ける活動を専ら行ったものである。

① 主体は、在留資格を有して本邦に在留する外国人である。ただし、本邦で永住しようとする者としての在留資格を有する者等法2条の2第2項別表第二の上欄の在留資格をもった在留する外国人は、入管法上、その身分又は地位を有する者としての固有の活動に加え、就労活動その他の活動に従事することができ、資格外活動ということは起こり得ない。

② 「在留資格」については、法2条の2第2項参照。

③ 「在留資格」は、当該外国人の所持する旅券または在留資格証明書に記載される。

④ 「在留資格の変更」とは、本邦に在留する外国人が、法務大臣の許可を受けて、その者が現に有する在留資格から、新しい在留の目的に対応する在留資格への変更を受けることである（法20条）。

　資格外活動の許可（法19条2項）との相違は、後者は在留目的そのものには変更はないが、その有する在留資格に属する者の行うべき活動以外の活動をしようとする場合をいう。

⑤ 「明らかに」とは、証拠により明白に認められることをいう。

⑥ 「専ら行う」とは、当該外国人の活動が、その有する在留資格に属する者の行うべき活動から、他の在留資格に属する者の行うべき活動に変更されたと認められる状態をいう。当該活動の継続性、有償性、生計等の依存度、本来有する在留資格にもとづく活動の有無・程度などを総合的に判断して決定するべきである。

4 不法残留（旅券所持者）（法70条1項5号）

　被疑者は，○○国に国籍を有する外国人であって，同国政府発行の旅券を所持して，平成○○年○月○日，本邦に上陸したものであるが，その在留期間は○○日間である旨決定され，旅券にその旨記載されていたのに，在留期間の更新又は変更を受けないで，その末日である同年○月○日を超えて同○○年○月○日まで○○市○○町○番○号に居住し，もって，在留期間を経過して本邦に残留したものである。

① 　行為主体は、在留資格を有して本邦に在留する外国人である。
② 　「在留期間」については、法2条の2第3項。
③ 　在留期間は、旅券又は在留資格証明書に記載される。
④ 　「残留」とは、在留期間が満了する日の翌日以降、引き続き本邦に留まることである。
⑤ 　本号の罪の成立前に第4号の資格外活動の事由が生じた場合、両罪は併合罪となる。本号の罪の成立以後に第4号の事由が生じた場合は、在留資格の存在を前提とした資格外活動罪は成立しないから、本号の罪のみが成立する。
　本号の不法残留罪は、不法残留状態が継続する限り公訴時効が進行しない継続犯である（大阪高裁平2・5・30判時1368・157）。

5 不法在留罪（法70条2項、1項1号、3条1項1号）

1 新法施行後に不法入国・上陸した場合

　被疑者は，○○○○国の国籍を有する外国人であるが，有効な旅券又は乗員手帳を所持しないで，平成○○年○月○日，同国から航空機で千葉県成田市所在の新東京国際空港に到着して本邦に不法に入国し，そのころ，同所に上陸した後引き続き同○○年○○月○○日まで東京都内等に居住するなどして本邦に不法に在留したものである。

2 新法施行前に不法入国・上陸した場合

> 被疑者は，○○○○国の国籍を有する外国人であるところ，有効な旅券又は乗員手帳を所持しないで，平成○年○月○日，同国から航空機で千葉県成田市所在の新東京国際空港に上陸したものであるが，上陸後引き続き同○○年○○月○○日まで東京都内等に居住するなどして同１２年２月１８日以降本邦に不法に在留したものである。

① 平成11年8月18日に、いわゆる不法在留罪の新設等にともなう「**出入国管理及び難民認定法の一部を改正する法律**」が公布され、同12年2月18日から施行された。

② 不法在留罪の主体は、法3条の規定に違反して本邦に入った者（**不法入国者**）又は上陸の許可等を受けないで本邦に上陸した者（**不法上陸者**）で（法70条2項）、本改正法施行前に本邦に不法入国又は不法上陸した者も含まれる。
　また、「掲げる者」と規定しているのは、不法入国罪、不法上陸罪について公訴時効が成立した者も本罪の主体となることを明らかにしたものである。

③ 本罪は、本邦に上陸した後、引き続き不法に在留する行為を処罰の対象としており、継続犯である。

④ 不法入国・不法上陸行為とその後の不法在留行為が一連の意思の下に行われたと認められる通常の場合には、不法入国・不法上陸罪と本罪が成立し、これらの罪は包括一罪の関係にあると解される。

6 外国人の密出国（法71条、25条2項）

> 被疑者は，○○国に国籍を有する外国人であるが，入国審査官の出国の確認を受けないで，平成○○年○月○日頃，○○県○○市○○町○○港において，本邦外の地域である○○国に赴く意図をもって，○○国商船○○号に乗船し，同港から○○国○○港に向けて出港し，もって不法に本邦から出国したものである。

① 行為主体は、本邦外の地域に赴く目的をもって出国する外国人で、乗員でない者である。その入国・在留の合法・非合法を問わず、したがって不法入国者（最決昭32・7・9刑集2・7・1813）、有効な旅券を所持していない者も本罪の主体となり得る。
② 「本邦外の地域」とは、我が国の領土に属さない土地のことである。
③ 本邦の領域外に出ることをいう。

7 日本人の密出国（法71条、60条2項）

　被疑者は，日本人であるが，入国審査官から出国の確認を受けないで，平成○○年○月○日頃，○○県○○市○○町○○港において，本邦外の地域である○○国に赴く目的をもって，○○国貨物船○○号に乗船して同船内にひそみ，同月○日頃，同港から○○国○○港に向けて，出港し，もって不法に出国したものである。

① 行為主体は、本邦外の地域に赴く目的をもって出国する日本人で、乗員でない者である。
② 前記6の注②参照。
③ 前記6の注③参照。

8 不法就労助長罪（1号違反）（法73条の2第1項1号）

　被疑者は，さいたま市○○区○丁目○番○号○○ビル５０２号室に営業所を設けて個室マッサージ店「ハッピー」を営むものであるが，別表記載（略）のとおり，平成○○年○月○日から同年○○月○日までの間，同店において，いずれも短期滞在の在留資格で本邦に在留し，法務大臣の資格外活動の許可を受けていない大韓民国の国籍を有する外国人であるＡほか３名を，同店の従業員として稼働させて報酬を受ける活動に従事させ，もって，事業活動に関し，外国人に不法就労活動をさせたものである。

① 「不法就労活動」の定義については、法73条の2第2項に規定されている。
② 「事業活動に関し」とは、行為者が自ら運営し又は従業者として従事している事業の目的遂行のために必要な活動に関しという意味である。当該事業行為そのものの行為に限らず、当該事業遂行のための準備行為や保守管理行為などの付随的行為も含まれる。
③ 不法就労活動を「させた」とは、外国人との間で対人関係上優位に立っており、外国人が自己の指示どおり不法就労活動に従事する状態にあることを利用して積極的に働きかけ、そのことにより外国人が不法就労活動に従事するに至ったという意味である。

⑨ 不法就労助長罪（2号違反）（法73条の2第1項2号）

> 被疑者は、さいたま市○○区○丁目○番○号において土木業を営むものであるが、平成○○年○月○日から同年○○月○日までの間、不法に本邦に入国した○○国籍を有するAを、不法就労活動をさせるために①従業員として雇用し、同人の旅券及び身分証明書を取り上げた上、日本語が通じない同人を同市○○区○○所在の被疑者が所有する従業員寮○号室に居住させるなどし、もって、外国人に不法就労活動をさせるためにこれを自己の支配下においた②ものである。

① 「外国人に不法就労活動をさせるために」とは、自己において外国人に不法就労活動をさせる目的で、又は他人が外国人に不法就労活動をさせることを知りながらという意味である。
② 「自己の支配下に置いた」とは、指示・従属の関係により外国人の意思・行動を左右できる状態に置き、自己の影響下から離脱させることを困難にさせることをいう。
　外国人を、暴行・脅迫により監禁状態にしつつ働かせる場合のように、物理的な力による支配だけではなく、外国人に渡航資金や生活資金を前貸しし、その返済が完了するまでは自己の指示に従わざるを得ない状況を作り出した場合や日本語が

不自由であるため自活能力の低い外国人に居住場所を提供し、種々生活の面倒をみる場合など経済的・心理的に離脱することが困難な状態に置く場合などが考えられる（最決昭56・4・8刑集35・3・63参照）。

10　不法就労助長罪（3号違反）（法73条の2第1項3号）

> 被疑者は、平成○○年○月○日から同年○○月○日までの間、別表記載（略）のとおり、前後○回にわたり、さいたま市○○区○丁目○番○号所在の○○方ほか○か所において、製靴業を営むAほか○名に対し、同人らが、不法に本邦に在留している○○国籍の甲ほか○名に不法就労活動をさせることを知りながら、上記甲らを工員などとして紹介して雇い入れさせ、もって、業として①外国人に不法就労活動をさせる行為に関しあっせん②したものである。

① 「業として」とは、「反復・継続し、又は反復・継続して行う意思をもって」という意味である。事業性までは必要としないし、営利目的も対価を得たことも必要ない。
　反復継続の意思が認められれば、1回の行為でも業となる。

② 「あっせん」とは、周旋と同義であり、二当事者間の依頼又は承諾の下に当該二当事者間に立って、ある交渉が円滑に行われるように仲介することをいう。最終的に契約が成立しなかったとしても、交渉成立の可能性が生じるまでに仲介行為を行えば、あっせんは既遂に達する。報酬を得たか否かを問わない。

11　集団密航の罪（法74条2項、1項、刑法60条）

> 被疑者Aは、中国船籍貨物船○○の機関長、被疑者Bは、同船の一等航海士であったものであるが、被疑者両名は、同船船長らと共謀の上、営利の目的①で、平成○○年○月○日頃、中華人民共和国の国籍を有する外国人であって、入国審査官から上陸の許可等を受けないで本邦に不法に上陸する目的を有して同船に乗船し、被疑者らの管理下にあった甲ら8名の集団密航者を、静岡市○②○区○○丁目○番地先の○○港○ふ頭○号岸壁に上陸させ、もって、集団密航

③　　　　　　　　　④
者を本邦に上陸させたものである。

① 「営利の目的で」とは、犯人が自ら財産上の利益を得、又は第三者に得させることを目的としてという意味である。
② 「支配の下にある」とは、指示・従属の関係により集団密航者の意思・行動を左右できる状態にあるという意味である。また、「管理の下にある」とは、支配関係にまでは至らない管理の関係によって集国密航者の意思・行動に影響を与えることができる状態にあることをいう。
③ 「集団密航者」は、本項で定義されている。「集合」とは、一定の場所に二人以上の者が集まっている状態をいう。客観的に二人以上の者が一定の場所に集まっていれば足る。
④ 「本邦に入らせ、又は上陸させた」とは、自己の支配又は管理の下で集国密航者を本邦に入国させ、又は上陸させることをいう。「させた」といえる程度の主体的・積極的な行為を要する。具体的にには、集国密航者を船舶に乗せて領海内まで運ぶ行為や小舟で岸壁まで運んで下ろす行為などがある。

12　住居地変更届出義務違反の罪
（法71条の3第2号、19条の9第1項）

　　被疑者は、○○国籍を有する外国人で、法務大臣から中長期在留者として在留カードの交付を受けて本邦に在留するものであるが、平成○○年○月○○日頃、その住居地を○○市○○区○○丁目○番地から××市×町×号に変更したのであるがら、住居地に移転した日がら14日以内に、新住居地の××市長に対し、在留カードを提出した上、同市長を経由して、法務大臣に対し、その新住居を届けなければならないのに、これを怠り、同○○年○月○日まで、その申請をしないで同所に居住し、もって、同規定の期間を超えて住居地変更の届出をしながったものである。

① 住居地変更届出義務を負うのは、在留カードの交付を受けている中長期在留者

である。
②　「中長期在留者」とは、法19条の3に規定する者で、同規定に掲げる者のほか、在留資格を有しない者、すなわち、不法滞在者のほか、一時庇護上陸許可などの特例上陸許可を受けている外国人や仮滞在許可を受けている外国人は、含まれない。
③　中長期在留者に対しては、「在留カード」が交付される（法19条の3）。在留カードの記載事項については法19条の4、有効期間については法19条の5にそれぞれ規定がある。
④　住居地を変更した日時（新住居地に移転した日時）を特定しなければならない。
⑤　「住居地」は、外国人が本邦法に在留する上で最も結び付きの強い本邦の地域内の特定の場所であり、当該外国人の意思のみによって定まるものではなく、家族の所在、滞留期間等当該場所が住居地と認めるに足る客観的事実を伴うか否かにより決定される。
⑥　住居の「変更」については、住居地移動の事実、原因、目的及び旧住居地と新住居地との関係、日常生活に伴う客観的事実の移動状況等を総合的に考慮して決定されるが、単なる旅行や一時的滞在はこれには当たらない。

13　旅券等携帯義務違反の罪①（法76条、23条）

> 被疑者は、○○国籍を有する外国人であるが、法定の除外事由がないのに、平成○○年○月○○日午後○時○○分頃、東京都○○区○○丁目○番地先路上において、旅券②を携帯していなかった③ものである。

①　在留カードの交付を受けている外国人が、在留カードを携帯する場合には、旅券等の携帯義務は免除されている（法23条1項ただし書）。
　　また、16歳未満の外国人も旅券等の携帯義務はない（法23条5項）。
②　「携帯」とは、法23条3項に規定する入国審査官等から提示を求められたときに、直ちにこれを提示できるよう所携している状態をいう（最決昭33・10・3刑

集12・14・3199参照)。
③　不携帯は、故意によるもののほか過失による場合も含む(最決昭28・3・5刑集7・3・506参照)。

第2節　旅券法

（罰則）
第23条　次の各号のいずれかに該当する者は、5年以下の懲役若しくは300万円以下の罰金に処し、又はこれを併科する。
一　この法律に基づく申請又は請求に関する書類に虚偽の記載をすることその他不正の行為によって当該申請又は請求に係る旅券又は渡航書の交付を受けた者
（第二号省略）
三　行使の目的をもって、自己名義の旅券又は渡航書を他人に譲り渡し、又は貸与した者
（第四号〜第七号省略）
（第2項〜第4項省略）

1　虚偽申請（法23条1項1号）

　　被疑者は、平成○○年○月○日、○○県○○市○○町○番○号所在の○○県庁において、同県知事を経由して外務大臣に対し、一般旅券の発給申請をする①に当たり、渡航先が○○国、渡航目的が○○○であるのに、一般旅券発給申請書に渡航先を××国、渡航目的を×××とそれぞれ虚偽の記載をして提出し、②同年○月○日、同県庁において、同県知事から外務大臣の発行した同申請に係る一般旅券の交付を受けたものである。③

①　一般旅券の発給申請については、法3条1項参照。一般旅券発給申請書の様式は、同法施行規則別記1が定めている。
　　申請する旅券の種類、申請者の氏名、性別、生年月日、身長、本籍、渡航目的、渡航先、主要渡航先での滞在期間、刑罰等の関係、外国人（外国）との身分

関係、職業、現住所などの記載が要求されている。
② 「虚偽の記載」とは、客観的な真実に反する記載をいう。
③ 本罪と刑法157条2項の旅券不実記載罪は、観念的競合となる。

2　旅券譲渡（法23条1項3号）

> 　被疑者は，行使の目的①をもって，平成〇〇年〇月〇日頃，〇〇市〇〇町〇番〇号A方において，同人に対し，B名義の旅券を代金〇万円で売却し，もって旅券を他人に譲り渡したものである。

① 「行使の目的」については、旅券を出入国の際に真正な旅券として係官らに呈示するなど、旅券本来の用途に供する目的をいうと限定的に解した下級審判例（京都地判昭55・9・2判時991・134、偽造の見本とするためのみの旅券の譲受は、行使の目的によるものとはいえないとした）があるので、注意を要する。

第9章　厚　生　法

第1節　医師法・歯科医師法

＊医師法＊

（第四章　業務）

第17条　医師でなければ、医業をなしてはならない。

第18条　医師でなければ、医師又はこれに紛らわしい名称を用いてはならない。

第20条　医師は、自ら診察しないで治療をし、若しくは診断書若しくは処方せんを交付し、自ら出産に立ち会わないで出生証明書若しくは死産証書を交付し、又は自ら検案をしないで検案書を交付してはならない。但し、診療中の患者が受診後24時間以内に死亡した場合に交付する死亡診断書については、この限りでない。

第24条　医師は、診療をしたときは、遅滞なく診療に関する事項を診療録に記載しなければならない。

　　（第2項省略。）

（第六章　罰則）

第31条　次の各号のいずれかに該当する者は、3年以下の懲役若しくは100万円以下の罰金に処し、又はこれを併科する。

一　第17条の規定に違反した者
二　虚偽又は不正の事実に基づいて医師免許を受けた者
2　前項第1号の罪を犯した者が、医師又はこれに類似した名称を用いたものであるときは、3年以下の懲役若しくは200万円以下の罰金に処し、又はこれを併科する。
第32条　第7条第2項の規定により医業の停止を命ぜられた者で、当該停止を命ぜられた期間中に、医業を行つたものは、1年以下の懲役若しくは50万円以下の罰金に処し、又はこれを併科する。

＊歯科医師法＊
（第四章　業務）
第17条　歯科医師でなければ、歯科医業をなしてはならない。
第18条　歯科医師でなければ、歯科医師又はこれに紛らわしい名称を用いてはならない。
第20条　歯科医師は、自ら診察しないで治療をし、又は診断書若しくは処方せんを交付してはならない。
第23条　歯科医師は、診療をしたときは、遅滞なく診療に関する事項を診療録に記載しなければならない。
　　（第2項省略。）
第29条　次の各号のいずれかに該当する者は、3年以下の懲役若しくは100万円以下の罰金に処し、又はこれを併科する。
一　第17条の規定に違反した者
二　虚偽又は不正の事実に基づいて歯科医師免許を受けた者
2　前項第1号の罪を犯した者が、歯科医師又はこれに類似した名称を用いたものであるときは、3年以下の懲役若しくは200万円以下の罰金に処し、又はこれを併科する。
第30条　第7条第2項の規定により歯科医業の停止を命ぜられた者で、当該停止を命ぜられた期間中に、歯科医業を行つたものは、1年以下の懲役若しくは50万円以下の罰金に処し、又はこれを併科する。

第1節　医師法・歯科医師法　219

1　無免許医（歯科医）業（医師法31条1項1号、17条・歯科医師法29条1項1号、17条）

　被疑者は，医師（歯科医師）①でないのに，別紙一覧表記載のとおり②，平成○○年○月○日頃から同○○年○月○日頃までの間，前後○回にわたり，○○市○○区○○町○番○号の自宅において，業として，Aほか○名に対し，聴診器によりその症状を診察し，薬液を注射し，薬物を塗布するなどの診療行為をなし（抜歯あるいは入歯などし），もって，医（歯科医）業③をなしたものである。

別紙　一覧表

番号	診療年月日	患者名	診療行為
1	平成○○年○月○日	A	○○○○○○

① 主体は、医師（歯科医師）の免許を有しない者である。したがって、免許取消の処分を受けた者が医業をなした場合は、本条に該当する（医業の停止命令を受けた者の場合は32条）。

② 医師免許については医師法2条以下に、歯科医師免許については歯科医師法2条以下に定められている。

③ 「医（歯科医）業」とは、反復継続の意思で医（歯科医）行為に従事することである（名高判昭49・5・25判時770・111、札高判昭56・2・5刑裁月報13―1・2―63）。

　「医行為」とは、「人の疾病の治療、予防を目的とし、医学の専門的知識を必要とする診断、薬剤の処方、投与または外科的手術を行うことを内容とする行為」（東高判昭47・12・6刑集27・8・1411、後記最決の原判決、なお前記名高判もほぼ同旨）とされている。

　断食道場の入寮者に対し、いわゆる断食療法を施行するため入寮の目的、入寮

当時の症状、病歴等を尋ねる行為は、その者の疾病の治療、予防を目的とした診察方法の一種である問診に当たるとして、無免許医業の成立を認めた事例（最決昭48・9・27刑集27・8・1403）がある。

「歯科医行為」は、医行為が人間の身体全般に関するのに対し、歯科に関する医行為であり、「歯科医師が行うのでなければ国民の保険衛生上危害を生ずるおそれがある行為」とされている（前記札高判）が、印象採得、咬合採得、試適及び装着は、歯科医行為に含まれるものと解される（前記札高判）。

しかし、口腔内疾病に関しては医行為、歯科医行為も相当重なる部分をもつと解される。例えば、歯肉疾患の治療、歯髄炎の治療等いわゆる口腔外科に属する行為は、歯科医行為であると同時に医行為でもある。また、歯科医師が歯科医療を行うにつき必要な範囲で歯牙歯根の疾病以外の口腔内の疾病に治療を加えることも許される。

なお、「医行為」と区別すべきものに「医業類似行為」（後述第4節の4注②☞237頁参照）があるが、これはあん摩マッサージ指圧師、はり師、きゅう師等に関する法律12条に用いられている語であって、疾病の治療又は保健の目的をもって、光熱・機械・器具その他の物を使用し若しくは応用し、又は四肢若しくは精神作用を利用して施術する行為であって医行為、歯科医行為でないものをいい、法律で公認されているものとして、あん摩、マッサージ若しくは指圧、はり、きゅう及び柔道整復がある。前記の医行為との区別は、医師の医学的知識と技術を用いてするのでなければ生理上危険を生ずるおそれがあるか否かによる。

2 非医師の医師詐称（医師法33条、18条・歯科医師法31条、18条）

　被疑者は、医師（歯科医師）でないのに、平成○○年○月○日頃から同年○月○日頃までの間、○○市○○区○○町○番○号の自宅において、○○科医師（歯科医師）○○○○なる表札を掲げるなどし、もって医師（歯科医師）の名称を用いたものである。

① 主体は、医師（歯科医師）の免許を有しない者である（1の注①☞219頁参

照)。
② 「名称を用いる」行為としては、他に、広告をすること、名刺に印刷して交付すること、経歴書に記入することなどがあげられるが、その名称が自己のものとして社会的に流布する危険性の認められないものはこれに含まれない。
③ 医師の名称を使用する他に、「医師に紛らわしい名称」を使用することも同様に処罰の対象となる。

「医師に紛らわしい名称」とは、はり医、灸医など、一般人に対してこれを用いる者が医師として人体の疾病・傷病を治療する者のような印象を与えるような名称をいう。

③ 無診察治療等禁止違反

(医師法33条、20条・歯科医師法31条、20条)

被疑者は医師(歯科医師)①であるが、
第1 平成○○年○月○日午後○時頃、○○市○○区○○町○番○号の被疑者が開設している診療所②において、Aから依頼を受け、同人からその父Bの症状を聴取したのみでBを診察することなく○○○○③と判断し、これの治療に必要な○○薬など3日分を前記Aに交付④し、もって自ら診察しないで前記Bに対する治療をし
第2 前同日同時刻頃、前同所において、前記Aから前記Bの診断書を交付してもらいたい旨求められこれを作成するに当たり、Bを自ら診察しないで同人が○○○○で○日間安静加療を要する旨の診断書1通を作成して交付⑤し
たものである。

---

① 主体は、医師(歯科医師)である。
② 「診療所」とは、医療法1条の5に定めるものをいう。
③ 医師(歯科医師)がすべき診察とは、対象である症状に関し、現代医学によって相当と認められている方法による診察をいう。診察の方法を問わないが、患者

に直接することを必要とするであろう。

　「自ら診察しないで」という規定の解釈については、その無診察により医師（歯科医師）の判断の正確性が保証されない場合であるか否かを具体的事実に照らし十分検討すべきであって、形式的に当該治療あるいは診断書交付の際、無診察であったというだけで本条違反が成立すると解すべきではない。医師法20条但書の法意に注意すべきである。

④　「治療」とは、患者の傷病の回復、健康の増進を目的として行う医師の行為であり、手術、注射、投薬、処置、理学療法などがある。

⑤　「診断書」とは、医師（歯科医師）が診察の結果に関する医学的判断を表示して、人の健康の状態を証明するために作成する文書をいう。

　なお、本条違反が同時に刑法160条（虚偽私文書作成）に違反することがあるが、両罪は観念的競合の関係にある。

4　診療録不記載（医師法33条、24条1項・歯科医師法31条、23条1項）

> 　被疑者は医師（歯科医師）であるが、平成○○年○月○日頃、○○市○○区○○町○番○号所在の自己が開設している診療所において、患者Aを診察して○○病と判断したうえ、同人に薬液を注射するなどの治療をしたのに、その診療に関する事項を遅滞なく診療録に記載しなかったものである。

①　主体は、医師（歯科医師）である。

②　「診療」は、診察・治療がその内容であるが、診察のみを行った医師にも作成義務がある。

③　「記載事項」は、医師法施行規則23条（歯科医師法施行規則22条）に定められている。

④　「診療録」とは、診療に関する事項を明白にするため医師（歯科医師）が作成する文書である。

第2節 薬　事　法

（開設の許可）

第4条　薬局は、その所在地の都道府県知事の許可を受けなければ、開設してはならない。

2　前項の許可は、6年ごとにその更新を受けなければ、その期間の経過によって、その効力を失う。

（製造販売業の許可）

第12条　次の表の上欄に掲げる医薬品、医薬部外品、化粧品又は医療機器の種類に応じ、それぞれ同表の下欄に定める厚生労働大臣の許可を受けた者でなければ、それぞれ、業として、医薬品、医薬部外品、化粧品又は医療機器の製造販売をしてはならない。

　　　（表省略）

　　　（第2項省略）

（製造業の許可）

第13条　医薬品、医薬部外品、化粧品又は医療機器の製造業の許可を受けた者でなければ、それぞれ、業として、医薬品、医薬部外品、化粧品又は医療機器の製造をしてはならない。

　　　（第2項～第7項省略）

（医薬品の販売業の許可）

第24条　薬局開設者又は医薬品の販売業の許可を受けた者でなければ、業として、医薬品を販売し、授与し、又は販売若しくは授与の目的で貯蔵し、若しくは陳列（配置することを含む。以下同じ。）してはならない。ただし、医薬品の製造販売業者がその製造等をし、又は輸入した医薬品を薬局開設者又は医薬品の製造販売業者、製造業者若しくは販売業者に、医薬品の製造業者がその製造した医薬品を医薬品の製造販売業者又は製造業者に、それぞれ販売し、授与し、又はその販売若しくは授与の目的で貯蔵し、若しくは陳列するときは、こ

の限りでない。

（第2項省略）

（販売方法等の制限）

第37条　薬局開設者又は店舗販売業者は店舗による販売又は授与以外の方法により、配置販売業者は配置以外の方法により、それぞれ医薬品を販売し、授与し、又はその販売若しくは授与の目的で医薬品を貯蔵し、若しくは陳列してはならない。

（第2項省略）

（譲渡手続）

第46条　薬局開設者又は医薬品の製造販売業者、製造業者若しくは販売業者（第3項及び第4項において「薬局開設者等」という。）は、毒薬又は劇薬については、譲受人から、その品名、数量、使用の目的、譲渡の年月日並びに譲受人の氏名、住所及び職業が記載され、厚生労働省令で定めるところにより作成された文書の交付を受けなければ、これを販売し、又は授与してはならない。

2　薬剤師、薬局開設者、医薬品の製造販売業者、製造業者若しくは販売業者、医師、歯科医師若しくは獣医師又は病院、診療所若しくは飼育動物診療施設の開設者に対して、その身分に関する公務所の証明書の提示を受けて毒薬又は劇薬を販売し、又は授与するときは、前項の規定を適用しない。これらの者であつて常時取引関係を有するものに販売し、又は授与するときも、同様とする。

（第3項～第4項省略）

（第十一章　罰則）

第84条　次の各号のいずれかに該当する者は、3年以下の懲役若しくは300万円以下の罰金に処し、又はこれを併科する。

　一　第4条第1項の規定に違反した者
　二　第12条第1項の規定に違反した者
　　（第三号～第四号省略）
　五　第24条第1項の規定に違反した者
　　（第六号～第二十一号省略）

第85条　次の各号のいずれかに該当する者は、2年以下の懲役若しくは200万円以下の罰金に処し、又はこれを併科する。
　一　第37条第1項の規定に違反した者
　　（第二号～第七号省略）
第86条　次の各号のいずれかに該当する者は、1年以下の懲役若しくは100万円以下の罰金に処し、又はこれを併科する。
　　（第一号～第六号省略）
　七　第46条第1項又は第4項の規定に違反した者
　　（第八号～第十九号省略）
　　（第2項省略）

1　無許可製造販売（法84条2号、12条1項）

　被疑者は，医薬品製造販売業の許可を受けないで①，別紙一覧表記載のとおり，平成○○年○月○日から同○○年○月○日までの間，前後○回にわたり，○○市○○区○○町○番○号の○○において，Aほか○○名に対し，業として，自ら製造した医薬品である○○○○合計○○本を代金合計○○○円で販売②し，もって，無許可で医薬品を製造販売したもみである。③

別紙　一覧表

番号	製造年月日	製造医薬品	数量
1	平成○○年○月○日	○○○○○○○○	○○○

①　主体は、医薬品、医薬部外品、化粧品又は医療機器の製造販売業の許可を受けていない者である。

　医薬品、医薬部外品、化粧品又は医療機器に関しては、製造について製造業許可（法13条）、製造販売について製造販売業許可（法12条）、販売について販売

業許可（法24条）がそれぞれ必要とされる。

② 「**医薬品**」については、法2条1項に定められている。

　法2条1項1号にいう「**日本薬局方**」とは、医薬品の性状及び品質の適正をはかるために、厚生労働大臣が、中央薬事審議会の意見を聞いて定めた医薬品の規格書である（法41条）。

　法2条1項2号にいう「**医薬品**」とは、その物の成分、形状、名称、その物に表示された使用目的・効能効果・用法用量、販売方法、その際の演述・宣伝などを総合して、その物が通常人の理解において「人又は動物の疾病の診断、治療又は予防に使用されることが目的とされている」と認められる物をいい、これが客観的に薬理作用を有する物であるか否かを問わない（最決昭46・12・17刑集25・9・1066、昭54・12・17刑集33・7・939、最判昭57・9・28判時1057・30）。けだし、本法は、公衆の保健衛生上医薬品として一般に流通するものすべてを取締ることを目的としており、積極的に危険あるもののみならず、医薬品として無価値のものをも取締り、もって医薬品としての適正をはかることとしているからである。

　なお、「医薬部外品」については法2条2項、「化粧品」については同条3項、「医療用具」については同条4項、同法施行令1条にそれぞれ定められている。

　ヘヤースプレーは、法2条3項の化粧品に当たるとする判例（東高判昭46・11・11東高刑時報22・11・309）がある。

③ 「**製造販売**」とは、製造し（委託して製造させたものも含む）又は輸入した医薬品、医薬部外品、化粧品又は医療機器を流通に置くことである。製造業許可だけでは、製造した医薬品、医薬部外品、化粧品又は医療機器を販売することができない。

② 無許可製造（法84条2号、12条1項）

　被疑者は，医薬品製造の許可を受けていないのに①，別紙一覧表記載のとおり，平成○○年○月○日頃から同○○年○月○日頃までの間，前後○回にわたり，○○市○○区○○町○番○号の自宅において，医薬品である○○○注射液②

1CC入りアンプル○○○本を製造し，もって，無許可で，業として医薬品の製造をしたものである。
③

別紙　一覧表

番号	製造年月日	製造医薬品	数量
1	平成○○年○月○日	○○○○○○○○	○○○

① 主体は医薬品、医薬部外品、化粧品又は医療用具の製造業の許可を受けていない者である。

　許可については法12条以下に定められている。

② 「医薬品」については、[1]注②☞前頁参照。

③ 「業としての医薬品の製造」とは、一般の需要に応ずるため、反復継続して医薬品の原料を変形または精製し、若しくは既製の医薬品を配合するなどの方法により医薬品を製造することをいい、必ずしも化学的変化を伴うことを要しないものと解される（昭46・12・17の前記最決）。

　「製造」には、「小分け」も含まれるが、「小分け」とは、一般の需要に応ずるために、既製の医薬品等をその容器又は皮包から取り出して、当該医薬品等の品質に変化を加えることなく、他の容器又は皮包に分割収納する行為をいうものと解されている（福井地判昭57・5・19判時1066・160、最判昭59・6・19判時1129・152）。

3　医薬品無許可販売（法84条5号、24条1項）

　被疑者は，○○県知事の許可を受けず，かつ，法定の除外事由がないのに，
①
業として，別紙一覧表記載のとおり，平成○○年○月○日頃から同年○月○日頃までの間，前後○回にわたり，○○市○○町○○番○○号所在の自宅店舗において，Aほか○○名に対し，医薬品である○○○○合計約○○○本を代金合
②
計○○○円で販売したものである。
③

別紙　一覧表

番号	販売年月日	販売先	販売医薬品	同上数量	同上価額
1	平成○○年○月○日	A	○○○○	○○○	○○○円

① 主体は、薬局の開設又は医薬品販売業の許可を受けていない者である。

「薬局」の定義は、法2条11項。薬局開設の許可は法4条以下に、医薬品販売業の許可は24条以下に、法定の除外事由は24条1項但書にそれぞれ定められている。

② 「医薬品」については、1注②☞226頁参照。

③ 「業としての医薬品の販売」とは、反復継続して医薬品を不特定又は多数の者に対してなす意思のもとに有償譲渡する行為をいい、必ずしも営利の目的があることを要せず、またその販売の回数多少又は店舗の開設等の有無を問わない（最決昭41・10・27刑集20・8・1027、最決昭48・9・27刑集27・8・1403）。

なお、法24条1項にいう「授与」とは、有償無償を問わず所有権を移転する場合のみならず、売却の依頼等相手方に処分権を付与してこれに交付する行為をいい、反復継続してなされ、あるいは反復継続の意思をもってなされることは必要でなく、1回限りの行為でもよい。

「貯蔵」とは、一般観覧に供することなく、ある場所に継続して存置し所持することをいい、「陳列」とは、不特定又は多数の人の観覧しうべき状態に置くことをいう。

4 販売方法制限違反（法85条1号、37条1項）

被疑者は、○○県知事から医薬品の一般販売業の許可を受け①、○○市○○区○○町○番○号の店舗で医薬品の販売業を営んでいるものであるが、平成○○年○月○日頃、店舗でない同市○○区○○町○番○号の自宅において、Aほか○名に対し、医薬品である○○会社製の○○○○合計○箱（1箱100包入）を代金合計○○○○円で販売し②、もって、店舗による販売以外の方法で医薬品

第2節 薬事法

を販売したものである。

① 主体は、薬局開設者又は店舗販売業者、配置販売業者である。
　「薬局開設者」とは、法4条1項の薬局開設許可を受けた者、「店舗販売業者」とは、薬剤師又は登録販売者が実地に管理する店舗において一般用医薬品（法36条の3参照）を販売し、又は授与する業務を行う者であり、「配置販売業者」は一般用医薬品のうち経年変化が起こりにくいことその他の厚生労働大臣の定める基準に適合するものを、予め消費者に預け、消費者がこれを使用した後でなければ代金請求権が生じないような販売形態で販売する者である。
② 販売方法等は、薬局開設者、店舗売業者に対しては店舗による販売又は授与の方法に、配置販売業者に対しては配置による販売又は授与の方法に限られる。資格にもとづく活動の有無・程度などを総合的に判断して決定するべきである。なお、卸売販売業者には37条の制限はかからない。

5 譲渡手続違反（法86条1項5号、46条1項）

　被疑者は、薬局開設者として○○市○○区○○町○番○号の自宅に薬局を開設し医薬品の販売業を営んでいるものであるが、平成○○年○月○日頃、同店舗において、Aに対し、劇薬である○○○○注射液1CC入り○○本を販売するに際し、同人から、薬品名、数量、使用の目的、譲渡の年月日並びに譲受人の氏名、住所及び職業の記載があり、譲受人の署名又は記名押印のある文書の交付を受けないで、代金合計○○○円で販売したものである。

① 主体は、薬局開設者、医薬品の製造販売業者、製造業者若しくは販売業者である。
② 「毒薬」若しくは「劇薬」とは、毒性若しくは劇性が強いものとして厚生労働大臣より指定された医薬品をいう（法44条1、2項・同法施行規則52条）。毒物及び劇物取締法上の「毒物」及び「劇物」とは異なる。

③　施行規則205条により譲受人の署名又は記名押印が必要とされる。法46条2項により簡便な手続が認められることがある。

第3節　薬剤師法

(調剤)
第19条　薬剤師でない者は、販売又は授与の目的で調剤してはならない。ただし、医師若しくは歯科医師が次に掲げる場合において自己の処方せんにより自ら調剤するとき、又は獣医師が自己の処方せんにより自ら調剤するときは、この限りでない。
　一　患者又は現にその看護に当たつている者が特にその医師又は歯科医師から薬剤の交付を受けることを希望する旨を申し出た場合
　二　医師法（昭和23年法律第201号）第22条各号の場合又は歯科医師法（昭和23年法律第202号）第21条各号の場合
(名称の使用制限)
第20条　薬剤師でなければ、薬剤師又はこれにまぎらわしい名称を用いてはならない。
(処方せんによる調剤)
第23条　薬剤師は、医師、歯科医師又は獣医師の処方せんによらなければ、販売又は授与の目的で調剤してはならない。
2　薬剤師は、処方せんに記載された医薬品につき、その処方せんを交付した医師、歯科医師又は獣医師の同意を得た場合を除くほか、これを変更して調剤してはならない。
(第五章　罰則)
第29条　第19条の規定に違反した者（医師、歯科医師及び獣医師を除く。）は、3年以下の懲役若しくは100万円以下の罰金に処し、又はこれを併科する。
第30条　次の各号のいずれかに該当する者は、1年以下の懲役若しくは50万円以下の罰金に処し、又はこれを併科する。
　　（第一号省略）
　二　第22条、第23条又は第25条の規定に違反した者

第32条　次の各号のいずれかに該当する者は、50万円以下の罰金に処する。
　　　（第一号〜第四号省略）
　　五　第20条の規定に違反した者
　　　（第六号省略）

1　非薬剤師の調剤（法29条、19条）

　被疑者は、薬剤師の免許を受けず①、かつ、法定の除外事由②がないのに、平成〇〇年〇月〇日頃から同月〇日頃までの間、〇〇市〇〇区〇〇町〇番〇号の自宅において、販売の目的をもって③、Aほか〇名の依頼を受け、同人らの持参した医師の処方せんにより〇〇薬と〇〇薬とを配合して〇〇薬を調剤④したものである。

① 主体は、薬剤師でないものである。薬剤師になろうとする者は、厚生労働大臣の免許を受けなければならない（法2条）。免許の要件等については、法3条以下に定められている。
② 「法定の除外事由」については、法19条但書。
③ 販売又は授与の目的を要する。「販売」とは、不特定又は多数人に対する目的をもってする有償的譲渡行為をいう。「授与」とは、所有権の移転のみならず単なる所持の移転も含む。
④ 「調剤」とは、一定の処方に従い、1種以上の薬品を配合し若しくは1種の薬品を使用し特定の分量に従い特定の用法に適合するように、特定人の疾病に対し薬剤を調製することをいう。

　「処方せん」とは、特定人の特定の疾病に対する薬剤による治療の処置方法に関する意見が記載された文章をいう。一般人に対する薬剤を調合する場合は、医薬品の製造であって調剤ではない。

　調剤行為自体を処罰するもので、現実に販売又は授与する必要はない。

2 処方せんによらない調剤（法30条2号、23条1項）

　被疑者は薬剤師であるが①，平成○○年○月○日，自己の経営する○○市○○区○○町○番○号所在の薬局において，販売の目的をもって②，A及びBの求めにより，同人らが疾病の治療薬として服用するものであることを知りながら，いずれも医師の適法な処方せんによることなく③，○○○○粉末○グラム，○○粉末○グラム及び○○○粉末○グラムをそれぞれ配合し，○○○薬として調剤したものである。

① 主体は、薬剤師である。
② 販売又は授与の目的を要する。
③ 処方せんによることを要し、電話による医師等の処方のみによって調剤販売してはならない。しかし、治療上急速を要する場合には、緊急救助行為として違法性を欠き本罪が成立しないこともあり得よう。

3 名称の不正使用（法32条、20条）

　被疑者は①，○○市○○区○○町○番○号において，医薬品の販売業を営んでいるものであるが，薬剤師でないのに，平成○○年○月○日頃から同年○月○日頃までの間，同店舗入口に「薬剤師○○○○」と記載した看板を掲げ，もって薬剤師の名称を使用したものである②。

① 主体は、薬剤師の免許を受けていない者である。
② 薬剤師又はこれに紛らわしい名称を使用することである。薬剤師に紛らわしい名称であるか否かは、一般社会人の社会通念に従い、当該名称が薬剤師と誤認される名称であるかどうかを基準として判断する。例えば「薬剤士」「調剤士」「薬業士」等である。

第4節　あん摩マツサージ指圧師、はり師、きゆう師等に関する法律

第1条　医師以外の者で、あん摩、マツサージ若しくは指圧、はり又はきゆうを業としようとする者は、それぞれ、あん摩マツサージ指圧師免許、はり師免許又はきゆう師免許（以下免許という。）を受けなければならない。

第5条　あん摩マツサージ指圧師は、医師の同意を得た場合の外、脱臼又は骨折の患部に施術をしてはならない。

第7条　あん摩業、マツサージ業、指圧業、はり業若しくはきゆう業又はこれらの施術所に関しては、何人も、いかなる方法によるを問わず、左に掲げる事項以外の事項について、広告をしてはならない。

一　施術者である旨並びに施術者の氏名及び住所
二　第1条に規定する業務の種類
三　施術所の名称、電話番号及び所在の場所を表示する事項
四　施術日又は施術時間
五　その他厚生労働大臣が指定する事項

② 前項第1号乃至第3号に掲げる事項について広告をする場合にも、その内容は、施術者の技能、施術方法又は経歴に関する事項にわたつてはならない。

第12条　何人も、第1条に掲げるものを除く外、医業類似行為を業としてはならない。ただし、柔道整復を業とする場合については、柔道整復師法（昭和45年法律第19号）の定めるところによる。

（第2項省略）

第13条の7　次の各号のいずれかに該当する者は、50万円以下の罰金に処する。

一　第1条の規定に違反して、あん摩、マツサージ若しくは指圧、はり又はきゆうを業とした者

（第二号～第三号省略）

四　第12条の規定に違反した者

(第五号省略)
第13条の8　次の各号のいずれかに該当する者は、30万円以下の罰金に処する。
一　第5条又は第7条（第12条の2第2項において準用する場合を含む。）の規定に違反した者
(第二号〜第八号省略)

1　無免許はり業（法13条の7第1号、1条）

　被疑者は、医師でなく①、かつ、はり師免許を受けていない②のに、別紙一覧表記載のとおり、平成○○年○月○日から同年○月○日までの間、前後○○回にわたり、○○市○○区○○町○番○号の自宅等において、Aほか○名に対し、はりを用いて身体各部に刺激を加えて施術し③、もって、はりを業とした④ものである。

別紙　一覧表

番号	施術年月日	施術場所	被施術者
1	平成○○年○月○日	○○○○○○	○○○○

① 主体は、無免許あん摩マッサージ指圧業については「あん摩マッサージ指圧師」、無免許はり業については「はり師」、無免許きゅう業については「きゅう師」の各免許を受けていない者であって、かつ、医師以外の者である。
② 医師は、人に対して医療の目的のもとに行われるところの社会通念上この目的到達に資すると認められる行為（広義の医行為）を業とすることが許されているから、これに属するあん摩等の施術を行うことができるのである。
③ 「免許」については、法2条以下。
④ 「はり」とは、医療の目的で人の身体の一定の経穴、又は皮膚の一定点に、はりを用いて刺激を加える施術をいう。

「あん摩マッサージ若しくは指圧」とは、医療補助又は慰安の目的をもって、人の身体を摩さつし、押し、ひき、もみ又はたたく等する施術をいう。なお蒸風呂に長時間入浴したのちの受療者の疲れを癒し、かつ、療法を効果的にするため受療者を寝台上に安臥させて手指をもって背骨の両側や手足の急所を抑圧した行為について、あん摩に該当するものとした事例がある（東高判昭35・4・13下刑集2・3～4・361）。あん摩に類似するも、医師でない者が行う時には生理上危険が生ずるおそれがあると認められる療術行為は「**狭義の医行為**」（本章第1節[1]注③☞220頁参照）に入り、これを業とするときは医師法17条違反となる（最判昭30・5・24刑集9・7・1093）。

「きゅう」とは、医療の目的をもって、人の身体の一定の経穴又は皮膚の一定点にもぐさ等の燃焼物質を直接又は間接に接触させ、これを焼いて発生する温熱を身体に作用させる施術をいう。

なお、柔道整復師法に規定する「**柔道整復**」とは、医療又は医療補助の目的をもって柔道実技の知識技能に基づき人の身体の打撲、捻挫、脱臼及び骨折に対しその回復をはかるために行う施術をいう。

⑤　「**業とする**」とは、反復継続の意思をもってあん摩等の施術を行うことをいい、報酬を受けることを目的としていたか否か、実際に報酬を受けたか否かは問わない。

[2]　**医師の同意を得ない脱臼患部の施術**（法13条の8第1号、5条）

> 被疑者は、あん摩マッサージ指圧師免許を受けてあん摩業を営むものであるが、医師の同意を得ないで、①平成○○年○月○日午後○時頃、○○市○○町○○番○○号所在の○○○○方において、同人の右肘関節の脱臼を整復するため、その患部に施術を施したものである。

①　「**医師の同意**」は、個々の患者について診察の上与えられることが必要であり、事前の包括的同意は許されない。しかし、同意は施術者に対して与えられても患者に対して与えられてもよく、また、書面によらず口頭の同意でもよい。

第4節　あん摩マッサージ指圧師、はり師、きゅう師等に関する法律　237

3　広告違反（法13条の8第1号、7条）

> 　被疑者は、きゅう免許を受けてきゅう業を営むものであるが①、その業に関し、平成○○年○月○日頃、○○市○○区○○町○番○号先路上において、通行人Aほか○名に対し、神経痛、胃腸病等の疾病は、きゅうの適応症であり、きゅう施術の技能が優秀である自己の施術を受ければ容易に治癒する旨印刷したビラ約○枚を配付し、もって、法定の事項以外の事項について広告したもの②である。

① 　主体は、「何人も」これをなすことを禁じられていて施術者に限らない。
② 　本罪は、法7条1、2項に掲げる事項以外の事項について広告することによって成立し、適応症の広告も本条に違反する（最判昭36・2・15刑集15・2・347）。

4　医業類似行為（法13条の7第4号、12条）

> 　被疑者は、法定の除外事由がないのに①、平成○○年○月○日頃から同○○年○月○日頃までの間、前後○回にわたり、○○市○○区○○町○番○号の自宅において、神経痛患者Aほか○名に対し、その疾病を治療する目的で、患部に新聞紙を八つ折りしたものをあて、その上を「ほう」の木の丸棒の一端に火を点じたもので押さえて温熱を加える療法を施し、もって、医業類似行為②を業と③したものである。

① 　医師、及び法12条の2に定める改正前の法19条1項によるいわゆる届出医業類似行為を業とする者は除かれる。
② 　「医業類似行為」とは、疾病の治療又は保険の目的でする行為であって医師、歯科医師、あん摩師、はり師、きゅう師柔道整復師等他の法令で正式にその資格を認められた者が、その業務としてする行為でないものをいう（仙台高判昭29・6・29高刑判決特報36・85）。なお、最判昭53・1・27刑集14・1・33が「……医業類

似行為を業とすることを禁止処罰するのも人の健康に害を及ぼすおそれのある業務行為に限局する趣旨と解しなければならない……」としていることに留意すべきである。

　本例は、判例で医業類似行為と認められたものの一つである（名高判昭30・10・17高裁特2・20・1054）。

③　「**業とする**」とは、反復継続の意思をもって医業類似行為を行うことであり、営利の目的の有無を問わない。

第5節　麻薬及び向精神薬取締法・覚せい剤取締法・あへん法・大麻取締法

1　輸　入

＊覚せい剤取締法＊
（輸入及び輸出の禁止）
第13条　何人も、覚せい剤を輸入し、又は輸出してはならない。
（所持の禁止）
（刑罰）
第41条　覚せい剤を、みだりに、本邦若しくは外国に輸入し、本邦若しくは外国から輸出し、又は製造した者（第41条の5第1項第2号に該当する者を除く。）は、1年以上の有期懲役に処する。
2　営利の目的で前項の罪を犯した者は、無期若しくは3年以上の懲役に処し、又は情状により無期若しくは3年以上の懲役及び1000万円以下の罰金に処する。

＊麻薬及び向精神薬取締法＊
（禁止行為）
第12条　ジアセチルモルヒネ、その塩類又はこれらのいずれかを含有する麻薬（以下「ジアセチルモルヒネ等」という。）は、何人も、輸入し、輸出し、製造し、製剤し、小分けし、譲り渡し、譲り受け、交付し、施用し、所持し、又は廃棄してはならない。ただし、麻薬研究施設の設置者が厚生労働大臣の許可を受けて、譲り渡し、譲り受け、又は廃棄する場合及び麻薬研究者が厚生労働大臣の許可を受けて、研究のため、製造し、製剤し、小分けし、施用し、又は所持する場合は、この限りでない。
2　何人も、あへん末を輸入し、又は輸出してはならない。
3　麻薬原料植物は、何人も、栽培してはならない。但し、麻薬研究者が厚生労働大臣の許可を受けて、研究のため栽培する場合は、この限りでない。
4　何人も、第1項の規定により禁止されるジアセチルモルヒネ等の施用を受け

（第七章　罰則）

第64条　ジアセチルモルヒネ等を、みだりに、本邦若しくは外国に輸入し、本邦若しくは外国から輸出し、又は製造した者は、1年以上の有期懲役に処する。

2　営利の目的で前項の罪を犯した者は、無期若しくは3年以上の懲役に処し、又は情状により無期若しくは3年以上の懲役及び1000万円以下の罰金に処する。

3　前2項の未遂罪は、罰する。

あへん法

（輸入及び輸出の禁止）

第6条　何人も、あへんを輸入し、又は輸出してはならない。但し、国の委託を受けた者は、この限りでない。

2　何人も、厚生労働大臣の許可を受けなければ、けしがらを輸入し、又は輸出してはならない。

　　（第3項省略）

（第八章　罰則）

第51条　次の各号の一に該当する者は、1年以上10年以下の懲役に処する。

　一　けしをみだりに栽培した者（第55条第2号に該当する者を除く。）

　二　あへんをみだりに採取した者

　三　あへん又はけしがらを、みだりに、本邦若しくは外国に輸入し、又は本邦若しくは外国から輸出した者

2　営利の目的で前項の罪を犯した者は、1年以上の有期懲役に処し、又は情状により1年以上の有期懲役及び500万円以下の罰金に処する。

3　前2項の未遂罪は、罰する。

大麻取締法

（第一章　総則）

第4条　何人も次に掲げる行為をしてはならない。

　一　大麻を輸入し、又は輸出すること（大麻研究者が、厚生労働大臣の許可を受けて、大麻を輸入し、又は輸出する場合を除く。）。

（第二号〜第四号省略）
　　　（第2項省略）
　　（第六章　罰則）
　第24条　大麻を、みだりに、栽培し、本邦若しくは外国に輸入し、又は本邦若しくは外国から輸出した者は、7年以下の懲役に処する。
　2　営利の目的で前項の罪を犯した者は、10年以下の懲役に処し、又は情状により10年以下の懲役及び300万円以下の罰金に処する。
　3　前2項の未遂罪は、罰する。

1　覚せい剤の輸入（法41条1項1号、13条、営利目的の場合は41条2項）

　　被疑者は，①（営利の目的で，）②みだりに，③平成〇〇年〇月〇日，覚せい剤である塩酸フエニルメチルアミノプロパンを含有する粉末約〇〇グラムを隠匿携帯し，〇〇国〇〇国際空港発〇〇航空〇〇便に搭乗し，同日〇時〇分頃，千葉県成田市三里塚字御料牧場1番地の1所在の新東京国際空港に到着し，機外に降り立って本邦内に持ち込み，もって，覚せい剤を輸入⑤したものである。

2　麻薬及び向精神薬・あへん・大麻の輸入（麻薬及び向精神薬取締法64条1項、12条1項、営利目的の場合は64条2項・あへん法51条1項3号、6条1項、営利目的の場合は51条2項・大麻取締法24条2項、4条1号）

　　被疑者は，⑥（営利の目的で，）⑦みだりに，⑧平成〇〇年〇月〇日，⑨麻薬であるジアセチルモルヒネ塩酸塩を含有する粉末（大麻草・あへん）約〇〇グラムを隠匿携帯し，〇〇国〇〇国際空港発〇〇航空〇〇便に搭乗し，同日〇時〇分ころ，千葉県成田市三里塚字御料牧場1番地の1所在の新東京国際空港に到着して，機外に降り立って本邦内に持ち込み，もって，麻薬（⑩大麻・⑪あへん）を輸入⑫したものである。

①⑥ 「覚せい剤」、「ジアセチルモルヒネ、その塩類又はこれらのいずれかを含有する麻薬（いわゆる「ヘロイン」）及びあへん末」の輸入に関しては何人についても禁止されており、主体に制限はないが、ヘロイン以外の麻薬及び向精神薬、大麻、あへんについては、それぞれの法律によって「除外事由」が定められており、主体に制限がある。

②⑦ 営利目的による場合は、刑が加重される。

「営利の目的」とは、犯人が自ら財産上の利益を得、又は第三者に得させることを動機・目的とする場合をいい、共犯者（自己営利目的者）から受けた恩義に報いるために、専ら同人らに財産上の利益を得させることを動機・目的とした犯行についても、「営利の目的」によるものと認められる（最決昭57・6・28判時1045・774）。また、必ずしも反復継続的なものである必要はなく、1回限りの行為であってもよいし、その目的によって犯行がなされたのであれば、現実に利益が得られたか否かは問わない。

③⑧ 「みだりに」とは、社会通念上正当な理由があると認められないという意味で、平成3年の法改正において、麻薬等の輸出入、製造、譲渡、譲受等の罪につき国外犯も処罰されるようになった結果、それが日本国内であれば、我が国の法律に違反することをいい、国外犯との関係でいえば、その行為が行われた当該外国においてその国の法令に違反する行為であるとともに、当該行為が我が国で行われたとしても我が国の法律に違反すること、すなわち我が国及び当該外国双方において違法性を有し処罰可能であることを意味する。

④⑨⑩⑪ 「覚せい剤」は覚せい剤取締法2条1項に、「麻薬」は麻薬及び向精神薬取締法2条1号に、「大麻」は大麻取締法1条に、「あへん」はあへん法3条2号に、それぞれ規定されている。

⑤⑫ 「輸入」とは、国外から国内に貨物を搬入することであるが、各輸入罪の既遂時期は、それらを船舶から保税地域に陸揚げし、あるいは税関空港に着陸した航空機から覚せい剤等を取り降ろした時点である（最判昭58・9・29判時1092・37、最決昭58・12・21判時1102・29）。ところで、輸入行為は、関税法上の無許可輸入罪（同法109条）と重なり合うところ、無許可輸入罪の既遂時期は、覚

せい剤等を携帯して通関線を突破した時点であり、前記各輸入罪とは異なっているが、それらと無許可輸入罪とは観念的競合の関係にある（各判例）。

2 製　造　等

麻薬及び向精神薬取締法

（禁止行為）
第12条（☞239頁参照）
（製造）
第20条　麻薬製造業者でなければ、麻薬（ジアセチルモルヒネ等を除く。以下この節（第29条の２を除く。）において同じ。）を製造してはならない。ただし、麻薬研究者が研究のため製造する場合は、この限りでない。
　　　　（第２項省略）
（製剤及び小分け）
第22条　麻薬製造業者又は麻薬製剤業者でなければ、麻薬を製剤し、又は小分けしてはならない。ただし、麻薬研究者が研究のため製剤し、又は小分けする場合は、この限りでない。
（第七章　罰則）
第64条（☞240頁参照）
第64条の２　ジアセチルモルヒネ等を、みだりに、製剤し、小分けし、譲り渡し、譲り受け、交付し、又は所持した者は、10年以下の懲役に処する。
２　営利の目的で前項の罪を犯した者は、１年以上の有期懲役に処し、又は情状により１年以上の有期懲役及び500万円以下の罰金に処する。
３　前２項の未遂罪は、罰する。
第65条　次の各号の一に該当する者は、１年以上10年以下の懲役に処する。
　一　ジアセチルモルヒネ等以外の麻薬を、みだりに、本邦若しくは外国に輸入し、本邦若しくは外国から輸出し、又は製造した者（第69条第１号から第３号までに該当する者を除く。）
　二　麻薬原料植物をみだりに栽培した者

2 営利の目的で前項の罪を犯した者は、1年以上の有期懲役に処し、又は情状により1年以上の有期懲役及び500万円以下の罰金に処する。

3 前2項の未遂罪は、罰する。

第66条 ジアセチルモルヒネ等以外の麻薬を、みだりに、製剤し、小分けし、譲り渡し、譲り受け、又は所持した者（第69条第4号若しくは第5号又は第70条第5号に該当する者を除く。）は、7年以下の懲役に処する。

2 営利の目的で前項の罪を犯した者は、1年以上10年以下の懲役に処し、又は情状により1年以上10年以下の懲役及び300万円以下の罰金に処する。

3 前2項の未遂罪は、罰する。

＊覚せい剤取締法＊

（製造の禁止及び制限）

第15条 覚せい剤製造業者がその業務の目的のために製造する場合及び覚せい剤研究者が厚生労働大臣の許可を受けて研究のために製造する場合の外は、何人も、覚せい剤を製造してはならない。

　　　（第2項～第4項省略）

（刑罰）

第41条（☞239頁参照）

1 麻薬の製造（麻薬及び向精神薬取締法64条1項①、12条1項、65条1項、20条、営利目的の場合は64条2項、65条2項）

　被疑者は、（営利の目的で、）みだりに②、平成○○年○月○日頃から同年○月○日頃までの間、○○市○○町○○番○○号所在の自宅において、塩酸モルヒネを原料として麻薬であるジアセチルモルヒネ塩酸塩③○○グラムを製造した④ものである。

① 「製造」とは、化学的合成によって麻薬以外のものから新たに麻薬を作り出すことのほか、麻薬を精製する（麻薬から不純物を取り除いて純粋な麻薬にする）

こと、及び麻薬に化学的変化を加えて麻薬にすることを含む（法2条12号）。
② 麻薬の製造については、法12条1項、20条1項に「法定の除外事由」が定められている。
③ 麻薬のうち、ジアセチルモルヒネ、その塩類又はこれらのいずれかを含有する麻薬（いわゆるヘロイン）とその他の麻薬とでは、適用条項が異なるので注意を要する。
④ 麻薬等を製造した犯人が、その製造にかかる麻薬等を所持する場合、その製造に伴う必然的結果として一時的に所持されるにすぎないものと認められない限り、その所持は製造罪に吸収されず、製造罪とは別個に所持罪が成立し、両罪は併合罪である（最判昭30・1・14）。

2 覚せい剤の製造①（覚せい剤取締法41条1項、15条1項、営利目的の場合は41条2項）

> 被疑者は，（営利の目的で，）みだりに②，平成○○年○月○日頃，○○市○○区○○町○番○号の自宅において，塩酸エフェドリンを原料とし，過塩素酸，氷酢酸等の薬品を用い，覚せい剤であるフエニルメチルアミノプロパン塩酸塩を含有する結晶○○グラム③を製造したものである。

① 「製造」とは、麻薬及び向精神薬取締法にいう製造のほか、化学的変化を加えないで他の覚せい剤にすること（製剤）、及び覚せい剤を分割して容器に納めること（小分け）を含む（麻薬及び向精神薬取締法では、製剤、小分けは、製造とは別個の処罰の対象とされており、同法と覚せい剤取締法で、製造の概念が異なることに注意）が、調剤は除かれる（覚せい剤取締法2条2項）。
② 覚せい剤の製造については、法15条に「法定の除外事由」が定められている。
③ 所持罪との関係については、1の注④☞前記参照。
　覚せい剤原料を製造した後、新たに犯意を生じて覚せい剤を製造した場合、覚せい剤原料製造罪と覚せい剤製造罪が成立し、両者は併合罪である。覚せい剤を製造する目的で、まず他の材料から覚せい剤原料を製造し、ついでこれを加工し

て覚せい剤を製造した場合、覚せい剤製造罪のみが成立する。

3 麻薬の製剤①（麻薬取締法64条の2第1項、12条1項、66条1項、22条、営利目的の場合は64条の2第2項、66条2項）

> 　被疑者は，（営利の目的で，）みだりに②，平成〇〇年〇月〇日頃，〇〇市〇〇区〇〇町〇番〇号の自宅において，ジアセチルモルヒネ及びその塩類を含有する麻薬粉末約〇グラムを蒸留水に溶かして注射液とし，これを1CC入りアンプル〇〇本に詰め，もって麻薬を製剤③したものである。

① 「製剤」とは、麻薬に化学的変化を加えないで他の麻薬にすることをいう（法2条13号）。ただし「調剤」（一定の処方に従い、特定人の特定の疾病に対する薬剤を調製することをいう）は、除かれている。一般通常人が薬品として使用するのにふさわしい効能、形態及び分量を備えた麻薬を作ることで、たとえば粉末に賦形剤を加えて適当な大きさの錠剤にするとか、水に溶かしてアンプルに入れた注射液にするような行為をいう。
② 麻薬の製剤については、法22条に「法定の除外事由」が定められている。
③ 所持罪との関係については、1の注④☞前頁参照。

3 **麻薬・覚せい剤の所持**（麻薬及び向精神薬取締法64条の2第1項、12条1項、66条1項、28条1項、営利目的の場合は64条の2第2項、66条2項・覚せい剤取締法41条の2第1項、14条1項、営利目的の場合は41条の2第2項）

> ＊麻薬及び向精神薬取締法＊
> （禁止行為）
> 第12条（☞239頁参照）
> （所持）
> 第28条　麻薬取扱者、麻薬診療施設の開設者又は麻薬研究施設の設置者でなければ、麻薬を所持してはならない。ただし、次に掲げる場合は、この限りでない。

一　麻薬施用者から施用のため麻薬の交付を受け、又は麻薬小売業者から麻薬処方せんにより調剤された麻薬を譲り受けた者が、その麻薬を所持する場合
二　麻薬施用者から施用のため麻薬の交付を受け、又は麻薬小売業者から麻薬処方せんにより調剤された麻薬を譲り受けた者が死亡した場合において、その相続人又は相続人に代わつて相続財産を管理する者が、現に所有し、又は管理する麻薬を所持するとき。
　　（第2項～第3項省略）
第64条の2　（☞243頁参照）
第66条　（☞244頁参照）

＊覚せい剤取締法＊

（所持の禁止）
第14条　覚せい剤製造業者、覚せい剤施用機関の開設者及び管理者、覚せい剤施用機関において診療に従事する医師、覚せい剤研究者並びに覚せい剤施用機関において診療に従事する医師又は覚せい剤研究者から施用のため交付を受けた者の外は、何人も、覚せい剤を所持してはならない。
2　次の各号のいずれかに該当する場合には、前項の規定は適用しない。
一　覚せい剤製造業者、覚せい剤施用機関の管理者、覚せい剤施用機関において診療に従事する医師又は覚せい剤研究者の業務上の補助者がその業務のために覚せい剤を所持する場合
二　覚せい剤製造業者が覚せい剤施用機関若しくは覚せい剤研究者に覚せい剤を譲り渡し、又は覚せい剤の保管換をする場合において、郵便若しくは民間事業者による信書の送達に関する法律（平成14年法律第99号）第2条第2項に規定する信書便（第24条第5項及び第30条の7第10号において「信書便」という。）又は物の運送の業務に従事する者がその業務を行う必要上覚せい剤を所持する場合
三　覚せい剤施用機関において診療に従事する医師から施用のため交付を受ける者の看護に当る者がその者のために覚せい剤を所持する場合
四　法令に基いてする行為につき覚せい剤を所持する場合

（刑罰）

第41条の2　覚せい剤を、みだりに、所持し、譲り渡し、又は譲り受けた者（第42条第5号に該当する者を除く。）は、10年以下の懲役に処する。

2　営利の目的で前項の罪を犯した者は、1年以上の有期懲役に処し、又は情状により1年以上の有期懲役及び500万円以下の罰金に処する。

3　前2項の未遂罪は、罰する。

被疑者は、（営利の目的で、）①みだりに、②平成○○年○月○日頃、○○市○○町○○番○○号所在の自宅洋服ダンス内において、麻薬であるジアセチルモルヒネの塩酸塩③（覚せい剤であるフエニルメチルアミノプロパン塩酸塩）④の粉末○○グラム⑤を所持⑥したものである。⑦

---

① 「営利目的」については、①の注②⑦ ☞ 242頁参照。

② 「みだりに」については、麻薬等については麻薬取締法12条1項、28条、36条2項、自衛隊法116条に、覚せい剤については覚せい剤取締法14条にそれぞれ「除外事由」が規定されている。

　なお、麻薬取締法には明文の規定はないが、覚せい剤取締法14条2項各号の場合と同様麻薬取扱者、麻薬診療施設の開設者又は麻薬研究施設の設置者の業務上の補助者がその業務のために麻薬を所持する場合等については、違法性がなく所持罪は成立しないであろう。

③ 「麻薬」については、麻薬及び向精神薬取締法2条に規定されている。麻薬のうち、ジアセチルモルヒネ、その塩類又はこれらのいずれかを含有する麻薬（ヘロイン）と、それ以外の麻薬とでは、取り扱い、適用条項を異にするので注意を要する。

④ 「覚せい剤」については、覚せい剤取締法2条1項に規定されている。

⑤ 対象物の特定のために、「結晶」「粉末」等その形状を記載するのが一般であるが、この記載は鑑定結果に基づいてなされるべきである。

⑥ 「所持」とは、麻薬（覚せい剤）であることを知りながら、これを事実上自己の

実力支配内に置く行為をいい、必ずしも麻薬（覚せい剤）を物理的に把持することは必要でなく、その存在を認識してこれを管理し得る状態にあることをもって足りるから、直接所持しなくても、他人に預けて間接に自己の所持を実現していると認められる場合はもちろん、警察署に留置中でも、麻薬（覚せい剤）隠匿の事実を警察官に申告してその引取りを要求しない限り、所持あるものとされる。

また、所持は支配する意思をもって実力支配関係を設定する行為によって開始され、その後その者が常に麻薬（覚せい剤）の所持を意識している必要はなく、忘却していたとしても、客観的に支配関係が消滅しない限り、その所持は依然として継続しているのである。

その他、所持の態様として共同所持が認められることもある。例えば、麻薬（覚せい剤）の所持者甲が乙にその保管を依頼し、乙がこれを承諾して甲から麻薬（覚せい剤）を受け取り、甲のため保管を開始したような場合である。

⑦ 麻薬と覚せい剤を同時に所持した場合は、単一の所持であるから、観念的競合の関係にあると解される。

覚せい剤を麻薬（コカイン）と誤信して所持した場合は、覚せい剤所持罪の故意を欠くので、同罪の成立は認められないが、同罪と麻薬所持罪の構成要件が実質的に重なり合う限度で軽い麻薬所持罪の故意が成立し、同罪が成立する（最決昭61・6・9判時1198・157）。但し、この覚せい剤の没収は覚せい剤取締法によってなされることになる（上記最決）。

営利目的の覚せい剤と非営利目的の覚せい剤を同時に所持していた事例につき、全体として営利目的の一罪が成立するとした判例がある（東京地判昭54・10・22判時957・120、札幌地判昭56・11・26判時1047・168、大阪地裁判昭60・12・5判時1202・144など）。

また、麻薬（覚せい剤）の所持とその譲り受けの関係については、譲り受けに伴う当然の所持は、譲受行為に包括吸収され別に所持罪を構成しない（大阪地判昭56・11・10判時1042・168）が、譲り受け後時間的空間的関係の推移変動により、取引上その所持が別個独立の行為として観察されるようになれば、もはやこれが譲受行為に包括されるものということはできず、別個独立に所持罪を構成

する（最決昭31・1・12刑集10・1・43、大阪地判昭56・2・10判時1042・168）。

　譲渡・交付の場合も同様であって、譲渡に当然に伴う握持は、譲渡に吸収されるが、それ以前の所持と譲渡、売買の仲介（譲渡幇助）とその所持は併合罪、譲渡と譲渡後の残りの麻薬等の所持も併合罪である。

　また、麻薬（覚せい剤）の所持とその施用あるいは使用とは、併合罪の関係にある。なお、製造と所持の関係については、本節②の2注③☞245頁参照。

④　麻薬・覚せい剤の譲渡・譲受（麻薬及び向精神薬取締法64条の2第1項、12条1項、66条1項、24条1項、26条1項、営利目的の場合は64条の2第2項、66条2項・覚せい剤取締法41条の2第1項、17条、営利目的の場合は41条の2第2項）

＊麻薬及び向精神薬取締法＊
（禁止行為）
第12条（☞239頁参照）
（譲渡し）
第24条　麻薬営業者でなければ、麻薬を譲り渡してはならない。ただし、次に掲げる場合は、この限りでない。
　一　麻薬診療施設の開設者が、施用のため交付される麻薬を譲り渡す場合
　　（第二号〜第三号省略）
　　（第2項〜第11項省略）
（譲受）
第26条　麻薬営業者、麻薬診療施設の開設者又は麻薬研究施設の設置者でなければ、麻薬を譲り受けてはならない。但し、左に掲げる場合は、この限りでない。
　一　麻薬施用者から交付される麻薬を麻薬診療施設の開設者から譲り受ける場合
　二　麻薬処方せんの交付を受けた者が、その処方せんにより調剤された麻薬を麻薬小売業者から譲り受ける場合
　　（第2項〜第3項省略）

（第七章　罰則）
　　第64条の2（☞243頁参照）
　　第66条（☞244頁参照）
　＊覚せい剤取締法＊
　　（譲渡及び譲受の制限及び禁止）
　　第17条　覚せい剤製造業者は、その製造した覚せい剤を覚せい剤施用機関及び覚せい剤研究者以外の者に譲り渡してはならない。
　　　　（第2項〜第5項省略）
　　（刑罰）
　　第41条の2（☞248頁参照）

> 第1　被疑者甲は、（営利の目的で、）①みだりに、②平成○○年○月○日頃、○○市○○町○○番○○号所在の旅館○○において、乙に対し、麻薬であるジアセチルモルヒネの塩酸塩（別名ヘロイン）③の粉末（覚せい剤であるフエニルメチルアミノプロパン塩酸塩の結晶）④約○○グラムを代金○○円（あるいは無償）で譲り渡し⑤
> 第2　被疑者乙は、（営利の目的で、）みだりに⑥、前記日時、場所において、前記被疑者甲から前記麻薬（覚せい剤）○○グラムを代金○○円（あるいは無償）で譲り受け⑦
> たものである。⑧⑨

① 「営利目的」については、1の注②⑦☞242頁参照。
②⑥ 「みだりに」については、麻薬については麻薬及び向精神薬取締法12条1項、24条、26条、36条2項、自衛隊法116条に、覚せい剤については覚せい剤取締法17条にそれぞれ「除外事由」が規定されている。
③ 「麻薬」については、3の注③☞248頁参照。ジアセチルモルヒネ等（ヘロイン）以外の麻薬については、交付が処罰されないことに留意する必要がある。
　　また、向精神薬については、譲受行為が処罰の対象となっていないことに留意

する必要がある。

④　「覚せい剤」については、覚せい剤取締法2条1項に規定されている。

⑤⑦　「譲り渡し」「譲り受け」とは、売買、贈与、交換等によって所有権を移転して物の所持を移転し、あるいはその所持の移転を受ける場合に限らず、売却のあっ旋を依頼するなど何らかの処分権を与えて物の所持を移転し、あるいは移転を受ける場合を含むが、処分権の移転を伴わない所持の移転という意味での交付（例えば、貸与、寄託）は処罰されないと解すべきである（大阪高判昭40・2・11高検速報40・3）。

本法における「譲り渡し」「譲り受け」には、事実上又は法律上の所持の移転（すなわち現実の引渡に限らず、占有改定、簡易の引渡、指図による占有移転《民法182条2項、183条、184条参照》を含む）が必要である。

なお、麻薬及び向精神薬取締法は、ヘロインについては処分権の移転を伴わない所持の移転、例えば、貸与、寄託等をとくに「交付」として処罰の対象としている（同法12条1項）。ただし、交付を受ける行為は処罰の対象としていないことに注意を要するが、交付を受けた者には所持罪が成立することになろう。

⑧　未遂罪を罰する（麻薬及び向精神薬取締法66条3項、覚せい剤取締法41条の2第3項）。

譲渡罪の実行の着手は、所有権の移転又は処分権の付与に伴う所持の移転に密接した準備行為を開始したときにあると解する。したがって、麻薬（覚せい剤）譲渡の申込を受けてこれを承諾し、その代金を受領し、麻薬（覚せい剤）を引き渡すため現物を隠してある場所に取りに出かけたときは、譲渡罪の実行に着手したものといえる。単なる債権契約に止まるときには、未だ実行に着手したものとはいえないであろう。

⑨　「譲り受け」と「譲り渡し」は、通常手段、結果の関係があるとはいえないので、別罪を構成し、併合罪の関係に立つ（東高判昭56・9・9速報2539）。

営利の目的で譲り受け、これを譲り渡した場合にも併合罪である（最判昭54・12・14刑集33・7・859）。

「譲り受け」と「その使用」については、併合罪とした判例（麻薬の譲り受け

とその自己施用につき、最決昭42・6・23裁判集163・705）と譲り受けが使用に包括、吸収されるとした判例（覚せい剤の譲り受けとその自己使用につき、新潟地判昭60・8・12判時1171・147）とがある。

　その他、「譲り渡し」は、「製造」に当然随伴する行為とは認められないので別罪、「譲り受け」と「所持」の関係は3の注⑦☞249頁参照。

　麻薬特例法8条は、規制薬物等の輸入、輸出、製造、製剤、小分け、譲渡、譲受等の行為を業としたことを構成要件として加重処罰するものであるから、同法の罪が成立する場合は、いわゆる薬物四法の譲渡、譲受は成立しない。

5　覚せい剤として譲渡（国際的な協力の下に規制薬物に係る不正行為を助長する行為等の防止を図るための麻薬及び向精神薬取締法等の特例等に関する法律8条2項）

＊国際的な協力の下に規制薬物に係る不正行為を助長する行為等の防止を図るための麻薬及び向精神薬取締法等の特例等に関する法律＊

（規制薬物としての物品の輸入等）

第8条　薬物犯罪（規制薬物の輸入又は輸出に係るものに限る。）を犯す意思をもって、規制薬物として交付を受け、又は取得した薬物その他の物品を輸入し、又は輸出した者は、3年以下の懲役又は50万円以下の罰金に処する。

2　薬物犯罪（規制薬物の譲渡し、譲受け又は所持に係るものに限る。）を犯す意思をもって、薬物その他の物品を規制薬物として譲り渡し、若しくは譲り受け、又は規制薬物として交付を受け、若しくは取得した薬物その他の物品を所持した者は、2年以下の懲役又は30万円以下の罰金に処する。

　被疑者は、覚せい剤をみだりに譲り渡す意思をもって、平成○○年○月○日頃、○○県○○市○○町○番○号○○において、○○に対し、覚せい剤様○もの約○○グラムを覚せい剤として譲り渡したものである。

①　規制薬物を譲渡する意思をもって、規制薬物として譲渡することによって犯罪

が成立する。譲渡したものが実際に規制薬物であることを要しない。

6 **麻薬の施用・覚せい剤の使用**（麻薬及び向精神薬取締法64条の3第1項、12条1項2項、66条の2第1項、27条1項3項4項5項、営利目的の場合は64条の3第2項、66条の2第2項・覚せい剤取締法41条の3第1項1号、19条、営利目的の場合は41条の3第2項）

＊麻薬及び向精神薬取締法＊

（禁止行為）

第12条　（☞239頁参照）

（施用、施用のための交付及び麻薬処方せん）

第27条　麻薬施用者でなければ、麻薬を施用し、若しくは施用のため交付し、又は麻薬を記載した処方せんを交付してはならない。但し、左に掲げる場合は、この限りでない。

　一　麻薬研究者が、研究のため施用する場合

　二　麻薬施用者から施用のため麻薬の交付を受けた者が、その麻薬を施用する場合

　三　麻薬小売業者から麻薬処方せんにより調剤された麻薬を譲り受けた者が、その麻薬を施用する場合

2　前項ただし書の規定は、麻薬施用者から交付された麻薬又は麻薬処方せんが第3項又は第4項の規定に違反して交付されたものであるときは、適用しない。

3　麻薬施用者は、疾病の治療以外の目的で、麻薬を施用し、若しくは施用のため交付し、又は麻薬を記載した処方せんを交付してはならない。ただし、精神保健指定医が、第58条の6第1項の規定による診察を行うため、N—アリルノルモルヒネ、その塩類及びこれらを含有する麻薬その他政令で定める麻薬を施用するときは、この限りでない。

4　麻薬施用者は、前項の規定にかかわらず、麻薬又はあへんの中毒者の中毒症状を緩和するため、その他その中毒の治療の目的で、麻薬を施用し、若しくは施用のため交付し、又は麻薬を記載した処方せんを交付してはならない。ただし、第58

条の8第1項の規定に基づく厚生労働省令で定める病院において診療に従事する麻薬施用者が、同条の規定により当該病院に入院している者について、六―ジメチルアミノ―四・四―ジフェニル―三―ヘプタノン、その塩類及びこれらを含有する麻薬その他政令で定める麻薬を施用するときは、この限りでない。
5 何人も、第1項、第3項又は第4項の規定により禁止される麻薬の施用を受けてはならない。
　　（第6項省略）
（第七章　罰則）
第64条の3　第12条第1項又は第4項の規定に違反して、ジアセチルモルヒネ等を施用し、廃棄し、又はその施用を受けた者は、10年以下の懲役に処する。
2　営利の目的で前項の違反行為をした者は、1年以上の有期懲役に処し、又は情状により1年以上の有期懲役及び500万円以下の罰金に処する。
3　前2項の未遂罪は、罰する。
第66条の2　第27条第1項又は第3項から第5項までの規定に違反した者は、7年以下の懲役に処する。
2　営利の目的で前項の違反行為をした者は、1年以上10年以下の懲役に処し、又は情状により1年以上10年以下の懲役及び300万円以下の罰金に処する。
3　前2項の未遂罪は、罰する。

＊覚せい剤取締法＊

（使用の禁止）
第19条　左の各号に掲げる場合の外は、何人も、覚せい剤を使用してはならない。
　一　覚せい剤製造業者が製造のため使用する場合
　二　覚せい剤施用機関において診療に従事する医師又は覚せい剤研究者が施用する場合
　三　覚せい剤研究者が研究のため使用する場合
　四　覚せい剤施用機関において診療に従事する医師又は覚せい剤研究者から施用のため交付を受けた者が施用する場合
　五　法令に基いてする行為につき使用する場合

（刑罰）
第41条の3　次の各号の一に該当する者は、10年以下の懲役に処する。
　一　第19条（使用の禁止）の規定に違反した者
　　（第二号〜第四号省略）
2　営利の目的で前項の違反行為をした者は、1年以上の有期懲役に処し、又は情状により1年以上の有期懲役及び500万円以下の罰金に処する。
3　前2項の未遂罪は、罰する。

> 　被疑者は，法定の除外事由①がないのに，（営利の目的で，）②平成〇〇年〇月〇日頃，〇〇市〇〇町〇〇番〇〇号所在の自宅において，麻薬である塩酸ジアセチルモルヒネ③（フエニルメチルアミノプロパンの塩類を含有する覚せい剤④）の水溶液約1CCを自己の左腕部に注射し，もって麻薬（覚せい剤）を施用⑤（使用⑥）したもの⑦⑧⑨である。

① 「法定の除外事由」は、麻薬については麻薬取締法12条1項但書、27条に、覚せい剤については覚せい剤取締法19条にそれぞれ規定されている。
② 「営利目的」については、①の注②⑦☞242頁参照。
③ 「麻薬」については、③の注③☞248頁参照。
④ 「覚せい剤」については、覚せい剤取締法2条1項に規定されている。
⑤⑥　麻薬の「施用」とは、麻薬を注射・経口等の方法により、自己又は他人の身体あるいは家畜に用いることをいう。自己自身に使用することも、他人に注射してやるなどして使用することも「施用」にあたるが、他人から注射してもらう場合は「受施用」（麻薬取締法12条4項、27条5項）にあたり、「施用」ではない。
　覚せい剤の「使用」とは、覚せい剤をその用法にしたがって用いる一切の行為をいい、自己又は他人の身体への使用はもちろん、家畜への使用や、研究、薬品製造のための使用もこれに含まれる。競争能力を高めるため競走馬に注射する行為（最決昭55・9・11刑集34・5・255）、自己の亀頭、尿道口などに塗布する行為（新潟地判昭55・12・23判時1015・145）なども、「使用」にあたる。また、

前記「施用」と異なり、他人に注射してもらうような場合も「使用」に含まれる。したがって、「使用」は「施用」よりも広い概念であり、「施用」は「使用」の一態様であるともいえるが、麻薬取締法においては適法な麻薬の使用を意味する用語として「使用」が用いられているのに対して、覚せい剤取締法においては適法な覚せい剤の使用を意味する用語として「施用」が用いられているなど、前記2法において、「施用」と「使用」の用いられ方が全く異なるので、注意を要する。

⑦ 未遂を罰する（麻薬及び向精神薬取締法66条3項、覚せい剤取締法41条の3第3項）。

使用のためであっても、麻薬、覚せい剤や注射器を購入しただけでは予備にとどまるが、麻薬覚せい剤を注射器に入れ、これを注射すべき身体の部位に近づければ実行に着手したものとみてよいであろう。

⑧ 「所持」と「その使用」の関係については③の注⑦☞249頁参照、「譲り受け」と「その使用」の関係については④の注⑨☞252頁参照。

⑨ 犯行の日時、場所の特定については、施用又は使用に関しては、専ら被疑者の供述に拠る場合が多く、したがって、被疑者の供述が曖昧な場合や否認している場合は、その特定は困難とならざるを得ない。

そのような場合は、実務上

「平成〇〇年〇月中旬頃から同月下旬頃までの間、東京都内又はその周辺において覚せい剤若干量を自己の身体に摂取し、覚せい剤を使用した。」

程度の記載で、鑑定により検出された覚せい剤を使用した事実の特定として処理されており、判例もこれを支持している（最決昭56・4・25刑集35・3・116）。

7 けし・大麻の栽培（あへん法51条1項1号、4条・大麻取締法24条1号、3条1項）

＊あへん法＊

（けしの栽培の禁止）

第4条　けし栽培者でなければ、けしを栽培してはならない。

（第八章　罰則）
第51条（☞240頁参照）
＊大麻取締法＊
第3条　大麻取扱者でなければ大麻を所持し、栽培し、譲り受け、譲り渡し、又は研究のため使用してはならない。
　　（第2項省略）
第24条（☞241頁参照）

被疑者は、みだりに①、平成○○年○月中旬頃から同年○月○日頃までの間、○○市○○区○○町○番○号の自己所有の畑において、けし（大麻）を約○本栽培②したものである。

① 主体は、「けし栽培者（大麻取扱者）」以外のものである。「けし栽培者（大麻取扱者）」は、あへん法3条4ないし7号（大麻取締法2条）に規定されている。
② 「栽培」とは、播種(はしゅ)から収穫までの育成行為をいうが、播種がなされた時点で既遂に達し、播種がなされた後けしが生育している間は犯罪が継続し、これを刈り取るなどの行為によりその生育を終了させた時点で犯罪は終了する。
　なお、「けしの種を畑に播いて、これを発芽生育させた以上、その後においてあへんを採取することなく、けしを引き抜いたとしても、既遂をもって処断するべきものである。」（最決昭33・6・17刑集12・10・2129）とする判例がある。
　栽培の目的は問わない。たとえ観賞用又は食用として栽培したとしても本罪が成立する。

8　あへん採取（あへん法51条1項、5条）

＊あへん法＊
（あへんの採取の禁止）
第5条　けし耕作者又は甲種研究栽培者でなければ、あへんを採取してはならない。
　（第八章　罰則）

第51条（☞240頁参照）

　被疑者は，みだりに，平成○○年○月○日，○○市○○区○○町○番○号の自宅付近の畑において，自然生育していたけしの未成熟実に傷をつけ，これからあへん約○グラムを採取したものである。

① 主体は、けし耕作者（法3条5号）、甲種研究栽培者（法3条6号）以外の者である。
② 「採取」とは、けしがらからあへんを抽出するすべての行為をいう。けしがらからあへんを採取するには、通常成熟したけしの子房に傷をつけて分泌液がやや凝固したときに、これをかきとるのであるが、けしに傷をつけたことにより犯罪の着手となり、けしがらとあへんの分離をもって既遂になると解せられる。

第6節　毒物及び劇物取締法

（禁止規定）
第3条　毒物又は劇物の製造業の登録を受けた者でなければ、毒物又は劇物を販売又は授与の目的で製造してはならない。
2　毒物又は劇物の輸入業の登録を受けた者でなければ、毒物又は劇物を販売又は授与の目的で輸入してはならない。
3　毒物又は劇物の販売業の登録を受けた者でなければ、毒物又は劇物を販売し、授与し、又は販売若しくは授与の目的で貯蔵し、運搬し、若しくは陳列してはならない。但し、毒物又は劇物の製造業者又は輸入業者が、その製造し、又は輸入した毒物又は劇物を、他の毒物又は劇物の製造業者、輸入業者又は販売業者（以下「毒物劇物営業者」という。）に販売し、授与し、又はこれらの目的で貯蔵し、運搬し、若しくは陳列するときは、この限りでない。
第3条の3　興奮、幻覚又は麻酔の作用を有する毒物又は劇物（これらを含有する物を含む。）であつて政令で定めるものは、みだりに摂取し、若しくは吸入し、又はこれらの目的で所持してはならない。

（毒物又は劇物の取扱）
第11条　毒物劇物営業者及び特定毒物研究者は、毒物又は劇物が盗難にあい、又は紛失することを防ぐのに必要な措置を講じなければならない。
2　毒物劇物営業者及び特定毒物研究者は、毒物若しくは劇物又は毒物若しくは劇物を含有する物であつて政令で定めるものがその製造所、営業所若しくは店舗又は研究所の外に飛散し、漏れ、流れ出、若しくはしみ出、又はこれらの施設の地下にしみ込むことを防ぐのに必要な措置を講じなければならない。

　　　（第3項〜第4項省略）

（毒物又は劇物の交付の制限等）
第15条　毒物劇物営業者は、毒物又は劇物を次に掲げる者に交付してはならない。
　一　18歳未満の者

二　心身の障害により毒物又は劇物による保健衛生上の危害の防止の措置を適正に行うことができない者として厚生労働省令で定めるもの
三　麻薬、大麻、あへん又は覚せい剤の中毒者
　　（第2項～第4項省略）
（廃棄）
第15条の2　毒物若しくは劇物又は第11条第2項に規定する政令で定める物は、廃棄の方法について政令で定める技術上の基準に従わなければ、廃棄してはならない。
（罰則）
第24条　次の各号のいずれかに該当する者は、3年以下の懲役若しくは200万円以下の罰金に処し、又はこれを併科する。
　一　第3条、第3条の2、第4条の3又は第9条の規定に違反した者
　　（第二号省略）
　三　第13条、第13条の2又は第15条第1項の規定に違反した者
　　（第四号省略）
　五　第15条の2の規定に違反した者
　　（第六号省略）
第24条の2　次の各号のいずれかに該当する者は、2年以下の懲役若しくは100万円以下の罰金に処し、又はこれを併科する。
　一　みだりに摂取し、若しくは吸入し、又はこれらの目的で所持することの情を知つて第3条の3に規定する政令で定める物を販売し、又は授与した者
　　（第二号～第三号省略）
第24条の3　第3条の3の規定に違反した者は、1年以下の懲役若しくは50万円以下の罰金に処し、又はこれを併科する。
第26条　法人の代表者又は法人若しくは人の代理人、使用人その他の従業者が、その法人又は人の業務に関して、第24条、第24条の2、第24条の4又は前条の違反行為をしたときは、行為者を罰する外、その法人又は人に対しても、各本条の罰金を科する。但し、法人又は人の代理人、使用人その他の従業者の当該

違反行為を防止するため、その業務について相当の注意及び監督が尽されたことの証明があつたときは、その法人又は人については、この限りでない。
＊毒物及び劇物取締法施行令＊
（興奮、幻覚又は麻酔の作用を有する物）
第32条の2　法第3条の3に規定する政令で定める物は、トルエン並びに酢酸エチル、トルエン又はメタノールを含有するシンナー（塗料の粘度を減少させるために使用される有機溶剤をいう。）、接着剤、塗料及び閉そく用又はシーリング用の充てん料とする。
（毒物又は劇物を含有する物）
第38条　法第11条第2項に規定する政令で定める物は、次のとおりとする。
　一　無機シアン化合物たる毒物を含有する液体状の物（シアン含有量が1リットルにつき1ミリグラム以下のものを除く。）
　　　（第二号省略）
2　前項の数値は、厚生労働省令で定める方法により定量した場合における数値とする。
（廃棄の方法）
第40条　法第15条の2の規定により、毒物若しくは劇物又は法第11条第2項に規定する政令で定める物の廃棄の方法に関する技術上の基準を次のように定める。
　　　（第一号～第四号省略）

1　無登録販売（法24条1号、3条3項）

　被疑者は、毒物又は劇物の販売業の登録を受けておらず①、かつ、法定の除外事由がないのに②、平成○○年○月○日頃、○○市○○区○○町○番○号の自宅において、Aに対し、毒物である農薬「○○○○」○リットル入り瓶○本を代金合計○○○○円で販売したものである③。

① 「毒物」とは、同法の別表第1の1号ないし27号に掲げる物及びこれらの物を

含有する製剤その他の毒性を有する物のうち別表第1の28号の規定に基づいて毒物及び劇物指定令第1条により毒物に指定されたものであって、医薬品及び医薬部外品以外のものをいう（法2条1項）。

　「劇物」とは、同法別表第2の1号ないし93号に掲げられた物及びこれらの物を含有する製剤その他の劇性を有する物のうち、別表第2の94号の規定に基づいて、同指定令2条により劇物に指定された物であって、医薬品及び医薬部外品以外のものをいう（法2条2項）。

② 　毒物又は劇物の販売業の登録については法4条以下に、「法定の除外事由」については3条3項但書に規定されている。

③ 　「販売」とは、対価を得て所有権を他人に移すことであり、「授与」とは、無償で所有権を他人に移すことである。法3条3項によって禁止される「販売又は授与」とは、業としての販売又は授与に限られる（東高判昭56・11・30高刑集34・4・397）。

2　劇物吸入（法24条の3、3条の3・同法施行令32条の2）

> 　被疑者は，みだりに，平成〇〇年〇月〇日，〇〇市〇〇町〇〇番〇〇号付近の路上において，興奮，幻覚又は麻酔の作用を有する劇物であって，政令で定めるトルエンを含有するシンナーを所携のビニール袋に入れて吸入したものである。

① 「みだりに」とは、違法性を示す表現であり、社会通念上正当であると認められない場合をいう。
② 　法3条の3により規制の対象となる薬物は
　　(1)　興奮、幻覚又は麻酔の作用を有するものであること
　　(2)　毒物及び劇物取締法上の「毒物」又は「劇物」であること
　　(3)　政令で定めるものであること
が要件である。

　「興奮、幻覚又は麻酔の作用を有するもの」とは、摂取又は吸入により、人体

に対して興奮、幻覚又は麻酔のいずれかの薬理作用を起こす性質を有するものをいう。

　また、政令で定めるものとして毒物及び劇物取締法施行令は、その32条の2で「トルエン並びに酢酸エチル、トルエン又はメタノールを含有するシンナー（塗料の粘度を減少させるために使用される有機溶剤をいう）、接着剤、塗料及び閉そく用又はシーリング用充てん料とする」と定めている。

③　「吸入」とは、主として口、鼻から吸い込むといった方法で体内の呼吸器系統の器官にとり込むことである。

　なお、「摂取」とは、主として口から食べるとか飲み込むとかいった方法で体内の胃、腸その他の消化器系統の器官にとり込むことである。

③　18歳未満の者に劇物を交付（法24条3号、15条1項1号）

> 　被疑者は，〇〇市〇〇区〇〇町〇番〇号において，毒物又は劇物の販売業を営んでいるものであるが，平成〇〇年〇月〇日午後〇時頃，同店舗において，A（平成〇〇年〇月〇日生）が満18歳に満たない者であることを知りながら，同人に対し，劇物である硝酸①約30グラムを売り渡して交付②したものである。

①　硝酸は、別表第2の51号により劇物とされている。

②　「交付」とは、所有権の移転の有無を問わずこれらの劇物の所持を移転することをいう。販売や授与については、法14条等で手続きが定められているが、更にこのほか、実際に手渡すことができる相手を制限して、不安心な者の手に渡ることによって生ずる不測の危険を避けようとするものである。したがって、例えば工場の工員が適法の書面（法14条2項）をもって使いにきたとしても、その工員が18歳未満の時は、その者に毒物や劇物を交付してはならない。

④　シンナー吸入を知りながらこれを販売（法24条の2第1号）

> 　被疑者は，平成〇〇年〇月〇日午後〇時頃，〇〇市〇〇区〇〇町〇番〇号の自宅において，Aがみだりに吸入①することの情を知りながら②，興奮，幻覚又は③

麻酔の作用を有する劇物であって，政令で定めるトルエンを含有するシンナー④約○○リットルを代金○○○円で販売したものである。

① 「みだりに」については，②の注①☞263頁参照。
② 「吸入」については，②の注③☞前頁参照。
③ 相手方がシンナー又は接着剤をみだりに摂取し，若しくは吸入し，又は摂取し，吸入する目的で所持するものであるということの認識を有することを要する。確定的な認識であることを要せず，未必的認識で足りる。
④ この「毒物又は劇物」については，②の注②☞263頁参照。

⑤ **無機シアン化合物の放流**（法24条5号①，26条，15条の2・同法施行令38条1項1号，40条1号）

被疑会社株式会社甲は，○○市○○区○○町○番○号に工場を設け，電気亜鉛メッキ業を営むもの，被疑者乙は，被疑会社の専務取締役で同会社の業務全般を統括しているものであるが，電気メッキ作業過程において作出される無機③シアン化合物たる毒物を含有する廃水を廃棄するに際しては，中和，加水分解，酸化，還元，稀釈その他の方法により，廃水中のシアン含有量を1リットルにつき1ミリグラム以下にしなければならないのに，被疑者乙は，被疑会社④の業務に関し，別表記載のとおり，平成○○年○月○日頃から同年○月○日頃までの間○回にわたり，前同所において，シアン含有量が1リットルにつき1ミリグラムを超える廃水を同工場外の下水を経て○○区公共溝渠内に放流して廃棄したものである。⑤

別紙　一覧表

番号	排　水　年　月　日	排水のシアン含有量 （1リットル中）
1	平成○○年○月○日	○○○○○○

① 本例は、両罰規定が適用される場合のものである。
② 法15条の2は、およそ毒物、劇物を廃棄する者にはすべて適用される。
③ 法11条2項に規定する政令で定める物は、無機シアン化合物たる毒物を有する液体状の物（シアン含有量が1リットルにつき、1ミリグラム以下のものを除く）、塩化水素、硝酸若しくは硫酸又は水酸化カリウム若しくは水酸化ナトリウムを含有する液体状のもの（水で10倍に稀釈した場合の水素イオン濃度が水素指数2.0から12.0までのものを除く）とされている（毒物及び劇物取締法施行令38条）。
④ 廃棄の方法は、同施行令40条で、3種の態様の廃棄方法とそのいずれにもより難い場合の廃棄方法を定めている。
⑤ 法15条の2は、故意犯のみを処罰しうるものであって過失犯を対象とするものではない。過失による流出廃棄があった場合には、法16条の2による「**事故の際の措置**」の適否について毒物劇物営業者及び特定毒物研究者の責任を追及しうるにとどまる。

　この法律違反については、水質汚濁防止法における排出水規制の要件（特定施設の排水口から公共用水域への排出）がないから、違反罪の成立する範囲はかなり広く、公共用水域への排出等は要件となっていない。

　シアンを含む排出水が、水質汚濁防止法所定の特定施設を設置する工場の排水口から公共用水域に排出された場合には、水質汚濁防止法違反（第6章第3節☞157頁参照）と本法違反の両罪が成立することがあるが、シアン含有量の測定方法が両者異なるので、各法規にそれぞれ適合した検出方法によらなければならない（本法の場合のシアン含有量の測定方法は、「**毒物又は劇物を含有する物の定量方法を定める省令**」によって定められている）。

第 7 節　食品衛生法

(第二章　食品及び添加物)
第 6 条　次に掲げる食品又は添加物は、これを販売し（不特定又は多数の者に授与する販売以外の場合を含む。以下同じ。）、又は販売の用に供するために、採取し、製造し、輸入し、加工し、使用し、調理し、貯蔵し、若しくは陳列してはならない。

一　腐敗し、若しくは変敗したもの又は未熟であるもの。ただし、一般に人の健康を損なうおそれがなく飲食に適すると認められているものは、この限りでない。

　（第二号～第四号省略）

第 9 条　第 1 号若しくは第 3 号に掲げる疾病にかかり、若しくはその疑いがあり、第 1 号若しくは第 3 号に掲げる異常があり、又はへい死した獣畜（と畜場法（昭和28年法律第114号）第 3 条第 1 項 に規定する獣畜及び厚生労働省令で定めるその他の物をいう。以下同じ。）の肉、骨、乳、臓器及び血液又は第 2 号若しくは第 3 号に掲げる疾病にかかり、若しくはその疑いがあり、第 2 号若しくは第 3 号に掲げる異常があり、又はへい死した家きん（食鳥処理の事業の規制及び食鳥検査に関する法律 （平成 2 年法律第70号）第 2 条第 1 号 に規定する食鳥及び厚生労働省令で定めるその他の物をいう。以下同じ。）の肉、骨及び臓器は、厚生労働省令で定める場合を除き、これを食品として販売し、又は食品として販売の用に供するために、採取し、加工し、使用し、調理し、貯蔵し、若しくは陳列してはならない。ただし、へい死した獣畜又は家きんの肉、骨及び臓器であつて、当該職員が、人の健康を損なうおそれがなく飲食に適すると認めたものは、この限りでない。

一　と畜場法第14条第 6 項 各号に掲げる疾病又は異常
二　食鳥処理の事業の規制及び食鳥検査に関する法律第15条第 4 項各号に掲げる疾病又は異常

三　前2号に掲げる疾病又は異常以外の疾病又は異常であつて厚生労働省令で定めるもの

　（第2項省略）

第10条　人の健康を損なうおそれのない場合として厚生労働大臣が薬事・食品衛生審議会の意見を聴いて定める場合を除いては、添加物（天然香料及び一般に食品として飲食に供されている物であつて添加物として使用されるものを除く。）並びにこれを含む製剤及び食品は、これを販売し、又は販売の用に供するために、製造し、輸入し、加工し、使用し、貯蔵し、若しくは陳列してはならない。

第11条　厚生労働大臣は、公衆衛生の見地から、薬事・食品衛生審議会の意見を聴いて、販売の用に供する食品若しくは添加物の製造、加工、使用、調理若しくは保存の方法につき基準を定め、又は販売の用に供する食品若しくは添加物の成分につき規格を定めることができる。

②　前項の規定により基準又は規格が定められたときは、その基準に合わない方法により食品若しくは添加物を製造し、加工し、使用し、調理し、若しくは保存し、その基準に合わない方法による食品若しくは添加物を販売し、若しくは輸入し、又はその規格に合わない食品若しくは添加物を製造し、輸入し、加工し、使用し、調理し、保存し、若しくは販売してはならない。

　（第3項省略）

（第九章　営業）

第51条　都道府県は、飲食店営業その他公衆衛生に与える影響が著しい営業（食鳥処理の事業の規制及び食鳥検査に関する法律第2条第5号に規定する食鳥処理の事業を除く。）であつて、政令で定めるものの施設につき、条例で、業種別に、公衆衛生の見地から必要な基準を定めなければならない。

第52条　前条に規定する営業を営もうとする者は、厚生労働省令で定めるところにより、都道府県知事の許可を受けなければならない。

　（第2項〜第3項省略）

（第十一章　罰則）

第7節　食品衛生法　269

第71条　次の各号のいずれかに該当する者は、これを3年以下の懲役又は300万円以下の罰金に処する。
一　第6条（第62条第1項及び第2項において準用する場合を含む。）、第9条第1項又は第10条（第62条第1項において準用する場合を含む。）の規定に違反した者
（第2項省略）
第72条　第11条第2項（第62条第1項及び第2項において準用する場合を含む。）若しくは第3項、第16条（第62条第1項及び第3項において準用する場合を含む。）、第19条第2項（第62条第1項において準用する場合を含む。）、第20条（第62条第1項において準用する場合を含む。）又は第52条第1項（第62条第1項において準用する場合を含む。）の規定に違反した者は、2年以下の懲役又は200万円以下の罰金に処する。

[1]　腐敗食品陳列（法71条1項、6条1号）

　　被疑者は，○○市○○町○○番○○号所在の自宅店舗において，食料品店○○を経営しているものであるが，法定の除外事由がないのに，平成○○年○月○日，腐敗した○○約○○キログラムを同店舗内の商品陳列台に食品として販売の用に供するため陳列したものである。
　　　　　　　　　　　　　　　①　　　　　　　　　　　　　　　　　　　　　　
　　　　　　　　　　　　　　　　　　　　　　　　　　　　　　　②
　　　　　　　　　　　　　　　　　　　　　③

① 「法定の除外事由」とは、その腐敗食品が一般に人の健康をそこなうおそれがなく飲食に適すると認められる場合である（法6条1号但書）。
② 「食品」とは、すべての飲食物をいうと定義されている（法4条1項）が、これは人間の飲食物に限り、動物の飼料は含まないと解される。
③ この種事犯は過失によるものが多いと思われるが、改正前の法4条（現行6条）違反につき過失犯の成立を否定した判例がある（広高判昭37・5・31刑集15・4・26）。

2 病肉販売（法71条1項、9条1項）

　被疑者は，○○市○○区○○町○番○号において，食料品店「○○」を経営しているものであるが，法定の除外事由がないのに①，平成○○年○月○日，同店舗において，Aに対し，へい死した牛の肉②○キログラムを食品として，100グラム○○円の割合で販売したものである。

① 「法定の除外事由」については、食品衛生法施行規則7条に規定されている。なお、法9条1項但書にいう当該職員が人の健康をそこなうおそれがなく飲食に適すると認めた場合については、同規則同条3項により、健康な獣畜が不慮の災害により即死したときとされている。
　「獣畜」とは、牛、馬、豚、めん羊、山羊、水牛をいう（法5条1項、施行規則7条1項）。
② 「へい死した獣畜」とは、と畜場法上の手続きに従って適法にと殺、解体されていない死亡獣畜をいう（最判平2・5・11刑集44・4・363）。
　へい死した場合又は食品衛生法施行規則別表第1所定の疾病にかかり、若しくはその疑いがある獣畜の肉、骨、乳、臓器及び血液が対象となる。

3 未指定添加物を添加した食品の販売（法71条1項1号、10条）

　被疑者は，○○市○○区○○町○番○号において食料品卸売り業を営むものであるが，法定の除外事由がないのに①，別紙一覧表記載のとおり，平成○○年○月○日から同○○年○月○日までの間，同所において，A食品株式会社ほか○名に対し，添加物である○○を含有する缶詰合計○○個を代金○○○円で販売したものである。

別紙　一覧表

番号	販　売　年　月　日	患　者　先	販売数量	販　売　代　金
1	平成○○年○月○日	Ａ食品株式会社	○○○	○○○○○○

① 「法定の除外事由」は、人の健康を損なうおそれのない場合として厚生労働大臣が薬事・食品衛生審議会の意見を聴いて定める場合（食品衛生法施行規則別表第1）、天然香料及び一般に食品として飲食に供されている物であって添加物として使用される物である。

　使用が認められる添加物について、その規格、使用基準に違反した場合には法11条2項、72条が適用される。

　「添加物」とは、食品の製造の過程において又は食品の加工若しくは保存の目的で、食品に添加、混物、浸潤その他の方法によって使用する物をいう（法4条2項）。

4　無許可営業（72条1項、52条1項）

　被疑者は，○○県知事の許可①を受けないで，平成○○年○月○日頃から同年○月○日頃までの間，○○市○○区○○町○番○号において，清涼飲料水約○○リットルを製造して販売し，もって清涼飲料水製造業を営んだものである。

　被疑者は，○○市○○町○○番○○号所在の○○ビル2階において，「スナック○○」を経営していたものであるが，○○県知事の許可①を受けないで，平成○○年○月○日頃から同年○月○日頃までの間，同スナックにおいて，不特定の飲食客Ａほか約○○名に対し，ビール，焼魚などを提供してこれを飲食させ，もって，許可なく飲食店営業を営んだものである。

① 許可を受けなければならない営業は、飲食店営業その他公衆衛生に与える影響

が著しいものであって（法51条）、具体的には、飲食店営業、喫茶営業等34種の営業がこれに当たる（食品衛生法施行令35条）。

なお本法における「営業」とは、業として、食品若しくは添加物を採取し、製造し、輸入し、加工し、調理し、貯蔵し、運搬し、若しくは販売すること又は器具若しくは容器包装を製造し、輸入し、若しくは販売することをいう（法4条7項）。

第8節　と畜場法

(獣畜のとさつ又は解体)

第13条　何人も、と畜場以外の場所において、食用に供する目的で獣畜をとさつしてはならない。ただし、次に掲げる場合は、この限りでない。

一　食肉販売業その他食肉を取り扱う営業で厚生労働省令で定めるものを営む者以外の者が、あらかじめ、厚生労働省令で定めるところにより、都道府県知事に届け出て、主として自己及びその同居者の食用に供する目的で、獣畜(生後1年以上の牛及び馬を除く。)をとさつする場合

二　獣畜が不慮の災害により、負傷し、又は救うことができない状態に陥り、直ちにとさつすることが必要である場合

三　獣畜が難産、産褥麻痺又は急性鼓張症その他厚生労働省令で定める疾病にかかり、直ちにとさつすることが必要である場合

四　その他政令で定める場合

2　何人も、と畜場以外の場所において、食用に供する目的で獣畜を解体してはならない。ただし、前項第1号又は第4号の規定によりと畜場以外の場所においてとさつした獣畜を解体する場合は、この限りでない。

　　(第3項省略)

(獣畜のとさつ又は解体の検査)

第14条　と畜場においては、都道府県知事の行う検査を経た獣畜以外の獣畜をとさつしてはならない。

2　と畜場においては、とさつ後都道府県知事の行う検査を経た獣畜以外の獣畜を解体してはならない。

　　(第3項〜第8項省略)

(譲受けの禁止)

第15条　何人も、第13条第2項の規定に違反してと畜場以外の場所で解体された獣畜の肉若しくは内臓、又は前条第3項(同条第4項において準用する場合

及び同条第5項の規定の適用がある場合を含む。）の規定に違反して持ち出された獣畜の肉若しくは内臓を、食品として販売（不特定又は多数の者に対する販売以外の授与を含む。）の用に供する目的で譲り受けてはならない。
（罰則）
第24条　次の各号のいずれかに該当する者は、3年以下の懲役又は300万円以下の罰金に処する。
　一　第4条第1項の規定に違反した者
　二　第13条第1項又は第2項の規定に違反した者
　三　第14条第1項から第3項まで（同条第4項において準用する場合及び同条第5項の規定の適用がある場合を含む。）の規定に違反した者
第25条　次の各号のいずれかに該当する者は、1年以下の懲役又は100万円以下の罰金に処する。
　一　第15条の規定に違反した者
　　（第二号～第三号省略）

1　と畜場外と殺（法24条2号、13条1項）

　被疑者は，法定の除外事由①がないのに，食用に供する目的で，平成〇〇年〇月〇日頃，と畜場②以外の場所である〇〇市〇〇区〇〇町〇番〇号の〇〇〇〇方裏庭において，牡豚③1頭をと殺したものである。

① 「法定の除外事由」は、法13条1項但書に規定されている。
② 「と畜場」とは、食用に供する目的で獣畜をと殺し、又は解体するために設置された施設をいい（法3条2項）、「一般と畜場」と「簡易と畜場」に分けられるが、いずれも都道府県知事の許可を受けて設置することとされている。
③ 「獣畜」とは、牛・馬・豚・めん羊及び山羊をいう（法3条1項）。

２ 無検査と殺（法24条3号、11条1項）

　被疑者は，平成○○年○月○日頃，○○市○○区○○町○番○号の○○と畜場において，○○県知事の行う検査を経ていない牝豚1頭を，と殺したものである。
①

① 検査の方法、手続等は、と畜場法施行令4ないし6条、同法施行規則5、6条等に定められている。

３ 譲受けの禁止違反（法25条1号、15条）

　被疑者は，平成○○年○月○日頃，○○市○○区○○町○番○号のＡ方において，同人から，違法にと畜場以外の場所で解体された牝豚の肉○キログラムを，その情を知りながら，食品として販売の用に供する目的で譲り受けたものである。
①

① 本件処罰の対象とされるのは、法13号2項に違反して解体された獣畜の肉もしくは内臓、法14条3項に違反して持ち出された獣畜の肉もしくは内臓についてである。

第10章 財政法

第1節 所得税法

（当該職員の質問検査権）
第234条　国税庁、国税局又は税務署の当該職員は、所得税に関する調査について必要があるときは、次に掲げる者に質問し、又はその者の事業に関する帳簿書類（その作成又は保存に代えて電磁的記録（電子的方式、磁気的方式その他の人の知覚によつては認識することができない方式で作られる記録であつて、電子計算機による情報処理の用に供されるものをいう。）の作成又は保存がされている場合における当該電磁的記録を含む。次条第2項及び第242条第10号（罰則）において同じ。）その他の物件を検査することができる。

　　（第一号〜第三号省略）
　　（第2項省略）
（第六編　罰則）
第238条　偽りその他不正の行為により、第120条第1項第3号（確定所得申告に係る所得税額）（第166条（非居住者に対する準用）において準用する場合を含む。）に規定する所得税の額（第95条（外国税額控除）の規定により控除をされるべき金額がある場合には、同号の規定による計算を同条の規定を適用しないでした所得税の額）若しくは第172条第1項第1号若しくは第2項第1

号（給与等につき源泉徴収を受けない場合の申告）に規定する所得税の額につき所得税を免れ、又は第142条第2項（純損失の繰戻しによる還付）（第166条において準用する場合を含む。）の規定による所得税の還付を受けた者は、10年以下の懲役若しくは1000万円以下の罰金に処し、又はこれを併科する。

（第2項～第3項省略）

第242条　次の各号のいずれかに該当する者は、1年以下の懲役又は50万円以下の罰金に処する。ただし、第3号の規定に該当する者が同号に規定する所得税について第240条（源泉徴収に係る所得税を納付しない罪）の規定に該当するに至つたときは、同条の例による。

（第一号～第八号省略）

九　第234条第1項（当該職員の質問検査権）の規定による当該職員の質問に対して答弁せず若しくは偽りの答弁をし、又は同項の規定による検査を拒み、妨げ若しくは忌避した者

（第十号省略）

1　ほ　脱（法238条1項）

　　被疑者は、〇〇市〇〇区〇〇町〇番〇号において、「〇〇」の屋号で青果物卸売業を営んでいるものであるが、所得税を免れようと企て、平成〇〇年分の総所得金額が〇，〇〇〇万〇，〇〇〇円で、これに対する所得税額が〇〇〇万〇，〇〇〇円あるのに、架空の仕入を計上するなどの方法により、その所得金額の一部を秘匿した上、同〇〇年3月13日、〇〇市〇〇町〇丁目〇番〇号所在の所轄〇〇税務署において、同署署長に対し、同〇〇年分の総所得金額が〇〇〇万〇，〇〇〇円で、これに対する所得税額が〇〇万〇，〇〇〇円である旨の内容虚偽の所得税確定申告書を提出し、もって不正の行為により、同年分の所得税〇〇〇万〇，〇〇〇円を免れたものである。

① 所得税を免れることの認識としては、一般の場合の犯意と同様、いわゆる概括

的故意をもって足りると解されるから、確定申告の当時被疑者において計数的に正確な所得額ないしほ脱額について認識がなくても、申告にかかる所得額が真実の所得額よりも少ないことの認識があれば、ほ脱犯の犯意として欠けるところはない。

② 真実の所得を隠蔽し、それが課税対象となることを回避するため、所得金額をことさらに過少に記載して虚偽過少申告行為に及んだ場合は、事前に不正行為がなくても、その申告行為自体が「偽りその他不正の行為」に当たる（最判昭48・3・20刑集27・2・138）。

事前の所得秘匿行為は、実務的には虚偽過少申告と包括して不正行為となるものとして取り扱われている。

また、所得の隠匿行為と直接に結びつかないことが明白な誤記、誤算等による過少申告分については、「偽りその他不正の行為」により免れた税額には含まれない（東高判昭54・3・19高刑集32・1・44、大高判昭57・12・16判時1094・150）。

③ 所得税を課せられる「個人」の意義は、いわゆる実質課税の原則に従って確定される。

名義人以外のものであっても、所得の終局的実質に帰属する者を納税義務者とする。

④ 法238条1項の「偽りその他不正の行為」とは、ほ脱の意図をもって、その手段としての税の賦課徴収を不能もしくは著しく困難ならしめるようななんらかの偽計その他の工作を行うことであり、たとえ所得税ほ脱の意思によってなされた場合においても、単に確定申告書を提出しなかったという消極的な行為だけでは「偽りその他不正な行為」に当たらない（最判昭38・2・12刑集17・3・183、最判昭42・11・8刑集21・9・1197）。

ただ、無申告も無申告という不作為に所得秘匿のための不正工作が付加されたときは、これらは包括してほ脱犯の「不正の行為」となる。なお、他の不正手段を伴わない無申告行為は、単純無申告犯（法241条）として処罰される。

⑤ ほ脱犯の既遂時期につき、期限前の虚偽申告ほ脱犯及び無申告ほ脱犯の場合は

法定納期限、期限後の虚偽申告ほ脱犯の場合には申告時とするのが、判例である。

⑥　この金額は正規の所得税額と申告額の差であるが、それを明確にするために「正規の所得税額と申告額の差額○○○,○○○円を免れたものである。」と記載する例もある。

２　質問不答弁①（法242条9号、234条1項）

> 被疑者は，平成○○年○月○日午後○時頃，○○市○○区○○町○○番地の自宅において，○○税務署所得税課所属職員Ａに対し，被疑者の平成○○年における所得税に関し，Ａから取引先及び雇人費について質問を受けた際，「犯人だって不利になることはいわない。」「いう必要はない。営業妨害だ。」などと言って答弁しなかったものである。

① 質問検査権は、法234条1項に規定されるが、質問検査において、その理由及び必要性を相手方に告知することは、法律上の要件ではない（最決昭48・7・10刑集27・6・1205）。

第2節　法人税法

（第五編　罰則）

第159条　偽りその他不正の行為により、第74条第1項第2号（確定申告に係る法人税額）（第145条第1項（外国法人に対する準用）において準用する場合を含む。）に規定する法人税の額（第68条（所得税額の控除）（第144条（外国法人に対する準用）において準用する場合を含む。）又は第69条（外国税額の控除）の規定により控除をされるべき金額がある場合には、同号の規定による計算をこれらの規定を適用しないでした法人税の額）、第81条の22第1項第2号（連結確定申告に係る法人税額）に規定する法人税の額（第81条の14（連結事業年度における所得税額の控除）又は第81条の15（連結事業年度における外国税額の控除）の規定により控除をされるべき金額がある場合には、同号の規定による計算をこれらの規定を適用しないでした法人税の額）若しくは第89条第2号（退職年金等積立金確定申告に係る法人税額）（第145条の5（外国法人に対する準用）において準用する場合を含む。）に規定する法人税の額につき法人税を免れ、又は第80条第6項（欠損金の繰戻しによる還付）（第81条の31第4項（連結親法人に対する準用）又は第145条第1項において準用する場合を含む。）の規定による法人税の還付を受けた場合には、法人の代表者（人格のない社団等の管理人及び法人課税信託の受託者である個人を含む。以下第162条（偽りの記載をした中間申告書を提出する等の罪）までにおいて同じ。）、代理人、使用人その他の従業者（当該法人が連結親法人である場合には、連結子法人の代表者、代理人、使用人その他の従業者を含む。第163条第1項（両罰規定）において同じ。）でその違反行為をした者は、10年以下の懲役若しくは1000万円以下の罰金に処し、又はこれを併科する。

　　（第2項〜第4項省略）

第163条　法人の代表者（人格のない社団等の管理人を含む。）又は法人若しくは人の代理人、使用人その他の従業者が、その法人又は人の業務に関して第

159条第1項若しくは第3項（法人税を免れる等の罪）、第160条（確定申告書を提出しない等の罪）又は前条の違反行為をしたときは、その行為者を罰するほか、その法人又は人に対して当該各条の罰金刑を科する。

（第2項～第3項省略）

1 ほ 脱（法159条1項、163条1項）

被疑者甲建設株式会社は，○○市○○区○○町○丁目○○○番地に本店を置き，土木，建築請負業等を営むもの，被疑者Aは，同社の代表取締役として同社の業務全般を統括しているものであるが，被疑者Aは，同社の業務に関し，法人税を免れようと企て①，平成○○年9月1日から同○○年8月31日までの事業年度における実際の所得金額が○億○，○○○万○，○○○円で，これに対する法人税額が○，○○○万○，○○○円であるにもかかわらず，架空外注費を計上するなどの方法により，所得の一部を秘匿した上②，同○○年10月26日，同市○○町○丁目○○○番地所在の所轄○○税務署において，同署署長に対し，同事業年度の所得金額が○億○，○○○万○，○○○円で，これに対する法人税額が○，○○○万○，○○○円である旨の内容虚偽の法人税確定申告書を提出し，もって，不正の行為により，同事業年度の法人税○，○○○万○，○○○円を免れた③ものである。④⑤

① ほ脱犯の故意ありとするには、真実の所得金額と異なる虚偽の所得申告をなす意思があれば足りるのであって、客観的に存在する正確な所得と、その免れようとする所得額あるいは税額について、数額的な認識を必要としない。
② 不正の行為がほ脱の手段であり、その態様をみると、税務職員の調査を予期して、資産・収入・移出・売上等を秘匿除外し、負債、損失等を架空計上する等の工作がなされるものである。このような事前の所得秘匿行為と過少申告のいずれもが、ほ脱結果との間に因果関係を持つ場合には、そのいずれをも包括して不正の行為とし、事実に記載する。

③　「偽りその他不正の行為」という実行行為と、「法人税を免れ……」たという結果の発生の間に因果関係の存在することが必要である。

④　法人税の確定申告は正当にするものの、その法人税の納付を免れる意図で、税の徴収を不能もしくは著しく困難にする工作を行うことは、「偽りその他の不正の行為」に該当する（東高判昭59・3・28判タ526・249）。

⑤　その他、本章第1節の①の各注☞277頁参照。

第3節　消費税法

> （第六章　罰則）
> 第64条　次の各号のいずれかに該当する者は、10年以下の懲役若しくは1000万円以下の罰金に処し、又はこれを併科する。
> 　一　偽りその他不正の行為により、消費税を免れ、又は保税地域から引き取られる課税貨物に対する消費税を免れようとした者
> 　二　偽りその他不正の行為により第52条第1項又は第53条第1項若しくは第2項の規定による還付を受けた者
> 　（第2項～第5項省略）

1　ほ脱・不正受還付（法64条1項1号、2号）

　被疑会社株式会社○○○○は，○○市○○区○○町○丁目○番○号に本店を置き，不動産の売買及び賃貸借等を営むもの，被疑者Aは，被疑会社の実質的な経営者としてその業務全般を統括しているものであるが，被疑者Aは，被疑会社の業務に関し，消費税を免れるとともに，不正にその還付を受けようと企て，①
第1　平成○○年7月1日から同○○年6月30日までの課税期間における被疑会社の実際の課税標準額が○億○，○○○万円で，これに対する消費税額が○○○万○，○○○円であり，これから控除されるべき消費税額が○○○万○，○○○円で，納付すべき消費税額が○○○万○，○○○円であるにもかかわらず，課税仕入れに係る消費税額を過大に計上するなどの方法により，同年8月11日，同市○○区○○町○丁目○番○○号所在の○税務署において，同署署長に対し，課税標準額が○○億○，○○○万○，○○○円で，これに対する消費税額が○，○○○万○，○○○円であり，これから控除されるべき消費税額が○億○○○万○，○○○円であって，控除不足額が○，○○○万○，○○○円である旨の内容虚偽の消費税確定申告書を

提出し，もって，不正の行為により，同課税期間の納付すべき消費税○○
　　　○万○,○○○円を免れ
　第2　前記内容虚偽の確定申告書を提出することによって，同税務署長をし
　　　て，前記控除不足額○,○○○万○,○○○円を被疑会社に還付することを
　　　決定させた上，同年8月29日，同市○○区○町○丁目○○号所在の株式
　　　会社○○○○銀行○○支店の被疑会社名義の普通預金口座に振り込み入金
　　　させ，もって，不正の行為により，前記課税期間の控除不足額に相当する
　　　消費税○,○○○万○,○○○円の還付を受け
たものである。②③

① 消費税は、特定の非課税取引を除くあらゆる資産の譲渡等に課せられるが、我が国においては、製造、卸、小売又はサービスといった一つの段階のみで課税する方式ではなく、最終消費に至るまでの各取引のすべての段階で課税する方式（**多段階課税**）を採用した上、最終消費に係る取引の前段階の消費税についてはこれを控除・還付する方式（**前段階税額控除方式**）を採用した。この結果、消費税額は、課税売上げに係る消費税額（**仮受消費税**）から課税仕入れ（法2条1項12号）に係る消費税額（**仮払消費税**）を控除した金額となり、これについて確定申告を行って納付すべきものとされている。

　一方、課税仕入れの金額が課税標準の税額を上回るときには、その不足分を還付（**控除不足還付税額**）することとしている。

② 消費税ほ脱犯（法64条1項1号）と不正受還付犯（同項2号）とは、包括一罪の関係にあるとした判決がある（東京地判平10・3・27）。

③ 消費税法の不正受還付犯と刑法の詐欺罪との関係については、消費税法上の不正受還付犯の処罰規定は、ほ脱犯の一種ではなく消費税の還付制度の適正な運用を保護法益とする消費税固有の罰則とみるべきであるから、抽象的租税債権の有無にかかわらず、還付を受けた金額全額について不正受還付犯が成立するものと解される。

　ただ、他人名義による還付申告がされたような場合など、申告自体が無効と解

される場合においては、同法が無効な申告行為を前提とする罰則までも設けたと解することはできないから、詐欺罪のみの成立を認めるべきであると考える。

第4節　酒税法

(酒類の製造免許)

第7条　酒類を製造しようとする者は、政令で定める手続により、製造しようとする酒類の品目(第3条第7号から第23号までに掲げる酒類の区分をいう。以下同じ。)別に、製造場ごとに、その製造場の所在地の所轄税務署長の免許(以下「製造免許」という。)を受けなければならない。ただし、酒類の製造免許を受けた者(以下「酒類製造者」という。)が、その製造免許を受けた製造場において当該酒類の原料とするため製造する酒については、この限りでない。

　　(第2項〜第6項省略)

(酒類の販売業免許)

第9条　酒類の販売業又は販売の代理業若しくは媒介業(以下「販売業」と総称する。)をしようとする者は、政令で定める手続により、販売場(継続して販売業をする場所をいう。以下同じ。)ごとにその販売場の所在地(販売場を設けない場合には、住所地)の所轄税務署長の免許(以下「販売業免許」という。)を受けなければならない。ただし、酒類製造者がその製造免許を受けた製造場においてする酒類(当該製造場について第7条第1項の規定により製造免許を受けた酒類と同一の品目の酒類及び第44条第1項の承認を受けた酒類に限る。)の販売業及び酒場、料理店その他酒類をもっぱら自己の営業場において飲用に供する業については、この限りでない。

　　(第2項〜第3項省略)

(第九章　罰則)

第54条　第7条第1項又は第8条の規定による製造免許を受けないで、酒類、酒母又はもろみを製造した者は、10年以下の懲役又は100万円以下の罰金に処する。

2　前項の犯罪に着手してこれを遂げない者についても、同項と同様とする。

第55条　次の各号のいずれかに該当する者は、10年以下の懲役又は100万円以

下の罰金に処する。
一　偽りその他不正の行為によつて酒税を免れ、又は免れようとした者
（第二号省略）
（第2項〜第4項省略）
第56条　次の各号のいずれかに該当する者は、1年以下の懲役又は50万円以下の罰金に処する。
一　第9条第1項の規定による販売業免許を受けないで酒類の販売業をした者
（第二号〜第七号省略）
（第2項〜第3項省略）

1 無免許製造（法54条1項、7条1項）

　被疑者は，法定の除外事由がないのに①，所轄○○税務署長の免許を受けないで②，平成○○年○月○日頃，○○市○○区○○町○○番地の自宅裏倉庫において，工業用アルコール約○○度のもの約○○リットルを原料とし，これに活性炭素を投入してろ過し，水，水あめ，着色剤及びこはく酸等を加えて，アルコール分約○○度を含有する合成清酒③約○○リットル④を製造⑤したものである。

① 「法定の除外事由」につき、法7条1項但書及び8条但書参照。
② 免許の有無は、酒類の種類別（品目のある種類の酒類については、品目別）に、かつ、製造場の場所ごとにこれを決定する。したがって、法7条1項の規定により酒類の製造免許を受けた者が、その免許を受けた製造場で免許を受けない種類の酒類を製造した場合（法7条1項但書の原料用酒類の場合を除く）若しくは免許を受けた製造場以外の場所で免許を受けた酒類を製造した場合、又は法7条4項の規定により酒類の製造免許について期限がつけられている場合において、当該期限の経過後に酒類を製造した場合はいずれも、酒類の無免許製造である。
③ 「酒類」の定義は法2条参照。合成清酒は、酒類の一種類である（法2条2項）が、「免許を受けないで酒類を製造した」とは、免許を受けないで酒類を製造す

る認識をもって酒類を製造したことをいうのであって、そのものが酒税法に規定するいかなる種類又は品目の酒類であるかの認識は必要としない。

④ 「酒類を製造した」とは、酒類の製造に着手して、これを製成の状態にすることであるが、既遂、未遂を論ずる場合の既遂の時期は、酒類の製造免許を受けないで目的とした酒類を製造した時と解されるので、製造しようとした目的である酒類の一部分のみが製成され、未完成の部分がある場合でも、それが一製造行為の範囲内に入ると認められるものであれば、その全部が既遂の一罪となる。

⑤ 本罪の成立には販売・利得の目的は必要とされず、酒類を自己又は親族間の飲用に供する目的で製造しても本罪を構成する。

2 ほ 脱 (法55条1項1号、59条)

> 被疑者△△合名会社は、○○市○○区○○町○○番地に製造場を置く酒類製造者であり、被疑者○○○○は、同会社の代表社員としてその業務全般を統括するものであるが、同被疑者は、同会社の業務に関し、酒税を免れようと企て、平成○○年1月中において、同製造場から移出した酒類は、清酒○○○○リットルで、これに対する酒税額は、○○○，○○○円であるのにかかわらず、同年2月28日、同区○○町所在○○税務署において、同税務署長に対し、同期間中において同製造場から移出した酒類は清酒○○リットルで、これに対する酒税額は○○○円である旨の虚偽の月例申告書を提出し、もって不正の行為により同期間における酒税○○○，○○○円を免れたものである。

① 納税義務は、酒類が、その製造場から移出される時又は保税地域から引取られる時に成立する。

　「移出」とは、課税物品をその製造場から現実に他の場所に移動する事実行為をいう。

② 「偽りその他不正の行為」の「偽りの行為」とは、不正行為の例示であって、「不正の行為」とは、酒税を免れることを可能ならしめる行為で、違法行為その他社会通念上不正と判断されるすべての行為をいう。

この「不正の行為」は、その手段として税の賦課徴収を不能若しくは著しく困難ならしめるような、なんらかの偽計その他の工作をほ脱の意図をもって行った場合をいうのであるから、その事案の行為全体を総合的に勘案して偽計その他の工作を行ったものであるかどうかを解明すべきである。

③ 「酒税を免れた」罪の成立時期については、次のように解されている。

　(A)　法定申告期限前に、偽りその他の不正行為により、酒税を免れようとして、納税申告書の提出を怠り又は納付すべき酒税額に減少をきたすような納税申告(過少申告)をして、法定納期限を徒過した時

　(B)　法定申告期限前に、酒税を免れるための不正行為がなく、納税申告書を提出しないで法定納期限を徒過した後に、酒税を免れる意図をもって過少申告をした時

　(C)　納税申告書の申告内容について、偽った更正の請求をし、又は更正若しくは賦課決定に対し、偽りの異議申立若しくは審査の請求をして、真実の納付すべき酒税額に減少をきたすような更正若しくは賦課決定をさせた時

3　酒類の無免許販売業（法56条1項1号、9条1項）

　　被疑者は，法定の除外事由がないのに①，所轄○○税務署の免許を受けないで，別紙一覧表記載のとおり，平成○○年○月○日から同年○月○日までの間，前後○○回にわたり，○○市○○町○○番○○号所在の自己居宅ほか○○ヵ所において，○○○○ほか○○名に対し，清酒合計○○リットルを代金合計○○円で販売し，もって酒類の販売業を営んだものである②。

別紙　一覧表

番号	販売年月日	販売場所	販売先	数量	代金
1	平成○○年○月○日	A	○○○○	○○○	○○○円

① 「法定の除外事由」につき、法9条1項但書参照。

② 本罪は営業犯であり、反復継続して販売を行なう意図で販売に及んでいることが要件とされる(最決昭34・12・5刑集13・12・3174)。

第5節　印 紙 税 法

> （納付印等の製造等の禁止）
> 第16条　何人も、印紙税納付計器、納付印（指定計器以外の計器その他の器具に取り付けられたものを含む。以下同じ。）又は納付印の印影に紛らわしい外観を有する印影を生ずべき印（以下「納付印等」と総称する。）を製造し、販売し、又は所持してはならない。ただし、納付印等の製造、販売又は所持をしようとする者が、政令で定めるところにより、当該製造、販売若しくは所持をしようとする場所の所在地の所轄税務署長の承認を受けた場合又は第10条第1項の承認を受けて印紙税納付計器を所持する場合は、この限りでない。
> （第五章　罰則）
> 第23条　次の各号のいずれかに該当する者は、1年以下の懲役又は50万円以下の罰金に処する。
> 　　（第一号～第二号省略）
> 　三　第16条の規定に違反した者
> 　　（第四号～第五号省略）

1　納付印製造①（法23条、16条）

> 　被疑者は、キャバレー「○○」ほか○店を経営するものであるが、刻印業者である○○○○と共謀の上②、法定の除外事由がないのに、平成○○年○月○日頃、○○市○○区○○町○○番地所在同キャバレー「○○」事務所において、直経約40ミリメートルで中央に税印、上部に印紙税、下部に記号番号○○－○○、中央部及び下部に法定に定められた納付印の印影類似の模様をそれぞれ刻した印1個を作成し、もって納付印の印影に紛らわしい外観を呈する印影を生ずべき印を製造したものである。

① 特定の課税文書に対し、相当印紙をはり付けることに代えて、当該課税文書の作成者は、これに税印押なつの請求をすることができることとなっているが、一般的に税印押なつ請求の事例としては、株券、物品切手等一時に相当量の課税文書が作成され、かつ、文書の美観を考慮してなされることが多い。またこれによって印紙税納付方法の簡素合理化を図るという意義もある。
② 「法定の除外事由」については、法16条但書参照。

第6節　関　税　法

（輸出又は輸入の許可）

第67条　貨物を輸出し、又は輸入しようとする者は、政令で定めるところにより、当該貨物の品名並びに数量及び価格（輸入貨物（特例申告貨物を除く。）については、課税標準となるべき数量及び価格）その他必要な事項を税関長に申告し、貨物につき必要な検査を経て、その許可を受けなければならない。

（輸入してはならない貨物）

第69条の11　次に掲げる貨物は、輸入してはならない。

一　麻薬及び向精神薬、大麻、あへん及びけしがら並びに覚醒剤（覚せい剤取締法にいう覚せい剤原料を含む。）並びにあへん吸煙具。ただし、政府が輸入するもの及び他の法令の規定により輸入することができることとされている者が当該他の法令の定めるところにより輸入するものを除く。

二　拳銃、小銃、機関銃及び砲並びにこれらの銃砲弾並びに拳銃部品。ただし、他の法令の規定により輸入することができることとされている者が当該他の法令の定めるところにより輸入するものを除く。

三　爆発物（爆発物取締罰則（明治17年太政官布告第32号）第1条（爆発物の使用）に規定する爆発物をいい、前号及び次号に掲げる貨物に該当するものを除く。）。ただし、他の法令の規定により輸入することができることとされている者が当該他の法令の定めるところにより輸入するものを除く。

四　火薬類（火薬類取締法（昭和25年法律第149号）第2条第1項（定義）に規定する火薬類をいい、第2号に掲げる貨物に該当するものを除く。）。ただし、他の法令の規定により輸入することができることとされている者が当該他の法令の定めるところにより輸入するものを除く。

五　化学兵器の禁止及び特定物質の規制等に関する法律（平成7年法律第65号）第2条第3項（定義等）に規定する特定物質。ただし、条約又は他の法令の規定により輸入することができることとされている者が当該条約又は他

の法令の定めるところにより輸入するものを除く。

五の二　感染症の予防及び感染症の患者に対する医療に関する法律（平成10年法律第114号）第6条第20項（定義）に規定する一種病原体等及び同条第21項に規定する二種病原体等。ただし、他の法令の規定により輸入することができることとされている者が当該他の法令の定めるところにより輸入するものを除く。

六　貨幣、紙幣若しくは銀行券、印紙若しくは郵便切手（郵便切手以外の郵便に関する料金を表す証票を含む。以下この号において同じ。）又は有価証券の偽造品、変造品及び模造品（印紙の模造品にあつては印紙等模造取締法（昭和22年法律第189号）第1条第2項の規定により財務大臣の許可を受けて輸入するものを除き、郵便切手の模造品にあつては郵便切手類模造等取締法（昭和47年法律第50号）第1条第2項の規定により総務大臣の許可を受けて輸入するものを除く。）並びに不正に作られた代金若しくは料金の支払用又は預貯金の引出用のカードを構成する電磁的記録をその構成部分とするカード（その原料となるべきカードを含む。）

七　公安又は風俗を害すべき書籍、図画、彫刻物その他の物品（次号に掲げる貨物に該当するものを除く。）

八　児童ポルノ（児童買春、児童ポルノに係る行為等の処罰及び児童の保護等に関する法律第2条第3項（定義）に規定する児童ポルノをいう。）

九　特許権、実用新案権、意匠権、商標権、著作権、著作隣接権、回路配置利用権又は育成者権を侵害する物品

十　不正競争防止法第2条第1項第1号から第3号まで、第10号又は第11号（定義）に掲げる行為（これらの号に掲げる不正競争の区分に応じて同法第19条第1項第1号から第5号まで又は第7号（適用除外等）に定める行為を除く。）を組成する物品

　　（第2項〜第3項省略）

（第十章　罰則）

第109条　第69条の11第1項第1号から第6号まで（輸入してはならない貨物）

に掲げる貨物を輸入した者は、10年以下の懲役若しくは3000万円以下の罰金に処し、又はこれを併科する。
2　第69条の11第1項第7号から第10号までに掲げる貨物を輸入した者は、10年以下の懲役若しくは1000万円以下の罰金に処し、又はこれを併科する。
　　（第3項～第5項省略）
第110条　次の各号のいずれかに該当する者は、10年以下の懲役若しくは1000万円以下の罰金に処し、又はこれを併科する。
　一　偽りその他不正の行為により関税を免れ、又は関税の払戻しを受けた者
　二　関税を納付すべき貨物について偽りその他不正の行為により関税を納付しないで輸入した者
　　（第2項～第6項省略）
第111条　次の各号のいずれかに該当する者は、5年以下の懲役若しくは500万円以下の罰金に処し、又はこれを併科する。
　一　第67条（輸出又は輸入の許可）（第75条において準用する場合を含む。次号及び次項において同じ。）の許可を受けるべき貨物について当該許可を受けないで当該貨物を輸出（本邦から外国に向けて行う外国貨物（仮に陸揚げされた貨物を除く。）の積戻しを含む。次号及び次項において同じ。）し、又は輸入した者
　二　第67条の申告又は検査に際し、偽つた申告若しくは証明をし、又は偽つた書類を提出して貨物を輸出し、又は輸入した者
　　（第2項～第4項省略）
第112条　第108条の4第1項若しくは第2項（輸出してはならない貨物を輸出する罪）、第109条第1項若しくは第2項（輸入してはならない貨物を輸入する罪）、第109条の2第1項若しくは第2項（輸入してはならない貨物を保税地域に置く等の罪）又は第110条第1項（関税を免れる等の罪）の犯罪に係る貨物について、情を知つてこれを運搬し、保管し、有償若しくは無償で取得し、又は処分の媒介若しくはあつせん（以下この条においてこれらの行為を「運搬等」という。）をした者は、5年以下の懲役若しくは500万円以下の罰金に処

し、又はこれを併科する。
　　　　（第2項～第3項省略）

1　禁制品輸入（法109条2項）

　　被疑者は，平成○○年○月○日，○○市○○区○○町所在の○○港沖合いに停泊中の○○国貨物船○○号から，男女の性交場面等を露骨に撮影したビデオテープ○○巻を同港第○岸壁に陸揚げし，もって，輸入禁制品である風俗を害すべき図画を輸入したものである。
　　　　　　　　　　　　　　　　①　　　　　　　　　　　　　　　②

①　禁制品については、法69条の11第1項に規定されている。同項1号から6号に規定されている物については法109条1項が、7号から10号に規定されている物については同条2項が適用される。「風俗を害すべき書籍、図画、彫刻物その他の物品」とは、その輸入がただちにそのような形での国法に基づく犯罪を誘発するような物品であり、刑法175条にいう「わいせつの文書、図画その他の物」と同意義と認められる（東京地判昭56・7・6判時1044・447）。もっとも、その輸入が純然たる個人的所持目的であり、刑法175条の処罰対象とならない場合でも、本件処罰の対象となる。

②　本罪の既遂時期は、原則として陸揚げ時（空路の場合は航空機からの搬出時）であるが、保税地域、税関空港等外国貨物に対する税関の実力的支配が及んでいる地域においては、通関線を突破した時である（無許可輸入罪につき最決昭58・9・29判時1092・37、最決昭58・12・21判時1102・29）。

2　ほ　脱（法110条1項1号）

　　被疑者は，平成○○年○月○日，○○市○○区所在の○○港第○突堤に停泊中の外国貿易船○○号から，○○製男物腕時計○○個を通関手続を経ないで陸揚げして輸入し，もって，不正の行為によりこれに対する関税○○円を免れたものである。

① 関税のほ脱罪は、関税を納めていない貨物であることを認識しながら、詐偽その他不正の行為により該貨物を密輸入するなどし、もって関税の納付を免れることによって成立するものであるから、犯人が関税の納付義務者に該当することを要するものではない。
② 関税ほ脱の意図のもとに貨物を積載した船を本邦領海内に乗入れ、日本の沿岸にこれを陸揚げする態勢をとった以上、あえて本邦内の港に入港し通関手続を経ずしてこれが陸揚げに着手しなくても、ほ脱罪の着手があったものと解する。
③ 関税を納付すべき外国貨物については、関税が納付された後でなければ輸入を許可しないことになっているのであるから、関税法上は輸入前に必ず関税を納付すべきものである。
④ 本罪の既遂時期は、虚偽過少申告によって輸入する場合については、輸入許可があったときは、過少の関税額を確定させて許可を受けた時であり、申告後、輸入許可までの間に貨物を引き取ったときは、その引取の時である。これに対して、無申告で輸入する場合については、貨物を本邦内に引き取った時（陸揚げ時）である。

③ 無許可輸出①②（法111条1項）

> 被疑者は、所轄〇〇税関長の許可を受けないで、平成〇〇年〇月〇日、〇〇市〇〇区所在〇〇港から香港に向け〇〇貨物船〇〇号に船積みしてポータブルステレオ〇〇③台を輸出したものである。

① 本罪の対象となるのは、輸出入しようとするすべての貨物である。輸出申告の手続きは関税法施行令58条に規定されている。
② 「輸出」の場合の着手時期は、船積みが開始された時であり、船積みが完了すれば既遂となる（最判昭25・9・28刑集4・9・1820）。
　「輸入」の場合の着手時期は、領海外における密輸入貨物の船積み行為の時であり（福高判昭28・10・30高刑集61・1・1554）、海上にあっては正当な通関手続きを経ないで貨物を本邦に陸揚げした時（最決昭33・10・6刑集12・14・

3221）である。保税地域等を経由する場合については、前記1の注②☞296頁参照。
③　密輸出罪の罪数は、総括的にみた輸出行為の個数によるべきであって、貨物の個数あるいは密輸出のため使用した船舶の個数によるべきではない。

4　密輸入品（関税贓物）の有償取得（法112条1項）

> 被疑者は、平成○○年○月○日、○○市○○区○○町○○番地の○○方において、○○○○から関税を免れた輸入品であることの情を知りながら、○○○製男物腕時計○○個を○○円で買受けて有償で取得したものである。

① 関税贓物罪の客体は、禁制品輸入罪（法109条1項）及び関税ほ脱罪（法110条1項）の各既遂罪にかかる貨物又はこれと同一性を有するものである（法112条1項、3項）。
② 腕時計が密輸入品であることが認められる以上、さらに「何時、何処で何人により」輸入されたものであるかが具体的に明らかでないとしても、本犯罪の成否に影響はない。
　　また、その故買者において、その物が法110条1項の犯罪に係る貨物であることの認識があれば足り、同条項1号と2号のいずれに該当する行為に係る貨物であるかの事実まで知る必要はない。
　　密輸入品であることを知らない者が介在していても、情を知って取得等をした者については関税贓物罪が成立する（最決昭60・4・9刑集39・3・166）。
③ 法112条にいう「取得」とは、人が物に対する現実の実力支配関係を成立せしめるにあるが、それは単に民法上の契約概念による意思表示だけでは足りないことに意味があるにすぎないのであって、いやしくも、人が他人から物の譲受けないし取得を意図し、現実にその物を自己の支配下にある場所に送付させてその物に対する実力支配可能状態を作出した場合においては、かりにこれを現実に手にしないからといっても、なおその物の譲受けないし取得行為があったものと解すべきである。

なお、法112条にいう「**運搬**」とは、贓物の発見・捕捉を妨げ、関税ほ脱を確実にし、又は助成する目的でこれを場所的に移転することをいい、「**保管**」とは、目的のいかん及び有償・無償のいずれを問わず、贓物を自己の管理下に置くことをいう。

また、「**媒介**」とはある人と他の人との間に売買等法律上又は事実上の処分行為が成立するように両者の間に介入して尽力することをいい、「**あっせん**」とは、媒介の程度に至らず、ある人とその相手方との処分行為の交渉が円滑に行われるように第三者として世話することをいう。

第7節　税理士法

> （脱税相談等の禁止）
> 第36条　税理士は、不正に国税若しくは地方税の賦課若しくは徴収を免れ、又は不正に国税若しくは地方税の還付を受けることにつき、指示をし、相談に応じ、その他これらに類似する行為をしてはならない。
> （税理士業務の制限）
> 第52条　税理士又は税理士法人でない者は、この法律に別段の定めがある場合を除くほか、税理士業務を行つてはならない。
> （第八章　罰則）
> 第58条　第36条（第48条の16又は第50条第2項において準用する場合を含む。）の規定に違反した者は、3年以下の懲役又は200万円以下の罰金に処する。
> 第59条　次の各号のいずれかに該当する者は、2年以下の懲役又は100万円以下の罰金に処する。
> 　　（第一号～第二号省略）
> 　三　第52条の規定に違反した者
> 2　前項第2号の罪は、告訴がなければ公訴を提起することができない。

1　ほ脱相談（法58条、36条）

　被疑者は、税理士であるが、平成○○年○月○日、○○市○○区○○町○○番地所在の自己の税理士事務所において、同市内に店舗を設けパチンコ店を経営する○○○○に対し、所得税のほ脱方法につき相談を受けた際、「その日の売り上げのうち申告する分は記帳し、売上シートもその分だけを作って保管し、売り上げから抜く分はすぐ証拠書類を処分し、抜いた金は銀行を通さないで貸金庫にでも保管することだ。」などと述べ、もって、不正に所得税の賦課を免れることにつき相談に応じたものである。①

① 「指示をし、相談に応じ」は例示である。なお「相談に応じる」とは、具体的な質問に対して答弁し、指示し又は意見を表明することをいうものとされる（税理士法基本通達2－6）。

2 無資格者による税理士業務（法52条、59条1項3号）

> 被疑者は，税理士でなく①，かつ，法定の除外事由がないのに②、業として，別表記載のとおり，平成○○年○月○日頃から同○○年○月○日頃までの間，前後○回にわたり，○○市○○町○○番地所在の被疑者方において，Ａほか○名から依頼を受け，税務書類である所得税確定申告書等○通を作成し③，もって，税理士業務を行ったものである。

（別表省略）
① 本罪の主体は、税理士又は税理士法人でないものである。
② 「法定の除外事由」としては、国税局長の許可による場合（法50条）、弁護士が行う場合（法51条）、行政書士が行う場合（法51条の2）がある。また、国税又は地方税に関する行政事務に従事する者がその事務を遂行するために必要な限度において法2条所定の業務を行う場合も除外されると解される（税理士法基本通達2－1）。
③ 税理士の業務については、法2条に規定されている。
　「税務書類を作成する」とは、法2条1項2号に規定する書類を自己の判断に基づいて作成することをいい、単なる代書は含まれない（同通達2－5）。

第11章　経　済　法

第1節　会　社　法

（取締役等の特別背任罪）
第960条　次に掲げる者が、自己若しくは第三者の利益を図り又は株式会社に損害を加える目的で、その任務に背く行為をし、当該株式会社に財産上の損害を加えたときは、10年以下の懲役若しくは1000万円以下の罰金に処し、又はこれを併科する。
　一　発起人
　二　設立時取締役又は設立時監査役
　三　取締役、会計参与、監査役又は執行役
　四　民事保全法第56条に規定する仮処分命令により選任された取締役、監査役又は執行役の職務を代行する者
　五　第346条第2項、第351条第2項又は第401条第3項（第403条第3項及び第420条第3項において準用する場合を含む。）の規定により選任された一時取締役、会計参与、監査役、代表取締役、委員、執行役又は代表執行役の職務を行うべき者
　六　支配人
　七　事業に関するある種類又は特定の事項の委任を受けた使用人

八　検査役
　　　（第2項省略）
（未遂罪）
第962条　前2条の罪の未遂は、罰する。
（会社財産を危うくする罪）
第963条　第960条第1項第1号又は第2号に掲げる者が、第34条第1項若しくは第63条第1項の規定による払込み若しくは給付について、又は第28条各号に掲げる事項について、裁判所又は創立総会若しくは種類創立総会に対し、虚偽の申述を行い、又は事実を隠ぺいしたときは、5年以下の懲役若しくは500万円以下の罰金に処し、又はこれを併科する。
　　（第2項〜第4項省略）
5　第960条第1項第3号から第7号までに掲げる者が、次のいずれかに該当する場合にも、第1項と同様とする。
　一　何人の名義をもってするかを問わず、株式会社の計算において不正にその株式を取得したとき。
　二　法令又は定款の規定に違反して、剰余金の配当をしたとき。
　三　株式会社の目的の範囲外において、投機取引のために株式会社の財産を処分したとき。
（虚偽文書行使等の罪）
第964条　次に掲げる者が、株式、新株予約権、社債又は新株予約権付社債を引き受ける者の募集をするに当たり、会社の事業その他の事項に関する説明を記載した資料若しくは当該募集の広告その他の当該募集に関する文書であって重要な事項について虚偽の記載のあるものを行使し、又はこれらの書類の作成に代えて電磁的記録の作成がされている場合における当該電磁的記録であって重要な事項について虚偽の記録のあるものをその募集の事務の用に供したときは、5年以下の懲役若しくは500万円以下の罰金に処し、又はこれを併科する。
　一　第960条第1項第1号から第7号までに掲げる者

二　持分会社の業務を執行する社員
　　三　民事保全法第56条に規定する仮処分命令により選任された持分会社の業務を執行する社員の職務を代行する者
　　四　株式、新株予約権、社債又は新株予約権付社債を引き受ける者の募集の委託を受けた者
2　株式、新株予約権、社債又は新株予約権付社債の売出しを行う者が、その売出しに関する文書であって重要な事項について虚偽の記載のあるものを行使し、又は当該文書の作成に代えて電磁的記録の作成がされている場合における当該電磁的記録であって重要な事項について虚偽の記録のあるものをその売出しの事務の用に供したときも、前項と同様とする。

（預合いの罪）
第965条　第960条第1項第1号から第7号までに掲げる者が、株式の発行に係る払込みを仮装するため預合いを行ったときは、5年以下の懲役若しくは500万円以下の罰金に処し、又はこれを併科する。預合いに応じた者も、同様とする。

（取締役等の贈収賄罪）
第967条　次に掲げる者が、その職務に関し、不正の請託を受けて、財産上の利益を収受し、又はその要求若しくは約束をしたときは、5年以下の懲役又は500万円以下の罰金に処する。
　　一　第960条第1項各号又は第2項各号に掲げる者
　　二　第961条に規定する者
　　三　会計監査人又は第346条第4項の規定により選任された一時会計監査人の職務を行うべき者
2　前項の利益を供与し、又はその申込み若しくは約束をした者は、3年以下の懲役又は300万円以下の罰金に処する。

1 特別背任(法960条1項)——不良貸付

　被疑者は，○○市○○町○○番○○号所在の株式会社○○銀行○○支店の支店長として，同支店の業務全般を統括しているものであるが，かねて融資先の○○○○株式会社の営業状態，資産状態等が著しく悪化し，同社に対しては平成○○年○月末現在ですでに貸付金残高が約○○億円に達し，そのうち約○億円以上が保全不足の状態にあったため，同社に対しそれ以上融資をしても，その確実な回収の見込みがなかったのであるから，ひたすら同銀行の利益を図り，同社に対する貸し増しを直ちに停止し，適時担保物件を処分するなどして既存の融資金を回収し，たとえ既存の貸付金等の債権を保全するため融資をする場合においても，必要最小限度に絞り，かつ，確実十分な担保を提供させるなど万全の措置を講ずべき任務があったにもかかわらず，同社の利益を図る目的をもって，その任務に背き，同社からの依頼に応じ，平成○○年○月○日頃，同支店において，同社に対し，同銀行資金○億円を貸し付け，もって，同銀行に対し，同額の財産上の損害を加えたものである。

① 本罪は、刑法247条の特別規定であり、いわば一種の業務上背任罪というべきものである。

② 本罪の主体は、発起人、取締役等法960条1項1号から8号に規定された者である。7号の「事業に関するある種類もしくは特定の事項の委任を受けた使用人」とは、ある程度包括的な委任を受けたものをいい、具体的には、支店長、部長、課長、係長、主任などといった地位の者がこれにあたる。

③ 本罪が成立するためには、故意の他に、「自己若しくは第三者の利益を図り」（図利）又は「株式会社に損害を加える」こと（加害）を目的としていることが必要である。
　したがって、会社の利益を図る目的であった場合には、たとえ結果的に会社に損害を与えたとしても本罪は成立しない。しかしながら、会社の利益を図る目的と図利又は加害目的が混在するような場合もありうる。たとえば、一見不良貸付

であるが、真実は既存債権の保全、回収を図ることを目的とした救済融資などがそれである。そのような場合は、行為の決定的動機となった目的ないし行為の究極的な目的がどちらにあるかによって、本罪の成否が決せられることとなる（最判昭35・8・12刑集14・10・1360）。

　図利目的における「**自己**」とは行為者自身をいい、「**第三者**」とは行為者及び会社以外の者をいう。本罪の共犯者も「第三者」たり得る。また、図利目的における自己又は第三者の利益及び加害目的における会社の損害とは、財産上の損害に限定されない。図利目的又は加害目的についての認識は、未必的では足りず、確定的であることを要する。

④　「**その任務に背く行為をし**」とは、当該事務の性質上、信義誠実の原則によって要求される会社との間の信任関係に違背する行為をすることである。任務違背行為は、作為・不作為であるとを問わず、法律行為であると事実行為であるとを問わない。任務違背行為の典型例は、放漫な無担保貸付であるが、他に取締役会の承認を得ない取締役の自己取引などもこれに該当する。

⑤　「**財産上の損害**」とは、財産上の価値を減少させることをいい、「**積極的損害**」（既存財産の減少）と「**消極的損害**」（既存財産の増加の妨害又は得べかりし利益の喪失）の双方を含む。たとえば、回収不能の金銭不良貸付の場合、元本相当額は「積極的損害」であり、利息相当額は「消極的損害」であるが、いずれも本罪の財産上の損害に当たる。

　財産上の損害の有無は、法律的見地からではなく、経済的見地から判断されるべきである（最判昭58・5・24判時1080・36）。すなわち、法律上は権利として存続していても、その実行が不能又は困難となった場合は、経済的価値は皆無となり、又は減少したものと認められ、財産上の損害に当たるわけである。また、任務違背行為が法律的には無効であっても、会社の財産状態が事実上悪化した場合も、財産上の損害に当たる。財産上の損害は、実害が発生した場合のほか、財産上の権利の実行を不確実にさせ、権利の内実を失わせた場合、すなわち実害発生の危険を生じさせた場合も含む。もっとも単に損害が生じるおそれがあるというだけでは足りず、経済的取引の観念からして、実害発生の可能性が明白かつ現

在するような具体性を帯びた場合に限られる。
⑥　本罪は故意犯である。したがって、行為者に
　　　ⅰ　本条所定の身分があること
　　　ⅱ　当該行為の任務違背性
　　　ⅲ　損害の発生すべきこと
　のそれぞれについての認識を要する（最判昭40・3・16裁判集155・67）。

2　**違法配当（法963条5項2号）**

> 　被疑者は，○○市○○区○○町○番○号に本店を置き，広告代理業等を営む株式会社○○社の代表取締役であるが①，○○社が平成○○年4月1日から同○○年3月31日までの第○○期決算期において，真実は多額の未処理損失があり，株主資本が欠損状態になっているため，法令により株主に対し剰余金の配当ができないのに②，株主資本に架空の繰越利益剰余金○○億○，○○○万円を加算し，剰余金分配可能額が○○億○，○○○万○，○○○円であるかのように仮装した内容虚偽の計算書類を作成するとともに，別表記載のとおり配当を行う旨の剰余金の配当案を作成した上，これを同年6月○日に開催された○○社の第○○期定時株主総会に提出して承認可決させ，決議どおり配当を行い，もって，法令の規定に違反して剰余金の配当を行ったものである③。

別紙　一覧表

番号	事業年度 （平成年月）	配当日時 （平成年月）	受配当株主	配当率	配当金額
1	○○・○期	○○・○・○○	△△△ほか ○○○○名	年○割○分	○○○○円

①　本罪の主体は、法960条1項3号から7号に掲げられている者である。
②　株式会社は、株主に剰余金を配当することができる（法453条）。剰余金の配当は、株主総会の決議を経て（法454条）行われなければならない。

剰余金の算出方法は法446条に規定されている。
③ 「法令の規定に違反した配当」には、剰余金がないなど配当できる場合でないのに配当する場合と、配当の手続きが法令に違反した場合がある。

③ 目的の範囲外における投機取引（法963条5項3号）

　被疑者は，○○市○○区に本店を有する資本金○○○万円の×××株式会社の代表取締役で，同会社は化粧品，石鹸，雑貨，歯磨等の卸売り及びこれに付帯する業務を会社の目的①とするものであるが，同会社が営業上損失を出したことから投機取引②を行って利を得ようと企て，いずれも商品取引所仲買人であるA商事株式会社○○支店，B商事株式会社○○営業所に対し，穀物などの商品取引を委託し，両社に平成○○年○月○日頃から同年○月○日頃までの間，前後○○回にわたり同取引の委託証拠金として前記×××株式会社の財産である現金，小切手等合計○○○○円を預託し，いずれもその頃，これを同取引の差損金に充当して支払い，もって，同会社の目的の範囲外において投機取引のために会社財産を処分③したものである④。

① 本号違反の投機取引は、会社の目的の範囲外の行為としてなされるものであるから、会社の目的の範囲を摘示したものである。
② 「投機取引」という用語は、本来経済界において用いられる言葉であるが、広く解する立場からは、相場若しくは価格の変動によって生ずる差額を利得しようとする取引を総称し、狭く解する立場からは、取引の目的物を現実に授受しないで、専ら相場の差額の授受によって決済する差金取引を意味する。
③ 会社財産の処分行為には、売買、交換、代物弁済、質権設定等種々の態様が考えられるが、例えば、会社の金を、証券取引市場における有価証券の売買、信用取引の証拠金の預託、あるいは取引の決済等に使用することが代表的なものである。
④ 会社の目的の範囲外における投棄取引のための会社財産の処分行為が、図利・加害の目的でなされたときは、法960条の特別背任罪又は業務上横領罪が成立して本罪の適用はなく、会社のために行った場合だけが本罪を構成する。

④ 虚偽文書行使（法964条1項）

　被疑者△△株式会社は土木建築工事の請負業を営む者，被疑者甲は平成○年○月○日より同○○年○月○日まで同社の代表取締役①として同社の業務一切を統轄していた者，被疑者乙は同○年○月○日より同○○年○月○日まで同社の常務取締役①の職にありその間の同○年○月○日より同○○年○月○日まで経理事務を担当していた者であるが，被疑者甲及び同乙は共謀の上，同○○年○月上旬，同社が資本の額2億5,000万円を4億円に増資するにつき，新株式を株主に割当てて募集②するため，同会社の同○○年12月期（自同○○年1月1日ないし同年12月31日）の営業成績は，1,474万1,640円の損失であるのに，3,804万1,000円の利益をあげたように不実の記載をした⑤新株式発行目論見書③④を○○市○○区○○町○○番地○○○方等において，同会社の株主である○○○ほか3,940名に配布して行使⑥したものである。

① 本条違反は、いわゆる身分犯である。
② 「募集」の意義については、証券取引法2条3項に規定された定義と同意義に解されている。すなわち、「株式の募集」とは、「不特定かつ多数の者に対し、均一の条件で、新たに発行される株式の取得の申込を勧誘すること」をいう。
③ 本条の対象となるものは、「会社の事業その他の事項に関する説明を記載した資料」、又は「当該募集の広告その他当該募集に関する文書」である。有価証券の発行者が、当該有価証券の募集又は売出に際し、作成しなければならないとされている「目論見書（金融商品取引法2条10項）」が代表的なものである。
④ 文書中、重要な事項について虚偽の記載がある場合に本罪が成立する。
　「重要な事項」とは、社会通念上、一般公衆が応募するかどうかの判断に影響を及ぼすような事項をいい、具体的には、事実に摘示した営業及び経理の状況に関する事項のほか、会社の目的、商号及び資本又は出資に関する事項、会社の役員又は発起人に関する事項、当該募集又は売出に関する事項等がこれに当たる。
⑤ 「虚偽の記載」とは、真実に合致しないことを記載することであるが、客観

的、一般的にみて、申込人の申込に応ずるかどうかの決意に影響を及ぼす程度の不実があることを要する。
⑥ 「行使」とは、一般の偽造文書行使罪における行使と同一概念である。文書について、株式の募集に関して重要なる事項につき不実の記載あることを認識しながら、これを真正な文書として使用することをいう。相手方が不特定かつ多数であることは要しない。

　行使の方法は、交付、郵送その他これを問わない。相手方が認識しうる状態においたとき既遂になる。

5　預合い（法965条）

　被疑者甲及び同乙は、いずれも○○株式会社の設立発起人であるが、払込に窮したためいわゆる見せ金をもって払込完了を仮装して預合いし、会社の設立登記をしようと企て、共謀の上、被疑者甲において、平成○○年○月○日頃、○○市○○区○○町○○番地○○銀行○○支店において、同支店長Ａに対し、その便宜供与を懇請し、よってＡをして、その頃同支店において、同支店の取引先であるＣに情を明かして説得させ、Ｃをして同支店からの融資を条件に設立完了まで○○○万円を貸与することを承諾させ、同日、○○○万円を前記会社の払込金として同支店に振替え払込みをなさしめ、これに基づき同支店長Ａの作成にかかる同人名義の株式払込金保管証明書を得て同月○日会社の設立登記を完了するや、即日、被疑者甲において、同支店を支払銀行とする○○○万円の小切手を振出し、これにより、Ｃ・同支店と順次振替え決済し、もって、株式払込を仮装して預合いしたものである。

① 本条違反は、いわゆる身分犯である。
② 「見せ金」とは、払込金員の借入先がどこであるかにかかわりなく、「当初から真実の株式の払込として会社資金を確保する意図なく、一時的の借入金を以て単に払込の外形を整え、株式会社成立の手続後直ちに払込金を払い戻してこれを借入先に返済する場合」であり、当初から真実払込をする意図がなかったかどうか

の判断に当たっては、「会社成立後借入金を返済するまでの期間の長短、払込金が会社資金として運用された事実の有無、借入金の返済が会社の資金関係に及ぼす影響の有無等」がきめ手である（最判昭38・12・6民集17・2・1633）。

③ 「払込仮装行為」とは、真実は払込をする意思なく、実体としても払込があったとはいえないのに、払込がなされたような外観を作り出すことをいう。

　払込資金の出所別に
　(a) 払込取扱銀行からの借入金による場合
　(b) 払込取扱銀行以外の者からの借入金化よる場合
　(c) 会社の自己資金による場合
　(d) (a)と(b)との結合形態の場合

に類別される。摘示の事実は、(d)の形態に当たる。

　払込が仮装のものであるかどうかは、資本額に相当する財産が法律上会社に帰属し、それだけの会社財産の増加があったか否かによって判断されることになる。

④ 「預合い」とは、発起人又は取締役等が株式の払込を仮装するため、払込取扱機関と通謀してする一切の仮装行為をいう（最決昭35・6・21刑集14・8・981、最決昭36・3・28刑集15・3・590など）。

　預合いに応じた払込金融機関の行為につき、決定権を有する役職員については応預合い罪が成立するが、これは預合い罪と対向犯関係にある。
通謀が存する以上、当該払込機関からの借入金による場合に限らず、払込金融機関以外の者からの借入によるいわゆる見せ金による払込も預合いに該当する。

　本罪にいう「通謀」とは、対向犯でなければ共謀共同正犯にあたる実体を有するような意思の連絡があることをいい（東高判昭54・2・20高刑集32・1・13）、払込仮装行為の基本的な点について相互に認識及び意思の連絡があれば足りる。

6　会社荒し等に関する贈収賄（法967条）

　被疑甲者は、○○市○○区2丁目3番4号に本店を置く××株式会社の取締役副社長として同社の業務全般を統括するもの、被疑者乙は、いわゆる総会屋

であり、同社の株式１，８６１株を有する株主であるが
第１　被疑者甲は、平成○○年６月２９日開催予定の同社の株主総会において①株主から同社の新製品開発に関する経営上の失策に対する責任追及が行われることが予想されたため、同年５月３０日頃、○○所在の同社本店事務所において、被疑者乙に対し、前記株主総会において営業報告、役員改選などの議案を無事に可決させるべく、会社役員のため有利な発言をしてもらい、他方株主が前記新製品開発問題に関する会社役員の責任を追及して発言するのを抑制してもらいたい旨依頼し、同総会における株主の発言ないし議決権の行使に関し不正の請託をし②、その謝礼の趣旨で、同人に対し、現金１００万円を供与し③
第２　被疑者乙は、前記日時・場所において、前記甲から、前記不正の請託を受け、その謝礼の趣旨で供与されるものであることを知りながら、前記現金１００万円の供与を受けてこれを収受し
たものである。④

① 法967条は、「不正の請託」を犯罪の成立要件としているが、その不正の請託の対象になる事項の一つが、株主総会における発言又は議決権の行使である。
　　議決権を行使できる者は、株主総会においては株主又はその代理人である。
② 法967条の「不正の請託」とは、株主などの権利行使に関する「違法」ないし「著しく不当」な依頼を意味する。何が違法ないし著しく不当な依頼に当たるかについては、場合を分けて考える必要がある。
　　まず、他の株主の権利行使の妨害を依頼する場合にあっては、妨害の目的又は妨害の手段・態様に不正がある場合であることを要し、収賄者本人の株主権の不行使を依頼する場合にあっては、依頼の目的に不正がある場合であることを要すると解する。
　　また、議案・発言への賛成・反対を依頼する場合には、依頼の目的が会社役員等の重大な不正や失策の追求を免れるためであって、その目的に不正が存在する場合、あるいは、他の株主に賛成又は反対を働きかけるについてその手段・態様

に不正が認められる場合には、その依頼は不正の請託に当たるであろうし、議事進行への協力依頼・総会荒しの対策依頼の場合においては、株主の正当な発言・議決権行使を押えてくれという趣旨が含まれている場合には、不正の請託に当たることがあろう。

③　本罪の客体は、「**財産上の利益**」である。これは、経済上の価額を有する利益すなわち貨幣価値に換算しうる利益をいう。刑法上の「**賄賂**」の概念より狭く、情交、有利な地位などは、これにあたらない。

④　会社荒し等の金品収受が恐喝罪を構成する程度に至ったときは、恐喝罪のみ成立し、本条の贈収賄罪は適用がない。

第2節　破　産　法

（詐欺破産罪）

第265条　破産手続開始の前後を問わず、債権者を害する目的で、次の各号のいずれかに該当する行為をした者は、債務者（相続財産の破産にあっては相続財産、信託財産の破産にあっては信託財産。次項において同じ。）について破産手続開始の決定が確定したときは、10年以下の懲役若しくは1000万円以下の罰金に処し、又はこれを併科する。情を知って、第4号に掲げる行為の相手方となった者も、破産手続開始の決定が確定したときは、同様とする。

一　債務者の財産（相続財産の破産にあっては相続財産に属する財産、信託財産の破産にあっては信託財産に属する財産。以下この条において同じ。）を隠匿し、又は損壊する行為

二　債務者の財産の譲渡又は債務の負担を仮装する行為

三　債務者の財産の現状を改変して、その価格を減損する行為

四　債務者の財産を債権者の不利益に処分し、又は債権者に不利益な債務を債務者が負担する行為

2　前項に規定するもののほか、債務者について破産手続開始の決定がされ、又は保全管理命令が発せられたことを認識しながら、債権者を害する目的で、破産管財人の承諾その他の正当な理由がなく、その債務者の財産を取得し、又は第三者に取得させた者も、同項と同様とする。

（特定の債権者に対する担保の供与等の罪）

第266条　債務者（相続財産の破産にあっては相続人、相続財産の管理人又は遺言執行者を、信託財産の破産にあっては受託者等を含む。以下この条において同じ。）が、破産手続開始の前後を問わず、特定の債権者に対する債務について、他の債権者を害する目的で、担保の供与又は債務の消滅に関する行為であって債務者の義務に属せず又はその方法若しくは時期が債務者の義務に属しないものをし、破産手続開始の決定が確定したときは、5年以下の懲役若しく

> は500万円以下の罰金に処し、又はこれを併科する。

1 詐欺破産（法265条1項1号）——隠匿

> 被疑者は、○○電機株式会社の代表取締役であったものであるが、○○電機株式会社が平成○○年○○月○日に東京地方裁判所により破産手続開始の決定を受け、同年○月○日同決定が確定したところ、同会社の債権者を害する目的をもって、同月○○日頃から同月○○日頃までの間、同工場内にあった競落物件及びモーター類、同部品、電線類等差押以外の物件（時価合計約3,200万円相当）を搬出し、もって、同社の財産を隠匿したものである。

① 現行法では、主体につき、債務者・準債務者・第三者の別は問わない。
② 「破産手続開始決定の確定」は、詐欺破産罪の処罰条件である。
　なお、平成16年の改正に当たっては、旧法の判例（東京地判平8・10・29判時1597・153等）が倒産のおそれのある状況で実行行為が行われることを必要としているところから、倒産のおそれのある状況にあることを構成要件に盛り込み、その代わり処罰条件を外すことも検討されたが、倒産のおそれのある状況が発生した時点が明確に規定できないなどの反対ががあり、見送られた経緯がある。
③ 本罪は目的罪であって、債権者を害する目的をもって行うことが必要である。債務者の経済活動は、自らの利を図る目的が常に存在するところから、図利目的は構成要件の要素とされていない。
④ 「隠匿」とは、債権者からする債務者の財産の発見を不能又は困難にする行為を意味し、事実上の隠匿たると法律上の隠匿たるとを問わない。

2 詐欺破産（法265条1項2号）——破産財団負担虚偽増加

> 被疑者は、○○ホテル株式会社の代表取締役であり、同社及び△△電気株式会社の業務を総括掌理していたものであるところ、△△電気株式会社が、平成

○○年○月○○日○○地方裁判所により破産手続開始の決定を受け，これが同年○月○○日確定したものであるが，同社の債権者を害する目的で，△△電気株式会社所有の○○市○○区○○町○○番地所在宅地○○○平方メートルにつき，○○ホテル株式会社又は被疑者を債権者，△△電気株式会社を債務者として賃借権設定予約をした事実はないのに，同○○年○○月○○日，東京都○○区○○町○○番地東京法務局○○出張所において，同所登記官に対し，登記代理人司法書士○○○をして同予約を原因として賃借権設定請求権仮登記をする旨内容虚偽の登記申請書を提出させ，情を知らない同登記官をして不動産登記簿原本にその旨不実の記載をなさしめ，即時同所においてこれを備付けさせて行使する①とともに同社の債務の負担を仮装②したものである。

① 公正証書原本不実記載・同行使の罪の事実摘示である。
② 刑法158条1項の行使と破産法違反とが，観念的競合（一所為数法）の関係にあることを示している。

3 債権者庇護①（法266条）

被疑者甲は，△△食品株式会社の代表取締役であって，△△食品株式会社は，株式会社○○商店などから食料品等を仕入れて○○市内の小売店に卸売していたものであるところ，△△食品株式会社が同年○月○○日○○地方裁判所により破産手続開始決定を受け，これが同年○月○日確定したところ，同年○月○日，○○市○○区○○丁目○○番地所在の株式会社○○商店の事務所において，○○商店以外の債権者を害する目的②をもって，△△食品株式会社が○○商店に対して負担していた履行期到来済みの債務総額（合計約○○○万円）を上回り，またその方法において義務に属するものでないのに③，△△食品の×××水産株式会社等に対する売掛代金債権合計○○○万円を○○商店に対する代物弁済として譲渡する旨の契約を締結し，もって，その方法・時期ともに債務者の義務に属しない債務消滅に関する行為をなした④ものである⑤。

① 債権者庇護罪は、破産罪の一種であり、破産手続を行う上において、単に債権者間の公平を維持するための罪であっていわゆる破産手続罪である。本罪は身分犯である。
② 「他の債権者を害する目的」が必要である。
③ 債務の本旨に従った弁済は、元来、債務者にとっては義務であり、債権者にとっては権利であるから、法265条1項4号の「債権者の不利益に処分し」に該当しないことはもちろん、本罪にも当たらない。
④ 「債務の消滅に関する行為であって債務者の義務に属せず」とは、無効又は取消しうる債務の弁済や賭博から生じた債務のように訴権のない債務の弁済を意味し、「その方法が債務者の義務に属しないもの」とは、いわゆる非本旨弁済を指し、特約のない代物弁済、弁済のための譲渡・現物の引渡に代え金銭を支払う方法等を意味し、「その時期が債務者の義務に属しないもの」とは、履行期の到来前又は停止条件の成就前に弁済することを意味する。
⑤ 本罪により、弁済等を受けた債権者について、法265条2項に該当するときは、同項により処罰されることになろう。

第 3 節　私的独占の禁止及び公正取引の確保に関する法律

（第二章　私的独占及び不当な取引制限）

第 3 条　事業者は、私的独占又は不当な取引制限をしてはならない。

（第三章　事業者団体）

第 8 条　事業者団体は、次の各号のいずれかに該当する行為をしてはならない。

一　一定の取引分野における競争を実質的に制限すること。

（第一号〜第五号省略）

（第十一章　罰則）

第89条　次の各号のいずれかに該当するものは、5年以下の懲役又は500万円以下の罰金に処する。

一　第 3 条の規定に違反して私的独占又は不当な取引制限をした者

二　第 8 条第 1 号の規定に違反して一定の取引分野における競争を実質的に制限したもの

② 前項の未遂罪は、罰する。

第90条　次の各号のいずれかに該当するものは、2年以下の懲役又は300万円以下の罰金に処する。

（第一号〜第二号省略）

三　排除措置命令又は第65条若しくは第67条第 1 項の審決が確定した後においてこれに従わないもの

第95条　法人の代表者又は法人若しくは人の代理人、使用人その他の従業者が、その法人又は人の業務又は財産に関して、次の各号に掲げる規定の違反行為をしたときは、行為者を罰するほか、その法人又は人に対しても、当該各号に定める罰金刑を科する。

一　第89条　5億円以下の罰金刑

二　第90条第 3 号（第 7 条第 1 項又は第 8 条の 2 第 1 項若しくは第 3 項の規定による命令（第 3 条又は第 8 条第 1 号の規定に違反する行為の差止めを命ず

る部分に限る。）に違反した場合を除く。）　３億円以下の罰金刑
　　三　第90条第１号、第２号若しくは第３号（第７条第１項又は第８条の２第１項若しくは第３項の規定による命令（第３条又は第８条第１号の規定に違反する行為の差止めを命ずる部分に限る。）に違反した場合に限る。）、第91条、第91条の２又は第94条　各本条の罰金刑

1 不当な取引制限① （法89条１項１号、95条１項、３条）

　被疑者Ａ株式会社，同Ｂ株式会社，同Ｃ株式会社，同Ｄ株式会社，同Ｅ株式会社，同Ｆ株式会社，同Ｇ株式会社，同Ｈ株式会社は、いずれも石油製品の元売り等の事業を行う事業者であり、それらの石油製品販売量はわが国における石油製品販売量の約８５パーセントを占めているもの，被疑者ａは平成○○年○月○日から被疑者Ａ株式会社△△取締役，被疑者ｂは同○○年○月○日から被疑者Ｂ株式会社△△取締役，被疑者ｃは同○○年○月○日から被疑者Ｃ株式会社○○取締役，被疑者ｄは同○○年○月○日から被疑者Ｄ株式会社○○取締役，被疑者ｅは同○○年○月○日から被疑者Ｅ株式会社○○取締役，被疑者ｆは同○○年○月○日から被疑者Ｆ株式会社△△取締役，被疑者ｇは同○○年○月○日から被疑者Ｇ株式会社△△取締役，被疑者ｈは同○○年○月○日から被疑者Ｈ株式会社△△取締役として，それぞれの被疑者会社の石油製品の販売に関する業務を担当していたものであるが，被疑者ａ，同ｂ，同ｃ，同ｄ，同ｅ，同ｆ，同ｇ及び同ｈは，共同してそれぞれその所属する被疑者会社の業務に関し，同○○年○月○日頃から○○市○○区○○町○○番地のＡ株式会社において，前記各会社の石油製品販売価格の引き上げについて協議を重ね，同月○日頃同所において，同○○年○月○日以降前記各社の石油製品につき，１キロリットル当たりの販売価格を平成○○年○月の販売価格に対し，別紙一覧表記載のとおり，それぞれ引き上げることを決定し②③，同○○年○月○日その効力を発生させ，もって，公共の利益に反して④，わが国の石油製品の販売に関する取引分野における競争を実質的に制限した⑤ものである。⑥

別紙（省　略）

① 「不当な取引制限」とは、「事業者が、契約、協定その他何らの名義をもつてするかを問わず、他の事業者と共同して対価を決定し、維持し、若しくは引き上げ、又は数量・技術・製品・設備若しくは取引の相手方を制限する等相互にその事業活動を拘束し、又は遂行することにより、公共の利益に反して、一定の取引分野における競争を実質的に制限することをいう。」とされている（法2条6項）。

　これを分析して検討すると
　(a)　「事業者が、他の事業者と共同して」行うものである（共同行為）こと
　(b)　その内容は、「相互にその事業活動を拘束し、又は遂行すること」であり（相互拘束又は共同遂行）
　(c)　かかる行為により、「公共の利益に反して」「一定の取引分野における競争を実質的に制限すること」（反公共性と競争の実質的制限）

である。

② 前掲の共同行為の摘示である。共同行為は、「契約、協定その他何らの名義を以てするかを問わ」ない（法2条6項）。その成立要件としては、共同行為者間に同一目標に向った意思の連絡が存することを必要とすると解される。行為を行う事業者間において相互の事業活動についての認識が存在することをもって足りるという説がある（正田彬・独占禁止法・168頁）。

　共同行為者間の関係は、必要的共犯である。

③ 法2条6項の「共同して対価を決定し、………若しくは取引の相手方を制限する等相互にその事業活動を拘束し」という規定の解釈上、協定などがその内容において、例えば協定違反の場合の制裁措置を定めるなど相互の事業活動に対し拘束力を有するものであることを要するか否かの問題がある。

　独禁法の保護法益は、自由競争経済秩序の維持にあり、価格についていえば、自由競争経済秩序のもとでは各事業者間の自由競争により価格形成が行われるべきものであり、これを制限し阻害する行為を禁止するのが独禁法の狙いである。例えば、各事業者が共同して一斉に同額の値上げを行うことを合意決定し、これ

を実行することは上記にいう自由競争に基づく価格形成を制限し阻害するものであり、かかる制限を共同して設定すること自体が独禁法の保護すべき自由競争に基づく事業活動の不当な拘束であると解される。すなわち、共同して価格を引き上げる合意の成立が事業活動の拘束に当たり、合意の内容として合意に従わない場合の制裁措置等何らかの法律上あるいは事実上の拘束力をもったものであることを要しない。

なお、共同遂行は、相互拘束と別個の意味をもつ構成要件というよりは、相互拘束を積極面からいいあらわしたもの、あるいは拘束の意味を補完するために加えられた従属的観念である（今村成和・独占禁止法・66頁）。
④ ここにいう「公共の利益」とは、自由競争秩序そのものをいう。
⑤ 「競争を実質的に制限」するとは、市場支配を意味し、かかる結果の発生を要件とするものではなく、競争を実質的に制限する行為であれば足りる。

平成14年改正前の規定に関するものであるが、指名競争入札の運用が、入札実施者の提示した最低価格で落札されることが長年続くなど形骸化していたとしても、実施者において、これを指示、要請し、あるいは主導したものではなく、指名業者による入札における自由競争が妨げられていたというわけではないなどの事情の下では、89条1項1号の罪が成立するとした判例がある（最決平17・11・21刑集59・9・1597）。
⑥ 公正取引委員会の検事総長に対する告発が、訴訟条件である（法96条）。

2 一定の取引分野における競争の実質的制限（法89条1項2号、95条2項、8条1号）

被疑者甲は、石油精製会社及び石油製品元売会社を会員とし、石油業の健全な発達を図り、会員である事業者の共通の利益を増進することを主たる目的として、平成○年○月○日設立された事業者団体であって、その会員である石油精製会社○○社の原油処理量は、わが国における原油処理量の約98パーセントを占めているものであり、被疑者乙は、同○○年○月○日から同○○年○月○日まで甲の会長としてその業務全般を統括管理していたもの、被疑者丙は、

同○○年○月○日から同○○年○月○日まで甲の需給委員会委員長として同委員会の所掌する石油製品の需給計画等に関する業務を統括していたものであるが，被疑者乙及び同丙は，共謀の上，甲において石油精製会社○○社の原油処理量の調整を行うことを企て，被疑者甲の業務に関し，同○○年○月○日東京都○○区○○町○丁目○番○号の甲本部事務所において，甲の需給委員会を開催し，前記石油精製会社○○社が国内で行う同年7月から12月までの6か月分の一般内需用輸入原油の処理について，その処理総量を○○○キロリットルとした上，これを販売実績，原油処理能力等を勘案して按分し，いずれも同連盟の会員であるA株式会社，B株式会社，C株式会社，D株式会社，E株式会社，F株式会社，G株式会社，H株式会社，I株式会社，J株式会社，K株式会社及びL株式会社に対し，各社が処理し得る原油量を別紙割当一覧表の「割当量平成○○年下期分」欄記載のとおり割当て，即時その効力を発生させ，もって，わが国の原油処理に関する取引分野における競争を実質的に制限したものである。

別紙（省　略）

① 「事業者団体」とは，「事業者としての共通の利益を増進することを主たる目的とする2以上の事業者の結合体またはその連合体」をいう（法2条2項）。

② 「一定の取引分野における競争を実質的に制限すること」とは，事業者団体が，構成事業者が供給し，又は供給を受ける商品又は役務に関し価格の決定、維持，もしくは引上げ又は数量の制限を行い、また，構成事業者に係る顧客・販路，供給のための設備等について制限し，あるいは新規事業者の参入制限等を行い，これにより一定の取引分野（市場）における競争を実質的に制限することである（公正取引委員会「事業者団体の活動に属する独占禁止法上の指針」）。

「一定の取引分野」は，一定の取引の対象となる商品・役務の範囲，取引の地域の範囲等に関して，基本的には，需要者にとっての代替性という観点から判断される。

事業者団体によって「一定の取引分野における競争を実質的に制限すること」が行われる場合には，法2条6項に定められた不当な取引制限の場合と異なり，

その行為の形態に関しては何らの定めがない。

　規制される主体は事業者団体であるから、多くの場合、事業者団体を構成している競争関係にある事業者の「共同行為」の場として、事業者団体が利用され、それが事業者団体の決議・決定などの形を通して具体化される。

③　「公共の利益」に反することは、法2条6項の場合と異なり要件とされていない。

④　この罪も公正取引委員会の告発が、訴訟条件である。

③　排除指導命令違反①（法90条3号、95条1項）

　被疑者株式会社××は、○○市○○区○○町○○番地に本店を置き、○○県知事の免許を受けて宅地建物取引業を営むもの、被疑者△△は、被疑者会社の代表取締役として同会社の業務全般を掌理している者であるが、被疑者△△において、さきに被疑者会社の業務に関し、○○県○○市○○○番地所在の住宅用地の分譲につき平成○○年○月○日付日刊○○新聞に全頁広告をなすとともに同月○日から同月○○日までの間、広告ビラ約○○万枚を○○新聞に折り込み○○県下の同新聞購読者である一般消費者に配布した際、全頁広告及び広告ビラに、同住宅用地が実際にはＪＲ○○線○○駅から徒歩約1時間47分、最寄駅である△△電鉄線△△駅からでも徒歩約17分を要する位置に所在するのにこれがＪＲ○○線○○駅から徒歩7分の位置に所在する旨、またその分譲価格も3.3平方メートル当たり25,000円ないし35,000円であるのに17,000円ないし25,000円、特選地35,000円である旨等を記載するなどして、誇大広告をし不当に顧客を誘引し公正な競争を阻害するおそれがあると認められたため、同○○年○月○日付をもって公正取引委員会から、「今後、住宅用地の取引に関し、新聞、ビラ、ポスター、その他これらに類似する物による広告をするときは、本件事実と同様の記載又は写真の掲載をすることにより当該住宅用地の内容について実際のものよりも著しく優良であり、その価格について実際のものよりも取引の相手方に著しく有利であると一般消費者に誤認される広告をしてはならない」旨の排除指導命令を受けたものであ

るにもかかわらず，被疑者は被疑者会社の業務に関し，同排除指導命令に違反して住宅用地の分譲につき前記広告と同様の不当表示をしようと企て，被疑者会社が分譲する〇〇県〇〇市〇〇〇番地所在の住宅用地につき，実際には，〇〇電鉄〇〇線及びＪＲ〇〇線〇〇駅から約１２．５キロメートル（徒歩約２時間３６分），ＪＲ〇〇線〇〇駅から８キロメートル（徒歩約１時間４０分），〇〇電鉄線〇〇駅から約７．５キロメートル（徒歩約１時間３４分），最寄駅であるＪＲ〇〇線〇〇駅からでも約２キロメートル（徒歩約２５分）の距離に所在し，その分譲価格も１平方メートル当たり約１７，８００円から２１，０００円であるのに，同〇〇年〇月〇日から同月〇日までの間，同土地の分譲に関し，被疑者会社名義の広告ビラ約〇〇万枚を〇〇市〇〇区〇〇町〇丁目〇番〇号〇〇新聞〇〇専売所等の新聞販売店を介し，〇〇新聞・××新聞・△△新聞に折り込み同市〇〇区，〇〇県〇〇市等の同新聞購読者である一般消費者に配布するに際し，広告ビラに，〇〇駅南口前を案内所として「〇〇線・ＪＲ〇〇線〇〇駅近くの高級住宅地，駅から８００メートル，あえて駅前団地といいます。にぎやかな駅前通りからちよっとはいります。価格１㎡８，０００〜１１，０００円」などと記載し，住宅用地の取引に関しビラによる広告をするに際し，前記排除命令の事実と同様の記載をすることにより当該住宅用地の内容について実際のものよりも著しく優良であり，その価格についても実際のものよりも取引の相手方に著しく有利であると一般消費者に誤認される広告をし，もって排除措置命令に従わなかったものである。

① この罪も公正取引委員会の告発が，訴訟条件である。
② 排除命令の事実と同様の記載であることを具体的に摘示する必要がある。

第4節　不正競争防止法

(定義)
第2条　この法律において「不正競争」とは、次に掲げるものをいう。
　一　他人の商品等表示（人の業務に係る氏名、商号、商標、標章、商品の容器若しくは包装その他の商品又は営業を表示するものをいう。以下同じ。）として需要者の間に広く認識されているものと同一若しくは類似の商品等表示を使用し、又はその商品等表示を使用した商品を譲渡し、引き渡し、譲渡若しくは引渡しのために展示し、輸出し、輸入し、若しくは電気通信回線を通じて提供して、他人の商品又は営業と混同を生じさせる行為
　　　（第二号～第十五号省略）
　　　（第2項～第10項省略）

(罰則)
第21条　次の各号のいずれかに該当する者は、10年以下の懲役若しくは1000万円以下の罰金に処し、又はこれを併科する。
　　　（第一号～第七号省略）
2　次の各号のいずれかに該当する者は、5年以下の懲役若しくは500万円以下の罰金に処し、又はこれを併科する。
　一　不正の目的をもって第2条第1項第1号又は第13号に掲げる不正競争を行った者
　　　（第二号～第六号省略）
　　　（第3項～第6項省略）
7　第1項及び第2項の規定は、刑法　その他の罰則の適用を妨げない。
第22条　法人の代表者又は法人若しくは人の代理人、使用人その他の従業者が、その法人又は人の業務に関し、前条第1項第1号、第2号若しくは第7号又は第2項に掲げる規定の違反行為をしたときは、行為者を罰するほか、その法人に対して3億円以下の罰金刑を、その人に対して本条の罰金刑を科する。

(第2項～第3項省略)

1 不正競争（法21条2項1号、2条1項1号）

　被告人は，かばん類の製造販売業を行っているものであるが，不正の目的①をもって，平成○○年5月頃から同○○年5月頃までの間，○○市○○5丁目○○番地○○方ほか1か所において，需要者の間に広く認識されているスイス国○○・○○社の商品であることを表示する登録商標「　　」と同一のものをレザー生地に型押表示するなどして使用した同社の商品に類似する半ショルダーのかばん類合計○○○点を製造し，もって，同社の商品と混同を生じさせたものである。

① いわゆる目的犯である。「**不正の目的**」とは、「不正の利益を得る目的、他人に損害を加える目的その他不正の目的をいう」（法19条1項2号）。

② 法2条1項に該当する商品主体、営業主体の混合行為における他人の氏名、商号などの表示は、需要者の間に広く認識されたものでなければならない。すなわち、周知性がなければならないが、一地方において広く知られている場合でもよい（最決昭34・5・20刑集13・5・755）。

③ 本記載例は、商品表示等を使用した行為をとらえたものである。

④ 商品表示の類似性については、外観、称呼、観念のいずれか一つについて類似しておれば、類似の表示である。その判断は、離隔的観察、全体的観察、要部観察、分離観察による。

⑤ 「混同を生じさせる行為」とは、混同を生じさせるおそれがあれば足り、現実に混同を生じたことを要しない。

　「混同」とは、商品表示にあっては商品主体、すなわち商品の出所についての混同であり、営業表示にあっては営業主体の混同である。出所の混同には、両者の間に何らかの密接な関係（例えば、グループ関係、系列関係、技術提携関係）が存在するのではないかと誤認せしめる混同（広義の混同）を含む。具体的な取

引の実情において、取引者、需要者の注意を標準とし、現実的な危険について判断しなければならない。

　商標法違反（第12章第2節☞357頁参照）と不正競争防止法違反とは、観念的競合となる（東京地判昭62・10・22判時1258・143）。

第5節　出資の受入れ、預り金及び金利等の取締りに関する法律

（出資金の受入の制限）
第1条　何人も、不特定且つ多数の者に対し、後日出資の払いもどしとして出資金の全額若しくはこれをこえる金額に相当する金銭を支払うべき旨を明示し、又は暗黙のうちに示して、出資金の受入をしてはならない。

（預り金の禁止）
第2条　業として預り金をするにつき他の法律に特別の規定のある者を除く外、何人も業として預り金をしてはならない。

2　前項の「預り金」とは、不特定かつ多数の者からの金銭の受入れであつて、次に掲げるものをいう。
　一　預金、貯金又は定期積金の受入れ
　二　社債、借入金その他いかなる名義をもつてするかを問わず、前号に掲げるものと同様の経済的性質を有するもの

（高金利の処罰）
第5条　金銭の貸付けを行う者が、年109.5パーセント（2月29日を含む1年については年109.8パーセントとし、1日当たりについては0.3パーセントとする。）を超える割合による利息（債務の不履行について予定される賠償額を含む。以下同じ。）の契約をしたときは、5年以下の懲役若しくは1000万円以下の罰金に処し、又はこれを併科する。当該割合を超える割合による利息を受領し、又はその支払を要求した者も、同様とする。

2　前項の規定にかかわらず、金銭の貸付けを行う者が業として金銭の貸付けを行う場合において、年20パーセントを超える割合による利息の契約をしたときは、5年以下の懲役若しくは1000万円以下の罰金に処し、又はこれを併科する。その貸付けに関し、当該割合を超える割合による利息を受領し、又はその支払を要求した者も、同様とする。

3　前2項の規定にかかわらず、金銭の貸付けを行う者が業として金銭の貸付けを行う場合において、年109.5パーセント（2月29日を含む1年については年109.8パーセントとし、1日当たりについては0.3パーセントとする。）を超える割合による利息の契約をしたときは、10年以下の懲役若しくは3000万円以下の罰金に処し、又はこれを併科する。その貸付けに関し、当該割合を超える割合による利息を受領し、又はその支払を要求した者も、同様とする。

（その他の罰則）

第8条　いかなる名義をもつてするかを問わず、また、いかなる方法をもつてするかを問わず、第5条第1項若しくは第2項、第5条の2第1項又は第5条の3の規定に係る禁止を免れる行為をした者は、5年以下の懲役若しくは1000万円以下の罰金に処し、又はこれを併科する。

　　（第2項省略）

3　次の各号のいずれかに該当する者は、3年以下の懲役若しくは300万円以下の罰金に処し、又はこれを併科する。

一　第1条、第2条第1項、第3条又は第4条第1項若しくは第2項の規定に違反した者

二　いかなる名義をもつてするかを問わず、また、いかなる方法をもつてするかを問わず、前号に掲げる規定に係る禁止を免れる行為をした者

　　（第4項省略）

1　出資金の受入①（法8条3項1号、1条）

被疑者は，別紙一覧表記載のとおり，平成○○年○月○日頃から同年○月○日頃までの間，前後○○回にわたり，○○市○○区○○町○○番地の自宅事務所において，不特定かつ多数の相手方である②○○○○ほか○○名から，1年後には，出資の払い戻しをして出資金の全額を支払うべき旨を明示して③，現金合計④○○円を出資金として受入れたものである。

別紙　一覧表

番号	受　入　年　月　日	出　資　主	出　資　金	備　考
1	平成〇〇年〇月〇日	〇〇〇〇	〇〇〇円	

① 本条は、いわゆる街の投資利殖機関が、商法上の匿名組合契約に基づく出資の受入れと称しながら、実質上、銀行法その他の金融関係法規にいう預金の受入れと判別し難い形態において、金銭の受入れを行うのを取り締まろうとしたものである。

　本来、「出資」という行為は、共同事業のための出捐であって、その目的とする事業の成功を図るために用いられるものをいい、必ずしも出資元本が保障されないことをその性質としているのであるから、不特定かつ多数の者に対して、元本を保障するのみならず、利益金まで支払うことを約束することは出資の性質にも反し、いずれ実行不能に陥ってそれらの者に不測の損害を与える危険も多分にあるというのが禁止の趣旨である。

② 法2条の「預り金」の場合と同じく、不特定かつ多数の者であるが、「預り金」は、一般に種々の態様があり、これを禁止するのは、それが次に述べるように幅の広いものを対象とするものであって始めてその必要性が生ずるのであり、出資金についても、このことはあてはまるのであるが、出資という性格上、多くの場合、その受入れの対象も限定されていないので、本条との関係では、この要件は実際上問題になることは少ない。

③ 出資金元本の保証又はこれに加えて確定利息、利益、配当の支払を契約内容とする出資が、本条により禁止される典型的な場合である。

　しかし、そのように明示されたものでなくても、例えば「当会の出資証券は、常に安全です」と宣伝したり、過去において出資金額以上を返還した事例を示し、したがって、この出資は安全確実である旨の文言を付加するなどは、暗黙のうちに示したことに当たり、禁止の対象となる。しかし、単に、利益があれば、出資金の金額以上の払い戻しを行うことを明らかにして、「有望である」とか「有利確実である」とかいうような宣伝文言を使用することは、直ちに本条にふ

れるとはいい難い。

④ 「出資金」という以上、必ずしもその元本が保障されないことをその本来的性格とする。この点で、元本の返済が保証され、通常確定利息の支払いをその要素とする消費貸借又は消費寄託とその性格を異にする。しかるに、出資といいながら、当該出資金の金額又はこれを超える金額に相当する金銭を支払うべき旨を約束する契約を締結することは、外形的には極めて預金すなわち消費寄託の契約に類似しており、出資本来のあり方に反する。さりとて、このような出資を直ちに預金ないし金銭信託とみることは適当でない。なぜならば、当事者の真意はあくまでも共同事業への出捐というところにあり、単に金銭の運用を他人に任せてその運用による利益にあずかろうというものではない。しかし、事業への参加といっても、その態様に濃淡種々あり、資本と経営が分離する傾向が強まるにつれ、近時ますます出資か預り金か不分明な場合が多くなった。この点は、結局、当事者の意思の合理的推測、事業の主体のいかん、その他諸般の事情を総合的に勘案して決するほかはない。

2 預り金①（法8条3項1号、2条1項）

> 被疑者は，法定の除外事由②がないのに，別紙一覧表記載のとおり，平成〇〇年〇月〇日頃から同〇〇年〇月〇日頃までの間，前後〇〇回にわたり，〇〇市〇〇区〇〇町〇〇番地の被疑者方事務所において，不特定かつ多数の相手方③である〇〇〇〇ほか〇〇名から，現金〇〇〇〇円を月〇分の利息を支払うことを約して受取り，もって業として④預り金⑤をしたものである。

別紙　一覧表

番号	受入年月日	預け主	預り金額	備考
1	平成〇〇年〇月〇日	〇〇〇〇	〇〇〇円	

① 本条は、業として預り金をするにつき、他の法律に特別の規定がある者を除く

ほか、何人も業として預り金をすることを禁止している。一般大衆から預金の受入れ等の受信業務を行う場合、その業務がひとたび破たんをきたすようなことがあれば、与信者たる一般大衆に不測の損害を及ぼすばかりでなく、社会の信用制度と経済秩序をかく乱するおそれがあるので設けられたものである。

② 「法定の除外事由」とは、法2条1項にいう「他の法律に特別の規定のある者」、具体的には、銀行（銀行法10条）などの金融機関が行なう場合をいう。

③ 「不特定かつ多数の者」とは、一般大衆を指称するものであり、たまたまその中に少数の親族を含んでいたからといって、これを除外すべきではない（最判昭36・4・26刑集15・4・732、同旨高高判昭32・7・19高裁判特4・14～15・363、東高判昭35・11・21東高判決速報872、福高判昭37・7・11下刑集4・下・627）。

④ 「業として」とは反復、継続の意思をもって預り金をすることであるが、報酬もしくは利益を得る意思又はこれを得た事実は必要ではない。

⑤ 「預り金」とは、主として預け主のため金銭の価額を保管することを目的とするものであり、法律的には、消費寄託の性質を有する。法2条2項は、「不特定且つ多数の者からの金銭の受入で、預金、貯金又は定期預金の受入及び借入金その他何らの名義をもってするを問わず、これらと同様の経済的性質を有するもの」を「預り金」であると定義している。

このうち、「借入金」は、その法律的性質が消費貸借であり、主として借主の必要をみたすためのその便益の供与を目的とするものであるが、経済的性質において、貸主のため金銭の価額の有効な保管を目的とするものが認められるので、預り金の例示の中に加えられたものである。例えば、佐賀県退職公務員連盟の会員等に利殖の途を与える目的で産経株式会社を設立し、同会社の借入金名義で会員等から期限3か月、利息月平均3分の約束で金銭を受入れ、出資者にはその旨の約束手形を差入れることとし、甲ほか779名より金銭の受入れをし、甲等は、被告人の手腕を期待し、安全有利な利殖方法として、約旨のとおりの利息を附し確実に元本を返還してくれるものと信じて金銭を差出したものであるとき、借入金の名義を用いてはいるが、その実質は、預金、貯金又は定期積金の受入れ等と同様な経済的性質を有する金銭の受入れに該当するとされた（福高判昭37・7・

11下刑集4・下・627)。

　また、たとえ出資金又は融資金等の名義を用いても、元本額又はそれ以上の額を弁済期に返還することを約旨として不特定多数の者から金銭を受入れることも預り金である（最決昭31・8・30刑集10・8・1292）。

③ 高金利の受領・契約（法5条3項）

　被疑者は，○○市○○区○○町○○番地において「プラスワン」の名称で貸金業を営む者であるが，別紙一覧表記載のとおり，平成○○年○月○日から同年○月○日までの間，前後○○回にわたり，同所において，Aほか○○名に対し，業として，合計○○○万円を貸し付け①，同年○月○日から同年○月○日までの間，「プラスワン」ほか○か所において，Aらから1日当たり2.4302パーセントないし4.4991パーセントの割合による利息合計○○○万○,○○○円②を受領③し，もって，法定の1日あたり0.3パーセントを超える割合による利息を受領したものである④。

別紙　一覧表

番号	貸付年月日（平成○年）	貸付場所	借受人	貸付契約金額	天引利息額

実交付額	貸付期間（平成○年）（　日　数　）	受領（返済）年月日（平成○年）及び金額	受領（返済）場所

受領（返済）場所	受領（返済）総額	受領利息総額	法定利息額	超過利息額

1日当たりの利息

① 金銭の貸付けを「業として」行う者について、法は一般的な利息の制限（一日あたり0.3パーセント、年109.5パーセント）より厳しい制限を課し（年20パーセント）、これを越える場合に処罰することとしている（法5条2項）が、「業として」一般的な利息の制限を超える場合には、特に重く処罰することとしている（法5条3項）。

② 「天引き」とは、金銭の貸借において貸与すべき元本から約定の利息をあらかじめ控除して、その残額のみを交付することをいう。

　利息天引について、法5条の4第2項は、利息を天引する方法による金銭の貸付にあっては、その交付額を元本額として利息を計算するものとすると規定しているが、広高判昭36・2・13（刑集14・1・18）は、一旦貸付元本金額を相手方に形式的に交付した上、その場で直ちにその内から約定利息その他を受領し、その金を現実に相手方に交付しているような場合には、上記の利息の天引と同視すべきであるとし、実質的内容に着目して利息天引に該当するかどうかを判定し、脱法行為に対しては厳重な態度をもって処罰すべきことを明らかにしている。

③ 法5条の4第4項は、「礼金、手数料、調査料その他いかなる名義をもってするかを問わず、利息とみなす」としている。

　除外されるのは、契約の締結及び債務の弁済の費用のうち、公租公課の支払い、強制執行等公の機関が行う手続きの費用、政令で定める範囲の現金自動支払機の利用料・カードの再発行手数料等に限定される（法5条の4第4項1号及び2号、施行令3条）。

④ 契約をし、かつ、その後受領すれば、その段階で包括的に独立の受領罪が成立する。段階的に進展する一連の行為を各段階で犯罪としてとらえて規制している場合には、その最終段階で一連の行為を包括吸収的にとらえるべきだからである。

　利息天引きの場合には、天引きにより、利息が支払われたものと認定するのが相当であり、その時点で受領罪が成立する（東地昭42・6・19判タ209・249）。

　貸主が「その貸付に関し受ける金銭」とは、何らの名義をもってするを問わず、およそ当該貸付行為に関連して貸主が受領する金銭の一切をいい（法5条の4第4

項)、公正証書作成費用及び印紙代（広高判昭36・2・13判時260・35）、抵当権設定費用（札高判昭47・3・22判タ295・389）、電話質権設定費用（最決昭57・12・21判時1065・191）などのように利息の実質を全く有しないものも含まれる。

第6節　金融商品取引法

（相場操縦行為等の禁止）
第159条　何人も、有価証券の売買（金融商品取引所が上場する有価証券、店頭売買有価証券又は取扱有価証券の売買に限る。以下この条において同じ。）、市場デリバティブ取引又は店頭デリバティブ取引（金融商品取引所が上場する金融商品、店頭売買有価証券、取扱有価証券（これらの価格又は利率等に基づき算出される金融指標を含む。）又は金融商品取引所が上場する金融指標に係るものに限る。以下この条において同じ。）のうちいずれかの取引が繁盛に行われていると他人に誤解させる等これらの取引の状況に関し他人に誤解を生じさせる目的をもって、次に掲げる行為をしてはならない。
　一　権利の移転を目的としない仮装の有価証券の売買、市場デリバティブ取引（第2条第21項第1号に掲げる取引に限る。）又は店頭デリバティブ取引（同条第22項第1号に掲げる取引に限る。）をすること。
　二　金銭の授受を目的としない仮装の市場デリバティブ取引（第2条第21項第2号、第4号及び第5号に掲げる取引に限る。）又は店頭デリバティブ取引（同条第22項第2号、第5号及び第6号に掲げる取引に限る。）をすること。
　三　オプションの付与又は取得を目的としない仮装の市場デリバティブ取引（第2条第21項第3号に掲げる取引に限る。）又は店頭デリバティブ取引（同条第22項第3号及び第4号に掲げる取引に限る。）をすること。
　　（第四号〜第八号省略）
　九　前各号に掲げる行為の委託等又は受託等をすること。
2　何人も、有価証券の売買、市場デリバティブ取引又は店頭デリバティブ取引（以下この条において「有価証券売買等」という。）のうちいずれかの取引を誘引する目的をもって、次に掲げる行為をしてはならない。
　一　有価証券売買等が繁盛であると誤解させ、又は取引所金融商品市場における上場金融商品等（金融商品取引所が上場する金融商品、金融指標又はオプ

ションをいう。以下この条において同じ。）若しくは店頭売買有価証券市場における店頭売買有価証券の相場を変動させるべき一連の有価証券売買等又はその申込み、委託等若しくは受託等をすること。
二　取引所金融商品市場における上場金融商品等又は店頭売買有価証券市場における店頭売買有価証券の相場が自己又は他人の操作によつて変動するべき旨を流布すること。
三　有価証券売買等を行うにつき、重要な事項について虚偽であり、又は誤解を生じさせるべき表示を故意にすること。
　　（第3項省略）
（第八章　罰則）
第197条　次の各号のいずれかに該当する者は、10年以下の懲役若しくは1000万円以下の罰金に処し、又はこれを併科する。
　　（第一号～第四号省略）
　五　第157条、第158条又は第159条の規定に違反した者
　　（第2項省略）
第203条　金融商品取引業者の役員（当該金融商品取引業者が外国法人である場合には、国内における代表者及び国内に設ける営業所又は事務所に駐在する役員。以下この項において同じ。）若しくは職員、認可金融商品取引業協会若しくは第78条第2項に規定する認定金融商品取引業協会若しくは金融商品取引所の役員（仮理事及び仮監事並びに仮取締役、仮執行役及び仮監査役を含む。）若しくは職員又は外国金融商品取引所の国内における代表者（国内に事務所がある場合にあつては、当該事務所に駐在する役員を含む。）若しくは職員が、その職務（金融商品取引業者の役員又は職員にあつては、第79条の50第1項の規定により投資者保護基金の委託を受けた金融商品取引業者の業務に係る職務に限る。）に関して、賄賂を収受し、又はその要求若しくは約束をしたときは、5年以下の懲役に処する。
　　（第2項省略）
3　第1項の賄賂を供与し、又はその申込み若しくは約束をした者は、3年以下

の懲役又は300万円以下の罰金に処する。
第207条　法人（法人でない団体で代表者又は管理人の定めのあるものを含む。以下この項及び次項において同じ。）の代表者又は法人若しくは人の代理人、使用人その他の従業者が、その法人又は人の業務又は財産に関し、次の各号に掲げる規定の違反行為をしたときは、その行為者を罰するほか、その法人に対して当該各号に定める罰金刑を、その人に対して各本条の罰金刑を科する。
一　第197条　7億円以下の罰金刑
　　（第二号～第六号省略）
　　（第2項～第3項省略）

1 相場操縦の禁止違反（法197条1項5号、159条1項1号、2項1号、207条1項1号）

　被疑者A株式会社は、〇〇市〇〇区〇〇町2丁目4番3号に主たる事務所を置き、金融業を及び有価証券の運用、売買等を行っているもの、被疑者甲は、A社の代表取締役として同社の業務全般を統括していたものであるが、甲は、A社の業務に関し、東京都中央区日本橋兜町2番1号所在の東京証券取引所の開設する有価証券市場に上場されている有価証券である〇〇工業株式会社の株式につき、その株価の高値形成を図り、他人をして同株式の売買取引が繁盛に行われていると誤解させるなど同株式の売買取引の状況に関し他人に誤解を生じさせ①、かつ、同有価証券市場における同株式の売買取引を誘引する目的で②、A社従業員乙らと共謀の上、別表記載のとおり、平成〇〇年6月11日から同年8月18日までの間、前後41取引日にわたり、同有価証券市場において、株式会社Bほか14名義を用いて、〇〇証券株式会社ほか24社の証券会社を介し、同表「仮装売買」欄記載の株式合計167株について、自己のする売り付けと同時に別途自己において買い付けをし、もって、同株式につき権利の移転を目的としない仮装の売買取引を反復継続しつつ③、成行き及び高指値注文の連続発注による買上がり買付けなどの方法により④、同表「買付状況」欄記載の

同株式合計203株を買い付ける一方，同表「売付状況」欄記載の同株式合計199株を売り付ける一連の売買取引を行い，同株式の株価を始期における8万6,000円前後から11万5,000円まで高騰させるなどし，もって，同株式の売買が繁盛であると誤解させ，かつ，同株式の相場を変動させるべき一連の売買取引㉖をしたものである。

別　表

番号	取引年月日(平成○年)	変　動　操　作					
^	^	売　付　状　況			買　付　状　況		
^	^	売付名義	委託先証券会社(再委託先証券会社)	株数	買付名義	委託先証券会社(再委託先証券会社)	株数

仮装売買(うち数)	約定値段
株　数	単　価(円)

① 「有価証券等の売買取引等の取引が繁盛に行われていると他人に誤解させる等これらの取引の状況に関し他人に誤解を生じさせる目的」とは、取引が頻繁かつ広範に行われているとの外観を呈するなど当該取引の出来高、売買の回数、価格等の変動及び参加者等の状況に関し、他の一般投資家に、いわゆる実需によりそのような取引の状況になっているものと誤解させることの認識を意味する。
② 「誘引目的」とは、「有価証券市場における有価証券等の売買取引等を誘引する目的」、すなわち、人為的な操作を加えて相場を変動させるにもかかわらず、投資者にその相場が自然の需給関係により形成されるものであると誤認させて有

価証券市場における有価証券の売買取引に誘い込む目的をいう（最決平6・7・20刑集48・5・201）。

③ 「仮装の売買」とは、権利の移転を目的としない有価証券等の売買取引等を意味する。

　ここにいう「権利の移転」とは、主体の面からみれば、実質的な権利帰属主体の変更をいう。具体的には、証券取引所の市場で、同一証券会社が、同時期に行う売付けと買付けのうち、単に値をつける目的でなす売付けと買付けが典型的なものであるが、必ずしも同一証券会社に限らず、例えば、顧客がA証券会社に特定の有価証券の買付けを委託し、同時にB証券会社にその売付けを委託し、取引所取引で、この買付けと売り付けを対等にさせて売買契約を成立させる場合もこれに当たる。

　すなわち、「仮装売買」であるか否かは、実質的な権利帰属主体の変更があるか否かによって判断されることになるが、その判断にあたっては、当該有価証券の売付け及び買付けを決定し得る権能を中心として考えるのが相当である（東京地判昭56・12・7判時1048・164）。

④ 「買い上がり買付」とは、人為的に株価を高騰させる買付方法をいう。

⑤ 「変動取引」とは、誘引目的をもってする相場を変動させる可能性のある売買取引等を言い、第159条第2項1号後段は、有価証券の相場を変動させるべき一連の売買取引等のすべてを違法とするものではない（前記最決）。

⑥ 「一連の有価証券の売買取引等」とは、社会通念上連続性の認められる継続した複数の売買取引をいい、「相場を変動させるべき一連の売買取引」というのは、一連の売買取引が全体として相場を変動させるべきものであれば足りる趣旨であって、一連の売買取引に含まれる個々の売買取引がそれぞれ相場を変動させるべきものであることを必要とするものではない。

2　取引所の役職員に関する贈収賄（法203条1、3項）

　被疑者甲は、平成○○年○月○日から○○証券取引所上場部次長として、同部上場審査課所属職員を指揮して、同課の所管に属する株式の上場審査事務を①

担当している者，被疑者乙は，同○○年○月○日から○○株式会社の専務取締役をしている者であるが，

第1　被疑者甲は，同○○年○月○日頃，○○市○○区○○町○丁目○○番地の喫茶店「エーアンドビー」において，被疑者乙から，同○○年○月○日頃，○○株式会社が○○証券取引所に対し申請した同社株式の新規上場承認の審査につき好意的な取り計らいをしたことの謝礼として供与されるものであることの情を知りながら，現金○○○万円の供与を受け，もって前記自己の職務に関して賄賂を収受し

第2　被疑者乙は，前記日時場所において，被疑者甲に対し，前記同趣旨で現金○○○万円を供与し，もって被疑者甲の前記職務に関して賄賂を供与したものである。

① 株式の上場については、取引所の定める「有価証券上場規程」の中にその手続が詳細に規定されているほか、「株券上場審査基準」が設けられている。

第7節　特定商取引に関する法律[①]

1　不実の告知（法70条、6条1項）

（禁止行為）

第6条　販売業者又は役務提供事業者は、訪問販売に係る売買契約若しくは役務提供契約の締結について勧誘をするに際し、又は訪問販売に係る売買契約若しくは役務提供契約の申込みの撤回若しくは解除を妨げるため、次の事項につき、不実のことを告げる行為をしてはならない。

一　商品の種類及びその性能若しくは品質又は権利若しくは役務の種類及びこれらの内容その他これらに類するものとして主務省令で定める事項

二　商品若しくは権利の販売価格又は役務の対価

三　商品若しくは権利の代金又は役務の対価の支払の時期及び方法

四　商品の引渡時期若しくは権利の移転時期又は役務の提供時期

五　当該売買契約若しくは当該役務提供契約の申込みの撤回又は当該売買契約若しくは当該役務提供契約の解除に関する事項（第9条第1項から第7項までの規定に関する事項（第26条第3項又は第4項の規定の適用がある場合にあつては、同条第3項又は第4項の規定に関する事項を含む。）を含む。）

六　顧客が当該売買契約又は当該役務提供契約の締結を必要とする事情に関する事項

七　前各号に掲げるもののほか、当該売買契約又は当該役務提供契約に関する事項であつて、顧客又は購入者若しくは役務の提供を受ける者の判断に影響を及ぼすこととなる重要なもの

2　販売業者又は役務提供事業者は、訪問販売に係る売買契約又は役務提供契約の締結について勧誘をするに際し、前項第1号から第5号までに掲げる事項につき、故意に事実を告げない行為をしてはならない。

3　販売業者又は役務提供事業者は、訪問販売に係る売買契約若しくは役務提供契約を締結させ、又は訪問販売に係る売買契約若しくは役務提供契約の申込み

の撤回若しくは解除を妨げるため、人を威迫して困惑させてはならない。

4　販売業者又は役務提供事業者は、訪問販売に係る売買契約又は役務提供契約の締結について勧誘をするためのものであることを告げずに営業所等以外の場所において呼び止めて同行させることその他政令で定める方法により誘引した者に対し、公衆の出入りする場所以外の場所において、当該売買契約又は当該役務提供契約の締結について勧誘をしてはならない。

（第七章　罰則）

第70条　第6条第1項から第3項まで、第21条、第34条第1項から第3項まで、第44条又は第52条第1項若しくは第2項の規定に違反した者は、3年以下の懲役又は300万円以下の罰金に処し、又はこれを併科する。

第74条　法人の代表者又は法人若しくは人の代理人、使用人その他の従業者が、その法人又は人の業務に関し、次の各号に掲げる規定の違反行為をしたときは、行為者を罰するほか、その法人に対して当該各号で定める罰金刑を、その人に対して各本条の罰金刑を科する。

一　第70条の2　3億円以下の罰金刑

二　第70条又は第70条の3から前条まで　各本条の罰金刑

　　被疑者Aは、○○市○○区○○町1丁目1番1号に、「クリスタル」の名称で営業所を設置し、商品名「○○」等の化粧品の販売業等を営むもの、被疑者Bは、被疑者Aに雇用され、同営業所の化粧品販売員として従事しているものであるが、被疑者Bは、被疑者Aの業務に関し、別表記載のとおり、平成○○年○月○日頃及び同月○日頃の両日、同営業所において、同市○○区○○町1丁目付近路上で呼び止めて同営業所に同行させた特定顧客である甲ほか3名に対し、指定商品である「○○」等の化粧品の売買契約の締結について勧誘をするに際し、いずれも、真実は、「○○」等の化粧品が顧客ごとにそれぞれの肌質に合わせて製造するものではなく、既に他社で製造済みの化粧品を単に組み合わせた商品であるのに、「お渡しする化粧品は、あなたの肌質を調査して、あなたの肌質に合わせて作ります。うちの化粧品は、あなたの肌質に合わせて

> 作るものだから，他の人に回すことができないので解約はできません。」などと不実のことを告げ，もって，訪問販売に係る売買契約に関する事項であって，購入者である同女らの判断に影響を及ぼすこととなる重要なもの⑤につき，不実のことを告げる行為をしたものである⑥。

① 「特定商取引」とは、訪問販売、通信販売及び電話勧誘販売に係る取引、連鎖販売取引、特定継続的役務提供に係る取引並びに業務提供誘引販売取引をいう（法1条）。
　「訪問販売」については、法2条第1項に規定があり、販売業者又は役務提供事業者が、営業所等以外の場所において、申込みを受け又は契約を締結して行う、指定商品若しくは指定権利の販売又は指定役務の提供（1号）、販売業者又は役務提供事業者が、営業所等において、特定顧客から申込みを受け又は契約を締結して行う、指定商品若しくは指定権利の販売又は指定役務の提供（2号）をいう。
② 「営業所等」については、施行規則第1条。
③ 「特定顧客」とは、販売業者又は役務提供事業者が、営業所等において、営業所等以外の場所において呼び止めて営業所等に同行させた者その他政令で定める方法により誘引した者をいう（法2条1項2号、施行令第1条）。
④ 「指定商品」については、法2条4項。「指定権利」については、施行令第3条。
⑤ 「購入者の判断に影響を及ぼすこととなる重要なもの」とは、購入者等が契約を締結する場合又は申込みの撤回若しくは解除をする場合の意思形成に対して重大な影響を及ぼす事項であって、当該契約に関連のある事項であれば足り、必ずしも契約の内容自体に限定するものではなく、具体的に何がこれに該当するかについては、個別事例に即して契約の内容及び契約当事者の諸事情等を勘案しつつ判断すべきである。
⑥ 本罪は、不実のことを告げるだけで成立するが、本罪と詐欺罪が成立する場合もある。

② 現金取引による住居訪問販売における契約書面不交付
(法72条1号、5条2項、74条)

(訪問販売における書面の交付)
第5条 販売業者又は役務提供事業者は、次の各号のいずれかに該当するときは、次項に規定する場合を除き、遅滞なく（前条ただし書に規定する場合に該当するときは、直ちに）、主務省令で定めるところにより、同条各号の事項（同条第5号の事項については、売買契約又は役務提供契約の解除に関する事項に限る。）についてその売買契約又は役務提供契約の内容を明らかにする書面を購入者又は役務の提供を受ける者に交付しなければならない。
　一　営業所等以外の場所において、商品若しくは指定権利につき売買契約を締結したとき又は役務につき役務提供契約を締結したとき（営業所等において特定顧客以外の顧客から申込みを受け、営業所等以外の場所において売買契約又は役務提供契約を締結したときを除く。）。
　二　営業所等以外の場所において商品若しくは指定権利又は役務につき売買契約又は役務提供契約の申込みを受け、営業所等においてその売買契約又は役務提供契約を締結したとき。
　三　営業所等において、特定顧客と商品若しくは指定権利につき売買契約を締結したとき又は役務につき役務提供契約を締結したとき。
2　販売業者又は役務提供事業者は、前項各号のいずれかに該当する場合において、その売買契約又は役務提供契約を締結した際に、商品を引き渡し、若しくは指定権利を移転し、又は役務を提供し、かつ、商品若しくは指定権利の代金又は役務の対価の全部を受領したときは、直ちに、主務省令で定めるところにより、前条第1号及び第2号の事項並びに同条第5号の事項のうち売買契約又は役務提供契約の解除に関する事項その他主務省令で定める事項を記載した書面を購入者又は役務の提供を受ける者に交付しなければならない。

(第七章　罰則)
第72条　次の各号のいずれかに該当する者は、100万円以下の罰金に処する。

一　第4条、第5条、第18条、第19条又は第42条の規定に違反して、書面を交付せず、又はこれらの規定に規定する事項が記載されていない書面若しくは虚偽の記載のある書面を交付した者

（第二号～第十一号省略）

（第2項省略）

第74条（☞343頁参照）

被疑者○○株式会社は，○○市○○町○○番地に本店を置き，防災器具及び消火器具の販売等の業務を行うもの，被疑者○○は，同社の代表取締役であるが，被疑者○○は，法定の除外事由がないのに，同社の業務に関し，別紙一覧表記載のとおり，平成○○年○月頃から同月○日頃までの間，同市○○町○○番地のＡ方ほか8か所の住居を訪問し，同所等において，同人ほか8名との間で，○○粉末消火器合計○○本の売買契約を締結してこれを引渡し，かつ，その場において代金の全部合計○○万円を受領したのに，直ちに販売価格，販売業者の住所，名称，売買契約締結を締結してた者の氏名等法令の定める事項を記載した書面を交付しなかったものである。

別紙　一覧表（省略）

①　現金取引の場合は，原則として書面の交付は不要であるが，購入者の住居における訪問販売は，家庭の主婦等が1人で対応するような場合が多いため，他の場所における販売に比して購入を押し付けられる可能性が大きく，そのうえ，後日履行関係が残らないため，商品に瑕疵がある場合など購入者側に販売業者の民事上の責任追及する必要が生じても，その所在等が判明せず，結局いわゆる泣き寝入りに終わる事例が少なくない。

法5条1項は，訪問販売業者に書面交付義務を課すことによって購入者の権利を保護しようとするものであり，本罪はそれを刑罰によって担保するものである。

なお，「指定商品」は，法2条4項，施行令3条1項，同別表第1参照（本例の

消火器は別表18所定の指定商品)。

② 本罪の主体は、販売業者、すなわち、業として物の販売を行う者である。反復継続して行う意思がある限り、1回だけの販売行為を行った場合でも本罪に当たる。

③ 「法定の除外事由」については、法5条1項、26条に規定されている。

④ 「法令の定める事項」については、施行規則4条。なお、商品に隠れた瑕疵がある場合の責任に関する事項、契約の解除に関する事項、その他特約に関する事項の記載については同規則5条が定めている。

⑤ 本罪の行為は、法5条2項に規定された書面交付義務に違反して、書面を交付しないことである。たとえ何らかの書面を交付したとしても、その書面の記載内容が施行規則5条に適合しないものであれば、本罪が成立する。

3 連鎖販売取引に関する連鎖販売業の事業概要開示書面不交付（第1事実）及び不当勧誘（第2事実）（第1事実・法71条、37条1項、第2事実・法70条1号、34条1項、両罰につき法74条1号）

（禁止行為）

第34条　統括者又は勧誘者は、その統括者の統括する一連の連鎖販売業に係る連鎖販売取引についての契約（その連鎖販売業に係る商品の販売若しくはそのあつせん又は役務の提供若しくはそのあつせんを店舗その他これに類似する設備（以下「店舗等」という。）によらないで行う個人との契約に限る。以下この条において同じ。）の締結について勧誘をするに際し、又はその連鎖販売業に係る連鎖販売取引についての契約の解除を妨げるため、次の事項につき、故意に事実を告げず、又は不実のことを告げる行為をしてはならない。

一　商品（施設を利用し及び役務の提供を受ける権利を除く。）の種類及びその性能若しくは品質又は施設を利用し若しくは役務の提供を受ける権利若しくは役務の種類及びこれらの内容その他これらに類するものとして主務省令で定める事項

二　当該連鎖販売取引に伴う特定負担に関する事項
三　当該契約の解除に関する事項（第40条第1項から第3項まで及び第40条の2第1項から第5項までの規定に関する事項を含む。）
四　その連鎖販売業に係る特定利益に関する事項
五　前各号に掲げるもののほか、その連鎖販売業に関する事項であつて、連鎖販売取引の相手方の判断に影響を及ぼすこととなる重要なもの
　（第2項〜第4項省略）

（連鎖販売取引における書面の交付）
第37条　連鎖販売業を行う者（連鎖販売業を行う者以外の者がその連鎖販売業に係る連鎖販売取引に伴う特定負担についての契約を締結する者であるときは、その者）は、連鎖販売取引に伴う特定負担をしようとする者（その連鎖販売業に係る商品の販売若しくはそのあつせん又は役務の提供若しくはそのあつせんを店舗等によらないで行う個人に限る。）とその特定負担についての契約を締結しようとするときは、その契約を締結するまでに、主務省令で定めるところにより、その連鎖販売業の概要について記載した書面をその者に交付しなければならない。
　（第2項省略）

（第七章　罰則）
第70条（☞343頁参照）
第71条　第37条又は第55条の規定に違反して、書面を交付せず、又はこれらの規定に規定する事項が記載されていない書面若しくは虚偽の記載のある書面を交付した者は、6月以下の懲役又は100万円以下の罰金に処し、又はこれを併科する。
第74条（☞343頁参照）

　被疑者○○○○株式会社は，○○市○○町○○番○○号に本店並びに事務所を置き，ワックス・オイル添加剤等の連鎖販売業に係る連鎖販売取引を行うに当たり，同取引に関する約款を定め，連鎖販売業を行う者の経営に関し，継続

的に指導を行う等一連の連鎖販売業を実質的に統括する㉝株式会社，被疑者A
は，被疑会社の代表取締役として同会社の業務全般を統括掌理していた者，被
疑者B及び同Cは，いずれも被疑会社の取締役であった者であるが，被疑者
A，同B及び同Cは，共謀のうえ，被疑会社の業務に関し，別表記載のとお
り，

第1　平成○○年○月○日頃から同○○年○月○日頃までの間，前後3回にわたり，前記被疑会社事務所等において，被疑会社の連鎖販売業に係る商品を店舗等によらないで販売しようとする被疑会社加盟の「正会員」である○○○○ほか2名に対し，商品購入等の特定負担をすることを条件とする同様の上位ランク「特別会員」に昇進するよう勧誘して，同人らとの間にそれぞれ特別会員昇進契約を締結したが，各契約を締結するまでに，法令で定めるところにより，㉞統括者の名称及び住所並びに代表者の氏名，商品の種類及びその性能又は品質に関する重要な事項，商品名，販売価格，商品の引渡の時期及びその方法その他の商品の販売条件に関する重要な事項，連鎖販売取引において条件とされる特定負担の内容，契約の解除の条件その他の当該連鎖販売に係る契約に関する重要な事項等，その連鎖販売業の概要について記載した書面を○○○○ほか2名に交付しなかった

第2　前同日頃，同場所において，前後3回にわたり，前記「正会員」の○○○○ほか2名に対し，特別会員昇進契約の締結について勧誘するに当たり，真実は「特別会員」の傘下「会員」が上位ランクの「正会員」に昇進する場合，「特別会員」がその保有する在庫商品から「正会員」昇進者に再販売できる商品数量が制限され，その全部又は大半の商品を被疑会社に注文させてこれを再販売すべきこととされており，また，傘下「会員」が「正会員」に昇進するに当たり，その条件とされている商品購入等の特定負担に相当する資金を拠出できない場合には，その購入すべき商品の数量を減じて「正会員」に昇進させたうえ，「特別会員」をして当該「正会員」昇進者の拠出現金に見合う商品の全部又は大半を被疑会社に注文させてこれを再販売することとしているうえ，その代金として被疑会社が当該

「正会員」昇進者の拠出現金の全部又は大半を取得し，そのため，「正会員」は商品購入等の特定負担をして上位ランクの「特別会員」に昇進しても，投下した資金を回収することが著しく困難な実情にあったにもかかわらずこれらの事実を告げないで，『「特別会員」に昇進すれば，自己の在庫商品から傘下の「正会員」昇進者に２８ケース全部を再販売することにより，投下資金をたやすく回収できるばかりでなく，以後順次傘下の「正会員」昇進者に商品を再販売することにより高収益を上げることができる』などと嘘を言うなどし⑤，もって，それぞれその連鎖販売業に関する重要な事項であって，連鎖販売取引の相手方の判断に影響を及ぼすこととなる重要なものにつき⑥，故意に事実を告げず，かつ，不実のことを告げたものである。

別　表

番号	勧誘年月日 (平成年月日ころ)	契約年月日 (平成年月日ころ)	勧誘・契約場所	被害者 (「正会員」)	特　定　負　担			
					種別	数量 (ケース)	単位 (千円)	金額 (千円)

① 本罪は，いわゆるマルチ商法に関する犯罪である。マルチ商法においては，商業の経験に乏しい個人が，販売組織や契約内容を熟知しないままに契約を締結してしまうことが多く，それが紛争や被害発生の原因となる傾向にあることから，法37条1項において「特定負担」についての契約締結前に連鎖販売業の概要について記載した書面を交付することとし，事業の概要を十分認識したうえで契約を締結させることによって，個人を保護することとし，刑罰によってその書面交付義務を担保しているものである。また，不当な勧誘行為によって，個人が被害を受けることがないよう，法34条，70条によりこれに対して処罰を課することとしている。

② 「連鎖販売業」とは，本法33条1項に定義されているが，要するに，
　⑴　物品の販売（そのあっせんを含む。）又は有償で行う役務の提供（そのあっせんを含む。）の事業であること

(2)　商品の再販売、受託販売若しくは販売のあっせんをする者又は同種役務の提供若しくはその役務の提供をあっせんする者を特定の利益を収受し得ることをもって誘引するものであること
　(3)　連鎖販売取引を行うものであること
の3つの要件を満たすものをいい、いわゆる「**マルチ商法**」と呼ばれる特殊な販売方法がこれにあたる。
　「連鎖販売取引」とは、商品の再販売等をする者との間で、これらの者が「特定負担をすることを条件とするその商品の販売若しくはそのあっせん又は同種役務の提供若しくはその役務の提供のあっせんに係る取引」又は「特定負担をする事を条件とする（商品の販売等係る）取引条件の変更」を行うことであり、ここで「**特定負担**」とは、「その商品の購入若しくはその役務の対価の支払又は取引料の提供をいう」とされている（施行令7条参照）。
③　書面不交付罪の主体は、原則として「**連鎖販売業を行う者**」であるが、その際条件とされる特定負担についての契約の方は当該連鎖販売業を行う者以外の者と当該商品の再販売を行う者とが締結することもあり得るので、「連鎖販売業を行う者以外の者がその連鎖販売業に係る連鎖販売取引において条件とされる特定負担についての契約を締結する者であるときは、その者」(37条1項) も主体となる。
　これに対して、不当勧誘罪の主体は、「**統括者**」又は「**勧誘者**」である。
　「**統括者**」とは、「連鎖販売業に係る商品に自己の商標を付し、連鎖販売業に関する広告を自己の名において行い、連鎖販売取引に関する約款を定め、又は連鎖販売業を行う者の経営に関し継続的に指導を行う等一連の連鎖販売業を実質的に統括する者」をいい、「**勧誘者**」とは、「統括者がその統括する一連の連鎖販売業に係る連鎖販売取引について勧誘を行わせる者」をいう。
④　書面に記載すべき事項は、施行規則28条に定められている。
⑤　行為は、「連鎖販売業に係る連鎖販売取引について勧誘をするに際し、又はその連鎖販売取引についての契約の解除を妨げるため、法34条1項1号ないし5号の事項につき、故意に事実を告げず、又は不実のことを告げる行為」である。

⑥　5号の**「重要な事項」**とは、一般の無店舗個人において、もし、それについての事実が判明しあるいは虚偽であることが分かっておれば、当該連鎖販売取引をしなかったであろうという関係の存在が客観的に認められ得るような事項をいい、本例のような、連鎖販売取引において収受し得ることとされる特定利益の内容のほか、連鎖販売業に係る商品の種類及びその性能又は品質、商品の販売価格、商品の引渡しの時期及び方法その他の販売条件、連鎖販売取引についての契約の解除条件、取引において条件とされる特定負担の内容等が考えられる。

第12章　無体財産法

第1節　特　許　法

（虚偽表示の禁止）
第188条　何人も、次に掲げる行為をしてはならない。
一　特許に係る物以外の物又はその物の包装に特許表示又はこれと紛らわしい表示を付する行為
　　（第二号～第四号省略）
（侵害の罪）
第196条　特許権又は専用実施権を侵害した者（第101条の規定により特許権又は専用実施権を侵害する行為とみなされる行為を行つた者を除く。）は、10年以下の懲役若しくは1000万円以下の罰金に処し、又はこれを併科する。
（詐欺の行為の罪）
第197条　詐欺の行為により特許、特許権の存続期間の延長登録又は審決を受けた者は、3年以下の懲役又は300万円以下の罰金に処する。
（虚偽表示の罪）
第198条　第188条の規定に違反した者は、3年以下の懲役又は300万円以下の罰金に処する。

1 特許権侵害①（法196条1項）

　被疑者は，○○市○○区○○町○○番地に工場を置き，○○○類の製造販売業を営んでいるものであるが，業として②平成○○年○月○日頃から同年○月○日頃までの間，同工場において，何ら権限がないのに，Aが同○○年○月○日，第○○号をもって特許登録を受けた特許発明品○○○○と同一③の○○○○を○○○個製造し，もってAの特許権を侵害したものである。

① 故意犯である。故意は、自己の行為が他人の特許権を侵害することの認識すなわち他の特許権の存すること及び侵害行為についての認識である。未必の故意であってもよい。仮りに行為者において、特許権が無効であると信じていたとしても故意は阻却されない。例え、特許権に無効原因があっても当然に無効となるのではなく、無効の審決の確定によって初めて無効となるのであり（法125条）、それまでは有効な権利として存在するからである。

② 「**特許権**」とは、特許発明を業として独占的に実施する権利をいい（法68条）、その「**侵害**」とは権限なくして、業として、他人の特許発明の技術的範囲に属するものを実施することをいう。したがって、侵害の罪が成立するには、侵害行為が業としてなされたものでなければならない。すなわち、その者の社会的地位において、反復継続の意思をもってなされたことが必要である。業としてなされたものである限り、現実の侵害行為は1回であってもよく、反復継続されることを要しない。

③ 特許権の効力の及ぶ範囲は、特許発明の技術的範囲についてである。したがって侵害については、特許発明の同一性が問題になるが、その同一性は特許発明の技術的範囲の同一性にほかならない。

　特許発明の権利範囲すなわち技術的範囲は、願書に添付した明細書の特許請求の範囲に基づいて定められる。

　特許請求の範囲に記載された構成中に、対象商品と異なる部分が存する場合であっても、以下の対象製品等は、特許発明の技術的範囲に属するものとされる

(最判平成10・2・24民集52・1・113)。
  i 相違部分が特許発明の本質的部分でない。
  ii 特許発明の目的を達することができ、同一の作用・効果を奏する。
  iii 対象製品等の製造時に、異なる部分を置換することを当業者が容易に想到できる。
  iv 対象製品等が、特許発明の特許出願時における公知技術と同一又は当業者が公知技術から出願時に容易に推考できたものではない。
  v 対象製品等が特許発明の出願手続において、特許請求の範囲から意識的に除外されたものに当たる等の特段の事情がない。
 なお、特許庁に特許発明の技術的範囲について公式な見解を求めることができる判定制度が設けられている（法71条）。

2 詐欺の行為（法197条）

> 被疑者は、平成○○年○月○○日、東京都千代田区霞が関3丁目4番3号所在の特許庁において、特許庁長官に対し、○○発明に係る○○○○をあたかも自己が発明したかのように偽って記載した特許願書を提出した上、情を知らない同庁審査官○○○○をして、自己に対して特許をすべき旨の査定を行わせ、よって、同年○月○日第○○号をもって発明について特許権設定の登録を受け、もって、詐欺の行為①により特許を受けた②ものである。

① 「詐欺の行為」とは、人を錯誤に陥らせるような行為をいう。
② 「特許を受けた」とは、当該特許権の設定登録を受けたことをいう。

3 虚偽表示（法198条、188条1号）

> 被疑者は、○○県○○市○○町○○番地において○○の製造販売を行っているものであるが、同製品○○について、何ら特許を受けていないのに、平成○○年○月○日から同年○月○日までの間、同所において、その製造に係る○○に「ＰＡＴ　Ｎo.○○○」の刻印を押捺し、もって、特許に係る物以外の物に特①

許表示を附したものである。

① 「特許に係る物」とは、物の特許発明における、その物若しくは物を生産する方法の特許発明における、その方法により生産した物をいう。
② 「特許表示」につき、法187条参照。

第2節　商　標　法

(侵害とみなす行為)
第37条　次に掲げる行為は、当該商標権又は専用使用権を侵害するものとみなす。
一　指定商品若しくは指定役務についての登録商標に類似する商標の使用又は指定商品若しくは指定役務に類似する商品若しくは役務についての登録商標若しくはこれに類似する商標の使用
二　指定商品又は指定商品若しくは指定役務に類似する商品であつて、その商品又はその商品の包装に登録商標又はこれに類似する商標を付したものを譲渡、引渡し又は輸出のために所持する行為
　　　(第三号〜第八号省略)

(侵害の罪)
第78条　商標権又は専用使用権を侵害した者(第37条又は第67条の規定により商標権又は専用使用権を侵害する行為とみなされる行為を行つた者を除く。)は、10年以下の懲役若しくは1000万円以下の罰金に処し、又はこれを併科する。
第78条の2　第37条又は第67条の規定により商標権又は専用使用権を侵害する行為とみなされる行為を行つた者は、5年以下の懲役若しくは500万円以下の罰金に処し、又はこれを併科する。

(両罰規定)
第82条　法人の代表者又は法人若しくは人の代理人、使用人その他の従業者が、その法人又は人の業務に関し、次の各号に掲げる規定の違反行為をしたときは、行為者を罰するほか、その法人に対して当該各号で定める罰金刑を、その人に対して各本条の罰金刑を科する。
一　第78条、第78条の2又は前条第1項　3億円以下の罰金刑
二　第79条又は第80条　1億円以下の罰金刑
2　前項の場合において、当該行為者に対してした前条第2項の告訴は、その法人又は人に対しても効力を生じ、その法人又は人に対してした告訴は、当該行

為者に対しても効力を生ずるものとする。
3　第1項の規定により第78条、第78条の2又は前条第1項の違反行為につき法人又は人に罰金刑を科する場合における時効の期間は、これらの規定の罪についての時効の期間による。

1　商標権①侵害（法78条）

　被疑者は，○○株式会社が「家庭用テレビゲーム機おもちゃ」等を指定商品②として商標登録を受けている「○○○」の文字からなる商標（商標登録番号○○○○○○号）を付した家庭用テレビゲーム機おもちゃである○○○の内蔵プログラムに改変を加えたものを販売しようと企て，その商標権の使用に関し，何ら権限がないのに③，別紙一覧表記載のとおり，平成○○年○月○日から同月○日までの間，前後○回にわたり，内蔵プログラムに改変を加えた真正品でない○○○に上記商標を付した上，○○市○○区○○○丁目○番地○○○○方等○か所に宅配便で送付して，同人ら○名に，代金合計○万○,○○○円で販売して譲渡し④，もって，上記○○株式会社の商標権を侵害したものである。

① 「**商標権**」とは、商品又は役務について登録商標を独占的に使用できる権限をいう（法25条）。
② 商標の登録出願は、商標の使用をする商品又は役務を指定して、商標ごとにすることとされている（法6条1項）。指定は、施行令1条・同別表、施行規則6条・同別表の区分に従ってしなければならない。
③ 商標権について専用使用権が設定されているときは、専用使用権者はその登録商標の使用をする権利を専有する（法25条但書）。また、商標権が及ばない範囲については法26条。
④ 第三者が正当な権限なく法2条3項に定める行為を行うことが商標権の侵害に当たる。商標権を侵害する行為は、それが継続して行われたときは、登録商標1個ごとに包括一罪である（最決昭41・6・10判タ194・131）。

第2節　商標法

なお、商標権の効力について、特許庁に判定を求める制度がある（法28条）。

2 類似商標による間接侵害①（法78条の2、37条2号）

> 被疑者は、○○市○○区○○○丁目○番○号所在のブティック「○○○」を経営するものであるが、商標の使用に関し何ら権限がないのに、平成○○年○月○日、同ブティック店内において、○○社がかばん類、袋物等を指定商品として商標登録を受けている「ＸＸＸ」の商標（商標登録番号○○○○○○○号）に類似する②「ＫＸＸ」の商標を付した財布等○○○点を販売譲渡するために所持し、もって、上記○○社の商標権を侵害する行為とみなされる行為③を行ったものである。

① 法78条が、「直接侵害行為」を処罰するのに対し、法78条の2は、「間接侵害行為」を処罰するものである。

　「直接侵害行為」が、正当な権限のない第三者が登録商標と同一の商標を指定商品又は指定役務と同一の商品又は役務に使用するのに対し、「間接侵害行為」は、商標権保護の目的から法によって侵害と見なされる行為である。

② 「類似する」か否かの判断は、商標の有する外観、称呼及び観念のそれぞれの要素を総合的に判断しなければならないとされる。また、商標の類否の判断は、商標が使用される商品又は役務の主たる需要者層その他商品又は役務の取引の実情を考慮し、需要者の通常有する注意力を基準として判断される（特許庁「商標審査基準」）。

③ 「商標権を侵害する行為とみなされる行為」は、法37条、法67条に掲げられている行為である。

3 商標法違反及び不正競争防止法違反①
　　（商標法78条、不正競争防止法21条2項1号、2条1項1号）

> 被疑者は、商標使用に関し何ら権限がないのに、不正の目的をもって、平成○○年○月○日頃から同年○○月○日頃までの間、○○市○○区○○町○丁目

〇番〇号において，〇〇株式会社〇〇〇〇に対し，フランス国〇〇〇〇社が化粧品等を指定商品として商標権の設定登録をし，かつ，需用者の間に広く認識されている「〇〇〇　〇〇〇」（登録番号〇〇〇〇）の商標を容器及び外箱に付した化粧品合計〇〇〇〇個を代金合計〇〇万円で販売譲渡し，もって，〇〇〇〇社の商標権を侵害するとともに，同社の商品と混同を生じさせたものである。

① 不正競争防止法については、第11章第4節の注☞326頁参照。
② 商標法違反と不正競争防止法違反とは観念的競合になる（東京地判昭和62・10・22判時1258・143）。

第3節　著作権法

(第八章　罰則)

第119条　著作権、出版権又は著作隣接権を侵害した者（第30条第1項（第102条第1項において準用する場合を含む。）に定める私的使用の目的をもつて自ら著作物若しくは実演等の複製を行つた者、第113条第3項の規定により著作権若しくは著作隣接権（同条第4項の規定により著作隣接権とみなされる権利を含む。第120条の2第3号において同じ。）を侵害する行為とみなされる行為を行つた者、第113条第5項の規定により著作権若しくは著作隣接権を侵害する行為とみなされる行為を行つた者又は次項第3号若しくは第4号に掲げる者を除く。）は、10年以下の懲役若しくは1000万円以下の罰金に処し、又はこれを併科する。

2　次の各号のいずれかに該当する者は、5年以下の懲役若しくは500万円以下の罰金に処し、又はこれを併科する。

　　（第一号省略）

　二　営利を目的として、第30条第1項第1号に規定する自動複製機器を著作権、出版権又は著作隣接権の侵害となる著作物又は実演等の複製に使用させた者

　　（第三号〜第四号省略）

第124条　法人の代表者（法人格を有しない社団又は財団の管理人を含む。）又は法人若しくは人の代理人、使用人その他の従業者が、その法人又は人の業務に関し、次の各号に掲げる規定の違反行為をしたときは、行為者を罰するほか、その法人に対して当該各号に定める罰金刑を、その人に対して各本条の罰金刑を科する。

　一　第119条第1項若しくは第2項第3号若しくは第4号又は第122条の2第1項　3億円以下の罰金刑

　二　第119条第2項第1号若しくは第2号又は第120条から第122条まで　各

本条の罰金刑

（第2項〜第4項省略）

1 著作権侵害（法119条1項1号、124条1項）①②

　被疑者甲株式会社は，○○市○○町○○番○○号に本店をおき，印刷出版業を営むもの，被疑者乙は同会社の代表取締役としてその業務全般を統括しているものであるが，被疑者乙は，被疑者甲会社の業務に関し，法定の除外事由がなく③，かつ，著作権者の許諾を受けないで，平成○○年○月○日頃から同年○月○日頃までの間，甲会社本店において，○○○○が著作権を有する「○○○」を○○○部印刷複製し，もって○○○○の著作権を侵害したものである。④

① 「著作権」とは、著作者が著作物の利用によって経済的利益を確保する権利であり、著作権に含まれる権利は法21条乃至28条に規定されている。
② 「侵害」とは、著作権者等の許諾を得ず、かつ、法定の除外事由がないのに権利の目的である著作物等を利用することをいう。
③ 「法定の除外事由」としては、法30条ないし47条の8。
④ 法119条、120条の2第3号及び4号、121条の2並びに122条1項の罪は、親告罪である（法123条1項）。

2 著作権・著作隣接権侵害（法119条1号）①②

　被疑者は，法定の除外事由がなく③，かつ，著作権者及び著作隣接権者の許諾を受けないで，平成○○年○月○日頃，○○県○○市○○○丁目○番○号所在の被疑者方において，ハードディスクに一般社団法人○○協会が著作権を有し，○○レコード株式会社が隣接著作権を有する音楽の著作物である「○○○」ほか○曲の情報が記録されたパーソナルコンピュータを用いて，インターネットに接続した状態の下，送受信用プログラムの機能を有するファイル共有ソフト「○○」を作動させ，よって，同パーソナルコンピュータにアクセスし

た不特定多数のインターネット利用者に前記情報を自動的に公衆送信し得るようにし，もって，前記○○協会の著作権及び前記○○レコード株式会社の著作隣接権を侵害したものである。

① 実演，レコード，放送及び有線放送は，著作物を公衆に伝達する重要な媒体であるので，著作権法は，実演家，レコード制作者，放送事業者及び有線放送事業者に当該実演等に関する複製権等を付与し，その経済的利益を保護しており，この権利を「著作隣接権」という（第89条以下）。
② 「侵害」とは，著作隣接権の制限規定（法102条）に該当する場合を除いて，著作隣接権者の許諾を得ないで，又はその許諾の範囲を超えて法91条以下の規定する行為に及ぶこと，著作隣接権の制限規定に該当し，あるいは法93条1項によって適法に録画・録音又は複製が行われた場合でも，著作隣接権者の許可なく目的外使用することなどである。
③ 「法定の除外事由」としては，法102条の規定によって著作隣接権が制限を受ける場合などがあげられる。

3 みなし侵害①（法119条2項3号）

　被疑者は，ＤＶＤ販売店を営むものであるが，法定の除外事由がなく，かつ，著作権者の許諾を受けないで，平成○○年○月○日，○○市○○区○○町○番○号所在のＤＶＤ販売店において，株式会社○○が著作権を有する映画の著作物である「○○○」を複製したＤＶＤ合計○枚を，著作権者の許諾を受けないで複製されたものであることを知りながら，販売頒布の目的で所持し，もって，前記著作権者の著作権を侵害するとみなされる行為を行ったものである。

① 直接的には著作権の侵害には該当しないものの，実質的には著作権の侵害と同等と評価される行為について，法は「侵害する行為とみなす」（法113条）としている。

第13章　農林水産法

第1節　農 地 法

(農地又は採草放牧地の権利移動の制限)
第3条　農地又は採草放牧地について所有権を移転し、又は地上権、永小作権、質権、使用貸借による権利、賃借権若しくはその他の使用及び収益を目的とする権利を設定し、若しくは移転する場合には、政令で定めるところにより、当事者が農業委員会の許可を受けなければならない。ただし、次の各号のいずれかに該当する場合及び第5条第1項本文に規定する場合は、この限りでない。
　　(第一号～第十六号省略)
　　(第2項～第6項省略)
7　第1項の許可を受けないでした行為は、その効力を生じない。
(農地の転用の制限)
第4条　農地を農地以外のものにする者は、政令で定めるところにより、都道府県知事の許可(その者が同一の事業の目的に供するため4ヘクタールを超える農地を農地以外のものにする場合(農村地域工業等導入促進法(昭和46年法律第112号)その他の地域の開発又は整備に関する法律で政令で定めるもの(以下「地域整備法」という。)の定めるところに従つて農地を農地以外のものにする場合で政令で定める要件に該当するものを除く。第5項にお

いて同じ。）には、農林水産大臣の許可）を受けなければならない。ただし、次の各号のいずれかに該当する場合は、この限りでない。
　　　（第一号〜第八号省略）
　　　（第2項〜第6項省略）
（農地又は採草放牧地の転用のための権利移動の制限）
第5条　農地を農地以外のものにするため又は採草放牧地を採草放牧地以外のもの（農地を除く。次項及び第4項において同じ。）にするため、これらの土地について第3条第1項本文に掲げる権利を設定し、又は移転する場合には、政令で定めるところにより、当事者が都道府県知事の許可（これらの権利を取得する者が同一の事業の目的に供するため4ヘクタールを超える農地又はその農地と併せて採草放牧地について権利を取得する場合（地域整備法の定めるところに従ってこれらの権利を取得する場合で政令で定める要件に該当するものを除く。第4項において同じ。）には、農林水産大臣の許可）を受けなければならない。ただし、次の各号のいずれかに該当する場合は、この限りでない。
　　　（第一号〜第七号省略）
　　　（第2項〜第5項省略）
（第六章　罰則）
第64条　次の各号のいずれかに該当する者は、3年以下の懲役又は300万円以下の罰金に処する。
　一　第3条第1項、第4条第1項、第5条第1項又は第18条第1項の規定に違反した者
　二　偽りその他不正の手段により、第3条第1項、第4条第1項、第5条第1項又は第18条第1項の許可を受けた者
　　　（第三号省略）

1　無許可権利移転（法64条1号、3条1項）

被疑者は，法定の除外事由がないのに，○○農業委員会の許可を受けない

で，平成○○年○月○日，○○県○○郡○○町大字○○字○○番地の自宅において，Aに対し，同町大字××字×××番地所在の農地である水田○○○平方メートルを○○○円で売り渡し，もって，農地の所有権を移転したものである。

① 「法定の除外事由」については、法3条1項参照。
② 許可を受けないでした行為は、法律上無効である（法3条4項）が、私法上の法律効果を否定しただけでは、十分に統制の目的を達することができないので罰則の適用がある（仙高秋田支判昭36・11・1速報36・21）。
③ 許可を与える者は、農業委員会である。
　　許可は、売買契約の成立前になされることを要しない。したがって、許可を効力発生の停止条件として売買契約を締結することは、法の禁ずるところではない。許可を停止条件とする趣旨の契約であるか否かは、契約解釈の問題に帰着し、契約締結状況、契約内容その他各般の事情から判断せらるべきである。
　　本罪は、当事者間において特段の定めのない限り、売買契約を締結したとき成立し、既遂となる。

2 無許可転用（法64条1号、4条1項）

　被疑者は，○○市○○町○○番○○号所在の田約３，８６４平方メートル上に塗装工場等を建築するため，これを宅地に転用しようと企て，法定の除外事由がなく，かつ，○○県知事の許可を受けないで，平成○○年○月○日頃，田の一部約２１０平方メートルに高さ約６０センチメートルの盛土をして埋め立てし，もって，農地を農地以外のものに転用したものである。

① 本罪は、農地を農地以外のものにする事実行為を処罰の対象としている。したがって、農地について所有権その他の権限を有すると否とにかかわらず、一般に農地を転用しようとする者に適用がある（最決昭39・8・31刑集18・7・457）。
② 「法定の除外事由」については、法5条1項参照。

③　許可を与える者は、都道府県知事（法4条1項かっこ書きの場合は農林水産大臣）である。
④　法4条1項違反の罪は、宅地化の目的でなされる場合、家屋の建築工事に着手し、あるいは、完全に宅地としての外観を整えるまでに至らなくとも、農地の肥培管理を不能若しくは著しく困難にして、耕作の目的に供される土地とはいいがたい状態にしたときに成立し、その時から公訴の時効が進行する（最判昭41・5・31刑集20・5・341）。

3　転用目的無許可権利移転（法64条1号、5条1項）

　被疑者は、△△△の所有する農地を買い受けた上これを宅地にすることを企て、法定の除外事由がなく、かつ、○○県知事の許可を受けないで、平成○○年○月○日頃、○○市○○町○○番地の△△△方において、同人所有の農地である同市○○町○○番の1所在の田1,200平方メートルを、宅地にする目的で同人から○○○円で買い受けて、その所有権を移転したものである。

①　法5条は、農地又は採草放牧地についての所有権の移転又は地上権、永小作権、質権、使用貸借による権利、賃借権若しくはその他の使用及び収益を目的とする権利の設定若しくは移転を統制の対象としている点では、法3条と全く同じである。ただ、法3条が農地を農地のまま、あるいは採草放牧地を採草放牧地のまま利用するか、又は採草放牧地を肥培管理して農地にして利用する目的で、要するにその土地の農業上の利用を害することはなしに権利の設定又は移転が行われる場合についての許可制度であるのに対して、法5条は、その権利の設定又は移転がその土地の農業上の利用を廃止する結果となる場合、すなわち、農地をつぶして農地でなくしたり、あるいは採草放牧地を採草放牧地でなくしたりする目的で農地・採草放牧地についての権利の設定・移転が行われる場合の許可制度である点が異なっている。
②　法92条が、法5条1項違反を処罰するのは、同条項所定の権利の設定移転のためになされる法律行為を対象とするのであって、その効力が生ずるか否かはこれ

を問わない（最決昭38・12・27刑集17・12・2595）。
③　法4条違反と法5条違反との関係について、例えば、甲が宅地造成の目的で、乙所有の農地を買い受けたが、その際、甲・乙ともに法5条に定める知事の許可を受けず、甲は、間もなく同農地を宅地に造成したが、その際も法4条に定める知事の許可を受けなかった場合、甲については両罪が成立する。両者の関係は併合罪である。
④　「法定の除外事由」については、法5条1項但書参照。
⑤　5条1項かっこ書きの場合は農林水産大臣の許可。

第2節　森林法

（第八章　罰則）

第197条　森林においてその産物（人工を加えたものを含む。）を窃取した者は、森林窃盗とし、3年以下の懲役又は30万円以下の罰金に処する。

第198条　森林窃盗が保安林の区域内において犯したものであるときは、5年以下の懲役又は50万円以下の罰金に処する。

第201条　森林窃盗の贓物を収受した者は、3年以下の懲役又は30万円以下の罰金に処する。

2　森林窃盗の贓物の運搬、寄蔵、故買又は牙保をした者は、5年以下の懲役又は50万円以下の罰金に処する。

第202条　他人の森林に放火した者は、2年以上の有期懲役に処する。

2　自己の森林に放火した者は、6月以上7年以下の懲役に処する。

3　前項の場合において、他人の森林に延焼したときは、6月以上10年以下の懲役に処する。

4　前2項の場合において、その森林が保安林であるときは、1年以上の有期懲役に処する。

第203条　火を失して他人の森林を焼燬した者は、50万円以下の罰金に処する。

2　火を失して自己の森林を焼燬し、これによつて公共の危険を生じさせた者も前項と同様とする。

第204条　第197条、第198条及び第202条の未遂罪は、これを罰する。

1 森林窃盗 (法197条)①

被疑者は，平成○○年○月○○日頃から同月○○日頃までの間，○○県○○郡○○町大字○○字○○○番山林において，同山林に生育している○○○○所②
有の檜立木及び杉立木○本（時価合計○○○円相当）を人夫○○らをして伐採③

せしめて窃取したものである。③④⑤

① 森林窃盗は、森林法に規定されている特別の窃盗罪である。その刑は、3年以下の懲役又は30万円以下の罰金であって、刑法の窃盗罪より著しく軽く、罰金刑が規定されている。

　森林窃盗の刑がこのように軽い理由は、森林の占有（管理）の状態が他の財物の占有（管理）の状態に比してゆるやかであり、盗みやすい状態に置かれていること、森林の産物の財産的価値が割合少ないことなどに求められる。

　なお、森林窃盗罪と刑法の窃盗罪は、特別法、一般法の関係にある。

② 犯罪の場所は、森林であることが必要であるが、森林の定義については、法2条1項に規定されている。

③ 土地に生立している他人所有の立木を窃取する意思で伐採したときは、立木を自己の支配内に移したものというべきであるから、伐採行為の終了と同時に森林窃盗罪の既遂になる（最決昭40・5・29刑集19・4・426）。

④ 本罪の目的物は、森林の産物又はその加工物であるが、「産物」とは、無機物たると有機物たるとを問わず、森林から産出する一切の物をいい、岩石もこれに含まれ（最判昭50・3・20刑集29・3・53）、また土砂や台地を形成している熔岩もこれに含まれる。

　また、森林の産物を一ケ所にたばねて集積してあるような場合も、森林の産物性は失われないが、それは当該森林又はこれと同一森林と目しうる森林に生育した産物に限られ、他の森林から搬入された物のごときは「その森林」の産物とは認められない（福高判昭40・6・28高刑集18・3・253）。

　当該森林内に生育した産物であっても、仮処分決定の執行によって執行吏が占有するに至った場合は、刑法上の窃盗罪の客体となる（最判昭39・8・28刑集18・7・443）。

⑤ 森林窃盗罪についても、いわゆる親族相盗の関係を定めた刑法244条の適用がある（最判昭33・2・4刑集12・2・109）ことに注意しなければならない。

2 保安林内森林窃盗（法198条）

> 被疑者は，乙ほか数名の者と共謀のうえ，平成○○年○月○日頃，水源涵養保安林に指定されている①○○県○○市大字○○字○○国有林○○○林班内において，○○営林署○○担当区農林技官○○○管理に係る青石約○トンを搬出し②て窃取したものである。③

① 本罪は、法197条の森林窃盗を保安林（法25条、26条）の区域内において犯したものについて成立する。
② 本罪の客体については、前記1注の④☞前頁参照。
③ 本罪の故意として、保安林であることの認識（未必的認識を含む）が必要である（最判昭25・2・21最高刑判要集4・2・50）。

3 森林贓物運搬（法201条2項）

> 被疑者は，平成○○年○月○日頃，Aが盗伐した楢木○○本（時価合計約○○○円相当）を，その情を知りながら○○市○○経営区16林班の国有林から同第○地割の自己所有炭焼窯まで背負って運び，もって贓物を運搬したものである。①②

① 森林贓物に関する罪についても、刑法257条（親族相盗例）の適用がある（最判昭33・7・11刑集12・11・2518）ことに注意しなければならない。
② 森林贓物の収受、運搬、寄蔵、故買及び牙保の概念は、刑法の盗品等に関する罪の無償譲受け、運搬、保管、有償譲受け、有償処分のあっせんと同じである。

4 森林放火（法202条1項）

> 被疑者は，かねてより，Aに恨みを抱いていたが，これをはらすべく，平成○○年○月○日頃，同人所有に係る○○県○○郡○○町○○番地の雑木林において，柴屑，枯枝などを集めて，マッチでこれに点火して火を放ち，雑木林○

○アールを焼燬①したものである。

① 本罪は、「他人の森林に火を放って、その土地から発生した産物を焼燬し」たときに既遂となる。森林の焼燬までは必要とされない（京都地判昭47・10・11刑裁月報4・10・1727、同旨釧路地網走支判昭42・1・13判時471・81）。

　また、本罪は抽象的危険犯であると解されることから、公共の危険の発生は犯罪成立要件ではない。

5　森林失火①（法203条1項）

　被疑者は、平成○○年○月○日午後○時頃、○○県○○郡○○町○○番地付近の○○○○所有の山林において、同所付近に捨てられていた紙屑などのごみを集めて焼却したうえ、同所を立ち去るに際し、付近には落葉、枯枝等が散在していたのであるから、その残り火がそれらに延焼しないように完全に消火し、火災の発生を未然に防止すべき注意義務があるのに、これを怠り、やがて自然に消火するものと軽信して完全に消火することなく漫然その場を立ち去った過失により、同日午後○時ころ、残り火が付近の落葉等に燃え移り、よって、同山林のうち約○○ヘクタールを焼燬したものである。

① 森林失火罪（法203条1項）においては、具体的な公共の危険の発生は要件ではないが、自己森林失火罪（同条2項）においては、これが要件とされている。

第3節　鳥獣の保護及び狩猟の適正化に関する法律

（鳥獣の捕獲等及び鳥類の卵の採取等の禁止）
第8条　鳥獣及び鳥類の卵は、捕獲等又は採取等（採取又は損傷をいう。以下同じ。）をしてはならない。ただし、次に掲げる場合は、この限りでない。
　一　次条第1項の許可を受けてその許可に係る捕獲等又は採取等をするとき。
　二　第11条第1項の規定により狩猟鳥獣の捕獲等をするとき。
　三　第13条第1項の規定により同項に規定する鳥獣又は鳥類の卵の捕獲等又は採取等をするとき。

（狩猟鳥獣の捕獲等）
第11条　次に掲げる場合には、第9条第1項の規定にかかわらず、第28条第1項に規定する鳥獣保護区、第34条第1項に規定する休猟区（第14条第2項の規定により指定された区域がある場合は、その区域を除く。）その他生態系の保護又は住民の安全の確保若しくは静穏の保持が特に必要な区域として環境省令で定める区域以外の区域（以下「狩猟可能区域」という。）において、狩猟期間（次項の規定により限定されている場合はその期間とし、第14条第2項の規定により延長されている場合はその期間とする。）内に限り、環境大臣又は都道府県知事の許可を受けないで、狩猟鳥獣（第14条第1項の規定により指定された区域においてはその区域に係る特定鳥獣に限り、同条第2項の規定により延長された期間においてはその延長の期間に係る特定鳥獣に限る。）の捕獲等をすることができる。
　　　（第一号～第二号省略）
　　　（第2項～第6項省略）

（違法に捕獲又は輸入した鳥獣の飼養、譲渡し等の禁止）
第27条　この法律に違反して、捕獲し、若しくは輸入した鳥獣（この法律に違反して、採取し、若しくは輸入した鳥類の卵からふ化されたもの及びこれらの加工品であって環境省令で定めるものを含む。）又は採取し、若しくは輸入し

た鳥類の卵は、飼養、譲渡し若しくは譲受け又は販売、加工若しくは保管のため引渡し若しくは引受けをしてはならない。
(第六章　罰則)
第83条　次の各号のいずれかに該当する者は、1年以下の懲役又は100万円以下の罰金に処する。
　一　第8条の規定に違反して狩猟鳥獣以外の鳥獣の捕獲等又は鳥類の卵の採取等をした者（許可不要者を除く。）
　二　狩猟可能区域以外の区域において、又は狩猟期間（第11条第2項の規定により限定されている場合はその期間とし、第14条第2項の規定により延長されている場合はその期間とする。）外の期間に狩猟鳥獣の捕獲等をした者（第9条第1項の許可を受けた者及び第13条第1項の規定により捕獲等をした者を除く。）
　　（第二号の二〜第六号省略）
　　（第2項〜第3項省略）
第84条　次の各号のいずれかに該当する者は、6月以下の懲役又は50万円以下の罰金に処する。
　　（第二号〜第四号省略）
　五　第15条第4項、第16条第1項若しくは第2項、第20条第1項若しくは第2項、第23条、第26条第2項、第5項若しくは第6項、第27条、第29条第7項又は第35条第3項の規定に違反した者
　　（第六号〜第七号省略）
　　（第2項省略）

1　鳥獣捕獲（法83条1項1号、8条第1項）

　被疑者は，法定の除外事由がないのに，平成○○年○月○日，○○県○○郡○○町大字○○所在の山林において，猟銃を使用して，狩猟鳥獣以外の鳥獣である①②○○5羽を捕獲したものである。③

① 「法定の除外事由」については、法8条但書参照。
② 「狩猟鳥獣」は、法施行規則別表第1に定められている。
③ 「捕獲」とは、「現実ないし実質的に狩猟鳥獣を自己の支配内に入れると否とを問わず、捕獲の方法を行ない、鳥獣を捕獲しうる可能性を生ぜしめることをいうもの」と解される（最決昭54・7・31判時941・138なお水産資源保護法25条にいう「採捕」につき同旨最判昭46・11・16刑集25・8・964（第5節①④☞382頁参照））。したがって、鳥獣をねらって銃器等によって散弾等を発射すれば、現実に鳥獣を捕捉するまでに至らない場合であっても捕獲にあたる。

2 狩猟可能区域以外での狩猟鳥獣の捕獲（法83条1項2号、11条1項、施行規則8条、7条1項7号、銃砲刀剣類所持等取締法31条の16第1項5号、10条2項1号）

> 被疑者は、○○県公安委員会から狩猟、標的射撃の用途に供するため空気銃所持の許可を受けているものであるが、法定の除外事由がないのに、平成○○年○月○日午前○時○○分頃、狩猟可能区域以外の区域である○○県○○市○○町○番地先の公道である○○橋付近路上において、同所付近にいた狩猟鳥獣であるカルガモに向かって前記許可に係る空気銃から金属製弾丸○発を発射して、カルガモ○羽を捕獲したも○である。

① 「狩猟可能区域」とは、鳥獣保護区（法28条）、休猟区（法34条1項）、その他生態系の保護又は住民の安全の確保若しくは静穏の保持が特に必要な区域として環境省令で定める区域（施行規則7条1項7号ハからチに掲げる区域）以外の区域である（法11条1項）。狩猟可能区域においては狩猟期間内に限り、法11条1項各号が掲げる規定に従って狩猟鳥獣を捕獲することが認められている。
② 金属製弾丸を発射する行為が、捕獲行為に当たる。

3 違法捕獲鳥獣の飼養（法84条1項5号、27条）

> 被疑者は、平成○○年○月○日、○○県○○市○○町○○番地被疑者方にお

いて，鳥獣の保護及び狩猟の適正化に関する法律に違反して捕獲した鳥獣であ︎るメジロ○羽を飼養したものである。

① 故意犯であり、鳥獣の保護及び狩猟の適正化に関する法律に違反して捕獲若しくは輸入された鳥獣であることの認識が必要である。

第4節　漁業法

（指定漁業の許可）

第52条　船舶により行なう漁業であつて政令で定めるもの（以下「指定漁業」という。）を営もうとする者は、船舶ごとに（母船式漁業（製造設備、冷蔵設備その他の処理設備を有する母船及びこれと一体となつて当該漁業に従事する独航船その他の農林水産省令で定める船舶（以下「独航船等」という。）により行なう指定漁業をいう。以下同じ。）にあつては、母船及び独航船等ごとにそれぞれ）、農林水産大臣の許可を受けなければならない。

　　　（第2項～第6項省略）

（許可を受けない中型まき網漁業等の禁止）

第66条　中型まき網漁業、小型機船底びき網漁業、瀬戸内海機船船びき網漁業又は小型さけ・ます流し網漁業を営もうとする者は、船舶ごとに都道府県知事の許可を受けなければならない。

　　　（第2項～第5項省略）

（第十章　罰則）

第138条　次の各号のいずれかに該当する者は、3年以下の懲役又は200万円以下の罰金に処する。

　　　（第一号～第三号省略）

　四　第52条第1項の規定に違反して指定漁業を営んだ者

　　　（第五号～第六号省略）

　七　第66条第1項の規定に違反して漁業を営んだ者

第143条　漁業権又は漁業協同組合の組合員の漁業を営む権利を侵害した者は、20万円以下の罰金に処する。

2　前項の罪は告訴がなければ公訴を提起することができない。

第145条　法人の代表者又は法人若しくは人の代理人、使用人その他の従業者が、その法人又は人の業務又は財産に関して、第138条、第139条、第141

条、第143条第1項又は前条第1号若しくは第2号の違反行為をしたときは、行為者を罰する外、その法人又は人に対し、各本条の罰金刑を科する。

1 無許可指定漁業（法138条4号、52条1項・法52条1項の指定漁業を定める政令1項10号）①

> 　被疑者は，○○○ほか約２０名の者と共謀のうえ，農林水産大臣の許可を受け②ないで，平成○○年○○月○日頃から同年○○月○○日頃までの間，北緯５２度，東経１５５度ないし１５６度付近の海域を主漁揚とし，同海域及びその周辺に及ぶオホーツク海域（公海上）において，動力漁船第○○○丸（総トン数○○○・○○トン）により，流し網を使用してさけ・ます○○○尾を採捕し，③もって，許可なく指定漁業である中型さけ・ます流し網漁業を営んだものである。⑤

① 船舶により行う漁業であって、政令で定めるものを「指定漁業」という。
　政令により沖合底びき網、以西底びき網、遠洋底びき網、北洋はえなわ・さし網などが指定されている。
② 許可は、船舶ごとになされる。
③ 犯人が所有し、又は所持する漁獲物、製品、漁船及び漁具は、没収することができる。没収することができないときは、その価額を追徴することができる（法140条）。追徴することができる漁獲物の価額は、客観的に適正な卸売価格をいう（最判昭49・6・17刑集28・5・183）。
④ 「採捕」とは、天然に棲息存在している水産動植物を採取捕獲することである。判例・通説は、採捕すべき行為にいでたるをもって足り、現実に獲得したことを要しないとする。
⑤ 「営む」とは、反復継続の意思をもって採捕行為をなすことであるから、採捕行為がただの1回にとどまっても、その1回の行為が反復継続の意思のもとに行われたものであれば、やはり漁業を営んだものである。

② 無許可中型まき網漁業等①（法138条7号、66条1項）

> 被疑者は，動力漁船第〇〇〇丸（総トン数〇〇トン②）を所有し，同船に船長として乗り組み，漁業を営んでいるものであるが，〇〇知事の許可を受けないで，平成〇〇年〇〇月〇日午後〇時頃から同月〇〇日午後〇時頃までの間，前後〇回にわたり，〇〇島〇〇沖合約〇〇海里付近の海上③において，同船によりさけ流し網〇〇反を使用し，さけ〇〇尾（時価〇〇〇円相当）を採捕し，もって，許可なく小型さけ・ます流し網漁業④を営んだものである⑤。

① 中型まき網漁業のほか小型機船底びき網漁業、瀬戸内海機船船びき網漁業、又は小型さけ・ます流し網漁業を指す。それぞれの漁業の意義については、法66条2項参照。

② それぞれ使用船舶のトン数等に制限があり、例えば中型まき網漁業の場合は、総トン数5トン以上40トン未満とされている。40トン以上の漁船による場合は指定漁業となり、法52条1項、138条4号の適用を受けることになるので注意を要する。

③ 法138条7号は、わが国領海における法66条1項違反行為のほか、公海及びこれらと連接して一体をなす外国の領海において、日本国民がした法66条1項違反の行為（国外犯）をも処罰する旨を定めたものである（最判昭46・4・22刑集25・3・492）。

④ 「小型さけ・ます流し網漁業」とは、総トン数30トン未満の動力漁船により流し網を使用してさけ又はますをとる漁業（母船式漁業を除く）をいう（法66条2項）。

⑤ 本罪については両罰規定の適用があるが（法145条）、その場合の犯罪事実は「被疑者A株式会社は，動力漁船第〇〇〇丸（総トン数〇〇トン）を所有使用して漁業を営んでいるもの，被疑者Bは同船に船長として乗り組んでいるものであるが，被疑者Bは，同社の業務に関し，小型さけ・ます流し網漁業は……（以下、前記記載例と同じ）」

となる。

③ 漁業権侵害（法143条1項）

> 被疑者は，漁業権又は漁業を営む権利を有する者でないのに，平成○○年○月○○日午前○時頃から同日午後○時頃までの間，○○漁業組合が，○○県知事の免許により漁業種類をさざえ漁業等として共同漁業権の設定を受けている①漁場内である○○県○○郡○○町○○港○○灯台から真方位２８４度，４６０メートルの海域において，潜水用具等を使用して，さざえ１５１個（約５.５キログラム）を採捕し，もって，同組合の共同漁業権を侵害したものである。②③

① 「共同漁業」及び「漁業権」の意義については，法6条、10条及び23条等参照。
② 漁業権の侵害につき、個別的に処罰規定が設けられている場合はそれぞれの規定によって処罰され、それらの規定に該当しない行為のみ法143条によって処罰されることになる。
③ 本罪は、親告罪である（法143条2項）。

第5節　水産資源保護法

> （内水面におけるさけの採捕禁止）
> 第25条　漁業法第8条第3項に規定する内水面においては、溯河魚類のうちさけを採捕してはならない。ただし、漁業の免許を受けた者又は同法第65条第1項若しくは第2項及びこの法律の第4条第1項若しくは第2項の規定に基づく農林水産省令若しくは規則の規定により農林水産大臣若しくは都道府県知事の許可を受けた者が、当該免許又は許可に基づいて採捕する場合は、この限りでない。
> （第六章　罰則）
> 第37条　次の各号のいずれかに該当する者は、1年以下の懲役又は50万円以下の罰金に処する。
> 　　　（第一号省略）
> 　二　第13条の3第2項若しくは第3項又は第25条の規定に違反した者
> 　　　（第三号～第四号省略）

1　内水面①におけるさけの採捕禁止（法37条2号、25条）

> 被疑者　被疑者両名は，共謀のうえ，法定の除外事由がないのに，平成○○年○○月○○日頃，○○県○○郡○○村○○番地所在の○○橋下流○○メートル付近の○○川において，さけを漁獲する目的で川舟からかさねさし網②を河中になが③し，もって，内水面においてさけを採捕④したものである。

①　法25条にいわゆる「内水面」は、漁業法8条3項に規定されている。
　「内水面」は、海洋と異なり、水面の規模が比較にならない程小さく、かつ、陸地によって囲まれているため、水産資源の量も限定されているので海洋漁業のように、ただ採捕するだけでは、水産資源はたちまち枯渇してしまう。したがっ

て、内水面漁業は、増殖を前提としなければ本来成り立ちえないものである。
② さけが、河川を溯上するのは、産卵を目的としてであり、産卵に適するまでに成長した3年魚ないし5年魚が、その生れた河川に回帰する。

　雌さけは、1匹当たりおおよそ3000粒の卵をもっており、自然の条件により異なるが、約8割位が稚魚になり河を下り海に出てゆく。

　産卵前雌1匹をとりあげ、さけの再生産を阻止すると、4年位先に成熟して回帰してくるさけ2000匹以上が減少するということになる。

　そこで、法25条は、再生産を確保することなくさけを捕えることによる水産資源の枯渇を防止するため、同条但書の免許又は許可に基づいて採捕する場合を除き、内水面におけるさく河魚類のうち、さけの採捕を禁止している。
③ この種行為は、法4条により県知事の定める規則に違反することがある。例えば、茨城県内水面漁業調整規則27条によれば、かさねさし網により水産動植物を採捕してはならないとある。その場合には本罪との観念的競合となる。
④ 「**採捕**」とは、現実の捕獲のみに限らず、さけを捕獲する目的で河川下流においてかさねさし網を使用する採捕行為をも含む（最判昭46・11・16刑集25・8・964）。

第6節　漁船法

(漁船の登録)
第10条　漁船(総トン数1トン未満の無動力漁船を除く。)は、その所有者がその主たる根拠地を管轄する都道府県知事の備える漁船原簿に登録を受けたものでなければ、これを漁船として使用してはならない。
　　(第2項～第3項省略)
(登録票の交付)
第12条　都道府県知事は、第10条第1項の登録をしたときは、申請者に登録票を交付しなければならない。
2　前項の規定により登録票の交付を受けた者がその漁船の使用者でないときは、その交付を受けた者は、遅滞なく登録票をその漁船の使用者に交付しなければならない。
　　(第3項省略)
(登録票の備付け)
第15条　漁船の使用者は、漁船を運航し、又は操業する場合には、漁船の船内に第12条の登録票を備え付けておかなければならない。ただし、農林水産省令で定める正当な理由がある場合は、この限りでない。
(登録番号の表示)
第16条　漁船の所有者は、第12条第1項の規定により登録票の交付を受けたときは、同条第2項の場合を除き、遅滞なく登録票に記載された登録番号を当該漁船に表示しなければならない。同項の規定により登録票の交付を受けた漁船の使用者についても同様とする。
(第八章　罰則)
第55条　次の各号のいずれかに該当する者は、30万円以下の罰金に処する。
　一　第15条、第16条、第17条第1項若しくは第2項又は第20条の規定に違反した者

(第二号省略)

1 登録票の備え付け違反（法55条1号、15条）

　被疑者は，漁船○○丸（総トン数○トン）を所有し，かつ，同船に船長として乗り組みこれを使用しているものであるが，正当な理由がないのに，平成○○年○月○○日午前○○時頃，○○県○○市○○町沖約○キロメートル付近海上において，○○県知事から交付を受けている登録票を船内に備え付けないで同漁船を運航したものである。

① 「主体」は、使用者、つまり所有権、賃借権その他の権原に基づき、当該漁船を運航し漁業を営む者である。
② 「正当な理由」については、漁船法施行規則12条参照。
③ 「登録票」とは、当該漁船が登録済みであること並びに国籍、積量及び所有者等当該漁船の個性を証明する公文書である。
④ 「運航」とは、法2条1項各号の業務に従事するとしないとにかかわらず、漁船を船舶本来の用い方に従って用いることをいう。

2 登録番号表示義務違反（法55条1号、16条）

　被疑者は，漁船○○丸（総トン数○○トン）所有者であり，かつ，その使用者であるが，平成○○年○月○○日に○○県知事から同船の登録票の交付を受けたのであるから，遅滞なく登録票に記載された登録番号を同船に表示しなければならないのに，同年○○月○○日午前○○時○○分頃，○○県○○市○○町○○番地○○港に停泊中の同船に，登録番号を表示していなかったものである。

① 「主体」は、登録票の交付を受けた使用者である所有者、若しくは使用者でない所有者から登録票の交付を受けた使用者である。

② 「**登録番号**」とは、漁船の同一性を識別する目的から、すべての登録漁船に付される番号をいう。
③ 「**表示**」は、省令で定める様式（漁船法施行規則様式11）により、船橋又は船首の両側の外部その他最も見やすい場所に鮮明にしなければならない（同規則13条）。

第14章　運輸・通信法

第1節　鉄道営業法

（第三章　旅客及公衆）

第29条　鉄道係員ノ許諾ヲ受ケスシテ左ノ所為ヲ為シタル者ハ50円以下ノ罰金又ハ科料ニ処ス
　一　有効ノ乗車券ナクシテ乗車シタルトキ
　二　乗車券ニ指示シタルモノヨリ優等ノ車ニ乗リタルトキ
　三　乗車券ニ指示シタル停車場ニ於テ下車セサルトキ

第30条ノ2　前2条ノ所為ハ鉄道ノ告訴アルニ非ザレバ公訴ヲ提起スルコトヲ得ズ

第35条　鉄道係員ノ許諾ヲ受ケスシテ車内、停車場其ノ他鉄道地内ニ於テ旅客又ハ公衆ニ対シ寄附ヲ請ヒ、物品ノ購買ヲ求メ、物品ヲ配付シ其ノ他演説勧誘等ノ所為ヲ為シタル者ハ科料ニ処ス

第37条　停車場其ノ他鉄道地内ニ妄ニ立入リタル者ハ10円以下ノ科料ニ処ス

第38条　暴行脅迫ヲ以テ鉄道係員ノ職務ノ執行ヲ妨害シタル者ハ1年以下ノ懲役ニ処ス

第40条　列車ニ向テ瓦石類ヲ投擲シタル者ハ科料ニ処ス

1 無賃乗車（法29条1号）

　被疑者は，鉄道係員の許諾を受けず①，かつ，有効な乗車券を持たないで②，平成○○年○月○日，○○市○○区○○町○番○号所在の○○鉄道○○駅から○○行列車に乗り込み，○○市○○区○○町○番○号所在同鉄道○○駅まで無賃乗車したものである③。

① 鉄道係員は、その職務上承諾の権限を有するものに限る。したがって、職務上関係のない係員の承諾を受けてもこの罪は成立する。
② 乗車券を買ったと否とにかかわらず、持っていない場合はもちろん、その乗車券が乗車区間、通用区間に関して無効の場合を含む。
　鉄道係員の許諾を受けず、有効な乗車券なしに乗車する行為の中には、詐欺的手段に基づくものを含まないものと解せられる。旅客が有効な乗車券を持たないのにかかわらず、これを持っているごとく装って鉄道係員を騙して乗車した場合には、詐欺罪（刑法246条2項）が成立する。
③ 本条違反は、鉄道の告訴が処罰条件である（法30条の2）。

2 物品の車内販売（法35条）

　被疑者は，鉄道係員の許諾を受けないで，平成○○年○月○日午後○時○分頃から同日午後○時○分頃までの間，○○市から○○市の間を進行中の○○鉄道○○線下り第○○号列車内において，Aほか多数の旅客に対し①，アイスクリーム②の購買③を求めたものである④⑤。

① 不特定又は多数であることを要する。
② 「物品」には、ビラを含む（名高判昭25・10・30高判特14・65）。
③ 「購買」とは、物品をあがない買うことである。
　なお「寄附」とは、財産を贈与すること、「配付」とは、書類、物品等をくばりわたすこと、「勧誘」とは、他人に対し自己の欲するとおりにある行為をする

ようにすすめることをいう。
④　勧誘、客引きを目的とする立入りを禁ぜられた鉄道駅構内に、同目的で立入った軽犯罪法1条32号違反の罪（第1章第6節17☞34頁参照）と鉄道係員の許諾を受けないで、同駅構内において旅館宿泊の勧誘をした鉄道営業法35条違反の罪とは、併合罪の関係にある（最決昭41・10・26刑集20・8・1014）。
⑤　法35条は、「車内、停車場その他鉄道地内に」おける行為を制限しているが、ここにいう「鉄道地内」とは、鉄道の営業主体が所有又は管理する用地、地域のうち、直接鉄道運送業務に使用されるもの及びこれと密接不可分の利用関係にあるものをいう（最判昭59・12・18判時1142・3）。

3　鉄道地内立入り（法37条）

> 被疑者は，正当な理由がないのに，平成〇〇年〇月〇日午後〇時〇分頃，〇〇市〇〇区〇〇町〇番〇号所在の〇〇鉄道〇〇線〇〇川鉄橋上を通行し，もって，みだりに①鉄道地内に立ち入ったものである。②

①　「みだりに」とは、正当な理由なくとの意である。
②　鉄道地内に立ち入ることにより直ちに成立する。
　新幹線鉄道の線路内へ立ち入った場合は、新幹線鉄道における列車運行の安全を妨げる行為の処罰に関する特例法違反のみが成立し、本条違反は不成立（第2節2☞391頁参照）。
　鉄道駅構内に所定の許諾を得ることなく立ち入る行為は、軽犯罪法1条32号前段違反の罪と本条違反の罪とが成立し、その関係は観念的競合である（最決昭41・5・19刑集20・5・335（第1章第6節17☞34頁参照））。

4　職務執行妨害（法38条）

> 被疑者は，平成〇〇年〇月〇〇日午後〇時〇分頃，〇〇市〇〇区2丁目3番地付近を進行中の〇〇鉄道株式会社〇〇線上り〇〇号列車内において，車掌〇〇〇〇から乗車券検査のためその呈示を求められた際，同車掌の顔面を手拳で

> 1回殴打し，もって，同車掌の職務の執行を妨害①したものである。②

① 「暴行」、「脅迫」は、刑法95条の公務執行妨害罪のそれと同じである。鉄道係員であることの認識が必要である。
② 刑法95条のように「職務を執行するにあたり」とされていないから、「暴行」、「脅迫」は、鉄道係員の職務執行中になされる必要はなく、職務執行に着手する前でもよいが、現実に職務執行が妨害されたことを要する。

5 列車に対する投石（法40条）

> 被疑者は，平成○○年○月○日午後○時○分頃，○○市○○区○○町○番○号先路上において，同所付近を走行中の○○○鉄道上り○○号列車に向かって，拳大の石○個を投げつけた①ものである。

① 停車中の列車に向かって投石した場合でも、本条違反が成立する。
その他、新幹線鉄道における列車運行の安全を妨げる行為の処罰に関する特例法4条違反の罪の ③ ☞392頁参照。

第2節　新幹線鉄道における列車運行の安全を妨げる行為の処罰に関する特例法

> （線路上に物件を置く等の罪）
> 第3条　次の各号の一に該当する者は、1年以下の懲役又は5万円以下の罰金に処する。
> 　一　列車の運行の妨害となるような方法で、みだりに、物件を新幹線鉄道の線路（軌道及びこれに附属する保線用通路その他の施設であつて、軌道の中心線の両側について幅3メートル以内の場所にあるものをいう。次号において同じ。）上に置き、又はこれに類する行為をした者
> 　二　新幹線鉄道の線路内にみだりに立ち入つた者
> （列車に物件を投げる等の罪）
> 第4条　新幹線鉄道の走行中の列車に向かつて物件を投げ、又は発射した者は、5万円以下の罰金に処する。

1　線路上に物件を置く罪（法3条1号）

> 　被疑者は，平成〇〇年〇月〇日午後〇時〇分頃，〇〇市〇〇区〇〇町〇番〇号先の東海道新幹線東京起点約〇〇〇〇メートル地点付近の線路において，同新幹線鉄道下り線路の軌条の上に，みだりに拳大の石2個を置いたものである。

① 「新幹線鉄道」とは、その主たる区間を列車が200キロメートル毎時以上の高速度で走行できる幹線鉄道をいい（法1条、全国新幹線鉄道整備法2条）、本法の適用される区域等については、政令で定められている（新幹線鉄道における列車運行の安全を妨げる行為の処罰に関する特例法の規定を適用する新幹線鉄道の区間及び日を定める政令）。

② 「線路」とは、「軌道及びこれに附属する保線用通路その他の施設であって、軌道の中心線の両側について幅3メートル以内の場所にあるものをいう」とされている（法3条1号）。
③ 「みだりに」とは、正当な理由なくとの意である。例えば、保線作業中の鉄道係員が作業用器具を、一時線路上に置く行為は、みだりに置いたことにはならない。
④ 列車の運行を妨害するような方法で、みだりに物件を線路上に置くなどの行為をすることによって直ちに成立するものと解され、列車の衝突、転覆、脱線等の実害を具体的に発生させる客観的状態を作出する必要はなく、また列車の往来について、具体的危険を発生させるおそれのあることを認識する必要もない。

　もし、具体的危険を発生させるおそれのあることを認識しながら行為に出、かつ実害を具体的に発生させる客観的状態を作出したものと認められる場合には、本号は成立せず、往来危険の罪（刑法125条1項）のみが成立する（法条競合の関係）。

　「列車の運行を妨害するような方法」で物件を置く又は「これに類する行為」が、処罰の対象となる。したがって、例えば線路の道床の砂利石と一体となってしまうような土石を道床上に置いても、それは本号に該当する行為ではない。拳大の石2個を軌道上に置く行為は、処罰の対象となろう。

　なお「類する行為」とは、「置く」という言葉によって表現することはできないが、性質上それに類似するような行為をいう。例えば、跨線橋の上から線路上に物件を吊り下げるような行為がこれに該当する。

2　線路内立入りの罪（法3条2号）

　被疑者は，正当な理由がないのに，平成○○年○月○日午後○時○分頃，○○市○○区○○町○番○号先の東海道新幹線東京起点約○○○○メートル地点付近の防護金網を乗り越えて軌道内に踏み込み，もって，新幹線鉄道線路内にみだりに立ち入ったものである。

① 前記1の注③☞前頁参照。
② 前記1の注①②☞前頁参照。
③ 線路内に立ち入ることにより直ちに成立する。

　なお、線路上に物件を置く目的で線路内に立ち入った場合でも、本号は1号の罪を犯す手段として通常用いられるものとは認め難いので、牽連犯とはならず併合罪と解せられる。

　また、本号は鉄道営業法37条（第1節3☞388頁参照）の特別法の関係にあるので、新幹線鉄道の線路内への立入りについては本号のみ適用される。

3 列車に物件を投げる罪（法4条）

> 被疑者は，平成○○年○月○日午後○時○分頃，○○市○○区○○町○番○号先路上において，同所付近を走行中①の東北新幹線下り○○号列車に向かって②，空の牛乳びん1本を投げつけた③ものである。

① 「走行中」とは、列車が物理的に移動している状態をいう。走行中でない列車即ち停車中の列車に向かって投石や発砲をしても、本罪は成立しない。この場合は、鉄道営業法（40条）により処断される（第1節5☞389頁参照）。
② 「向かって」とは、物件投てきや発射の対象としての意味である。必ずしも列車に命中することは必要でない。
③ 「投げる」も「発射する」もひとしく物件を遠方へ飛ばすことであるが、「発射」はそのために機械力を使用する場合をいい、「投げる」は機械力を使用しない場合をいう。

第3節　道路運送法

（一般旅客自動車運送事業の許可）
第4条　一般旅客自動車運送事業を経営しようとする者は、国土交通大臣の許可を受けなければならない。
　　（第2項省略）
（運送引受義務）
第13条　一般旅客自動車運送事業者（一般貸切旅客自動車運送事業者を除く。次条において同じ。）は、次の場合を除いては、運送の引受けを拒絶してはならない。
　一　当該運送の申込みが第11条第1項の規定により認可を受けた運送約款（標準運送約款と同一の運送約款を定めているときは、当該運送約款）によらないものであるとき。
　二　当該運送に適する設備がないとき。
　三　当該運送に関し申込者から特別の負担を求められたとき。
　四　当該運送が法令の規定又は公の秩序若しくは善良の風俗に反するものであるとき。
　五　天災その他やむを得ない事由による運送上の支障があるとき。
　六　前各号に掲げる場合のほか、国土交通省令で定める正当な事由があるとき。
（有償運送）
第78条　自家用自動車（事業用自動車以外の自動車をいう。以下同じ。）は、次に掲げる場合を除き、有償で運送の用に供してはならない。
　一　災害のため緊急を要するとき。
　二　市町村（特別区を含む。以下この号において同じ。）、特定非営利活動促進法（平成10年法律第7号）第2条第2項に規定する特定非営利活動法人その他国土交通省令で定める者が、次条の規定により一の市町村の区域内の住

民の運送その他の国土交通省令で定める旅客の運送（以下「自家用有償旅客運送」という。）を行うとき。
三　公共の福祉を確保するためやむを得ない場合において、国土交通大臣の許可を受けて地域又は期間を限定して運送の用に供するとき。

（第七章　罰則）

第96条　次の各号の一に該当する者は、3年以下の懲役若しくは300万円以下の罰金に処し、又はこれを併科する。
　一　第4条第1項の規定に違反して一般旅客自動車運送事業を経営した者
　（第二号〜第三号省略）

第97条　次の各号のいずれかに該当する者は、1年以下の懲役若しくは150万円以下の罰金に処し、又はこれを併科する。
　一　第25条（第43条第5項において準用する場合を含む。）、第78条又は第83条の規定に違反した者
　（第二号〜第七号省略）

第98条　次の各号のいずれかに該当する者は、100万円以下の罰金に処する。
　（第一号〜第五号省略）
　六　第13条、第20条（第43条第5項において準用する場合を含む。）、第23条第1項（第43条第5項において準用する場合を含む。）、第41条第3項（第43条第5項及び第81条第2項において準用する場合を含む。）、第65条又は第68条第5項の規定に違反した者
　（第七号〜第十九号省略）

第99条　法人の代表者又は法人若しくは人の代理人、使用人その他の従業者がその法人又は人の業務若しくは所有し、若しくは使用する自動車に関し、第96条、第97条及び第97条の3から第98条の2までの違反行為をしたときは、行為者を罰するほか、その法人又は人に対しても、各本条の罰金刑を科する。

1 無免許運送事業（法96条1号、4条1項）

　被疑者は，国土交通大臣の委任を受けた地方運輸局長の免許を受けないで，別紙一覧表のとおり，平成○○年○月○日頃から同○○年○月○日頃までの間，前後○○回にわたり，○○市内等において，乗客Aらの需要に応じて運賃を受け取り，自己所有の普通乗用車1台を使用して同人らを運送し，もって，一般旅客自動車運送事業を経営したものである。

別紙　一覧表

番号	運送年月日	運送区間	旅客氏名	運送料金

① タクシー業を含む一般自動車運送事業の免許制が、憲法22条1項の職業選択の自由に反しないことについては、多数の合憲判決がある（最判昭38・12・4刑集17・12・2434ほか）。

② 「自動車運送事業」とは、「旅客自動車運送事業」（他人の需要に応じ、有償で自動車を使用して旅客を運送する事業（自家用自動車による有償旅客運送制度（法78条2号）によるものを除く。））及び「貨物自動車運送事業」（貨物自動車運送事業法による貨物自動車運送事業）をいう（法2条2項）。

　このうち「旅客自動車運送事業」は、一般旅客自動車運送事業及び特定旅客自動車運送事業の2種に分けられており（法3条）、さらに「一般旅客自動車運送事業」は、一般乗合旅客自動車運送事業、一般貸切旅客自動車運送事業及び一般乗用旅客自動車運送事業の3種に分けられている（法3条1号）。

③ 一般旅客自動車運送事業の「経営」とは、常時他人の運送要求（需要）に応じ自動車を使用して（自己のため主体的に運送の用に供して）反復継続的に行う目的をもって運送行為をなすことであるが、営利の目的も一つの要素とされている。したがって、自家運送（例えば幼稚園が園児の送迎に自家用バスにより運送行為をするなど）、一時的運送、常に他人の従業者として自動車を運転するにす

ぎない場合等は含まない。

　なお、組合組織による自動車運送事業において、利用者たる組合員が、法2条2項にいう「他人」に当たるかどうかにつき判示した昭和37・5・2鹿児島簡裁判決（下刑集4・5〜6・403）参照。

2　有償運送の禁止（白タク）（法97条1号、78条）

> 　被疑者は、法定の除外事由①がないのに、平成〇〇年〇月〇〇日午後〇時〇分頃、〇〇市〇〇区2丁目3番付近路上において、その使用する自家用乗用自動車にAほか2名を同市〇〇区付近まで運送賃金〇〇〇〇円で運送する契約の下に乗車させ、これを同区〇〇丁目〇〇番〇号付近まで輸送し、もって、自家用自動車を有償②で運送の用に供した③ものである。

① 「法定の除外事由」は、法78条1号ないし3号に規定されている。
② 「有償で」とは、「運送の対価として財物を受け、又は受ける約束で」という意味であり、運輸大臣の許可を受けないで運送賃（運送の対価）を授受する契約の下に自家用自動車を使用して乗客を運送した以上本罪が成立し、現実に運送費の支払を受けたか否かはその成立に影響がない（最決昭37・12・27裁判集145・765、名高判昭36・9・21高刑集14・8・543）。
　もっとも、単に有償で運送する約束（契約）をしただけでは、「有償で運送の用に供し」たことにならないから、本罪に該当しない。
③ 「運送の用に供した」とは、運送を完了した場合はもちろん、運送を完了していなくても、運送する旅客が自動車に乗り込み直ちに発車しうる状態にあることをもって足りると解する。

3　運送引受義務違反（法98条6号、13条①、99条）

> 　被疑者甲交通株式会社は、国土交通大臣の許可を受けて自動車運送事業を営むもの、被疑者乙は、被疑会社の従業員として一般乗用旅客自動車を使用して旅客運送の業務に従事しているものであるが、被疑者乙において、被疑者甲交

通株式会社の業務に関し，法定の除外事由がないのに②，平成〇〇年〇月〇日午後〇時〇分頃，〇〇市〇〇区〇〇町〇番〇号付近路上において，Ａからの運送の申込みに対し，その引受けを拒絶した③ものである。

① 本法における各処罰規定は、事業者を処罰の対象としており、従業者については当該処罰規定の対象とされていない。そこで「一般自動車運送業者」といった主体そのものではない従業者が、各規定に違反する事実行為をした場合、これらの者を処罰するには両罰規定の適用が必要である。
② 「法定の除外事由」については、法13条各号及び同条6号を受けて旅客自動車運送事業運輸規則13条に規定されている。
　　除外事由に当たらないものとして、定刻までに回送地区に入るようにとの業務命令を受けていたタクシー運転手が、回送板を掲げずに空車板を掲げて走行中、回送地区と異なる方向への運転申込み（東高判昭46・10・28判時660・96）、事業区域外にわたる運送申込み（東高判昭39・10・5判タ170・184）、乗客の申込みを受けた地点が駐停車禁止区域内であっても、極めて容易に駐停車禁止を解除されている区域に入ることができる場合（東高判昭39・7・16刑集17・5・505）等がある。
③ 「引受け拒絶」とは、運送希望者の言辞ないし挙動によって客観的に表明された運送申込み意思を認識しながら、あえてこれに応じない一切の場合を包含する。

第4節　貨物自動車運送事業法

（一般貨物自動車運送事業の許可）
第3条　一般貨物自動車運送事業を経営しようとする者は、国土交通大臣の許可を受けなければならない。
（事業計画）
第9条　一般貨物自動車運送事業者は、事業計画の変更（第3項に規定するものを除く。）をしようとするときは、国土交通大臣の認可を受けなければならない。
2　第6条の規定は、前項の認可について準用する。
3　一般貨物自動車運送事業者は、事業用自動車に関する国土交通省令で定める事業計画の変更をするときは、あらかじめその旨を、国土交通省令で定める軽微な事項に関する事業計画の変更をしたときは、遅滞なくその旨を、国土交通大臣に届け出なければならない。
（第六章　罰則）
第70条　次の各号のいずれかに該当する者は、3年以下の懲役若しくは300万円以下の罰金に処し、又はこれを併科する。
　一　第3条の規定に違反して一般貨物自動車運送事業を経営した者
　　　（第二号〜第五号省略）
第74条　第9条第1項（第35条第6項において準用する場合を含む。）の規定に違反して事業計画を変更した者は、100万円以下の罰金に処する。
第78条　法人の代表者又は法人若しくは人の代理人、使用人その他の従業者がその法人又は人の業務に関し、第70条、第71条、第73条、第74条又は第76条の違反行為をしたときは、行為者を罰するほか、その法人又は人に対しても、各本条の罰金刑を科する。

1 無許可貨物自動車運送事業経営（法70条1号、第3条、第78条）①

　被疑者○○株式会社は，○○市○○区○○町○丁目○番○号に本店を置いて梱包業等を営むもの，被疑者Aは，同社の代表取締役として同社の業務全般を統括しているものであるが，被疑者Aは，同社の業務に関し，国土交通大臣の許可を②受けないで，別紙一覧表記載のとおり，平成○○年○○月○○日から同○○年○○月○○日までの間，前後○○回にわたり，運送依頼主○○○○ほか5社の需要に応じて運送料金を受け取り，従業員Bほか○名をして自家用貨物自動車を運転させて前記○○○○らの貨物を運送し，もって，一般貨物自動車運送事業を経営したものである。

別紙　一覧表

番号	運送年月日	運転車両の登録番号及び運転者	運送依頼者	運送品目	運　送　区　間	
					発　　地	着　　地

① 「貨物自動車運送事業」は、一般貨物自動車運送事業、特定貨物自動車運送事業及び貨物軽自動車運送事業に区分される（法2条1項）。
　「一般貨物自動車運送事業」とは、他人の需要に応じ、有償で自動車（三輪以上の軽自動車及び二輪の自動車を除く。）を使用して貨物を運送する事業で、特定貨物自動車運送事業以外のものをいい、「**特定貨物自動車運送事業**」とは、特定の者の需要に応じ、有償で、自動車（規格は一般貨物自動車運送事業に同じ。）を使用して貨物を運送する事業をいう（法2条2項、3項）。

② 一般貨物自動車運送事業の経営及び特定貨物自動車運送事業の経営は、いずれも国土交通大臣の許可が必要であるが、一般貨物自動車運送事業のうち「特別積合せ貨物運送をする場合であって、申請に係る運行系統のうちに2つ以上の地方運輸局長の管轄区域にわたり、かつ、その起点から終点までの距離が100キロ

メートル以上であるものが含まれるとき」を除いて、本法施行規則により地方運輸局長に委任されている（施行規則42条1項1号）。

2 無認可事業計画変更（法78条、74条、9条1項）

　被疑者○○株式会社は、○○県○○市○○町○番○号に本店を置き、一般貨物自動車運送事業許可を取得して貨物自動車運送事業等を営むもの、被疑者○○は、同社における貨物自動車運送事業全般を統括管理するものであるが、被疑者○○は、被疑会社の業務に関し、法定の除外事由がないのに、事業計画の変更につき国土交通大臣の委任を受けた地方運輸局長の認可を受けないで、平成○○年○月○日、別表記載のとおり、被疑会社を使用者とする特殊自動車○台を事業計画として認可されていない同県○○市○○○丁目○番○号所在の被疑会社○○営業所に配置した上、○○乳業株式会社の需要に応じ、同車両を使用して有償で学校給食用牛乳を同営業所から小学校等の運送先へ配送し、もって、被疑会社の一般貨物自動車運送事業の事業計画を変更したものである。

別紙　一覧表

番号	運送年月日	運転車両の登録番号及び運転者	発　　地	着　　地

① 一般貨物自動車運送事業の許可を受けようとする者は、申請書に事業計画を記載して提出しなければならないとされ（法4条1項2号、施行規則2条）、事業計画の変更は、国土交通大臣の認可を受けるべきものとされている（法9条1項）。
② 認可事項とされているものは、営業所の位置、各営業所に配置する事業用自動車の種別等である。

第5節　道路運送車両法

＊道路運送車両法＊
（登録の一般的効力）
第4条　自動車（軽自動車、小型特殊自動車及び二輪の小型自動車を除く。以下第29条から第32条までを除き本章において同じ。）は、自動車登録ファイルに登録を受けたものでなければ、これを運行の用に供してはならない。
（自動車の検査及び自動車検査証）
第58条　自動車（国土交通省令で定める軽自動車（以下「検査対象外軽自動車」という。）及び小型特殊自動車を除く。以下この章において同じ。）は、この章に定めるところにより、国土交通大臣の行う検査を受け、有効な自動車検査証の交付を受けているものでなければ、これを運行の用に供してはならない。
　　　（第2項省略）
（継続検査）
第62条　登録自動車又は車両番号の指定を受けた検査対象軽自動車若しくは二輪の小型自動車の使用者は、自動車検査証の有効期間の満了後も当該自動車を使用しようとするときは、当該自動車を提示して、国土交通大臣の行なう継続検査を受けなければならない。この場合において、当該自動車の使用者は、当該自動車検査証を国土交通大臣に提出しなければならない。
　　　（第2項〜第5項省略）
（不正使用等の禁止）
第98条　何人も、行使の目的をもつて、自動車登録番号標、臨時運行許可番号標、回送運行許可番号標、臨時検査合格標章、検査標章若しくは保安基準適合標章を偽造し、若しくは変造し、又は偽造若しくは変造に係るこれらの物を使用してはならない。
2　何人も、行使の目的をもつて、自動車登録番号標、臨時運行許可番号標、回

送運行許可番号標、臨時検査合格標章、検査標章若しくは保安基準適合標章に紛らわしい外観を有する物を製造し、又はこれらの物を使用してはならない。
3　自動車登録番号標、臨時運行許可番号標、回送運行許可番号標、臨時検査合格標章、検査標章又は保安基準適合標章は、当該自動車以外の自動車に使用してはならない。

（第八章　罰則）

第108条　次の各号のいずれかに該当する者は、6月以下の懲役又は30万円以下の罰金に処する。
　一　第4条、第11条第4項、第20条第1項若しくは第2項、第35条第6項、第36条、第36条の2第6項（第73条第2項において準用する場合を含む。）、第36条の2第8項（第73条第2項において準用する場合を含む。）、第54条の2第7項、第58条第1項、第69条第2項又は第99条の2の規定に違反した者

　　　　（第二号～第三号省略）

第109条　次の各号のいずれかに該当する者は、50万円以下の罰金に処する。
　一　第11条第1項（同条第2項及び第14条第2項において準用する場合を含む。）、第11条第3項若しくは第5項、第19条、第20条第4項、第54条の2第4項、第63条第6項、第73条第1項（第97条の3第2項において準用する場合を含む。）又は第98条第3項の規定に違反した者

　　　　（第二号～第十一号省略）

＊自動車損害賠償保障法＊

（責任保険又は責任共済の契約の締結強制）

第5条（☞409頁参照）

（第六章　罰則）

第86条の3第1号（☞409頁参照）

1 無登録自動車の運行（法108条1号、4条）

　被疑者は，法定の除外事由がないのに，平成〇〇年〇月〇日午後〇時〇分頃，〇〇市〇〇区〇〇町〇号付近路上において，自動車登録ファイルに登録を受けていない普通貨物自動車（車台番号〇〇〇〇〇号）を運転して運行の用に供したものである。

① 臨時運行の許可（法34条）、回送運送の許可（法36条の2）を受けたときは、当該自動車について法4条の規定は適用されない。なお、運行の目的が「回送」となっている自動車臨時運行許可証を所持していても、その自動車を運行の目的以外の目的のために使用運転するときは本条に違反する。
② 「登録」については、法4条以下に規定されている。
③ 「運行」とは、人又は物品を運送するとしないにかかわらず、道路運送車両を当該装置の用い方に従い用いることをいう（法2条5項）。ただし、道路以外の場所のみにおいて用いることは除かれる。

2 無検査、無保険（車検切れ、保険切れ）車両運行
（法108条1号、58条1項、62条1項、同法施行令8条1項1号、2項1号、自動車損害賠償保障法86条の3第1号、5条）

　被疑者は，平成〇〇年〇月〇〇日午後〇時〇分頃，〇〇市〇〇区2丁目3番付近路上において，法定の除外事由がないのに，国土交通大臣の委任を受けた最寄りの陸運支局長の行う検査を受けておらず，有効な自動車検査証の交付を受けているものでなく，かつ，自動車損害賠償責任保険の契約が締結されていない普通乗用自動車（車台番号〇〇〇〇号）を運転して運行の用に供したものである。

① 検査対象になる自動車は、普通自動車、小型自動車、大型特殊自動車及び検査対象軽自動車に限られる。
② 法58条の「検査義務が課せられていない自動車」とは、臨時運行又は回送運

行の許可を受けた自動車（法34条、36条の2、73条2項）、保安基準適合標章を表示している自動車（法94条の5第11項）、道路交通条約締結国登録自動車（道路交通に関する条約の実施に伴う道路運送車両法の特例等に関する法律4条1項）、アメリカ合衆国軍隊及び国際連合の軍隊の自動車（いわゆる「地位協定」の実施に伴う道路運送法等の特例に関する法律1条2項）、外交官等の使用する自動車（国際慣習上の外交特権）などである。

③ 　無免許運転と自動車検査証の有効期間が満了した自動車を運転した行為とが、同一の機会に行われた場合には、両罪は観念的競合の関係にある（最判昭49・5・29刑集28・4・168）。

③ 自動車登録番号標の不正使用（法109条1項1号、98条3項）

> 　被疑者は、平成〇〇年〇月〇〇日頃、〇〇市〇〇区2丁目3番地の自宅において、車体番号〇〇〇〇号の普通乗用自動車について定められ、交付された「〇〇〇〇」の自動車登録番号標①2枚を、車体番号〇〇〇〇号の普通乗用自動車の前面及び後面に取り付け、同日ころから同月〇〇日ころまでの間、〇〇市内等において同車を運転し、もって、自動車登録番号標を当該自動車以外の自動車に使用したものである。

① 　自動車を自動車登録ファイルに登録すると、当該自動車についての自動車登録番号が定められ（法9条）、その自動車登録番号標がその自動車の所有者に交付される（法11条1項）。

第6節　自動車の保管場所の確保等に関する法律

（保管場所としての道路の使用の禁止等）
第11条　何人も、道路上の場所を自動車の保管場所として使用してはならない。
2　何人も、次の各号に掲げる行為は、してはならない。
　一　自動車が道路上の同一の場所に引き続き12時間以上駐車することとなるような行為
　二　自動車が夜間（日没時から日出時までの時間をいう。）に道路上の同一の場所に引き続き8時間以上駐車することとなるような行為
3　前2項の規定は、政令で定める特別の用務を遂行するため必要がある場合その他政令で定める場合については、適用しない。
（罰則）
第17条　次の各号のいずれかに該当する者は、3月以下の懲役又は20万円以下の罰金に処する。
　（第一号省略）
　二　第11条第1項の規定に違反して道路上の場所を使用した者
2　次の各号のいずれかに該当する者は、20万円以下の罰金に処する。
　（第一号省略）
　二　第11条第2項の規定に違反した者
　（第3項省略）
第18条　法人の代表者又は法人若しくは人の代理人、使用人その他の従業者が、その法人又は人の業務に関し、前条の違反行為をしたときは、行為者を罰するほか、その法人又は人に対しても、同条の罰金刑を科する。

1 保管場所違反（法17条1項2号、11条1項、同法附則3項、同法施行令附則3項、2項1号）

> 　被疑者は、①法定の除外事由がないのに、②平成○○年○月○○日午後○時○○分頃から同年○○月○○日午後○○時○○分頃までの間、被疑者所有の普通乗用自動車③1台を、自動車の保管場所としての道路使用禁止等の規定の適用地域である④○○市○○区○○町○○番○○号先道路上に駐車し、もって、道路を自動車の保管場所⑤として使用したものである。⑥

① 違反主体を「何人も」と規定しているので、必ずしも自動車の保有者に限らず単なる運転者も違反主体たりうる。

② 「法定の除外事由」は、法11条3項、施行令4条に定められている。

③ 二輪の小型自動車、二輪の軽自動車及び二輪の小型特殊自動車は駐車時の道路占有面積が狭いこと等のため、本法にいう自動車には含まれない（法2条1号）。

④ 法附則3項により、11条の規定は、当分の間政令で定める地域以外の地域で行われた行為については適用しないこととされている。政令で定める地域については施行令附則3項、2項1号。

⑤ 「保管場所」であるためには、使用の反復継続性と自動車使用の根拠地的性格が必要であると解される。「**道路上の場所を自動車の保管場所として使用する**」とは、自動車を運行する根拠地として使用する目的で、道路上の一定の場所を反復又は継続して占拠することをいうものと解するのが相当であるとした判例（大高判昭47・6・22判時700・134）がある。

　保管場所を有しないことが直ちに本条項違反となるわけではない（例えば、今日はA町、明日はB町、明後日はC町というように相当の地理的間隔を保ってその駐車場所を変えていけば、法11条2項違反が成立することあるは格別、本条項の違反を構成するものと解するのは困難であろう）が、逆に別個に保管場所があるからといって本条項の成立が妨げられるわけでもない（上記に掲げた判例の事案参照）。

⑥　法11条違反の罪が、状態犯か継続犯かについては疑問であるが、継続犯と解する。

　したがって、同条違反の罪で起訴したのちも当該自動車の保有者等が、そのまま当該自動車を放置していた場合は、判決確定までは再度処罰することはできない。

② **駐車制限時間違反**（法17条2項2号、11条2項1号、18条、本法附則3項、本法施行令附則3項、2項1号）

　被疑者は、法定の除外事由がないのに、平成○○年○月○日午前○時○分頃から同日午後○時○分頃までの間、政令に定める適用区域である○○市○○区○○町○番○号先道路上に、普通乗用自動車（○○○○号）1台を継①続的に駐車させ、もって、自動車が道路上の同一の場所に引き続き12②時間以上駐③車することとなるような行為を④したものである。

---

① 本条項は、法11条1項の「みなす」的規定である。

　日没時から日出時までの間、同一道路上に引き続き8時間以上駐車すれば、同条2項2号に該当し、昼間、夜間を問わず引き続き12時間以上駐車すれば同項1号に該当する。

② 「同一の場所」とは、車輪と道路の接触が所定時間中物理的に同一であったという必要はなく、社会通念上同一であると認めれば足りる。したがって、1本の道路上を1、2メートル移動しているからといって同一の場所ではないということはできない。

③ 場所的同一性は、所定時間中継続されることを必要とするから、僅かな時間であっても中断していれば中断以後更に計時を開始すべきことになる。

④ 法11条2項違反の故意につき、自動車を最終的に駐車させた者において、これを駐車させた当時、駐車が夜間継続して8時間に達しない間にその駐車状態を解消することの予測の立たないままこれを駐車させることの認識があるか、又はこれを駐車させたのち前記のような予測が消失したにもかかわらず当初の駐車状態

を放置することの認識があれば足りるのであって、駐車させ又は駐車状態を放置したのちの時間の推移やその駐車状態の継続についてまで認識していることは処罰規定の要求するところではないとした判例（大高判昭44・12・22判時586・105）がある。

第7節　自動車損害賠償保障法

（責任保険又は責任共済の契約の締結強制）
第5条　自動車は、これについてこの法律で定める自動車損害賠償責任保険（以下「責任保険」という。）又は自動車損害賠償責任共済（以下「責任共済」という。）の契約が締結されているものでなければ、運行の用に供してはならない。

（自動車損害賠償責任保険証明書の備付）
第8条　自動車は、自動車損害賠償責任保険証明書（前条第2項の規定により変更についての記入を受けなければならないものにあつては、その記入を受けた自動車損害賠償責任保険証明書。次条において同じ。）を備え付けなければ、運行の用に供してはならない。

（保険標章）
第9条の3　検査対象外軽自動車、原動機付自転車及び締約国登録自動車は、国土交通省令で定めるところにより、保険標章を表示しなければ、運行の用に供してはならない。
　　　（第2項～第3項省略）

（第六章　罰則）
第86条の3　次の各号のいずれかに該当する者は、1年以下の懲役又は50万円以下の罰金に処する。
　一　第5条の規定に違反した者
　　　（第二号～第三号省略）
第88条　次の各号のいずれかに該当する者は、30万円以下の罰金に処する。
　一　第8条又は第9条の3第1項若しくは第2項（第9条の5第3項及び第10条の2第4項において準用する場合を含む。）の規定に違反した者
　　　（第二号～第三号省略）

1 自動車損害賠償責任保険契約未締結車両の運行

(法86条の3第1号、5条)①

> 　被疑者は②、法定の除外事由がないのに③、平成〇〇年〇月〇日午後〇時〇分頃、〇〇市〇〇区〇〇町〇番〇号付近路上において、自動車損害賠償責任保険の契約が締結されていない普通乗用自動車（〇〇〇〇号）を運転して運行の用に供した④ものである⑤。

① 　本条は、自動車損害賠償責任保険契約が締結されていない自動車を運行に供することを直接禁止することによって、責任保険契約の締結を間接に強制する趣旨である。
② 　自動車の実質上の保有者のみならず、保有者に雇われて保有者のために自動車を運行の用に供するにすぎない運転者も含む。
③ 　「法定の除外事由」については法10条、同法施行令1条の2等に定められている。
④ 　「責任保険の契約」については、法11条以下に規定されている。
⑤ 　本条違反の犯罪事実を認定するにあたっては、
> 　「自動車を運行の用に供した行為のみならず、その自動車について責任保険の契約が締結されていなかったという点についても被告人の自白のほかに補強証拠の存在することを要するものと解すべきである」

とする判例（名高判昭43・9・5刑集21・4・338）がある。

2 自動車損害賠償責任保険証明書不備車両の運行

(法88条1号、8条)①

> 　被疑者は、法定の除外事由がないのに②、平成〇〇年〇月〇日午後〇時〇分頃、〇〇市〇〇区〇〇町〇番〇号付近路上において、自動車損害賠償責任保険証明書を備え付けないで③、普通乗用自動車（〇〇〇〇号）を運転し、これを運行の用に供した④ものである。

① 法8条（法9条の3も同様）は、自動車損害賠償の保障制度の確立に必要な責任保険強制加入制の確保と保険未加入ないし同潜脱自動車の運行防止の実効を担保する趣旨で設けられたものである。
② 法10条に適用除外が定められている。
③ 「責任保険証明書」については法7条、同法施行規則1条に規定されている。
　なお、自動車損害賠償責任保険料領収書と自動車損害賠償責任保険証明書とは、その性質を異にするものであり、前者を所持するからといって、後者の備付け義務を免れるものではないとする判例（福高判昭33・8・11刑集11・6・357）がある。
④ 法9条の3第1項に検査対象外軽自動車等について法8条と同旨の規定をおいた。9条の3の場合には、前記記載例のうち
　　「…自動車損害賠償責任保険証明書を備え付けないで」
とあるのを
　　「…国土交通省令所定の保険標章を表示しないで」
とすればよい。
　なお、保険標章の表示場所は、同法施行規則1条の5第3項に定められている。

第8節　船舶職員及び小型船舶操縦者法

(船舶職員の乗組みに関する基準)
第18条　船舶所有者は、その船舶に、船舶の用途、航行する区域、大きさ、推進機関の出力その他の船舶の航行の安全に関する事項を考慮して政令で定める船舶職員として船舶に乗り組ませるべき者に関する基準(以下「乗組み基準」という。)に従い、船長及び船長以外の船舶職員として、それぞれ海技免状を受有する海技士を乗り組ませなければならない。ただし、第20条第1項の規定による許可を受けた場合において、同条第2項の規定により指定された資格の海技士を指定された職の船舶職員として乗り組ませ、かつ、同項の規定により条件又は期限が付されている場合において、その条件を満たしており、又はその期限内であるときは、この限りでない。
2　船舶所有者は、国土交通省令で定める船舶には、20歳に満たない者を船長又は機関長の職務を行う船舶職員として乗り組ませてはならない。
3　船舶所有者は、国土交通省令で定める船舶には、国土交通省令で定める電波法第40条の資格について同法第41条の免許を受けた者以外の者を船長又は航海士の職務を行う船舶職員として乗り組ませてはならない。
(小型船舶操縦士がなることができる小型船舶操縦者)
第23条の33　乗船基準において必要とされる資格に係る操縦免許証を受有している小型船舶操縦士でなければ、乗船基準に定める小型船舶操縦者として、その小型船舶に乗船してはならない。
(第五章　罰則)
第30条の3　次の各号のいずれかに該当する者は、6月以下の懲役又は100万円以下の罰金に処する。
　一　第18条、第23条の31第1項又は第23条の35第1項の規定に違反した者
　　(第二号〜第四号省略)
第31条　次の各号のいずれかに該当する者は、30万円以下の罰金に処する。

第8節　船舶職員及び小型船舶操縦者法　413

　一　第21条、第23条の33又は第23条の35第3項の規定に違反した者
　　（第二号〜第四号省略）

1　有資格海技従事者を乗り組ませなかった罪
　　　　　　　　　　（法30条の3第1号、18条・施行令5条）

　被疑者○○株式会社は，甲区域内で従業する漁船○○丸（国際総トン数650トン，推進機関の出力1100キロワット①）を所有し②，漁業等を営むもの，被疑者○○は被疑会社取締役として同船の配乗等の業務に従事するものであるが，被疑者○○は被疑会社の業務に関し，法定の除外事由がないのに③，平成○○年○月○日頃から同年○月○日頃までの間，甲区域である東経○○○度○○分，南緯○○度○分の海上等において，同船に一等機関士として五級海技士（機関）又はこれより上級の海技免状を受有する海技士を乗り組ませずに④同船を航行させた⑤ものである。

① 船舶職員として船舶に乗り組ませるべきものについては、施行令5条、施行令別表第一により、航行区域及び総トン数（機関士については推進機関の出力）によって定められている。
　航行区域としては、平水区域、沿海区域、近海区域、遠洋区域（漁船については従業区域により、丙区域、乙区域、甲区域）に分けられている。
　なお、小型船舶（総トン数20トン未満の船舶及び一人で操縦を行う構造の船舶であってその運航及び機関の運転の業務の内容が総トン数20トン未満の船舶と同等のものとして施行規則2条の7で定める総トン数20トン以上の船舶）については、法23条の31に乗船基準が定められている。
② 法18条違反の主体は船舶所有者であるが、船舶共有の場合の船舶管理人（商法699条以下）及び船舶賃借の場合の船舶借入人も主体となる（法3条）。
③ 「法定の除外事由」としては、法18条但書、法19条1項、法20条に該当する場合がある。

④ 「海技士」とは、法4条1項の免許を受けているものをいう。
⑤ 「乗り組ませる」とは、「その職務の種別にしたがい船舶の航行組織の一員として現に執務できる態勢にあてることをいう」(大高判昭55・5・20判決速報55・8)。

②　無資格者の小型船舶への乗組み
　　　　　　　　（法31条1号、23条の33、施行令10条、別表第二）

　被疑者は、特殊小型船舶操縦士①の操縦免許証を有している小型船舶操縦士でなく、かつ、法定の除外事由②がないのに、平成〇〇年〇月〇日、〇〇県〇〇市〇〇町〇番地先〇〇水泳場沖合東方約〇〇メートルの〇〇湖上において、特殊小型船舶③である汽船〇〇（船舶の長さ2.9メートル、幅1.16メートル、用途水上オートバイ）に小型船舶操縦者として乗船したものである。

---

① 「小型船舶操縦士」の資格には、一級小型船舶操縦士、二級小型船舶操縦士、特殊小型船舶操縦士があり（法23条の3第1項）、乗船基準については施行令10条、施行令別表第二に定められている。
② 「法定の除外事由」については、法23条の31第1項但書、23条の32に該当する場合がある。
③ 「特殊小型船舶」については、施行規則127条。

第9節　船舶安全法

>（第一章　船舶ノ施設）
>第17条　満載吃水線ノ標示ヲ隠蔽、変更又ハ抹消シタル者ハ50万円以下ノ罰金ニ処ス
>第18条　船舶所有者又ハ船長左ノ各号ノ一ニ該当スルトキハ1年以下ノ懲役又ハ50万円以下ノ罰金ニ処ス
>　一　国土交通省令ノ定ムル場合ヲ除キ船舶検査証書又ハ臨時航行許可証ヲ受有セザル船舶ヲ航行ノ用ニ供シタルトキ
>　　（第二号〜第九号省略）
>　　（第2項〜第4項省略）
>第19条　詐偽其ノ他不正ノ行為ヲ以テ船舶検査証書、船舶検査済票、臨時航行許可証又ハ合格証明書ヲ受ケタル者ハ1年以下ノ懲役又ハ50万円以下ノ罰金ニ処ス

1　満載吃水線標示の抹消（法17条）

>　被疑者は、日本に国籍を有し近海区域を航行区域として国際航海に従事する船舶○○丸（○○○総トン）を所有しているものであるが、法定の除外事由がないのに、平成○○年○月○日、○○市○○区○○町の○○港第○岸壁において、同船舶の船体全面を故なく青ペンキで塗りつぶして満載吃水線の標示を抹消したものである。

①　本法は、原則としてすべての日本船舶に適用される（法1条、なお14条参照）。
　「日本船舶」とは、日本の国籍を有する船舶であり、船舶法1条に該当する船舶をいう。しかし、船舶の登録（船舶法5条）を受けているかどうかを問わない。

② 「遠洋区域」又は「近海区域」を航行区域とする船舶等、法3条所定の船舶には、満載吃水線を標示しなければならない。

「遠洋区域」「近海区域」等の意義につき、本法施行規則1条6項ないし9項。

「航行区域」は、管海官庁（施行規則1条10項）が、定期検査等において、申請による区域の航海に耐え得るか否かを認定して、その種類を決定する。

なお、「航行区域」は、相互に排他的なものではなく、広い区域がより狭い区域を包含する。

③ 犯罪主体に特に限定はなく、所有者だけでなく船長、乗組員その他何人でも主体たりうる。

④ 「法定の除外事由」とは、法3条但書、施行規則3条所定の船舶に該当するものをいう。

⑤ 「満載吃水線」とは、積載貨物による船体の海中沈下が許される最大限度を示す線である。

満載吃水線の位置は、管海官庁が、定期検査等において、満載吃水線規則又は船舶区画規程に従って定める（法9条1項・施行規則11条）。

2 船舶検査証書未受交付船舶の航行（法18条1項1号）

> 被疑者は、日本に国籍を有する汽船〇〇丸（〇〇〇総トン）を所有しているものであるが、法定の除外事由①がないのに、船舶検査証書の交付を受けない②で、平成〇〇年〇月〇日、〇〇市〇〇区〇〇町の〇〇港から〇〇市〇〇区〇〇町の〇〇港まで同船を運航し、もって、航行の用に供した④ものである。

① 「法定の除外事由」とは、法5条の検査又は法6条の4第1項の規定による船舶の型式承認のため、国土交通大臣の行う試験の執行として旅客及び貨物を搭載せずに試運転を行う場合である（規則44条）。

② 「船舶検査証書」とは、管海官庁が定期検査に合格した船舶に対してその合格を証明するために交付する証書である（法9条1項、なお外国法令に基づき交付された証書につき法15条）。

「定期検査」は、船舶を初めて航行の用に供するとき、又は船舶検査証書の有効期間が満了したときに行う精密な検査である（法5条1項1号）。

検査の申請義務者につき法5条、26条、執行機関につき法7条、7条ノ2、8条、14条等参照。

証書の有効期間は、原則として5年間である（法10条1項）。

③ 船舶検査証書を「受有セズシテ」とは、はじめから同証書の交付を受けていない場合のほか、同証書の交付を受けている船舶につき、その有効期間が満了した場合（法10条4項）、有効期間中であっても、中間検査又は臨時検査に合格せず、その効力が停止されている場合（法10条3項）もこれに含まれる。

また、同証書に定められている特定の種類の航行区域以外の上位の区域を航行した場合、例えば、平水区域を航行区域とする船舶が沿海区域を航海した場合も、本条1号に該当する。

④ 「船舶を航行の用に供した」ときとは、実際に航行させた場合のみでなく、水域を移動できる状態に船舶を置くことを含む。

3 船舶検査証書の不正取得（法19条）

被疑者は、日本に国籍を有し近海区域を航行区域とする旅客船○○丸（○○○総トン，旅客定員○○○名）を所有しているものであるが、平成○○年○月○日、○○市○○区○○町○○港第○岸壁に停泊中の同船内において、○○海運局検査官Aが同船の無線電信に関して定期検査を行った際、同船に無線電信を施設していないのに、他から一時借用した○○○無線電信を仮設して、同船の無線電信であるかのように装って検査に供し、同検査官をしてその旨誤信させ、よって、同月○○日、同市○○区○○町○番○号の○○海運局において、同海運局長から、同船につき定期検査に合格した旨の船舶検査証の交付を受け、もって、詐偽その他不正の行為をもって船舶検査証書を受けたものである。

---

① 「詐偽其ノ他不正ノ行為」とは、船舶検査証書等の交付を受ける意図をもっ

て、その手段として法5条1項所定の検査事項につき合否の判定を誤らしめるようななんらかの偽計その他不正の工作を行うことをいう。

② 「定期検査」及び「船舶検査証書」につき、前記②の注②☞416頁参照。
　客体は、「船舶検査証書」のほか、「船舶検査済証」、「臨時航行許可証」又は「合格証明書」をいう。

③ 遠洋区域又は近海区域を航行区域とする旅客船等法4条1項所定の船舶は、電波法による無線電信を施設しなければならないとされ、法5条1項の検査の対象となる。

第10節　港　則　法

（びよう地）

第5条　特定港内に停泊する船舶は、国土交通省令の定めるところにより、各々そのトン数又は積載物の種類に従い、当該特定港内の一定の区域内に停泊しなければならない。

2　国土交通省令の定める船舶は、国土交通省令の定める特定港内に停泊しようとするときは、けい船浮標、さん橋、岸壁その他船舶がけい留する施設（以下「けい留施設」という。）にけい留する場合の外、港長からびよう泊すべき場所（以下「びよう地」という。）の指定を受けなければならない。この場合には、港長は、特別の事情がない限り、前項に規定する一定の区域内においてびよう地を指定しなければならない。

3　前項に規定する特定港以外の特定港でも、港長は、特に必要があると認めるときは、入港船舶に対しびよう地を指定することができる。

4　前2項の規定により、びよう地の指定を受けた船舶は、第1項の規定にかかわらず、当該びよう地に停泊しなければならない。

（第5項〜第7項省略）

（第五章　水路の保全）

第24条　何人も、港内又は港の境界外1万メートル以内の水面においては、みだりに、バラスト、廃油、石炭から、ごみその他これに類する廃物を捨ててはならない。

（第2項〜第3項省略）

第25条　港内又は港の境界付近において発生した海難により他の船舶交通を阻害する状態が生じたときは、当該海難に係る船舶の船長は、遅滞なく標識の設定その他危険予防のため必要な措置をし、かつ、その旨を、特定港にあつては港長に、特定港以外の港にあつては最寄りの管区海上保安本部の事務所の長又は港長に報告しなければならない。ただし、海洋汚染等及び海上災害の防止に

関する法律（昭和45年法律第136号）第38条第1項、第2項若しくは第5項、第42条の2第1項、第42条の3第1項又は第42条の4の2第1項の規定による通報をしたときは、当該通報をした事項については報告をすることを要しない。

（第八章　罰則）

第39条　次の各号のいずれかに該当する者は、3月以下の懲役又は30万円以下の罰金に処する。

一　第5条第1項、第7条第1項、第12条、第13条又は第36条の3第1項（第37条の5において準用する場合を含む。）の規定の違反となるような行為をした者

二　第5条第2項の規定による指定を受けないで船舶を停泊させた者又は同条第4項に規定するびよう地以外の場所に船舶を停泊させた者

　　（第三号省略）

四　第24条第1項又は第31条第1項（第37条の5において準用する場合を含む。）の規定に違反した者

　　（第五号省略）

六　第25条の規定に違反した者

1　特定港における法定停泊区域外停泊（39条1号、5条1項）

被疑者は，A所有の貨物船○○丸（○○○総トン）に船長として乗り組んでいるものであるが，法定の除外事由がないのに，平成○○年○月○日，○○市○○町所在の特定港である○○港内において，同船を停泊させるにあたり，同港第○区に同船を停泊し，もって，命令の定める停泊区域内に停泊しなかったものである。
①②③④⑤

① 「法定の除外事由」とは、命令の定める船舶（総トン数500トン以上の船舶である（港則法施行規則4条1項）。）につき、港長から法5条1項の停泊区域以外

の場所をびょう地として指定された場合である（法5条2項、3項、4項）。
② 「特定港」とは、吃水の深い船舶が出入できる港又は外国船が常時出入する港であって政令で定めるものをいう（法3条2項）とされ、港則法施行令2条別表第2によれば、特定港は京浜、大阪、神戸、四日市などである。
③ 特定港内に停泊する船舶は、各々そのトン数又は積載物の種類に従い特定港内の一定の区域内に停泊するよう港則法施行規則3条別表第1で定められている。
④ 「停泊」とは、船舶がびょう泊、けい留している状態をさす。「停留」、すなわち一定の場所に留まって漂泊している状態の船舶は、航行中の船舶として取り扱われる。
⑤ 法5条2項、3項によりびょう地の指定を受けた船舶は、たとえ当該港の停泊区域に停泊しても、法39条2号後段によって処罰される。

2 海難発生時の危険予防措置及び報告義務違反

（法39条6号、25条）

> 　被疑者は、貨物船○○丸（総トン数○○トン）に船長①として乗り組んでいるものであるが、平成○○年○月○日午前○○時○○分頃、○○市○○区○○町の特定港である○○港内第2区②において同船のディーゼル機関が爆発し、船底中央部を破損する海難が発生し、航行不能に陥って他船舶の交通を阻害する③状態が発生したのに、遅滞なく標識を設定するなど危険防止のため必要な措置を講ぜず、かつ、法定の除外事由がないのに、その旨を○○港長に報告しなかっ④たものである。

① 本条の主体は、法25条に所定の措置や報告の義務者として定められている「当該海難に係る船舶の船長」、すなわち、自船に被害のあるなしを問わず、海難に関係した船舶の船長であるが、船長に代わってその職務を行う者（船員法11条、20条参照）も主体となり得る。
② 「港の境界付近」とは、法25条の趣旨及び社会通念上、当該港に出入りする船舶の交通安全上影響を及ぼす程度までの海域をいう。

③ 「海難」とは、船舶の衝突、乗揚げ、浸水、船舶の機関・推進器・舵等の損傷又は故障、船舶の運航に関連して生じた航路標識等船舶以外の施設の損傷等をいう。

「他の船舶交通を阻害する状態が生じた」とは、発生した海難によって他の船舶の交通が全く不可能になった場合のみならず、船舶の運航が不自由となり、他船との衝突の危険等の交通障害の虞が生じた場合、海難による船舶損傷のため、積載していた木材が脱落して他船がそれらを避けて通らなければならなくなった場合、船舶の運用の際に燈浮標が滅失して船舶交通に混乱を与える場合なども含まれる。

④ 「標識の設定その他危険予防のため必要な措置」については、海上交通安全法33条、同法施行規則28条に同趣旨の規定があるが、これらの規定に定めるものに限定されるものではなく、その具体的内容は、海難の種類及び海難による他の船舶交通阻害の程度によって決定される。「**必要な措置**」をとった場合でも、「**その旨**」を港長等に報告しなければ、本罪が成立する。逆に何らかの措置をとり、その旨を報告しても、その措置が危険防止のために十分な措置でなかった場合も、本罪が成立する。

③ 港内におけるごみ投棄（法39条4号、24条1項①）

被疑者は②、平成○○年○月○日午後○時○分頃、政令の定める港である○○市○○町所在の○○港内において③、みだりにごみ約○トン④を海中に捨てた⑤ものである⑥。

① 本条は、海上公害の規制にフルに活用されている規定である。
② 主体は、「何人も」とされていて限定がない。船舶からの廃物の投棄はもちろん、船舶以外からの投棄をも禁止されていると解される。したがって、臨港施設から直接港内に排出するもの、河川・運河などを通じて港内に流入する場合の各投棄を含む。
③ 港及びその区域は、港則法施行令1条別表第1に規定されている（法2条）。投棄が禁止されている区域は、港内又は港の境界外1万メートル以内の水面で

あって、この範囲内であれば、海面に限らず、港に通ずる河川、運河等の内水面もこれに含まれる。

④　法24条1項は「バラスト、廃油、石炭から、ごみその他これに類する廃物を捨ててはならない」としている。

　「バラスト」とは、空船の吃水を下げるための砂等の固型物である。

　「ビルジ」は、船底にたまった油性混合物（海洋汚染等及び海上災害の防止に関する法律3条12号）であるが、油の混入していることが通例であるから「廃油」に当たるものと解される。

　「その他これに類する廃物」に当たるか否かは、法1条の趣旨によって定めるべきであって、相当量の夾雑物が混在する「し尿」（最判昭44・3・11刑集23・3・121）や、相当量の硫酸鉄を混入するＰＨ2の酸性水（津地判昭55・3・17判時979・6）等がこれに当たると解される。

　廃棄物の数量が著しく僅少で、船舶交通の安全、港内の整とんを害するおそれのないものであるときは、違法性の問題のみならず、構成要件該当性の有無が問題となることもあるので、社会通念上法益を侵害するに足る相当量を必要とするであろう。したがって、数量を記載するのが通例である。

⑤　「みだり」に捨てることを禁止されているが、「みだりに」とは、社会通念上正当な理由のない場合をいう。したがって、例えば船舶が海難を避けようとしてバラスト、廃油等を捨てるような場合は含まれないこともあり得よう。

⑥　法24条1項違反と廃棄物の処理及び清掃に関する法律、海洋汚染等及び海上災害の防止にに関する法律 各違反（第6章第6節☞171頁参照）とは、行為の態様により併合罪又は観念的競合の関係になると解される。

第11節 郵 便 法

第12条（郵便禁制品）　次に掲げる物は、これを郵便物として差し出すことができない。
　一　爆発性、発火性その他の危険性のある物で総務大臣の指定するもの
　二　毒薬、劇薬、毒物及び劇物（官公署、医師、歯科医師、獣医師、薬剤師又は毒劇物営業者が差し出すものを除く。）
　三　生きた病原体及び生きた病原体を含有し、又は生きた病原体が付着していると認められる物（官公署、細菌検査所、医師又は獣医師が差し出すものを除く。）
　四　法令に基づき移動又は頒布を禁止された物
（第五章　罰則）
第77条（郵便物を開く等の罪）　会社の取扱中に係る郵便物を正当の事由なく開き、き損し、隠匿し、放棄し、又は受取人でない者に交付した者は、これを3年以下の懲役又は50万円以下の罰金に処する。ただし、刑法の罪に触れるときは、その行為者は、同法の罪と比較して、重きに従つて処断する。
第78条（郵便用物件を損傷する等の罪）　郵便専用の物件又は現に郵便の用に供する物件に対し損傷その他郵便の障害となるべき行為をした者は、これを5年以下の懲役又は50万円以下の罰金に処する。
第80条（信書の秘密を侵す罪）　会社の取扱中に係る信書の秘密を侵した者は、これを1年以下の懲役又は50万円以下の罰金に処する。
②　郵便の業務に従事する者が前項の行為をしたときは、これを2年以下の懲役又は100万円以下の罰金に処する。
第81条（郵便禁制品を差し出す罪）　第12条の規定の違反があつたときは、その違反行為をした者を50万円以下の罰金に処し、その郵便物として差し出した物を没収する。

第11節　郵　便　法　425

1　郵便物の放棄等（法77条）

　被疑者は、○○郵便局に集配人として勤務しているものであるが、平成○○年○月○日頃、○○市○○町○○番○○号先の○○川河岸において、自己の配達担当区域内の受取人Aほか○○名に配達すべき年賀はがき○○通を、ほしいままに川中に投げ捨て、もって、日本郵便株式会社の取扱中に係る郵便物を正当の事由なく放棄したものである。
①　　　　　　　　　　　　　　　　　　　　　　　　　　　　①
②　　③④

① 「郵便物」の種類につき、法14条、20条ないし22条、27条。
　「（日本郵便株式会社の）取扱中に係る」とは、郵便物が郵便局で引き受けられたとき（ポスト投函は投函と同時に引受けと解される）から配達に至るまでの間をいう。
　なお、民間事業者による信書の送達に関する法律6条により総務大臣の許可を受けた一般信書便事業者、同法29条により同大臣の許可を受けた特定信書便事業者の取扱中の信書便物については、同法43条により処罰される。信書便の定義は同法2条参照。
② 「正当の事由」とは、危険物の棄却等（法33条）、還付不能郵便物の開披、棄却又は売却（法41条）、令状に基づく差押等（刑訴法100条等）、正当防衛及び緊急避難（刑法36、37条）など法令によって認められている場合及び本人の同意がある場合などを意味する。
③ 行為は、「開き、き損し、隠匿し、放棄し、又は受取人でない者に交付」することである。
　「開き」とは、刑法133条にいう開封と同義であり、封緘を無効ならしめて郵便物の内容を知り得る状態におくことをいう。
　現に内容を了知したかどうかを問わず、一時開いたのち封緘を再び原状に回復しても本罪が成立する。
　「き損」とは、郵便物に有形力を加え物質的にその効力を害することをいう。
　「隠匿」とは、郵便物の所在を不明にさせて使用を妨げることをいう。領得の

意思をもって隠匿した場合には、犯人が郵便物につき占有を有していたか否かにより、業務上横領又は窃盗の罪が成立し、本罪には当たらない

「**放棄**」とは、郵便物を日本郵政株式会社の占有から離脱させ、保管者のない状態におくことをいう。

「**受取人でない者に交付**」するとは、受取人に交付しない意思をもって第三者に交付することをいう（大判明31・1・21刑録4・17）とされるが、通信阻害の目的を要しないとする見解もある。

④　法77条に規定された侵害行為は、それぞれ刑法の信書開封（133条）、公用文書毀棄（258条）、私用文書毀棄（259条）、器物損壊（261条）、信書隠匿（263条）にも該当する。しかしながら、これらの刑法上の罪が個人的法益に対する侵害行為であり、親告罪とされているのに対して、本条の罪は個人的法益に対する侵害行為のみならず、郵便事業の保護という社会的法益に対する侵害行為であるとされ、非親告罪とされているのである。したがって、本条は、日本郵政株式会社の取扱中に係る郵便物に対する侵害行為に関する刑法各条の特別法にあたり、刑法各条は適用されない。

但し、公用文書毀棄及び私用文書毀棄など、本条の罪の刑よりも重い刑が定められている場合は、行為自体は本条違反であるが、刑については、公用文書毀棄又は私用文書毀棄の刑によって処断される。

2　郵便物のき損及び郵便用物件の損傷（法77条、78条）

> 被疑者は、平成○○年○月○日午後○時頃、○○市○○町○番○号先において、同所に設置してあった○○郵便局長Ａの管理に係る鉄製郵便差出箱の投入口から、点火したマッチ軸○本を投げ入れ、差出人Ｂほか○名が投函した郵便はがきなど○○通を燃えあがらせ、もって、日本郵便株式会社の取扱中に係る郵便物をき損するとともに、郵便専用の物件に対し郵便の損傷となるべき行為をしたものである。

①　法78条の罪（郵便用物件を損傷する等の罪）の客体は、「**郵便専用の物件**」又

は「現に郵便の用に供する物件」である。

「郵便専用の物件」とは、郵便のためのみに使用され、それ以外には使用されない物件をいう。

その性質上、郵便のみに使用される物、例えば郵便差出箱（ポスト）、郵袋、通信日付印などのほか、事実上郵便のみに使用される物、例えば配達用自転車、郵便自動車などを含む。

「現に郵便の用に供する物件」とは、前記の郵便専用物件ではないが、現実に郵便のために使用されている物件をいう。

② 法78条の違反行為は、「損傷」と「その他郵便の障害となるべき行為」である。

「損傷」とは、物の効用を害する一切の行為をいい、有形力（火力を含む）を用いて物質的に破壊し、その形状を変更する場合はもちろん、汚物等を投げ込んだり、放尿するなど物件をその本来の目的に使用することができない状態におく行為も含む。

「その他郵便の障害となるべき行為」とは、損傷以外の方法によるものであり、隠匿するなどして物件の使用を妨げることをいう。

③ 郵便物の毀損行為（法77条）については、1の各注☞425頁参照。

3 信書の秘密侵害（法80条2項）

> 被疑者は，○○郵便局に集配人として勤務しているものであるが，平成○○年○月○日午後○時頃，○○市○○町○番○号先路上において，配達のため保管している受取人A宛のはがき①を閲読し②，もって，日本郵便株式会社の取扱中に係る信書①の秘密②を侵した③ものである。

① 「信書」とは、特定の人に対して自己の意思の伝達を媒介する文書を総称し、封緘の有無を問わず、開封の書状及び郵便葉書を含む（大判明40・9・26刑録13・10・2）。

② 「信書の秘密」とは、信書の内容たる通信文の記載はもちろん、その差出人、

受取人の住所・氏名、差出個数等を含む。
③ 「秘密を侵す」とは、信書の差出人及び受取人の承諾がないのに、前記の「秘密」に当たる事実を了知することをいう。

　郵便物を開いて信書の秘密を侵した場合、法77条違反の罪と本条違反の罪との観念的競合となる。

　一般信書便事業者、特定信書便事業者の取扱中に係る信書の秘密を侵した場合は、民間事業者による信書の送達に関する法律44条が適用される。

4 郵便禁制品を差し出す罪（法81条、12条）

　被疑者は，平成○○年○月○日，○○市○○町○番○号所在の○○郵便局において，同局局員Aに対し，同市○○町○○番の甲宛に，爆発性の物であって郵便禁制品として総務大臣が指定した玩具煙火１０個を小包郵便物として差し出したものである。
①　②　③

① 「郵便禁制品」とは、法12条各号所定のものをいう。同条1号の総務大臣の指定するものについては昭和22年逓信省告示第384号「郵便法第12条第1号の爆発性、発火性その他の危険性のある物指定の件」。
② 「差し出す」とは、郵便差出箱（ポスト）に投函し、又は郵便局窓口に提出することをいい、投函又は窓口提出により既遂となる。
③ 本条の差出物件は、没収しなければならないことに注意（81条後段）。

第12節　電信電波法

＊有線電気通信法＊

（罰則）

第13条　有線電気通信設備を損壊し、これに物品を接触し、その他有線電気通信設備の機能に障害を与えて有線電気通信を妨害した者は、5年以下の懲役又は100万円以下の罰金に処する。

＊電波法＊

（無線局の開設）

第4条　無線局を開設しようとする者は、総務大臣の免許を受けなければならない。ただし、次の各号に掲げる無線局については、この限りでない。

一　発射する電波が著しく微弱な無線局で総務省令で定めるもの

二　26.9メガヘルツから27.2メガヘルツまでの周波数の電波を使用し、かつ、空中線電力が0.5ワット以下である無線局のうち総務省令で定めるものであつて、第38条の7第1項（第38条の31第4項において準用する場合を含む。）、第38条の26（第38条の31第6項において準用する場合を含む。）又は第38条の35の規定により表示が付されている無線設備（第38条の23第1項（第38条の29、第38条の31第4項及び第6項並びに第38条の38において準用する場合を含む。）の規定により表示が付されていないものとみなされたものを除く。以下「適合表示無線設備」という。）のみを使用するもの

三　空中線電力が1ワット以下である無線局のうち総務省令で定めるものであつて、次条の規定により指定された呼出符号又は呼出名称を自動的に送信し、又は受信する機能その他総務省令で定める機能を有することにより他の無線局にその運用を阻害するような混信その他の妨害を与えないように運用することができるもので、かつ、適合表示無線設備のみを使用するもの

四　第27条の18第1項の登録を受けて開設する無線局（以下「登録局」という。）

（無線設備の操作）

第39条　第40条の定めるところにより無線設備の操作を行うことができる無線従事者（義務船舶局等の無線設備であつて総務省令で定めるものの操作については、第48条の２第１項の船舶局無線従事者証明を受けている無線従事者。以下この条において同じ。）以外の者は、無線局（アマチュア無線局を除く。以下この条において同じ。）の無線設備の操作の監督を行う者（以下「主任無線従事者」という。）として選任された者であつて第４項の規定によりその選任の届出がされたものにより監督を受けなければ、無線局の無線設備の操作（簡易な操作であつて総務省令で定めるものを除く。）を行つてはならない。ただし、船舶又は航空機が航行中であるため無線従事者を補充することができないとき、その他総務省令で定める場合は、この限りでない。

　　　（第２項～第７項省略）

（第九章　罰則）

第110条　次の各号のいずれかに該当する者は、１年以下の懲役又は100万円以下の罰金に処する。

　一　第４条の規定による免許又は第27条の18第１項の規定による登録がないのに、無線局を開設した者

　　　（第二号～第十二号省略）

第113条　次の各号のいずれかに該当する者は、30万円以下の罰金に処する。

　　　（第一号～第十五号省略）

　十六　第39条第１項若しくは第２項又は第39条の13の規定に違反した者

　　　（第十七号～第二十七号省略）

1　有線電気通信の妨害（有線電気通信法13条）

　被疑者は、平成〇〇年〇月〇〇日頃、〇〇市〇〇町〇番地Ａ方前路上において、西日本電信電話株式会社が同人方用に設置した電話線を切断し、もって、有線電気通信設備を損壊して有線電気通信を妨害したものである。
①　　　　　　　　②　　　　　　　　③　　　　④

① 「有線電気通信」及び「有線電気通信設備」の意義については、法2条参照。

電話回線を通じ、発信側電話の度数計器を作動させるため、受信側から送出される応答信号は、法2条1項にいう「符号」にあたり、応答信号の送出を妨害する機能を有するマジックホンと称する電気機器を電話回線に取り付け使用し、応答信号の送出を妨げるとともに、発信側電話の度数計器の作動を不能にした行為は、法13条違反に当たる（最決昭59・4・27刑集38・6・2584、最決昭61・2・3判時1185・164）。

有線電気通信設備を設置しようとする者は、法3条により総務大臣に届けなければならない。

② 違法に設置された有線電気通信設備を損壊等しても器物損壊罪が成立することはともかく、法13条違反とはならないものと解せられる（旧電信法37条に関する最決昭25・3・17刑集4・3・378、公選法に関する最判昭51・12・24刑集30・11・1932、最決昭55・2・29刑集34・2・56参照）。

しかしながら、単に法3条1項、2項の届出がないという場合は、当該有線電気通信設備の損壊等に対し法13条が適用され、処罰の対象とされる（大高判昭49・2・14刑裁月報6・2・118）。

③ 有線電気通信を「妨害」するとは、現実に有線電信の通信・通話に支障を来さしめた場合のみではなく、必要に応じ有線電信を行い得るよう設備された線路その他に障害を与え、線路等により通信・通話を行おうとするときにその電信を不能又は困難ならしめるものをも含む（最決昭33・3・4刑集12・3・377）。

したがって、本回線のほかに、その故障に備え設備された予備回線の損壊も「妨害」に当たる。

④ 法13条違反の罪と刑法233条の偽計業務妨害罪とは、観念的競合の関係にあり（前記最決昭61・2・3、前記大阪高判）、刑法261条の器物損壊罪とも同様に観念的競合になるものと考えられる。

2 **無免許無線局開設**（電波法110条1号、4条）

被疑者は、総務大臣の免許を受けず、かつ、法定の除外事由がないのに、平①

成○○年○月○○日頃から同年○月○日頃までの間、自己所有の普通乗用自動車に無線設備を設置して無線局を開設し②、○○市○○町○番地先路上等を走行中の同自動車から周波数○○キロヘルツの電波を発射し、もって、無線局を開設して運用③したものである。

① 「法定の除外事由」とは、発射する電波が著しく微弱な無線局で電波法施行規則6条に規定するものなどがある（法4条1号ないし4号）。
② 「無線局」については、法2条5号参照。
③ 「無線局の開設」とは、無線設備を設置して電波を発射し得る状態におくこと、「無線局の運用」とは、無線設備を操作して無線通信を行うことを意味し、発信設備のある限り、現実には受信しかしていなくとも運用に当たる。

3 無免許無線設備操作（電波法113条1号、39条）

被疑者は、総務大臣の免許を受けて船舶無線局を開設している汽船○○丸の船長であるが、無線従業者の資格①がなく、かつ、法定の除外事由②がないのに、平成○○年○月○日、○○県○○市沖海上において、同船船舶無線局の無線設備を用いて同県○○市○○町所在の○○内航海岸局と交信し、もって、無線従事者でないのに無線局の無線設備を操作したものである。

① 「無線従事者」の意義につき法2条6号、その資格等につき法40条以下。
② 「法定の除外事由」とは、主任無線従事者の監督を受ける場合及び本法施行規則33条に該当する簡単な操作行う場合並びに同規則33条の2に該当する場合をいう。

第15章 諸　　法

第1節　国家公務員法

＊国家公務員法＊
（法令及び上司の命令に従う義務並びに争議行為等の禁止）
第98条　職員は、その職務を遂行するについて、法令に従い、且つ、上司の職務上の命令に忠実に従わなければならない。
②　職員は、政府が代表する使用者としての公衆に対して同盟罷業、怠業その他の争議行為をなし、又は政府の活動能率を低下させる怠業的行為をしてはならない。又、何人も、このような違法な行為を企て、又はその遂行を共謀し、そそのかし、若しくはあおつてはならない。
　　（第3項省略）
（秘密を守る義務）
第100条　職員は、職務上知ることのできた秘密を漏らしてはならない。その職を退いた後といえども同様とする。
　　（第2項～第5項省略）
（政治的行為の制限）
第102条　職員は、政党又は政治的目的のために、寄附金その他の利益を求め、若しくは受領し、又は何らの方法を以てするを問わず、これらの行為に関与

し、あるいは選挙権の行使を除く外、人事院規則で定める政治的行為をしてはならない。

　　　（第2項～第3項省略）

（第四章　罰則）

第109条　次の各号のいずれかに該当する者は、1年以下の懲役又は50万円以下の罰金に処する。

　　　（第一号～第十一号省略）

　十二　第100条第1項若しくは第2項又は第106条の12第1項の規定に違反して秘密を漏らした者

　　　（第十三号～第十八号省略）

第110条　次の各号のいずれかに該当する者は、3年以下の懲役又は100万円以下の罰金に処する。

　　　（第一号～第十六号省略）

　十七　何人たるを問わず第98条第2項前段に規定する違法な行為の遂行を共謀し、そそのかし、若しくはあおり、又はこれらの行為を企てた者

　　　（第十八号省略）

　十九　第102条第1項に規定する政治的行為の制限に違反した者

　　　（第二十号省略）

　　　（第2項省略）

＊人事院規則14－7（政治的行為）＊

（政治的行為の定義）

6　法第102条第1項の規定する政治的行為とは、次に掲げるものをいう。

　　　（第一号～第七号省略）

　八　政治的目的をもつて、第5項第1号に定める選挙、同項第2号に定める国民審査の投票又は同項第8号に定める解散若しくは解職の投票において、投票するように又はしないように勧誘運動をすること。

　　　（第九号～第十二号省略）

　十三　政治的目的を有する署名又は無署名の文書、図画、音盤又は形象を発行

し、回覧に供し、掲示し若しくは配布し又は多数の人に対して朗読し若しくは聴取させ、あるいはこれらの用に供するために著作し又は編集すること。
　　　（第十四号～第十七号省略）

1　秘密の漏示（法109条12号、100条1項）

　被疑者は，○○国税局管内○○税務署に勤務する財務事務官①であり，同署直税課所得税第○係員として所得税の課税事務に従事していたものであるが，平成○○年○月○日午後○時頃，○○市○○町○番○号所在の○○製造販売業Ａ方において，同人に対し，かねて被疑者が職務上同税務署長から配布を受けていた○○国税局作成の秘密文書である「平成○○年度分○○○表」○冊を手交③し，もって，その職務上知ることのできた秘密②を漏らし④たものである。

① 主体は、「職員」である。「職員」とは、一般職に属するすべての職を占める者をいう（法2条4項）。
　　在職中だけでなく、退職後も本条の守秘義務がある。
② 「秘密」とは、国家機関が単にある事項につき形式的に秘密扱をしただけでは足りず、非公知の事実であって、実質的にもそれを秘密として保護するに値すると認められるものをいう（実質秘主義）（最決昭52・12・19判時873・22、最決昭53・5・31判時887・19）。
　　もっとも、秘密指定のあった事項の内容そのままを明らかにしなければならないものではなく、秘密指定の手続、当該事項の種類、性質、秘密の取り扱いを必要かつ相当する合理的な事由等を立証することによって指定の実質的秘密性を推認させることができるのである（東高判昭44・3・18刑集22・1・101等）から、これらの間接的事実について証拠を収集しておくべきである。
③ 秘密を「漏ら」すとは、刑法134条の「漏ら」すと同じ意味であり、秘密をまだ知らない他人に知らせることをいう。
　　相手方は、一人であっても、多数であってもよく、その方法のいかんを問わ

ず、また口頭による告知であっても、書面による通知であってもよい。

刑法134条の罪は親告罪（同法135条）であるが、本条違反の罪は非親告罪である。

④ 本条違反の行為を企て、命じ、故意にこれを容認し、そそのかし、又はそのほう助をした者も処罰される（法111条）。

「そそのかし」とは、法109条12号、100条1項所定の秘密漏示を実行させる目的をもって、公務員に対し、その行為を実行する決意を新たに生じさせるに足りる慫慂行為をすることを意味し、その内容・程度に特に限定はない（前記最決53・5・31）。

② 争議行為のあおり等（法110条1項17号、98条2項前段）

被疑者甲は○○省に勤務する職員をもって構成する全○○労働組合中央執行委員長、同乙は同組合副中央執行委員長、同丙は同組合書記長であるが、

第1　同組合中央執行委員Aほか○名と共謀の上、平成○○年○月○日頃、東京都○○区○○○丁目○番○号所在の同組合中央本部において、同所より同組合各府県本部の各委員長あてに、「組合員は○○法反対のため所属長の承認なくとも○月○○日は正午出勤の行動に入れ」などと記載した同組合中央闘争委員長甲名義の指令第○号等を発送して、同組合員をして国家公務員である○○省職員に対する争議行為の遂行をあおることを企て

第2　同組合中央執行委員Bほか○名と共謀の上、同年○月○○日午前○時頃から同○○時頃までの間、東京都○○区○○○丁目○番○号所在の○○省庁舎において、同庁舎各入口に人垣を築き、机、椅子等を積み重ねるなどして、出勤して来る同庁職員○○名を入室しないようしむけた上、同人らに対し、同省正面前の○○法反対職場集会に直ちに参加するよう反復して申し向け、勤務時間内に開催される同職場大会に参加方を慫慂して、国家公務員である同省職員に対し争議行為の遂行をあおった

ものである。

① 主体は、「何人たるを問わ」ない。

職員及び職員団体の構成員はもちろん、それ以外の第三者を含む。

② 行為は、「第98条第2項前段に規定する違法な行為の遂行を共謀し、そそのかし、若しくはあおり、又はこれらの行為を企て」ることである。

ここにいう「**違法な行為**」とは、同盟罷業、怠業その他の争議行為と政府の活動能率を低下させる怠業的行為である。

争議行為は、本来勤労者の経済的地位の、向上をはかるため「その主張を貫徹することを目的として行ふ行為であって、業務の正常な運営を阻害するものをいふ」（労働関係調整法7条）のであるが、法98条2項にいう「**争議行為**」には、経済的目的に出たものであると、はたまた政治的目的に出たものであるとを問わない（最判昭48・4・25刑集27・4・547参照）。

同盟罷業、怠業は、業務の正常な運営を阻害する「**争議行為**」の例示であり、そのほかピケッティング、職場占拠、順法闘争、勤務時間内の職場集会など業務の正常な運営を阻害する一切の行為をいう。

「**怠業的行為**」は、争議行為のように業務の正常な運営を阻害する程度には達しないが、政府の活動能率を低下させることとなる行為をいう。

行為の態様は、「**違法な行為の遂行**」を

  (A)　共謀すること

  (B)　そそのかすこと

  (C)　あおること

  (D)　(A)(B)(C)の行為を企てること

である。

 (A)　「**共謀**」するとは、2人以上の者が同意思の下に一体となって互いに他人の行為を利用し、各自の意思を実行に移すことを内容とする謀議をすること（最判昭33・5・28刑集12・8・1718）であり、刑法上の共謀共同正犯にいう「共謀」と同じ意味である。

 (B)　「**そそのかし**」とは、人に対し違法行為を実行する決意を新たに生じさせるに足る慫慂行為をすることをいい、これにより、相手方が新たに実行の決

意を生じて実行に出る危険性がある限り、実際に相手方が実行の決意を生じたかどうか、あるいは既に生じている決意を助長されたかどうかを問わない（最判昭29・4・27刑集8・4・555）。

なお、1の注④☞436頁参照。

(C) 「あおり」とは、違法行為を実行させる目的をもって、他人に対し、その行為を実行する決意を生じさせるような、又は既に生じている決意を助長させるような勢いのある刺戟を与えることをいう（前掲最判昭48・4・25）。

(D) 「企て」とは、前記(A)(B)(C)のごとき違法行為の共謀、そそのかし、又はあおり行為の遂行を計画準備することであって違法行為発生の危険性が具体的に生じたと認めうる状態に達したものであることをいう（前掲最判昭48・4・25）。

前記(A)(B)(C)(D)の各行為は、いわゆる独立犯とされ、その行為により、共謀者の一部やそそのかし、あおり行為の相手方、あるいは一般参加者等が違法行為の実行に出たことを要しない。

かつて判例は、前記行為を処罰するには、「争議行為そのものが、職員団体の本来の目的を逸脱してなされるとか、暴力その他これに類する不当な圧力を伴うとか、社会通念に反して不当に長期に及ぶなど国民生活に重大な支障を及ぼすとか等違法性の強いものであることのほか、あおり行為等が争議行為に通常随伴するものと認められるものでないことを要するものと解すべきである。」（最判昭44・4・2刑集23・5・685——全司法仙台事件）とし、争議行為自体違法性の強いものであり、かつあおり行為が争議行為に通常随伴するものと認められないような違法性の強い方法による場合に限り、刑事制裁の対象となると解されていたが、前掲最判昭48・4・25（全農林警職法闘争事件）により「違法性の強弱の区別が元来はなはだ曖昧であるから刑事制裁を科しうる場合と科しえない場合との限界がすこぶる明確性を欠く」などの理由から、「このような不明確な限定解釈は、かえって犯罪構成要件の保障的機能を失わせることとなり、憲法31条に違反する疑いすら存する」とされ、前記昭44・4・2の判決は「本判決において判示したところに抵触する限度で変更を免れない」こととなった。

③ 公務員の政治的行為（法110条1項19号、102条1項）

〔前注〕

行為は、「政党又は政治目的のために……選挙権の行使を除く外、人事院規則で定める政治的行為①」をすることである。②

① ここにいう「人事院規則」は、法102条1項の委任により制定された人事院規則14—7をいう（以下規則と略称）。

法102条1項及び規則により公務員の政治的中立性をそこなうおそれのある公務員の政治的行為を禁止することは、それが合理的で必要やむをえない限度にとどまるものである限り、憲法の許容するところであるとされている（最判昭49・11・6刑集28・9・393）。

② 法102条1項にいう「政治的行為」とは、規則6項に列挙されているものをいう。

目的犯であり、「政党」又は「政治的目的」のために規則6項列挙の行為をすることを要する。

「政党」とは、狭義には政治資金規正法3条2項に定める団体をいうが、規則5・6項には「特定の政党その他の政治的団体」と規定されているところからみて、狭義の「政党」のほか、同法3条1項、5条1項にいう「政治団体」と同義に解することになろう。

「政治的目的」とは、規則5項に掲げるものをいう。

1 投票勧誘運動（規則6項8号）

　　被疑者は，○○○に勤務する○○事務官①であるが，平成○○年○月○○日施行の衆議院議員選挙に際し，○○県第○区から立候補した○○党公認候補者Aを支持する政治目的②をもって，同年○月○日午後○時頃から同○○時頃までの間，○○市○○町○番○号○○会館で開催された同候補者の個人演説会において，司会を行い，約○○名の聴衆に対し，同候補者に投票されたい旨演説③し，もって，同候補者に投票するよう勧誘運動をしたものである。③

① 主体は、「すべての一般職に属する職員」である（規則1項本文——適用除外につき同項但書）。

　当該公務員の管理職・非管理職の別、現業・非現業の別、裁量権の範囲の広狭などを問わない。したがって、非管理職の現業公務員で、その職務内容が機械的労務の提供にとどまるものであっても、これに当たる（前掲最判昭49・11・6）。

② 「**政治的目的**」は、「公職の選挙において、特定の候補者を支持し又はこれに反対すること」（規則5項1号）である。

　「**公職の選挙**」は、人事院規則14—5に定める「公選による公職」（衆議院・参議院の議員、地方公共団体の長及び議員等）の選挙に限られる。

　「**特定の候補者**」とは、法令の規定に基づく立候補届出により、候補者としての地位を有するに至った特定人を指すものであり、届出の前後を問わず、立候補しようとする特定人を含まない（最判昭30・3・1刑集9・3・381）。

　しかし、1選挙区につき確定の1人の候補者のみを意味するものでなく、1又は2以上の選挙区における複数の候補者であっても、特定されている限り、ここにいう「**特定の候補者**」に含まれる（最判昭49・11・6刑集28・9・743）。

③ 行為は、②の公職の選挙の投票において、「**投票するように又はしないように勧誘運動をすること**」である。

　「**勧誘運動**」とは、組織的、計画的又は継続的に勧誘することをいうとされているが、これは偶発的、単発的な勧誘行為、例えばたまたま街頭で会った友人に投票を依頼するような行為まで含まないという趣旨である。

　選挙運動用トラックに同乗し手を上げたり会釈するなどの行為（最判昭33・5・1刑集12・7・1272）、個人演説会の司会に付随して投票を呼びかける行為（最判昭49・11・6刑集28・9・694）などは「**勧誘運動**」に当たるとされている。

　その行為につき、勤務時間の内外、職務の利用又は職務上の施設の利用の有無などを問わない。したがって、勤務時間外に、その職務又は職務上の施設を利用することなく行われてもよい（前掲最判昭49・11・6）。

2　政治的目的を有する文書の配布（規則6項13号）

　被疑者は○○○に勤務する○○事務官[①]で，○○県労働組合評議会事務局長を勤めていたものであるが，平成○○年○月○○日施行の衆議院議員選挙に際し，同評議会の決定により○○党を支持する目的[②]をもって，
第1　同○○年○月○日，○○市○○町○番○号先に設置された選挙用ポスター掲示場において，政治的目的[②]を有する同党公認候補者Aの選挙用ポスター○枚を同掲示場に掲示し[③]
第2　同月○○日，同町○番○○号甲方において，同人に対し，政治的目的[②]を有する同党公認候補者Bの選挙用ポスターの掲示を依頼して，同ポスター○枚を配布し[③]
たものである。[④]

① 　主体につき、前記1の注① ☞ 前頁参照。
② 　「政治的目的」は、「特定の政党その他の政治団体を支持し又はこれに反対すること」（規則5項3号）である。
　「特定の政党」等につき、前注② ☞ 前頁参照。
③ 　行為は、「文書、図画、音盤又は形象」を「発行し、回覧に供し、掲示し若しくは配布し又は多数の人に対して朗読し若しくは聴取させ、あるいはこれらの用に供するために著作し又は編集すること」である。
　「文書、図画」は、公職選挙法142条1項等にいう「文書図画」と同じ意味に解する（第2章 6 の1注① ☞ 56頁参照）。
　郵便局員が、メーデーにおける集団示威行進に際し約30分にわたり、「アメリカのベトナム侵略に加担する佐藤内閣打倒」と記載された横断幕を掲げて行進した行為は、規則5項4号、6項13号に該当する政治的目的を有する文書を掲示した行為である（最判昭55・12・23判時991・31）。
　「形象」とは、彫刻・塑像・模型等立体的な表現形式をいう。
　「音盤」には、蓄音機用音盤（レコード）のほか、録音テープその他物に音を

固定したものを含む。

　なお、本号の行為は、行為者に政治的目的のためにする意思があるかどうかを問わず、当該文書等が政治的目的を有するものであれば足りる。

　その行為は、勤務時間の内外、職場又は職務上の施設の利用の有無を問わず、また労働組合活動の一環として行われたものであってもよい（前掲最判昭49・11・6）。

④　政治的目的を有する文書図画の配布・掲示等の行為が、同時に公選法142条1項、143条1・2項、146条等に規定する文書図画等の頒布・掲示等の禁止に触れる場合（第2章⑥☞55頁参照）には、観念的競合である。

第2節　自然公園法

（特別地域）
第20条　環境大臣は国立公園について、都道府県知事は国定公園について、当該公園の風致を維持するため、公園計画に基づいて、その区域（海域を除く。）内に、特別地域を指定することができる。
　　　（第2項省略）
3　特別地域（特別保護地区を除く。以下この条において同じ。）内においては、次の各号に掲げる行為は、国立公園にあつては環境大臣の、国定公園にあつては都道府県知事の許可を受けなければ、してはならない。ただし、非常災害のために必要な応急措置として行う行為又は第3号に掲げる行為で森林の整備及び保全を図るために行うものは、この限りでない。
　　　（第一号〜第三号省略）
　　四　鉱物を掘採し、又は土石を採取すること。
　　　（第五号〜第十八号省略）
　　　（第4項〜第9項省略）
（利用のための規制）
第37条　国立公園又は国定公園の特別地域、海域公園地区又は集団施設地区内においては、何人も、みだりに次の各号に掲げる行為をしてはならない。
　　　（第一号省略）
　　二　著しく悪臭を発散させ、拡声機、ラジオ等により著しく騒音を発し、展望所、休憩所等をほしいままに占拠し、嫌悪の情を催させるような仕方で客引きをし、その他当該国立公園又は国定公園の利用者に著しく迷惑をかけること。
2　国又は都道府県の当該職員は、特別地域、海域公園地区又は集団施設地区内において前項第2号に掲げる行為をしている者があるときは、その行為をやめるべきことを指示することができる。

(第3項省略)

（第四章　罰則）

第83条　次の各号のいずれかに該当する者は、6月以下の懲役又は50万円以下の罰金に処する。

　　（第一号～第二号省略）

　三　第20条第3項、第21条第3項、第22条第3項又は第23条第3項の規定に違反した者

　　（第四号～第五号省略）

第86条　次の各号のいずれかに該当する者は、30万円以下の罰金に処する。

　　（第一号～第八号省略）

　九　国立公園又は国定公園の特別地域、海域公園地区又は集団施設地区内において、みだりに第37条第1項第1号に掲げる行為をした者

　十　国立公園又は国定公園の特別地域、海域公園地区又は集団施設地区内において、第37条第2項の規定による当該職員の指示に従わないで、みだりに同条第1項第2号に掲げる行為をした者

　　（第十一号省略）

第87条　法人の代表者又は法人若しくは人の代理人、使用人その他の従業者が、その法人又は人の業務に関して第82条、第83条、第85条又は前条の違反行為をしたときは、行為者を罰するほか、その法人又は人に対して、各本条の罰金刑を科する。

1　特別地域内における禁止行為違反（法83条3号、20条3項4号）

　被疑者は，採石業を営んでいるものであるが，法定の除外事由がなく，かつ，○○県知事の許可を受けないで，平成○○年○月○日頃から同○○年○月○日頃までの間，○○国定公園の特別地域に指定されている○○県○○郡○○町○○番地付近の山林において，花崗岩約○トンを掘採したものである。

① 「特別地域」とは、国立公園又は国定公園の区域内において、環境大臣もしくは都道府県知事によって指定された地域である（法20条1項）。
② 「法定の除外事由」については、法20条3項但書、7項参照。
③ 「国定公園」（法2条3号）については、都道府県知事の許可が必要であるが、「国立公園」（法2条2号）については、環境大臣の許可が必要とされる（法20条3項）。

2 利用のための規制違反（法86条10号、37条1項2号）

> 被疑者は，平成○○年○月○日，同月○日，同月○日，同月○○日の前後4回にわたり，環境大臣が○○国立公園の特別地域①として指定した○○県○○郡○○町○○第一展望所②において，焼いか、焼とうきびなどの食品を販売するため，長さ約2.5メートル，幅約1.2メートル，高さ約1.9メートルの屋台を固定して設置し，同所をほしいままに占拠③していることにつき，同地域を管轄する○○○○の職員Aから前後○回にわたり，口頭又は書面をもって「物品の販売等を目的とする特別地域への立入り禁止及び展望所等の占拠の禁止に違反するので，直ちに営業をやめ立ち退くこと，不法立入りあるいは占拠を続けないこと」との要旨の指示をうけていた④のにかかわらず，これに従わず，更に同年○月○○日午前○時頃から同日午後○時頃まで，前同所特別地域内の展望所に，前記屋台をみだりに設置して食品販売の営業を行い，もって，同所をほしいままに占拠したものである。

① 「国立公園」は法2条2号、「特別地域」は法20条にそれぞれ規定されている。
② 法37条1項2号にいう「展望所」とは、景観の観望を容易にする目的のもとに特別に建造された建物、台等土地に定着する工作物に限らず、同目的で人工の加えられた一定区域の土地を含み、利用上これらと付加一体をなすものをいう（最決昭49・10・4刑集28・7・359）。
③ 「占拠」とは、排他独占的に使用する状態をいい、例えば、食品販売業者、物品販売業者、写真撮影業者等が恒久的に当該場所を使用する場合等がこれに当た

る。

　屋台等を30分ないし4時間30分継続的に設置した行為が占拠に当たるとされた事例がある（札高判昭48・12・18刑裁月報5・12・1633）。

④　法37条1項2号の行為が、直ちに可罰とされるのではなく、当該職員の指示があり、この指示に従わないときにはじめて処罰されることとなっている。

　なお**「当該職員」**とは、主として現地に派遣されている管理員を意味するものであるが、国又は都道府県の職員いずれもが実施し得るものである。

第3節　消　防　法

(第二章　火災の予防)
第5条　消防長又は消防署長は、防火対象物の位置、構造、設備又は管理の状況について、火災の予防に危険であると認める場合、消火、避難その他の消防の活動に支障になると認める場合、火災が発生したならば人命に危険であると認める場合その他火災の予防上必要があると認める場合には、権原を有する関係者（特に緊急の必要があると認める場合においては、関係者及び工事の請負人又は現場管理者）に対し、当該防火対象物の改修、移転、除去、工事の停止又は中止その他の必要な措置をなすべきことを命ずることができる。ただし、建築物その他の工作物で、それが他の法令により建築、増築、改築又は移築の許可又は認可を受け、その後事情の変更していないものについては、この限りでない。

　　　　（第2項〜第4項省略）

(第三章　危険物)
第10条　指定数量以上の危険物は、貯蔵所（車両に固定されたタンクにおいて危険物を貯蔵し、又は取り扱う貯蔵所（以下「移動タンク貯蔵所」という。）を含む。以下同じ。）以外の場所でこれを貯蔵し、又は製造所、貯蔵所及び取扱所以外の場所でこれを取り扱つてはならない。ただし、所轄消防長又は消防署長の承認を受けて指定数量以上の危険物を、10日以内の期間、仮に貯蔵し、又は取り扱う場合は、この限りでない。

　　　　（第2項〜第4項省略）

(第四章　消防の設備等)
第18条　何人も、みだりに火災報知機、消火栓、消防の用に供する貯水施設又は消防の用に供する望楼若しくは警鐘台を使用し、損壊し、撤去し、又はその正当な使用を妨げてはならない。

　　　　（第2項省略）

(第四章の二　消防の用に供する機械器具等の検定等)

第21条の2　消防の用に供する機械器具若しくは設備、消火薬剤又は防火塗料、防火液その他の防火薬品（以下「消防の用に供する機械器具等」という。）のうち、一定の形状、構造、材質、成分及び性能（以下「形状等」という。）を有しないときは火災の予防若しくは警戒、消火又は人命の救助等のために重大な支障を生ずるおそれのあるものであり、かつ、その使用状況からみて当該形状等を有することについてあらかじめ検査を受ける必要があると認められるものであつて、政令で定めるもの（以下「検定対象機械器具等」という。）については、この節に定めるところにより検定をするものとする。

② この節において「型式承認」とは、検定対象機械器具等の型式に係る形状等が総務省令で定める検定対象機械器具等に係る技術上の規格に適合している旨の承認をいう。

③ この節において「個別検定」とは、個々の検定対象機械器具等の形状等が型式承認を受けた検定対象機械器具等の型式に係る形状等と同一であるかどうかについて行う検定をいう。

④ 検定対象機械器具等は、第21条の9第1項（第21条の11第3項において準用する場合を含む。以下この項において同じ。）の規定による表示が付されているものでなければ、販売し、又は販売の目的で陳列してはならず、また、検定対象機械器具等のうち消防の用に供する機械器具又は設備は、第21条の9第1項の規定による表示が付されているものでなければ、その設置、変更又は修理の請負に係る工事に使用してはならない。

（第六章　消火の活動）

第24条　火災を発見した者は、遅滞なくこれを消防署又は市町村長の指定した場所に通報しなければならない。

　　　（第2項省略）

（第九章　罰則）

第39条　第18条第1項の規定に違反して、みだりに火災報知機、消火栓又は消防の用に供する貯水施設を損壊し、又は撤去した者は、これを5年以下の懲役に処する。

第39条の3の2　第5条第1項の規定による命令に違反した者は、2年以下の懲役又は200万円以下の罰金に処する。

　　　（第2項省略）

第41条　次のいずれかに該当する者は、1年以下の懲役又は100万円以下の罰金に処する。

　　　（第一号～第二号省略）

　三　第10条第1項の規定に違反した者

　　　（第四号～第五号省略）

　　　（第2項省略）

第43条の4　第21条の2第4項又は第21条の16の2の規定に違反した者は、30万円以下の罰金に処する。

第44条　次のいずれかに該当する者は、30万円以下の罰金又は拘留に処する。

　　　（第一号～第十九号省略）

　二十　正当な理由がなく消防署又は第24条（第36条第7項において準用する場合を含む。）の規定による市町村長の指定した場所に火災発生の虚偽の通報又は第2条第9項の傷病者に係る虚偽の通報をした者

　　　（第二十一号～第二十二号省略）

1　火災報知機の損壊（法39条、18条1項）

　被疑者は，みだりに①，平成○○年○月○日午後○時頃，○○市○○町○番○号A方前において，所携の棒で，同所に設置してある同市長管理にかかる火災報知機②の覆いガラス及び押しボタン式スイッチ等を叩き割り③，もって，火災報知機を損壊③したものである④。

① 　18条1項にいう「みだりに」とは、正当な理由がないのにという意味である。
② 　「火災報知機」は、公設であると私設であるとを問わない。
③ 　「損壊」とは、火災報知機の有する機能を滅却又は減少させる行為をいう。

同報知機の主要部分を損傷して、その機能に直接の障害を及ぼした場合に限らず、同報知機の一部に損傷を加えて、その機能に障害を及ぼすおそれのある状態を来たした場合をも含み、同報知機に保護板として取り付けてある覆いガラスを損傷したときは、ここにいう「損壊」に当たる（大高判昭43・6・24刑集21・3・245）。

④　本条の損壊行為は、器物損壊罪（刑法261条）にも該当するが、本条違反のみが成立し、非親告罪である。

2　防火対象物改修等命令違反（法39条の3の2、5条1項）

> 被疑者は、○○市○○町○○番○○号所在の木造トタン葺3階立店舗1棟（床面積合計○○平方メートル）を所有し、これを使用して飲食店を経営しているものであるが、平成○○年○月○日、○○消防署長○○○○から、同店舗の周囲には多数の建物が密集しているところ、店舗には非常用階段の設備がないため、火災が発生した場合に人命に危険であることから、同年○月○日までに非常用階段を設置すべきことを命ぜられたにもかかわらず、期限を経過した同○○年○月○日まで、設置をせず、同命令に従わなかったものである。

①　防火対象物とは、山林又は舟車、船きょ若しくはふ頭に繋留された船舶、建築物その他の工作物若しくはこれらに属する物をいう（法2条2項）。

②　法5条の「権原を有する関係者」とは、防火対象物につき、同条によって命ぜられた措置を実施し得る権限を有する所有者・管理者又は占有者である（法2条4項）。

③　命令権者は、消防長（消防本部が設置されていない市町村においては市町村長）又は消防署長である。

④　命令できるのは、
　　　i　火災の予防に危険である
　　　ii　消防の活動に支障になる
　　　iii　火災が発生したならば人命に危険である

ⅳ　その他火災の予防上必要である

と認められる場合である。

③　危険物貯蔵（法41条1項3号、10条1項）

　　被疑者は，法定の除外事由がないのに^①，平成〇〇年〇月〇日頃，危険物の貯蔵所以外の場所である^③〇〇市〇〇町〇番〇号の自宅において，法定の指定数量400リットルを超える危険物であるガソリン（第一石油類）^②500リットルを貯蔵したものである。

①　「法定の除外事由」については、10条1項但書。
②　「危険物」とは、本法の別表に掲げる発火性又は引火性物品をいう（法2条7項別表第1）。
　　「指定数量」とは、別表で定める数量をいう（法9条の4、危険物の規制に関する政令1条の11、同政令別表第3）。
③　「貯蔵所」とは、指定数量以上の危険物を貯蔵する目的をもって法11条により市長村長等の許可を受けた場所をいい、その場所には、建築物、タンクその他の工作物、空地及び附属設備が含まれる。
　　その位置、構造及び設備の技術上の基準は、危険物の規制に関する政令に定められている。

④　無承認消火器販売（法43条の4、21条の2第4項）

　　被疑者は，平成〇〇年〇月〇日頃，〇〇市〇〇町〇番〇号A方において，同人に対し，日本消防検定協会が型式承認し^①，かつ，個別検定に合格したものである旨の表示を附していない^②粉末消火器1個を代金〇〇〇円で販売した^③ものである。

①　法21条の2第1、4項にいう「消防の用に供する機械器具等」は、本法施行令37条に定められている。

② 「型式承認」及び「個別検定」の意義につき、法21条の2第2、3項。
型式承認及び個別検定合格の「表示」につき、法21条の9第1項。
③ 「販売」とは、反復継続する意思で、対価を得て他人に財産権を移転することをいう。反復継続の意思があれば、1人に対する1回限りの売却であっても、「販売」に当たる。

5 虚偽通報（法44条20号）

> 被疑者は、平成○○年○月○日午前○時○分頃、○○市○○町○○番○○号所在の自宅から、同市○○町○○番○○号所在の○○消防署に対し①、電話によって②、同市○○町○○番○○号所在の○○方において火災が発生した旨の虚偽の火災通報をしたものである③。

① 通報先は、消防署又は市町村長が指定した場所（法44条20号、24条。市町村長が公示その他の方法で指定した消防署出張所、消防団本部、消防団詰所等をいう）である。
② 通報の手段に限定はなく、電話の他、口頭による申告や火災報知機による通報などがある。
③ 本件行為は軽犯罪法1条16号（第1章第6節14☞32頁参照）にも該当するが、本罪に吸収される。また、通報の手段として火災報知機を使用した場合は、火災報知機濫用罪（法44条13号、18条1項）にも該当し、本罪とは観念的競合になるものと解される。

第4節　文化財保護法

（輸出の禁止）
第44条　重要文化財は、輸出してはならない。但し、文化庁長官が文化の国際的交流その他の事由により特に必要と認めて許可した場合は、この限りでない。
（第十三章　罰則）
第193条　第44条の規定に違反し、文化庁長官の許可を受けないで重要文化財を輸出した者は、5年以下の懲役若しくは禁錮又は100万円以下の罰金に処する。
第195条　重要文化財を損壊し、き棄し、又は隠匿した者は、5年以下の懲役若しくは禁錮又は30万円以下の罰金に処する。
2　前項に規定する者が当該重要文化財の所有者であるときは、2年以下の懲役若しくは禁錮又は20万円以下の罰金若しくは科料に処する。
第196条　史跡名勝天然記念物の現状を変更し、又はその保存に影響を及ぼす行為をして、これを滅失し、き損し、又は衰亡するに至らしめた者は、5年以下の懲役若しくは禁錮又は30万円以下の罰金に処する。
2　前項に規定する者が当該史跡名勝天然記念物の所有者であるときは、2年以下の懲役若しくは禁錮又は20万円以下の罰金若しくは科料に処する。

1　重要文化財の輸出（法193条、44条）

　被疑者は、文化庁長官の許可①を受けないで、重要文化財②に指定された○○作の○○1点を、○○国○○州在住のAに売却するため、平成○○年○月○日、○○市○○区○○町の○○港沖合に碇泊中の○○船○○号に積載し、もって、重要文化財を輸出③したものである。

① 重要文化財は、わが国特有の自然的、文化的環境のもとに創造され、活用さ

れ、かつ伝承されたものであり、わが国固有の国民文化発展上欠くことのできないものである。また、重要文化財をその創造され、伝承された環境の中に保存することこそ、その精彩を最もよく発揮するゆえんである。したがって、原則的には、重要文化財の輸出を禁止し、文化の国際的交流その他の事由により特に必要と認めて文化庁長官が許可した場合にのみ例外的に輸出を認めているのである。
② 「重要文化財」とは、法2条1項1号に規定する有形文化財のうち、重要なものとして指定されたものである（法27条1項）。
③ 「輸出」とは、わが国から海外に重要文化財の所在を移す一切の場合を意味し、それが一時的輸出であるか永久的輸出であるかを問わない。また、外国又は外国人に所有権を移転すると、そうでないとにもかかわらない。

2 重要文化財の隠匿（法195条1項）

> 被疑者は、平成○○年○月○日、○○市○○区○○町○番○号の○○大学考古学教室内から、同大学管理の重要文化財である○○1個を持ち出して○○市○○町○番○号の○○に隠匿したものである。
> ①　　　　　　　　　　　　　　　②

① 「隠匿」とは、重要文化財の発見を不能にするかあるいは困難ならしめる行為をいう。なお、被疑者が不法領得の意思をもって持ち出した場合は、窃盗罪が成立する。
② 法195条違反の罪は、刑法の建造物損壊及び器物損壊の特別法である。
　刑法においては、自己の物は差押を受け、物権を負担し又は賃貸したものである場合以外は、その損壊を犯罪として取り扱っていないが、本法では重要文化財が国民的財産たる特殊性にかんがみ、自己の物であっても犯罪として取り扱うことにしている（法195条2項）。

3 史跡名勝天然記念物をき損等する罪（第196条第1項）

> 被疑者は、平成○○年○月○○日午後○○時頃、山口県岩国市内に所在し、文部科学大臣から名勝の指定を受けた「錦帯橋」の同市岩国○丁目○○番地先
> ①

第4節　文化財保護法　455

から同市横山〇丁目〇〇番地先に架かる五連の木製橋梁部分（岩国市所有）に，軽四輪貨物自動車を運転して乗り入れた上，橋梁を同車で通行し，同車の車底部を橋梁の敷き板に接触させて敷き板の一部を欠損させるなどして名勝の現状を変更し，又はその保存に影響を及ぼす行為をして，これを毀損したものである。

① 「史跡名勝天然記念物」とは、記念物のうち文部科学大臣が重要なものとして指定した史跡、名勝又は天然記念物の総称である（法109条1項）。
　「記念物」については、法2条1項4号参照。

第5節　弁護士法

(非弁護士の法律事務の取扱い等の禁止)
第72条　弁護士又は弁護士法人でない者は、報酬を得る目的で訴訟事件、非訟事件及び審査請求、異議申立て、再審査請求等行政庁に対する不服申立事件その他一般の法律事件に関して鑑定、代理、仲裁若しくは和解その他の法律事務を取り扱い、又はこれらの周旋をすることを業とすることができない。ただし、この法律又は他の法律に別段の定めがある場合は、この限りでない。

(譲り受けた権利の実行を業とすることの禁止)
第73条　何人も、他人の権利を譲り受けて、訴訟、調停、和解その他の手段によつて、その権利の実行をすることを業とすることができない。

(非弁護士の虚偽標示等の禁止)
第74条　弁護士又は弁護士法人でない者は、弁護士又は法律事務所の標示又は記載をしてはならない。
2　弁護士又は弁護士法人でない者は、利益を得る目的で、法律相談その他法律事務を取り扱う旨の標示又は記載をしてはならない。
3　弁護士法人でない者は、その名称中に弁護士法人又はこれに類似する名称を用いてはならない。

(非弁護士との提携等の罪)
第77条　次の各号のいずれかに該当する者は、2年以下の懲役又は300万円以下の罰金に処する。
　　　(第一号～第二号省略)
　三　第72条の規定に違反した者
　四　第73条の規定に違反した者

(虚偽標示等の罪)
第77条の2　第74条の規定に違反した者は、100万円以下の罰金に処する。

1 非弁行為（法77条、72条）

> 被疑者は，弁護士でなく，かつ法定の除外事由がないのに，報酬を得る目的をもって，業として，別紙一覧表記載のとおり，平成○○年○月○日頃から同年○○月○○日頃までの間，前後○○回にわたり，○○市○○町○番○号の自宅ほか○か所において，Aほか○○名から訴訟事件，調停事件等について依頼を受け，同人等を代理して訴状，答弁書，○○調停申立書等を作成して○○地方裁判所等に提出するなどの法律事務を取り扱い，その報酬として同人等から合計○○○万円の交付を受けたものである。

別紙　一覧表

番号	年　月　日	場　　所	依頼者	事件の種類
1	平成○○・○・○	○○市○○町○番○号自宅	A	○○○請求事件

法律事務の内容	報　酬
訴状を作成し○○地方裁判所に提出	○万円

① 本法72条本文は、「報酬を得る目的でなす法律事務の取扱い」についての前段と、「その周旋を業とすること」についての後段からなるものとし、前者については業とすることを要せず、後者については報酬目的を要しないものと解すべきではなく、およそ弁護士でない者が、報酬を得る目的で、業として、同条本文所定の法律事務を取り扱い、又はこれらの周旋をすることを禁止する規定であると解される（最判昭46・7・14刑集25・5・690）。

　「報酬」には、金銭はもとより物品又は饗応を受けることも含まれる。

② 「業とする」とは、反復継続して行う意思のもとに、本条列記の行為をなすこ

とをいうものであって、具体的になされた行為の多少は問うところではない（最決昭34・12・5刑集13・12・3174）。

③ 「訴訟事件」とは、必ずしも現実に裁判所に訴訟が係属していることを要せず、将来訴訟となるような事案を含む。

「非訟事件」とは、非訟事件手続法に規定されている民事非訟事件、商事非訟事件はもちろん、その他競売事件、不動産登記事件、戸籍事件等一切の非訟事件を指す。

「その他一般の法律事件」とは、法72条に例示している事件以外の、権利義務に関し争いがあり、若しくは権利義務に関し疑義があり、又は新たな権利義務関係を発生する案件をいう（東高判昭39・9・29刑集17・6・597）。

④ 行為は、「鑑定、代理、仲裁若しくは和解その他の法律事務を取り扱い、又はこれらの周旋をすること」である。

「鑑定」とは、法律上の専門的知識に基づいて具体的事案に関し判断を下すことをいう。

「代理」とは、本人に代り、本人の名において訴訟事件等に関与することである。本人に代って訴訟事件等に関する書類を提出し、裁判所に提出する行為も「代理」に当たる（最決昭39・12・2判時403・48）。

2 譲受けた権利の実行（法77条4号、73条）

被疑者は、業として、平成○○年○月○日頃、Aから同人のBに対する○○万円の貸金債権を譲り受け、同年○月○○日、○○簡易裁判所に支払命令を申請し、債務者の異議申立てにより通常訴訟となり、同○○年○月○日、勝訴の判決を得た上、同月○○日○○市○○町○番○号のB方において、同人から○○万円の支払を受け、もって、その権利の実行をすることを業としたものである。

---

① 本罪の主体は、「何人も」であって、弁護士であるか否かを問わない。

弁護士は、法28条により係争権利の譲り受け自体を禁じられており、その権

利の実行をすることを業としなくとも、法77条により処罰される。
② 「業とする」につき、前記[1]の注②☞457頁参照。
③ 「権利の譲り受け」は、有償であると無償であるとを問わない。
④ 「権利実行の手段」は、法文に例示された「訴訟、調停、和解」に限らず、私的な方法で請求・交渉することなども含む。

[3] 非弁護士の虚偽標示等（法77条の2、74条）

　被疑者は、弁護士でないのに、平成〇〇年〇月〇日頃、〇〇市〇〇町〇〇番〇〇号所在の〇〇〇〇方において、同人に対し、弁護士の肩書を付した自己の名刺1枚を手交し、もって、弁護士でないのに弁護士の標示①をしたものである。

① 「標示」又は「記載」とは、看板、広告、名刺などに自己が弁護士であり、又は法律事務所を営んでおり、あるいは法律事務を取り扱っている旨の表示がなされていることである。

第6節　旅館業法

　第3条　旅館業を経営しようとする者は、都道府県知事（保健所を設置する市又は特別区にあつては、市長又は区長。以下同じ。）の許可を受けなければならない。ただし、ホテル営業、旅館営業又は簡易宿所営業の許可を受けた者が、当該施設において下宿営業を経営しようとする場合は、この限りでない。
　　　（第2項〜第6項省略）
　第6条　営業者は、宿泊者名簿を備え、これに宿泊者の氏名、住所、職業その他の事項を記載し、当該職員の要求があつたときは、これを提出しなければならない。
　2　宿泊者は、営業者から請求があつたときは、前項に規定する事項を告げなければならない。
　第10条　左の各号の一に該当する者は、これを6月以下の懲役又は3万円以下の罰金に処する。
　　一　第3条第1項の規定に違反して同条同項の規定による許可を受けないで旅館業を経営した者
　　　（第二号省略）
　第11条　左の各号の一に該当する者は、これを5000円以下の罰金に処する。
　　一　第5条又は第6条第1項の規定に違反した者
　　　（第二号省略）
　第12条　第6条第2項の規定に違反して同条第1項の事項を偽つて告げた者は、これを拘留又は科料に処する。

① 無許可営業（10条1号、法3条1項）

　被疑者は，法定の除外事由がないのに，○○県知事の許可①を受けないで，平成○○年○月○日頃から同年○月○日頃までの間，○○市○○区○○町○番○

号の自宅において，別表記載のとおりAほか○○名を有償で宿泊させ，もって
旅館業を営んだものである。

別　表

番号	宿　泊　年　月　日	宿　泊　者　氏　名	宿泊料金

① 旅館業を経営しようとする者は、都道府県知事の許可を受けなければならない（法3条1項）。許可の対象となる旅館業の構造設備の基準は、同法施行令1条に規定されている。

② 「宿泊」とは、寝具を使用して法2条2ないし5項の施設を利用することをいう（法2条6項）が、室料を受けて数時間室を貸す場合をも包含すると解される。

③ 「旅館業」とは、ホテル営業、旅館営業、簡易宿泊所及び下宿業をいう（法2条1項）。

　「ホテル営業」「旅館営業」「簡易宿泊所」「下宿業」については、法2条2ないし5項。ホテル、旅館、下宿等の名称は、それぞれの施設基準に合格したものに与えられる許可の名称である。

　「ホテル○○」「○○旅館」等の名称そのものについては、法上何らの制限規定がないので、法にいうホテル以外のものが「ホテル○○」という名称を使用してもさしつかえない。

　なお、いわゆる「間貸し」は、その状態が一般家庭におけるものであれば社会性が認められないから、本法の適用を受けないものと解される。

2　宿泊者名簿不記載（法11条1号、6条1項）

　被疑者は，○○市○○町○○番○○号において，旅館「○○」を経営しているものであるが，平成○○年○月○日から同月○日までの間，Aを客として同旅館○○の間に宿泊させながら，同人の氏名，住所，職業等の所定事項を同旅館備え付けの宿泊者名簿に記載しなかったものである。

① 宿泊者名簿に記載すべき事項は、施行規則4条の2に規定されている。

③ 宿泊者氏名等偽称（法12条、6条2項）

　被疑者は，平成○○年○月○日，○○市○○区○○町○番○号の旅館「○○」に宿泊したが，同日同所において，同旅館営業者Aから，自己の氏名，住所，職業等の告知を請求された際，○○県○○郡○○町○番○号甲野太郎とその住所氏名を偽って告げたものである。①

① 法6条、12条の規定は、これによって居所若しくは住居の設定及び移転自体を制限しようとするものでなく、憲法22条にいう居住、移転の自由とは関係のない規定である。また、前記規定は、それ自体なんら刑事上の責任を問われるおそれのある事項について告知することを強制するものではない。宿泊者に氏名、住所、職業程度の事項の真実告知義務を認め、これに違反するときは刑事罰を科する旨を定めたからといって、それだけで直ちに憲法38条1項に違反するものということはできない（最判昭42・12・21刑集21・10・1441）。

第7節　組織的な犯罪の処罰及び犯罪収益の規制等に関する法律

（組織的な殺人等）
第3条　次の各号に掲げる罪に当たる行為が、団体の活動（団体の意思決定に基づく行為であって、その効果又はこれによる利益が当該団体に帰属するものをいう。以下同じ。）として、当該罪に当たる行為を実行するための組織により行われたときは、その罪を犯した者は、当該各号に定める刑に処する。
　　　（第一号～第四号省略）
　　五　刑法第186条第1項（常習賭博）の罪　5年以下の懲役
　　六　刑法第186条第2項（賭博場開張等図利）の罪　3月以上7年以下の懲役
　　　（第七号～第十五号省略）
　　　（第2項省略）
（犯罪収益等隠匿）
第10条　犯罪収益等（公衆等脅迫目的の犯罪行為のための資金の提供等の処罰に関する法律第2条第2項に規定する罪に係る資金を除く。以下この項及び次条において同じ。）の取得若しくは処分につき事実を仮装し、又は犯罪収益等を隠匿した者は、5年以下の懲役若しくは300万円以下の罰金に処し、又はこれを併科する。犯罪収益（同法第2条第2項に規定する罪に係る資金を除く。）の発生の原因につき事実を仮装した者も、同様とする。
　　　（第2項～第3項省略）

1　組織的な賭博場開帳等図利等
　　　　　　　　　　　　（法3条1項6号、5号、刑法186条、60条）

　被疑者Xは，指定暴力団○代目○○組傘下の○○会会長であり，同会はX以下16名で構成された継続的結合体であって，組織的に常設賭博場を運営し，

これにより利益を図ることなどの共同の目的を有する団体であるが①②，被疑者Ｘは，同会Ａと共謀の上，同会の活動として③
第１　同会構成員であるＢら１３名にいわゆる「盆守」，「胴師」，「合力」及び「走り」などの任務を分担させ，その分担に従って，平成〇〇年〇月〇〇日午後７時頃から翌〇〇日午前零時１０分頃までの間，大阪市〇〇区〇〇３丁目２番１号〇〇ビル１階において，通称「〇〇の盆」なる賭博場を開帳し，賭客甲らをして，張り札及びさいころ等を使用して金銭を賭けさせて俗に「賽本引」と称する賭銭賭博を行わせ，その際，同人らから寺銭名下に金銭を徴収し，もって，団体の活動として，賭博場開帳図利の罪にあたる行為を実行するための組織により④，賭博場を開帳して利益を図った
第２　前記「〇〇の盆」の従業員である乙らにいわゆる「胴師」に任務を分担させ，その分担に従って，常習として，前記日時場所において，前記Ｂらと共にさいころ及び張り札等を使用して金銭を賭け，もって，団体の活動として，常習賭博の罪に当たる行為を実行するための組織により，常習として，俗に「賽本引」と称する賭博をした
ものである。

① 「団体」とは，「共同の目的を有する多数人の継続的結合体であって，その目的又は意思を実現する行為の全部又は一部が組織により反復して行われるもの」をいい（法２条１項），一定の組織性を有する暴力団や会社のみならず，一定の目的で継続的に活動する相当規模の組織化された集団もこれに該当する。
② 「共同の目的」は，必ずしも違法・不当なものであることを要しない。
③ 「団体の活動」とは，団体の意思決定に基づく行為であって，その効果又はこれによる利益が当該団体に帰属するものをいい（法３条本文），「当該団体に帰属する」とは，法律上又は事実上の効果・利益が法律的に当該団体に帰属する場合に限らず，効果・利益を当該団体が事実上享受し得る場合であれば足る。
④ 「当該罪に当たる行為を実行するための組織」とは，ある罪に該当する行為を実行することを目的として成り立っている組織，すなわち，当該行為を実行する

という目的が構成員の結合関係の根拠となっている組織をいう。

2 犯罪収益等の仮装（10条1項）

　被疑者は，①〇〇県知事の登録を受けないで，業として，別表1記載のとおり，平成〇〇年3月26日頃から同〇〇年8月11日頃までの間，前後23回にわたり，××ほか8か所において，Aほか8名に対し，現金合計415万円を貸し付け，もって，登録を受けないで貸金業を営むとともに，その貸し付けに当たり，法定の1日当たり0.3パーセントの割合による利息を超える0.9407パーセントないし1,666パーセントの割合による利息の契約をしたものであるが，別表2記載のとおり，同〇〇年3月26日から同〇〇年9月14日頃までの間，前後28回にわたり，Aほか8名から，前記のとおり，被疑者が無登録かつ法定の制限を越える高金利でAほか8名に貸し付けた金銭の利息及び元金を松山市東雲町1番3号所在の株式会社〇〇銀行に開設された〇〇〇〇名義の普通預金口座に振り込み入金させて合計196万8,000円を同口座に預け入れ，もって，②犯罪収益等の取得につき③④事実を仮装したものである。

① 犯罪の主体に限定はない。
② 取得又は処分についての事実の仮装及び隠匿の客体は，「犯罪収益等」である。混和財産について仮装，隠匿行為を行った場合，全体について本条の罪が成立する。
③ 「犯罪収益等の取得につき事実を仮装」する行為として，「取得の原因を仮装する行為」と「取得した犯罪収益等の帰属を仮装する行為」があり，前者の例として，正当な商品取引あるいは借入れ等を装ってその旨の書類を作成し，正当な事業収益を装って帳簿や伝票等を操作するなどの行為などが考えられ，後者の例として，取得した犯罪収益である現金の偽名や第三者名義での預貯金，財産の仮装譲渡などが考えられる。
　また，「犯罪収益等の処分について事実を仮装する行為」としては，架空名義

あるいは第三者名義による財産の購入、為替送金等がある。

④ 同一の犯罪収益等について数回にわたって第1項の行為に及んだ場合、それが同一の犯意の下に継続して行われたものであれば、包括して一罪を構成すると解すべきである。

第8節　不正アクセス行為の禁止等に関する法律

> （定義）
> 第2条　この法律において「アクセス管理者」とは、電気通信回線に接続している電子計算機（以下「特定電子計算機」という。）の利用（当該電気通信回線を通じて行うものに限る。以下「特定利用」という。）につき当該特定電子計算機の動作を管理する者をいう。
> 　　　（第2項〜第3項省略）
> 4　この法律において「不正アクセス行為」とは、次の各号のいずれかに該当する行為をいう。
> 　一　アクセス制御機能を有する特定電子計算機に電気通信回線を通じて当該アクセス制御機能に係る他人の識別符号を入力して当該特定電子計算機を作動させ、当該アクセス制御機能により制限されている特定利用をし得る状態にさせる行為（当該アクセス制御機能を付加したアクセス管理者がするもの及び当該アクセス管理者又は当該識別符号に係る利用権者の承諾を得てするものを除く。）
> 　二　アクセス制御機能を有する特定電子計算機に電気通信回線を通じて当該アクセス制御機能による特定利用の制限を免れることができる情報（識別符号であるものを除く。）又は指令を入力して当該特定電子計算機を作動させ、その制限されている特定利用をし得る状態にさせる行為（当該アクセス制御機能を付加したアクセス管理者がするもの及び当該アクセス管理者の承諾を得てするものを除く。次号において同じ。）
> 　三　電気通信回線を介して接続された他の特定電子計算機が有するアクセス制御機能によりその特定利用を制限されている特定電子計算機に電気通信回線を通じてその制限を免れることができる情報又は指令を入力して当該特定電子計算機を作動させ、その制限されている特定利用をし得る状態にさせる行為

(不正アクセス行為の禁止)
第3条　何人も、不正アクセス行為をしてはならない。
(不正アクセス行為を助長する行為の禁止)
第5条　何人も、業務その他正当な理由による場合を除いては、アクセス制御機能に係る他人の識別符号を、当該アクセス制御機能に係るアクセス管理者及び当該識別符号に係る利用権者以外の者に提供してはならない。
(罰則)
第11条　第3条の規定に違反した者は、3年以下の懲役又は100万円以下の罰金に処す
第12条　次の各号のいずれかに該当する者は、1年以下の懲役又は50万円以下の罰金に処する。
　一　第4条の規定に違反した者
　二　第5条の規定に違反して、相手方に不正アクセス行為の用に供する目的があることの情を知ってアクセス制御機能に係る他人の識別符号を提供した者
　三　第6条の規定に違反した者
　四　第7条の規定に違反した者
　五　第9条第3項の規定に違反した者
第13条　第5条の規定に違反した者（前条第2号に該当する者を除く。）は、30万円以下の罰金に処する。

1　不正アクセス行為の禁止（法11条、3条、2条4項1号）①

　被疑者は、他人の識別符号②を使用して不正アクセス行為をしようと企て、法定の除外事由がないのに③、平成○○年○月○○日午後7時頃、松山市○○町1番3号所在の被告人方において、アクセス管理者である株式会社○○○○が東京都○○区○○2丁目2番1号所在の同社内に設置したアクセス制御機能を有する特定電子計算機であるサーバコンピューター⑤に、被告人方に設置されたパーソナルコンピューターから電気通信回線を介して、当該アクセス機能に係

る受注サイトの顧客である××株式会社を利用権者として付された識別番号であるID「××××」及びパスワード「〇〇〇〇」を入力し，同特定電子計算機を作動させて当該アクセス制御機能により制限されている特定利用をし得る状態にさせ，もって，不正アクセス行為をしたものである。⑥

① 「不正アクセス」については、法2条4項1号ないし3号が規定している。1号は、他人のID、パスワードを入力する不正ログイン、2号は、アクセス制御機能を有するコンピュータのセキュリティホールを衝いたプログラムやデータを入力する行為、3号は、他のコンピュータによってアクセス制御されているコンピュータに対し、セキュリティホールを衝いたプログラムやデータを入力する行為である。
② 「識別符号」とは、法2条2項。
③ 法2条4項各号括弧書き。
④ 「アクセス管理者」とは、特定電子計算機の特定利用につき当該特定電子計算機の動作を管理する者をいう（法2条1項）。「**特定電子計算機**」とは、電子通信回路に接続している電子計算機をいい、「**特定利用**」とは、特定電子計算機の電気通信回路を通して行う利用をいい、「**特定電子計算機の動作を管理する**」とは、特定電子計算機の特定利用を誰に利用させるかを決定することをいう。
⑤ 「アクセス制御機能」とは、法2条3項。
⑥ 不正アクセス行為の罪は、法2条4項の各態様によるアクセス制御機能に対する侵害があれば成立するので、他人のID及びパスワードを入力する類型の不正アクセス行為の場合、識別符号を入力して、当該特定利用に係る初期画面が表示された状態に達していれば足る。また、不正アクセス行為を手段として何らかの犯罪を敢行する目的がなくても成立する。

　不正アクセス行為を手段として、電子計算機損壊等業務妨害や電子計算機使用詐欺に当たる行為が行われれば、別にそれらの罪が成立し、不正アクセス行為の罪とは、通常、牽連犯となる。

2 不正アクセス行為を助長する行為の禁止（法12条2号、5条）①

　被疑者は，法定の除外事由がないのに②，平成○○年3月26日午後2時20分頃，松山市○○町1番3号所在の被告人方において，携帯電話からIモードメールを用いて，株式会社○○○○（代表取締役○○○○）管理にかかる東京都千代田区大手町○丁目○番○号○○○○ビル5階機械室に設置したアクセス制御機能を有する特定電子計算機である認証サーバコンピューターの当該アクセス制御機能に係る同社が管理するインターネット上のホームページ「○○○○」に係る識別符号であるパスワード「××××」を，Aが同パスワードを不正アクセス行為の用に供する目的があることを知りながら③，松山市一番町4－4－1に居住するA所携の携帯電話に送信し，もって，アクセス制御機能にかかる他人の識別符号を，その識別符号がどの電子計算機の特定利用に係るものであるかを明らかにして④，当該アクセス制御機能にかかるアクセス管理者及び当該識別符号に係る利用権者以外の者に提供したものである。

① 本条は、インターネット上の電子掲示板やホームページを利用して、他人のIDやパスワードを提供するいわゆる「ID屋」が横行し、これが不正アクセス行為を助長している実態にかんがみて、不正アクセス行為に利用し得る形態で行われる他人の識別符号の提供行為を禁止するものである。
② 業務その他正当な理由による場合である。
③ 被提供者に不正アクセスに使用する目的があることにつき知情性が必要である。
④ 「アクセス制御機能にかかる他人の識別符号を、その識別符号がどの電子計算機の特定利用に係るものであるかを明らかにして」提供する行為とは、例えば、他人のIDとパスワードについて、「○○プロバイダでインターネットを利用するためのIDは△△、パスワードは××」と教示する行為（ホームページ上に公開するような場合を含む）をいう。

第9節　ストーカー行為等の規制等に関する法律

（定義）
第2条　この法律において「つきまとい等」とは、特定の者に対する恋愛感情その他の好意の感情又はそれが満たされなかったことに対する怨恨の感情を充足する目的で、当該特定の者又はその配偶者、直系若しくは同居の親族その他当該特定の者と社会生活において密接な関係を有する者に対し、次の各号のいずれかに掲げる行為をすることをいう。
　一　つきまとい、待ち伏せし、進路に立ちふさがり、住居、勤務先、学校その他その通常所在する場所（以下「住居等」という。）の付近において見張りをし、又は住居等に押し掛けること。
　二　その行動を監視していると思わせるような事項を告げ、又はその知り得る状態に置くこと。
　三　面会、交際その他の義務のないことを行うことを要求すること。
　四　著しく粗野又は乱暴な言動をすること。
　五　電話をかけて何も告げず、又は拒まれたにもかかわらず、連続して、電話をかけ若しくはファクシミリ装置を用いて送信すること。
　六　汚物、動物の死体その他の著しく不快又は嫌悪の情を催させるような物を送付し、又はその知り得る状態に置くこと。
　七　その名誉を害する事項を告げ、又はその知り得る状態に置くこと。
　八　その性的羞恥心を害する事項を告げ若しくはその知り得る状態に置き、又はその性的羞恥心を害する文書、図画その他の物を送付し若しくはその知り得る状態に置くこと。
2　この法律において「ストーカー行為」とは、同一の者に対し、つきまとい等（前項第1号から第4号までに掲げる行為については、身体の安全、住居等の平穏若しくは名誉が害され、又は行動の自由が著しく害される不安を覚えさせるような方法により行われる場合に限る。）を反復してすることをいう。

（つきまとい等をして不安を覚えさせることの禁止）
第3条　何人も、つきまとい等をして、その相手方に身体の安全、住居等の平穏若しくは名誉が害され、又は行動の自由が著しく害される不安を覚えさせてはならない。
（禁止命令等）
第5条　公安委員会は、警告を受けた者が当該警告に従わずに当該警告に係る第3条の規定に違反する行為をした場合において、当該行為をした者が更に反復して当該行為をするおそれがあると認めるときは、当該行為をした者に対し、国家公安委員会規則で定めるところにより、次に掲げる事項を命ずることができる。
　一　更に反復して当該行為をしてはならないこと。
　　　（第二号省略）
　　　（第2項～第3項省略）
（罰則）
第13条　ストーカー行為をした者は、6月以下の懲役又は50万円以下の罰金に処する。
2　前項の罪は、告訴がなければ公訴を提起することができない。
第14条　禁止命令等（第5第1項第1号に係るものに限る。以下同じ。）に違反してストーカー行為をした者は、1年以下の懲役又は100万円以下の罰金に処する。
2　前項に規定するもののほか、禁止命令等に違反してつきまとい等をすることにより、ストーカー行為をした者も、同項と同様とする。

1　ストーカー行為①（法13条1項、2条2項、1項5号）

　被疑者は，かつて同棲していた○○○○（当34年）に対する好意の感情等②を充足する目的で，同女から電話等一切の連絡を拒まれたにもかかわらず，別③表記載のとおり，平成○○年○月○○日午後9時48分頃から同年○月○○日

午後8時45分頃までの間，前後14回にわたり，被疑者の携帯電話から同女の携帯電話に連続して電話をかけてつきまとい等の行為を反復し，もって，ストーカー行為をしたものである。

① 「ストーカー」とは、英語のstalk＝（獲物などに）忍び寄ること、から派生した言葉で、「ストーカー行為」とは、同一の者に対し、つきまとい等を反復してすることをいう（法2条2項）。
② 「好意の感情」とは、好きな気持ち、親愛感をいい、恋愛感情にまで至らない女優やニュースキャスター等に対するあこがれの感情等がこれに該当する。
③ 本法は、恋愛感情その他の好意の感情を充足する目的で特定の行為を行うことを規制するものであるから、単に好ましいと思う感情だけではなく、相手方がそれに応えて何らかの行動を取ってくれることを望む場合を規制の対象としている。相手方の性別に限定はなく同性でもよい。
④ 「連続して」（法2条1項5号）とは、ある短期間に集中してという意味で、社会通念に従って判断されることになる。
⑤ 電子メールを連続して送信しても法2条1項5号には該当しないが、その内容によっては、2号ないし4号、7号、8号に該当する場合がある。
⑥ 反復性の有無は、行為の時間的感覚等を考慮して社会通念に従って判断されることとなるが、理論上は、少なくとも2回つきまとい等を繰り返せば反復に当たり得る。また、ストーカーは、行為をエスカレートさせ、あるいは異なった手段で相手方につきまとうことにもその特質があることから、法2条1項の異なる号の行為をも通じて全体として反復性の有無を判断すべきである。
⑦ 法2条1項1号から4号までに掲げる行為については、行為自体から必ずしも当罰性が高いとは認められない場合があるため、身体の安全、住居等の平穏もしくは名誉が害される不安を覚えさせるような方法又は行動の自由が著しく害される不安を覚えさせるような方法により反復して行われた場合に限ってストーカー行為に該当する。
⑧ 本条は、親告罪である。

2 禁止命令違反
（法14条1項、5条1項1号、3条、2条2項、1項1号）

　被疑者は、○○○○（当34年）に対し、つきまとい等の行為をし、同女に、その身体の安全及び住居等の平穏などが害される不安を覚えさせたため、愛媛県○警察署長から警告を受けた後①、平成○○年○○月○○日、同県公安委員会から、ストーカー行為等の規制等に関する法律第5条第1項第1号の規定により、更に反復して、つきまとい等の行為をしてはならない旨の禁止命令を受けたものであるが、同女に対する好意の感情を充足する目的で、別表記載のとおり、同月○○日から同○○年○月○○日までの間、前後10回にわたり、松山市○○町○○番地所在の同女方前路上等において、低速で軽四輪貨物自動車を運転し、同女を凝視しながらその前を往復するなど同女の身体の安全及び住居等の平穏などが害される不安を覚えさせる方法により、同女に対してつきまとい等の行為を反復し、もって、同禁止命令に違反してストーカー行為をしたものである②。

① 法4条。
② 法14条1項は、禁止命令を受けた後、命令の対象となったつきまとい等を反復して行い、禁止命令後の行為がストーカー行為となる場合の罰則を定めたもの、2項は、禁止命令を受けた者が当該命令に違反してつきまとい等を行い、命令前の行為から通して評価するとストーカー行為の該当する行為を行った場合の罰則を定めたもの、法15条は、禁止命令を受けた者が、例えば、法2条1項1号から4号に掲げるつきまとい等を行ったが、それが法2条2項に規定する不安を覚えさせるような方法で行われなかった場合のように、当該命令に違反してつきまとい等を行った場合で、命令前の行為から通して評価してもストーカー行為に該当しない場合の罰則を定めたものである。

第10節　集会、集団行進及び集団示威運動に関する条例

＊昭和25年東京条例第44号集会、集団行進及び集団示威運動に関する条例＊
第1条　道路その他公共の場所で集会若しくは集団行進を行おうとするとき、又は場所のいかんを問わず集団示威運動を行おうとするときは、東京都公安委員会（以下「公安委員会」という。）の許可を受けなければならない。但し、次の各号に該当する場合はこの限りでない。
　一　学生、生徒その他の遠足、修学旅行、体育、競技
　二　通常の冠婚葬祭等慣例による行事
（昭29条例55・一部改正）
第3条　公安委員会は、前条の規定による申請があつたときは、集会、集団行進又は集団示威運動の実施が公共の安寧を保持する上に直接危険を及ぼすと明らかに認められる場合の外は、これを許可しなければならない。但し、次の各号に関し必要な条件をつけることができる。
　一　官公庁の事務の妨害防止に関する事項
　二　じゆう器、きよう器その他の危険物携帯の制限等危害防止に関する事項
　三　交通秩序維持に関する事項
　四　集会、集団行進又は集団示威運動の秩序保持に関する事項
　五　夜間の静ひつ保持に関する事項
　六　公共の秩序又は公衆の衛生を保持するためやむを得ない場合の進路、場所又は日時の変更に関する事項
　公安委員会は、前項の許可をしたときは、申請書の1通にその旨を記入し、特別の事由のない限り集会、集団行進又は集団示威運動を行う日時の24時間前までに、主催者又は連絡責任者に交付しなければならない。
　公安委員会は、前2項の規定にかかわらず、公共の安寧を保持するため緊急の必要があると明らかに認められるに至つたときは、その許可を取り消し又は条件を変更することができる。

> 　公安委員会は、第1項の規定により不許可の処分をしたとき、又は前項の規定により許可を取り消したときは、その旨を詳細な理由をつけて、すみやかに東京都議会に報告しなければならない。
> （昭29条例55・一部改正）
> 第5条　第2条の規定による許可申請書に虚偽の事実を記載してこれを提出した主催者及び第1条の規定、第2条の規定による記載事項、第3条第1項ただし書の規定による条件又は同条第3項の規定に違反して行われた集会、集団行進又は集団示威運動の主催者、指導者又は煽せん動者は、これを1年以下の懲役若しくは禁錮こ又は30万円以下の罰金に処する。
> （平3条例82・一部改正）

1　無許可デモの指導（昭和25年東京都条例第44号集会、集団行進及び集団示威運動に関する条例5条、1条）

> 　被疑者は，○○同盟○○部長であるが，平成○○年○月○日午後○時頃から同○時○○分頃までの間，東京都○○区○○町○丁目○番○○公園から○○交差点を経て同区○○町○○丁目○番先に至る間の道路上で，同同盟所属の学生，労働者約○○名が条例の定める除外事由がなく，①かつ東京都公安委員会の許可②を受けないで集団示威運動を行った際，甲ほか数名と共謀の上，終始隊列③先頭列外に位置し，先頭隊伍が横に構えた竹竿を握って引っ張り，あるいは隊列に正対して笛を吹き，トランジスターメガホンを使用して「○○反対」などのシュプレヒコールの音頭をとるなどしてだ行進，うず巻行進を指揮誘導し，もって，無許可の集団示威運動を指導④したものである。⑤

① 条例1条但書。
② 東京都条例では、「道路その他公共の場所で集会若しくは集団行進を行おうとするとき、又は場所のいかんを問わず集団示威運動を行おうとするときは、東京都公安委員会の許可を受けなければならない。」（1条本文）と規定されている

（同種規定──許可制　神奈川県、愛知県、京都市、大阪市、広島県等の各条例）。

　ここにいう「公共の場所」とは、現実に一般に開放され、不特定多数の人が自由に出入しし、利用できる場所をいう。

　一般公衆の使用に供することを、本来の若しくは直接の目的として設けられた場所であることを要せず、また、その場所が官公庁の用に供され、官公庁の庁舎及び構内管理権の及ぶ公用の場所（例えば官公庁の正面玄関前構内、国鉄駅のホーム等）であってもよい（最判昭45・7・16刑集24・7・434ほか）。

　なお、本条例のとっている許可制は、その対象とする集団行動、特に集団示威運動は、本来平穏に秩序を重んじてなされるべき純粋なる表現の自由の行使の範囲を逸脱し、静ひつを乱し、暴力に発展する危険性のある物理的力を内包しているものであり、したがってこれに関してある程度の法的規制を加えても、憲法21条に違反しない（最判昭35・7・20刑集14・9・1243）。

③　「**集団行進**」とは、参加者の統一的意思を第三者に認識せしめるために多数人が行列を作って移動することであり、「**集団示威運動**」とは、参加者の統一的意思を第三者に認識せしめるために多数人が人の意思を制圧するような表現方法（動作等）で行う一切の活動をいう。

④　本条例では、「**主催者、指導者又は煽動者**」の行為を処罰する（5条）ものであるから、主催者等の身分又は指揮・煽動等の具体的挙動を記載しなければならない。

⑤　無許可の集団行進等は、単に許可申請手続をしなかったという点で形式的違法であるにとどまらず、集団行動に内包する前記のような特質（注②参照）にかんがみ、公共の利益保護の必要上、これに対し地方公共団体のとるべき事前の対応措置の機会を奪い、公共の安寧と秩序を妨げる危険を新たに招来させる点で、それ自体実質的違法性を有するもの（最判昭50・10・24刑集29・9・777、東高判昭54・6・14判時929・31）であり、いわゆる抽象的危険犯と解される。

　本条例1条に違反する無許可の集団行進等が、道路交通法77条1項に定める所轄警察署長の道路使用許可を受けずに行われた場合には、本条例違反の罪と道交

法違反の罪が成立し、観念的競合となる（後掲最判昭50・9・10刑集29・8・489）。

2 許可条件違反デモの指揮（同条例5条、3条1項但書）

> 被疑者は、平成○○年○月○日、全日本○○連合主催の「○○○阻止○○総決起集会」に引き続き行われた集団示威運動に際し、約○○○名の学生が、同日午後○時頃から同○○時頃までの間、東京都○○区○○町○丁目○番○○公園から同都○○区○○町○○丁目○番先に至る道路上において、東京都公安委員会の付した許可条件に違反してだ行進を行って集団示威運動をした際、終始隊列の先頭列外に位置し、笛を吹き、先頭隊伍が横に構えた竹竿を握り、あるいは、両手を前後に振るなどして隊列を指揮誘導し、もって、許可条件に違反して行われた集団示威運動を指導したものである。
> ①　　　②　　　　　②　　　③

① 本条例では、公安委員会が集団行進等の許可をするに当たり、交通秩序維持・集団行動等の秩序保持等に関し、必要な条件を付することができる（3条1項但書）とされている。

公安委員会が付する集団行進等の許可条件としては、例えば「だ行進、うず巻き行進、ことさらなかけ足行進、おそ足行進、停滞、すわり込み及び先行てい団との併進、追越し又はいわゆるフランスデモ等交通秩序を乱す行進をしないこと」などがある。

ここに「交通秩序を乱す行為」とは、道路における集団行進等が一般的に秩序正しく平穏に行われる場合にこれに随伴する交通秩序阻害の程度を超えた、殊更な交通秩序の阻害をもたらすような行為をいう。

そして、ここに例示されているだ行進、うず巻行進等の行為が、秩序正しく平穏な集団行進等に随伴する交通秩序阻害の程度を超えて、殊更な交通秩序の阻害をもたらすような行為に当たることは明らかである。

このような殊更な交通秩序の阻害をもたらすような行為は、思想表現行為としての集団行進等に不可欠な要素ではなく、したがって、これを禁止しても国民の

憲法上の権利の正当な行使を制限したことにはならず、憲法31条にも違反しない（最判昭50・9・10刑集29・8・489）。

なお、「ことさらなかけ足行進」及び「停滞」につき、東高判昭45・12・24刑集23・4・867参照。
② 前記①の注④ ☞477頁参照。
③ 許可条件違反の集団行進等（例えば、ジグザグ行進、だ行進、うず巻き行進等）は、それ自体実質的違法性を有するもの（最判昭50・10・24刑集29・9・861）であり、いわゆる抽象的危険犯と解される。

本条例3条1項但書の許可条件に違反する集団行進等が、道交法77条3項により所轄警察署長の付与した道路使用許可条件にも違反する場合には、本条例違反の罪と道交法違反の罪が成立し、観念的競合となる（前掲最判昭50・9・10）。

〈著者について〉

荒川洋二（あらかわようじ）
昭和34年検事任官
高松高等検察庁検事長
大阪高等検察庁検事長をへて
現在弁護士

丸谷日出男（まるたにひでお）
昭和34年検事任官
札幌地方検察庁検事正をへて
現在元公証人

日野正晴（ひのまさはる）
昭和36年検事任官
仙台高等検察庁検事長
名古屋高等検察庁検事長
金融庁（金融監督庁）長官をへて
現在弁護士

大仲土和（おおなかつちかず）
昭和57年検事任官
司法研修所教官
最高検察庁総務部長をへて
現在さいたま地方検察庁検事正

加藤敏員（かとうとしかず）
昭和57年検事任官
法務総合研究所教官
熊本地方検察庁検事正をへて
現在高松地方検察庁検事正

－4訂版－犯罪事実記載の実務　特別法犯

昭和52年 4月15日	初版発行	令和 5年 7月29日	4訂版16刷発行
昭和63年 4月 1日	全訂版発行		
平成13年 3月10日	3訂版1刷発行		
平成25年 3月21日	4訂版1刷発行		

著　者　荒川洋二・丸谷日出男・日野正晴・
　　　　大仲土和・加藤敏員
発行者　網谷玲彦
発行所　株式会社 実務法規
住　所　東京都中野区上高田３－８－１
電　話　０３－３３１９－０１８０
ＦＡＸ　０３－３３１９－７０５６
印　刷　株式会社 啓文堂　　　　　　　ISBN978-4-86088-020-0　　C3032
ＵＲＬ　http://net-kindai.com/　●落丁・乱丁は、送料当社負担にてお取り替えいたします。

|JCOPY| ＜出版者著作権管理機構 委託出版物＞
本書（誌）の無断複製は著作権法上での例外を除き禁じられています。複製される場合は、そのつど事前に、出版者著作権管理機構（電話 03-5244-5088、FAX 03-5244-5089、e-mail: info@jcopy.or.jp）の許諾を得てください。